Prominente in Berlin-Lichterfelde

Harry Balkow-Gölitzer, Rüdiger Reitmeier,
Bettina Biedermann, Jörg Riedel

Prominente in Berlin-Lichterfelde

und ihre Geschichten

Herausgegeben von Burkhardt Sonnenstuhl

berlin edition

Impressum

Dieses Buch wurde gedruckt mit freundlicher Unterstützung
von Wolf Staege, Rechtsanwalt und Notar, Berlin-Lichterfelde.

Bibliografische Information der Deutschen Nationalbibliothek
Die Deutsche Nationalbibliothek verzeichnet diese Publikation in
der Deutschen Nationalbibliografie; detaillierte bibliografische
Daten sind im Internet über http://dnb.d-nb.de abrufbar.

Alle Rechte vorbehalten.
Dieses Werk, einschließlich aller seiner Teile, ist urheberrechtlich geschützt. Jede Verwertung außerhalb der engen Grenzen des Urheberrechtsgesetzes ist ohne Zustimmung des Verlages unzulässig und strafbar. Das gilt insbesondere für Vervielfältigungen, Übersetzungen, Mikroverfilmungen, Verfilmungen und die Einspeicherung und Verarbeitung auf DVDs, CD-ROMs, CDs, Videos, in weiteren elektronischen Systemen sowie für Internet-Plattformen.

© berlin edition im be.bra verlag GmbH
Berlin-Brandenburg 2008
KulturBrauerei Haus S, Schönhauser Allee 37, 10435 Berlin
post@bebraverlag.de
Lektorat: Ingrid Kirschey-Feix, Berlin
Gesamtgestaltung: Friedrich, Berlin
Druck und Bindung: Bosch Druck GmbH, Landshut
ISBN 978-3-8148-0164-3

www.bebraverlag.de

Inhalt

Vorwort 9
Jörg Riedel

Zur Entstehung der »Villen-Colonie Lichterfelde« 15
Jörg Riedel

Widerstand in Berlin-Lichterfelde 33
Harry Balkow-Gölitzer

Die Familie Kempner –
Spuren einer »jüdischen« Familie im Berliner Adressbuch 47
Rüdiger Reitmeier

Der Lichterfelder Kreis um den Dichter Stefan George 65
Rüdiger Reitmeier

Manfred von Ardenne 85
Jörg Riedel

Käthe Dorsch und Harry Liedtke 92
Rüdiger Reitmeier

Hansjörg Felmy 102
Harry Balkow-Gölitzer

Sebastian Haffner 106
Bettina Biedermann

Elly Heuss-Knapp 112
Bettina Biedermann

Paul Hörbiger 118
Rüdiger Reitmeier

Karl Liebknecht 124
Harry Balkow-Gölitzer

Otto Lilienthal 131
Jörg Riedel

Walter Linse 138
Harry Balkow-Gölitzer

Klemens Wilhelm Jacob Meckel 143
Rüdiger Reitmeier

Julius Posener 151
Jörg Riedel

Hans Rosenthal 157
Harry Balkow-Gölitzer

Heinrich Seidel 162
Bettina Biedermann

Peter Graf Yorck von Wartenburg 168
Harry Balkow-Gölitzer

Anmerkungen 174

Gräber berühmter Persönlichkeiten in Lichterfelde 183
Harry Balkow-Gölitzer

Auf einen Blick – Prominente in Lichterfelde 187
Harry Balkow-Gölitzer, Rüdiger Reitmeier, Jörg Riedel

Abbildungsnachweis 307

Danksagung 308

Die Autoren 309

Vorwort

Lichterfelder Kontraste am Teltowkanal.

An den Sommersonntagen strömen »Scharen von Berlinern« nach Lichterfelde, um »aus dem Dunstkreis ihres Alltagslebens hinaus in die weite, fröhliche Gottesnatur zu entfliehen und sich der Sorgen für eine kurze Spanne Zeit in harmlosem Genuß zu entschlagen«, schrieb der Chronist Paul Lüders 1893 anläßlich des 25-jährigen Bestehens von Groß-Lichterfelde.[1] Seitdem hat sich vieles geändert. Es kommen zwar immer noch Scharen von Menschen nach Lichterfelde, aber meist, um mit ihrem Auto den Stadtteil auf der anderen Seite wieder zu verlassen. Mit dem Verlust der Randlage und in Folge der zunehmenden räumlichen Trennung der Funktionen Wohnen, Arbeiten und Versorgen, die der Nachkriegsstädtebau betrieb, ist aus dem idyllischen Vorort Lichterfelde längst auch ein Ort des Durchgangsverkehrs geworden. Man muss nur die Drakestraße entlang gehen, um dies zu hören, zu sehen und zu riechen. Auf einer der ältesten Straßen des Vorortes braust tagsüber ein fast unaufhörlicher Verkehrsstrom, wo sich vor einem Jahrhundert einzelne Pferdefuhrwerke, Kutschen, Reiter und Passanten begegneten. Gleiches gilt für den Hindenburg- und den Ostpreußendamm.

Die Bewohner von Lichterfelde-West, -Ost oder -Süd tragen ihren Teil zu dem gestiegenen Verkehrsaufkommen bei. Julius Posener erinnerte sich, in seiner Jugend kaum nach Berlin gekommen zu sein. Es gab in Lichterfelde alles, was man brauchte. Selbst das kulturelle Angebot war so groß, dass man allenfalls zum Opernbesuch in die Stadt fuhr. Zur Deckung des täglichen Bedarfs gab es alles am Ort: auf Märkten, im West- oder Ostbasar und in den zahlreichen Fachgeschäften und »Colonialwarenhandlungen«. Inzwischen muss man, nur um ein paar Nägel zu besorgen, schon ins Auto steigen, und fährt bei dieser Gelegenheit gleich beim »Drive-In«-Bäcker an der Königsberger Straße vorbei, um sich die Schrippen durch das Fenster reichen zu lassen. Die Verdrängung der selbständigen Fach-, Einzelhändler sowie der Handwerksbetriebe durch Supermärkte und Handelsketten hat auch vor Lichterfelde nicht Halt gemacht. Das bedeutet neben dem gesteigerten Verkehr die Verbreitung der »Wegwerfarchitektur« der Supermärkte, die sich beispielsweise am Ostpreußendamm zeigt und deren Hässlichkeit sich nur dadurch relativiert, dass dahinter das 1970 in Betrieb gegangene Heizkraftwerk Lichterfelde emporragt. Es gibt noch andere architektonische Monstrositäten in Lichterfelde, wie etwa die Anfang der Siebzigerjahre gebauten und im Volksmund »Mäusebunker« genannten »Zentralen Tierlaboratorien an der Freien Universität« in der Krahmerstraße, die 1999 eingeweihte Athene Grundschule in der Curtiusstraße, die mit ihrem auf dem Dach befindlichen, aber unbenutzbaren Schulhof an einen gestrandeten Flugzeugträger erinnert, sowie das 2008 eröffnete »LIO«, ein Einkaufszentrum am Bahnhof Lichterfelde-Ost, dessen glänzende Aluminiumfassade offensichtlich dem Zweck dient, die Passanten zum raschen Betreten des Gebäudes zu bewegen, um es nicht länger von außen betrachten zu müssen.

»FIRMITAS, UTILITAS, VENUSTAS« forderte der römische Baumeister Vitruv schon vor zweitausend Jahren von der Architektur. Während Übereinstimmung darüber besteht, dass ein Haus standfest (firmitas) gebaut sein muss, und auch die utilitas, die funktionale Organisation von Räumen, durchaus konsensfähig ist, erscheint venustas – die Schönheit – als höchst umstrittene Dimension. »Die venustas ist häufig Spielball arbiträrer Geschmacksvorstellungen und ihre Bestimmung scheint der individuellen Beliebigkeit unterworfen zu sein. Sollte es im Gegensatz zu den anderen Kategorien für die Schönheit, für die venustas, keine Regeln geben?« Die Suche danach hat alle Epochen der Menschheit beschäftigt und sie hat zu unterschiedlichen Antworten gefunden. »Wer aber will sagen, was Schönheit sei?«[2] Anderthalb Jahrhunderte Lichterfelder Villenkolonie geben reichlich Stoff, sich mit dieser Frage zu befassen, zum Beispiel auch auf den Rundgängen, die man mit diesem Buch zusammenstellen kann.

Wenn man die Gebäude aus den ersten fünfzig Jahren der Villenkolonie betrachtet, kann man Gemeinsamkeiten in den Baustilen, Stilelementen und verwendeten Baumaterialien erkennen und die Entstehungszeit daraus ableiten, aber man kann sich vor allem an den Verschiedenheiten erfreuen, der Vielfalt der Dächer, Fassaden, Fenster,

Lichterfelde im frühen 20. Jahrhundert.

Türen und Gebäudeformen. Erleichtert wird dies durch eine Bauvorschrift des Vorortgründers Carstenn, nach der die Häuser in einem Abstand von höchstens vierundzwanzig Metern von der Straße gebaut werden durften. Villen, die sich in der Tiefe eines parkähnlichen Grundstücks verlieren oder durch eine Mauer dem Blick entzogen werden, findet man in Dahlem, Wannsee oder Grunewald, aber nicht in Lichterfelde. Die Gebäude und Grundstücke sind hier meist deutlich kleiner als in den genannten Villenkolonien. Daraus ergibt sich Vielfalt in »bürgerlichen« Dimensionen, die beim Betrachter ehrliche Begeisterung statt ehrfürchtiges Staunen auslösen oder wie Paul Lüders bei den Sonntagsbesuchern aus Berlin beobachtete: »... mit einer Art von Neid betrachten sie die schmucken Villen und zierlichen Gärten und haben doch ihre herzliche Freude daran«.[3]

Die relativ kleinteilige Bebauung Lichterfeldes rückt auch Kontraste näher ins Blickfeld. Da steht das ungepflegte Mehrfamilienhaus neben der herausgeputzten Villa. Da zeigt sich die linke Hälfte des Doppelhauses als grauverputztes Opfer der Entstuckungskampagne der Sechzigerjahre, während die Stuckfassade der rechten Hälfte liebevoll restauriert wurde. Da findet man im Erdgeschoss großflächige Kunststofffenster und darüber filigrane Originalsprossenfenster. Da entsteht neben dem denkmalgeschützten, im Toskanastil gebauten

*Auch in Lichterfelde wurde bis in die 1960er Jahre,
hier im Gardeschützenweg »kräftig entstuckt«.*

Bahnhofsgebäude ein giftgrün angestrichener Supermarkt. Die Aussage des damaligen Bundespräsidenten Walter Scheel, dass in Deutschland nach dem Zweiten Weltkrieg mehr Schutzwürdiges zerstört worden sei als während des Krieges, gilt auch für Lichterfelde, um so mehr als hier die Kriegsschäden vergleichsweise gering waren. Verständlich ist, dass die durch Bomben gerissenen Baulücken mit Mietwohnhäusern gefüllt wurden, um der Wohnungsnot der Nachkriegsjahre zu begegnen. Ebenso verständlich ist, dass venustas als Bauprinzip damals nur eine untergeordnete Rolle spielte. Viel gravierender waren die Veränderungen in den Sechziger- und Siebzigerjahren, als Villen und Landhäuser reihenweise der Spitzhacke zum Opfer fielen und stattdessen voluminöse Zweckbauten entstanden, bei denen venustas regelrecht missachtet wurde. In Lichterfelde-West formierte sich Widerstand, so bekämpfte in den Siebzigerjahren die »Bürgerinitiative Kadettenweg 64« mit Erfolg den weiteren Kahlschlag und bewirkte ein Umdenken bei den Behörden und der Bevölkerung.

Als »Wohnen im Gestern«[4] wurde in einem Zeitschriftenartikel das Leben in einer Villa bezeichnet. Schon in der Wirtschaftskrise der 1920er Jahre konnten viele Eigentümer den aufwändigen Unterhalt ihrer Villa, der umfangreiches Personal erforderte, nicht mehr bezahlen und bauten sie zum Mehrfamilienhaus um oder ließen sie abreißen. In der heutigen Zeit, die von Single-Haushalten und Kleinfamilien sowie von Schnellebigkeit, Pflegeleichtigkeit und Energieeffizienz geprägt ist, wird die Villa vollends zu einem Relikt einer längst vergangenen Epoche.

Trotzdem, »Lichterfelde ist heute noch voll von kauzigen Häusern aller Art: Burgen, Miniatur-Palazzi, Schweizerhäuschen, Backsteinschlössern, in deren hohen, ein wenig düsteren Räumen alte Oberste, Staatssekretäre, Privatgelehrte ihr Wesen trieben, Erinnerung pflegten: Sammlungen, Memoiren [...] Die Häuser haben sogar einen Geruch, den der Kenner als ›lichterfelderisch‹ erinnert«,[5] schrieb Julius Posener. Um Architektur verstehen und würdigen zu können, müsse man sich mit den Menschen befassen, die sie gebaut und in ihr gelebt haben. Architekturgeschichte hieß für Posener auch, Geschichten über Menschen zu erzählen.

Dieses Buch erzählt Geschichten von »Prominenten«, die in Lichterfelde, genauer, in Lichterfelde-Ost oder Lichterfelde-West gewohnt haben. Auf strenge Kriterien für ihre Auswahl haben wir verzichtet, es können also, um im Medienjargon zu sprechen, auch »B- und C-Promis« darunter sein, deren Bekanntheitsgrad kaum mit ihrer gesellschaftlichen Bedeutung korreliert. Wir können nicht ausschließen, dass einem »A-Promi« weniger Zeilen gewidmet werden, als ihm nach Ansicht manches Lesers zustünden. Andererseits tauchen hier auch einige Nazigrößen auf. Prominenz ist nun mal keine Frage von Moral und Ethik. Wie in unserer ganzen Buchreihe beachten wir wieder die Regel, uns nur mit Persönlichkeiten aus der Vergangenheit zu befassen.

Das Buch ist keine wissenschaftliche Abhandlung und kein Geschichtsbuch. Es erhebt nicht den Anspruch auf Vollständigkeit oder Ausgewogenheit. Es möchte unterhalten und bei der Gelegenheit Neugier wecken, sich mit einem Stadtteil zu befassen, der trotz aller Veränderungen in den anderthalb Jahrhunderten seines Bestehens vieles von dem bewahrt hat, was den »Führer durch Gross-Lichterfelde« 1901 schwärmen ließ: »Wer in Gross-Lichterfelde wohnt, braucht keine Sommerfrische, denn kein deutscher Ort bietet für das allgemeine körperliche Wohlbefinden günstigere Bedingungen, als unsere friedliche Villenstadt.«[6] Aber das Buch will auch daran erinnern, dass schon vieles, was diesen Ort einst ausmachte, unwiderruflich verloren gegangen ist und ohne geschichtsbewusstes Bürgerengagement weiter verloren geht. Sich mit den Menschen zu befassen, die einst hier gelebt und gewirkt haben, stärkt das Geschichtsbewusstsein.

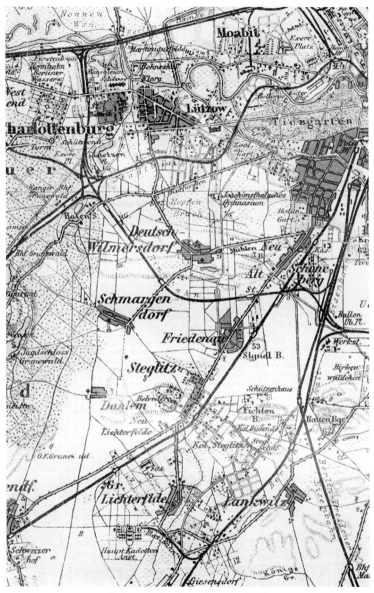

Berlin und Umgebung, Plan von 1889.

Zur Entstehung der
»Villen-Colonie Lichterfelde«

Lichterfelde ist der älteste Villenvorort Berlins und hat seine Entstehung Johann Anton Wilhelm Carstenn zu verdanken. Der holsteinische Kaufmann, Unternehmer und Stadtentwickler hatte seine Idee von einer »Villenkolonie« aus der britischen Hauptstadt mitgebracht. Bei einem Studienaufenthalt in London war ihm aufgefallen, dass es dort nur wenige große Mietshäuser, dafür aber viele »villenartige Anlagen« gab. Den Grund vermutete Carstenn darin, dass der dem englischen Adel gehörende Grund und Boden nicht verkauft, sondern verpachtet wurde und die Grundstücke damit nicht mit großen Mietshäusern ausgenutzt werden mussten. Im Vergleich dazu wurden in Berlin Erweiterungsflächen in großen Rechtecken an private Bauunternehmer verkauft, die sie aus Renditegründen bis in den letzten Winkel zubauten, meist in Form von sechsstöckigen Häusern mit Seitenflügeln, Quergebäuden und bis zu sechs Hinterhöfen. So wurde Berlin zur größten Mietskasernenstadt der Welt. Um dem Bevölkerungswachstum auf humanere Weise Herr zu werden, forderte Carstenn eine »gesunde Ausdehnung« Berlins durch Vorortsiedlungen, die durch moderate Grundstückspreise nicht nur dem »einigermaßen vermögenden Manne« erschwinglich wären, sondern Anreiz zu einer lockeren Bebauung mit viel Grün böten. Dafür sollten unbürokratische Grundstücksverkäufe, Maßnahmen gegen Bodenspekulation und geänderte Bauvorschriften sorgen.

Nach Carstenn sollten diese neuen Vororte vorzugsweise im Südwesten der Stadt entstehen. Hier fanden sich weite Flächen, die, landschaftlich reizvoll gelegen, zu ausreichend großen Grundstücken parzelliert und zu maßvollen Preisen veräußert werden konnten. Hier gab es mit der Potsdamer und der Anhalter Eisenbahn ideale Voraussetzungen für eine Verkehrsanbindung. Und last but not least, hier behinderte keine Berliner Baupolizeiordnung den Tatendrang des Unternehmers.

Im November 1865 erwarb Carstenn die beiden abgewirtschafteten Rittergüter Lichterfelde und Giesensdorf sowie das Bauerngut Giesensdorf. Im Sommer 1866 ließ er – mitten durch erntereife Getreidefelder – die ersten Straßen anlegen: die Mühlenstraße (heute: Karwendelstraße) und die Drakestraße. Als er für die erforderlichen Erd- und Rodungsarbeiten auch noch polnische Arbeiter einsetzte, die die dörfliche Ruhe und Abgeschiedenheit störten, hatte es sich Carstenn mit vielen Einheimischen verscherzt. Das focht ihn nicht an, seinen Plan von der Villen-Colonie energisch umzusetzen. Auf dem Gutsgelände von Giesensdorf entstanden die Bahnhofstraße und die Wilhelmstraße, die heutige Königsberger Straße. Sie dienten wie die nachfolgenden Straßen vor allem der Erschließung des Geländes von den beiden geplanten Bahnhöfen aus.

Es kostete Carstenn viel Überzeugungsarbeit und erhebliche finanzielle Zugeständnisse, die private »Anhalter EisenbahnGesellschaft« zum Bau einer Station in Lichterfelde zu bewegen. Er musste für den anfangs nur probeweisen Betrieb eine Jahreseinnahme von 600 Talern garantieren, die Kosten für das Bahnhofsgebäude und die Pflasterung des Vorplatzes übernehmen und sogar noch das Grundstück der Eisenbahngesellschaft als Geschenk übereignen. In der Hoffnung, diese Vorleistungen mit dem Verkauf von Grundstücken wieder wettzumachen, akzeptierte Carstenn die Bedingungen. Vorsichtshalber baute er den Bahnhof so, dass dieser im Fall des Scheiterns als Scheune genutzt werden konnte. Am 20. September 1868 hielt der erste Zug am »Bahnhof Lichterfelde Anhalter Bahn« (heute Lichterfelde-Ost). Carstenn nutzte diesen Tag zu einer aufwändigen Werbeveranstaltung. Eine große Gesellschaft, daunter zahlreiche Persönlichkeiten des öffentlichen Lebens, bestieg bereitgestellte Kutschen, fuhr an Hunderten von Lorbeerbäumen vorbei, die Carstenn in Kübeln am Straßenrand aufstellen ließ, um von der »schonungslosen Nacktheit des kahlen Ackerlandes«[7] abzulenken, und wurde in der Gaststätte »Pavillion« von livrierten Dienern empfangen. Im ersten Haus am Platze, von Carstenn am Dorfanger von Lichterfelde gebaut (heute Hindenburgdamm) nahmen die Gäste ein »fröhliches Mahl« ein und ließen sich über die Vorzüge der entstehenden Villenkolonie informieren.

Um den Verkauf von Grundstücken anzukurbeln, ließ sich Carstenn noch mehr einfallen. So verschenkte er Grund und Boden mit der Auf-

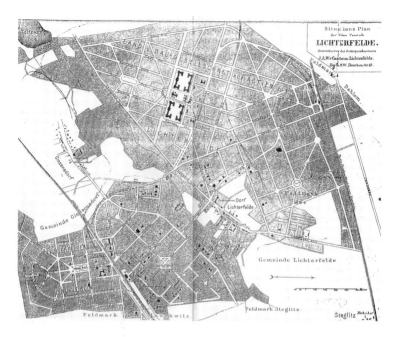

Plan Lichterfeldes von 1873.

lage, dass die Begünstigten diesen bebauen und selber einziehen. Er ließ Häuser errichten und verkaufte sie gegen eine kleine Anzahlung auf Kredit. Oder wenn Grundstücke zu teuer waren, verkleinerte er sie, bis sie ihre Käufer fanden. Dem »empfindlichen Mangel lebendigen frischen Grüns, namentlich in den von der Bäke entfernteren Teilen«, versuchte er mit der Hilfe eines Hamburger Baumzüchters, John Cornelius Booth, nach dem später in Lichterfelde-Ost eine Straße benannt wurde, zu Leibe zu rücken. Der »lieferte ihm für nicht weniger als 126.000 Mark edle Pflanzen, Bäume und Sträucher, die in den verschiedensten Gegenden, hauptsächlich in der Nähe des Bahnhofes und in der unteren Drakestraße, eingepflanzt wurden ... Die Freigebigkeit war an einzelnen Stellen, namentlich der Drakestraße, eine so verschwenderische gewesen, daß auf dem vorher kahlen Lande wie durch einen Zauber der herrlichste Park emporwuchs ...«[8]

Lange hielt die Pracht nicht, viele Pflanzen gingen im märkischen Sand und Klima ein oder wechselten zur Zierde der neuen Villenvorgärten den Standort.

Als erstes Haus der Villenkolonie wurde in der Mühlenstraße (Karwendelstraße) die Villa Drake gebaut. Die nächsten Gebäude entstanden an der Berliner Straße (Ostpreußendamm) und am Jungfernstieg. Den Grundplan der neuen Villenkolonie hatte Carstenn schon 1865 angefertigt. Das relativ monotone Straßenraster wurde später von Johannes Otzen, den Carstenn mit der Detailplanung beauftragte, überarbeitet und stärker den topographischen Gegebenheiten angepasst. Otzen war auch der Architekt einiger Villen in Lichterfelde sowie des Gesellschaftshauses am Jungfernstieg 14. Wie der Name schon sagt, sollte das stattliche Backsteingebäude »ein gesellschaftlicher Vereinigungspunkt der Lichterfelder«[9] werden, wurde aber bald als Heilanstalt, dann als Seniorenheim genutzt, bis man es 1962 abriss und an seiner Stelle einen gesichtslosen Zweckbau errichtete. Aus der Zeit als »Sanatorium für Nervenkranke« wurde berichtet, dass sein Direktor, Sanitätsrat Dr. Goldstein, eines Tages den Jungfernstieg vor dem Gebäude mit Schilfmatten auslegen ließ. Seine bestzahlende Patientin, eine schlesische Gräfin, hatte wegen der auf dem Kopfsteinpflaster lärmenden Kutschen mit der Abreise gedroht.

Doch zurück zu den Anfängen der Villenkolonie. Bis Mai 1869 waren gerade einmal vierzehn Villen gebaut. Obwohl ihre Pläne zum größten Teil von einem Architekten, Hermann Philipp von der Hude, stammten, »sei eine starke Vielfalt der Stile zu beobachten. Fachwerksbauten kämen ebenso vor wie romanische Gebäude oder Villen mehr städtischen Charakters.«[10] Trotz ihrer Individualität wiesen die Gebäude Gemeinsamkeiten auf, die auf Bauvorschriften zurückzuführen sind, die Carstenn zur Sicherung des spezifischen baulichen Charakters der Villenkolonie im Grundbuch festschreiben ließ. Sie verpflichteten die Grundstückskäufer, sich beim Bau der Villen und Landhäuser auf zwei Stockwerke zu beschränken, einen Mindestabstand zum Nachbargebäude einzuhalten, mit der Fluchtlinie des Gebäudes 10 bis 24 Meter hinter der Straßenfront zurückzubleiben, vor dem Haus einen Ziergarten anzulegen und keine Fabrikanlagen zu errichten.

Erster Schwerpunkt der Bebauung wurde die Umgebung des Bahnhofs der Anhalter Bahn, d. h. vor allem der Jungfernstieg, die Bahnhof- und Mittelstraße (Bassermannweg) sowie der Wilhelmplatz (Oberhofer Platz) und die Wilhelmstraße (Oberhofer Weg). 1873 zählte man hier rund vierzig Häuser. Hinzu kamen fünfzehn Häuser an der Ring- und Mühlenstraße (Karwendelstraße). Lichterfelde-West war zu diesem Zeitpunkt noch gänzlich unbebaut. Die von der Eröffnung des Bahnhofs der Potsdamer Bahn am 15. Dezember 1872 erhofften privaten Bauaktivitäten ließen aber auf sich warten.

Sternstraße am Carlsplatz, historische Aufnahme.

Am 1. September 1873 fand an der Zehlendorfer Straße, der heutigen Finckensteinallee, in Anwesenheit von Kaiser Wilhelm I. die Grundsteinlegung der Hauptkadettenanstalt statt. Da die Offiziersschule an der Neuen Friedrichstraße unter Platzmangel litt, war ihre Verlegung beschlossen, aber nach den Vorstellungen der Militärverwaltung innerhalb Berlins, nicht »in die Einöde des flachen Landes«.[11] Carstenn gelang es, Kriegsminister Roon und mit Hilfe einer Ortsbesichtigung, die seine Majestät 1869 vorzunehmen geruhte, auch König Wilhelm von den Vorzügen des Standortes Lichterfelde zu überzeugen. In der berühmt gewordenen Rede sprach er von dem übergeordneten Ziel seines Engagements: »Majestät, nach den Errungenschaften des Jahres 1866 ist Berlin zur ersten Stadt des Kontinents berufen, und was seine räumliche Ausdehnung anbelangt, so müssen Berlin und Potsdam eine Stadt werden, verbunden durch den Grunewald als Park.«[12]

Es bedurfte großen Verhandlungsgeschicks und vor allem erheblicher Zugeständnisse, die Militärverwaltung für den Bau der Kadettenanstalt in der Villenkolonie zu gewinnen. So musste sich Carstenn u. a. verpflichten, den erforderlichen Grund und Boden dem Militärfiskus zu schenken, »das Baumaterial bis zur Baustelle unentgeltlich zu überführen«,[13] die Versorgung der Anstalt mit Gas und Wasser sowie die Abwasserentsorgung sicherzustellen, die umgebenden Straßen zu pflastern, Omnibuslinien für den Verkehr zwischen den beiden Bahnhöfen und der Kadettenanstalt einzurichten, den Bau von Lehrer- und anderen Dienstwohnungen sowie eines Asyls für Witwen und Waisen finanziell zu fördern.»Zur Sicherung für die Erfüllung der von ihm eingegangenen Verbindlichkeiten hinterlegt von Carstenn überdies die Summe von 100.000 Talern als Kaution.«[14] Soviel Opferbereitschaft für das Vaterland musste belohnt werden.»Seine Majestät erhob Carstenn in Anerkennung seiner Verdienste an Ort und Stelle in den erblichen Adelsstand.« Ab 1. September 1872, der Grundsteinlegung zur Kadettenanstalt, durfte er sich »von Carstenn-Lichterfelde« nennen.

Es waren sicher nicht nur Adelstitel und Patriotismus, die Carstenn zu solchen Vorleistungen bewegten, sondern die Erwartung, mit der Kadettenanstalt die Villenkolonie aufzuwerten, so zusätzliche Interessenten zu gewinnen und höhere Grundstückspreise zu erzielen. Diese Rechnung ging nicht auf, vermutlich selbst dann nicht, wäre alles nach Plan gelaufen. Aber es lief nicht nach Plan. Die dem sogenannten »Gründerkrach« folgende Wirtschaftskrise drückte massiv auf die Grundstückspreise, auch in Lichterfelde, die private Bautätigkeit kam fast zum Erliegen, die ersten Villen standen leer, andere wurden schon wieder abgerissen. Carstenn war gezwungen, Bauland »unter Wert« zu veräußern. 1872 verkaufte er den nordwestlichen Gebietsteil Lichterfeldes mit ca. 2.200 Hektar an die »Land- und Baugesellschaft auf Aktien« und den südöstlichen Teil mit ca. 1.200 Hektar an den »Lichterfelder Bauverein auf Aktien«. Die Land- und Baugesellschaft ging ein Jahr später in Konkurs.

Verschlechterte sich schon die Einnahmenseite für Carstenn, entwickelte sich die Ausgabenseite zu einem Desaster. Die mit seinen vertraglichen Verpflichtungen gegenüber der Militärverwaltung einhergehenden Kosten erhöhten sich um ein Mehrfaches, als der Bau der Kadettenanstalt mit sechs Jahren fast doppel solange dauerte wie geplant. Carstenn, der für die Fehlplanungen und Verzögerungen vor allem Böswilligkeit und Unvermögen der Militärbehörde verantwortlich machte, versuchte mit Petitionsschreiben an Parlament, Minister und Kaiser und als das nichts einbrachte, auf gerichtlichem Wege finanzielle Entlastung für sich zu erreichen. Es gelang ihm nicht. Nach jahrelangen, Geld, Nerven und Gesundheit kostenden Prozessen wurden ihm 1889 eine Entschädigung sowie eine Rente für »verarmte Geschenkgeber« zugesprochen. Nachdem er seine letzten Lebensjahre im »Maison de santé«, einer Nervenheilanstalt in Schöneberg verbracht hatte, starb Carstenn am 19. Dezember 1896.

Aufgrund der allgemeinen wirtschaftlichen Stagnation gingen von der Kadettenanstalt keine Impulse auf die private Bautätigkeit in Lichterfelde aus. In den Jahren 1873 bis 1878 stieg zwar die Bevölkerungszahl deutlich an, aber vorwiegend in den Dorfgemeinden Giesensdorf und Lichterfelde, wo die am Bau der Kadettenanstalt beteiligten Handwerker, Arbeiter und Ingenieure – meist als Untermieter – ihre Quartiere aufschlugen. In der Villenkolonie veränderte sich nur wenig. Immerhin erhielt sie nach der Einweihung der Kadettenanstalt ihren ersten Arzt und die erste Apotheke, wenn diese vorerst auch nur den Kadetten und dem Anstaltspersonal zu Diensten waren.

1881 nahm in Lichterfelde die erste elektrische Straßenbahn der Welt ihren fahrplanmäßigen Betrieb auf. Sie rollte auf dem Gleis der Materialtransportbahn, das Carstenn vom Anhalter Bahnhof (Lichterfelde-Ost) zur Baustelle der Kadettenanstalt hatte legen lassen und das seitdem vor sich hinrostete. Carstenn handelte mit der Firma Siemens & Halske einen Vertrag aus, der ihr die Nutzung der 2,5 Kilometer langen Trasse als Versuchsstrecke erlaubte und sie im Gegenzug verpflichtete, das Personal der Kadettenanstalt unentgeltlich zum Bahnhof zu befördern. Den Bewohnern war die von einer unsichtbaren Kraft bewegte Straßenbahn zunächst nicht geheuer. Da der Strom mit einer Spannung von 180 Volt direkt durch die Schienen floß, bekamen Pferde beim Überqueren der Gleise mitunter einen Schlag, stürzten oder gingen durch. Damit die Bahn nicht entgleise, musste der Fahrkartenkontrolleur für die gleichmäßige Verteilung der maximal zwanzig Fahrgäste sorgen. Passierte das Malheur dennoch, wurde kurz ausgestiegen und der Waggon mit vereinten Kräften wieder auf die Gleise gehoben. Von Sonntagen abgesehen, wenn Berliner Ausflügler in Scharen die neuartige Bahn bestiegen, war das Fahrgastaufkommen in der immer noch dünn besiedelten Villenkolonie für einen wirtschaftlichen Betrieb zu gering. 1884 sollte der Zugverkehr daher wieder eingestellt werden, wurde dann doch weiter betrieben. 1890 wurde die Strecke sogar mit einer Oberleitung versehen und bis zum Westbazaar in Lichterfelde-West verlängert, wodurch die beiden Bahnhöfe der Villenkolonie direkt miteinander verbunden waren. 1895 wurde mit einer Abzweigung über die Dorfaue zum Bahnhof Steglitz, weiter über die Albrecht- und Siemensstraße zurück zum Bahnhof Lichterfelde-Ost der Kreis geschlossen.

Von einem ungewöhnlichen Fahrgast der Straßenbahn erzählte der Brillenoptiker Dieter Schulze-Gunst, Inhaber eines der wenigen heute noch existierenden Familienbetriebe Lichterfeldes. Sein Großvater, der Uhrmacher Wilhelm Schulze unterhielt neben seinem Hauptgeschäft am Karlsplatz eine Filiale an der Karlstraße 4 (heute Baseler Straße 12). Ab und zu war ein Transport von Kleinteilen zu dem ca. 600

Meter entfernten Laden erforderlich. Das »Transportmittel hieß Max und war ein hochbeiniger schwarzer Kurzhaardackel. Er bekam, ähnlich wie seine Schweizer Bernhardiner-›Kollegen‹, einen Lederbeutel um den Hals und wurde so auf ›Reisen‹ geschickt. Die Straßenbahnfahrer kannten Max, und wenn sie ihn im ›Dienst‹ sahen, schwangen sie die Glocke. Max sprang auf die Elektrische, in Höhe von Osche wieder runter und rein in die Filiale.«[15]

1877 wurden nach jahrelangen Verhandlungen die Gutsbezirke Giesensdorf und Lichterfelde mit dem Dorf Giesensdorf zur Gemeinde Groß-Lichterfelde vereinigt. Auch dem hartnäckigen Carstenn gelang es zunächst nicht, den Widerstand des Dorfes Lichterfelde gegen die Eingemeindung zu brechen. Im Jahre 1878 war es jedoch so weit. Das Dorf, inzwischen fast vollständig von Groß-Lichterfelde eingeschlossen, gab – mehr dem Druck von oben als der inneren Überzeugung seiner Bewohner folgend – seine Selbstständigkeit auf.

Carstenn übertrug im Rahmen des Rezesses »das Eigentum von den auf seinem Grund und Boden angelegten Straßen (Dämmen und Bürgersteigen) der neuen Gemeinde (ausschließlich der darin gelegten Gasröhren), wogegen letztere die Unterhaltung der Hauptstraßen«[16] übernahm.

Groß-Lichterfelde – der Zusatz »Groß« sollte Verwechslungen mit Orten gleichen Namens vermeiden – erhielt im Jahr 1878 eine zwölfköpfige Gemeindevertretung, die nach dem indirekten Dreiklassenwahlrecht gestellt wurde. Die Wahl fand im Gesellschaftshaus am Jungfernstieg statt. Wahlberechtigt waren von damals 3.000 Einwohnern gerade einmal 157 Männer, nämlich die Hausbesitzer mit eigenem Grundstück.

Der Bau neuer Villen verharrte auf niedrigem Niveau und konzentrierte sich noch immer auf den Osten Groß-Lichterfeldes. Vor allem im Umfeld des Marienplatzes entstanden einige Neubauten. Nach 1885 nahm die Bautätigkeit überall, auch im Westen, zu, und ab 1886/87 konnte man von einem regelrechten Bauboom sprechen.

Die Baupolizeiordnung für Berlin von 1887, die in demselben Jahr auf mehrere Vororte, so auch Lichterfelde, ausgedehnt wurde, schrieb vor, dass ein Grundstück zu zwei Dritteln bebaut werden durfte. Die Vorschrift galt für unbebaute Flächen. Wenn auf einem Grundstück schon ein Gebäude stand oder irgendwann gestanden hatte, konnte durch Erweiterung oder Neubau die Bebauungsobergrenze überschritten werden. Die Folge war, dass in den nahe bei Berlin liegenden Vororten wie Schöneberg, Rixdorf oder Friedenau zahlreiche große Mietshäuser entstanden. In Lichterfelde blieben wegen der Carstennschen

Villa Holzhüter, Curtiusstraße 10, 1875 erbaut von dem Architekten P. Fingerling für einen Majolika- und Glashändler.

Baubeschränkungen und der Tatsache, dass immer noch große Flächen unbebaut waren, die Auswirkungen der neuen Baupolizeiordnung gering. Immerhin gab es auch hier erste Mietshäuser, und mit der rasch wachsenden Bevölkerung und den im Bauboom ansteigenden Preisen nahm der Druck, dichter zu bauen, auch in Lichterfelde zu. Das zeigte sich u. a. in der steigenden Zahl von Fällen, in denen die von Carstenn im Grundbuch eingetragenen Baubeschränkungen gegen Zahlung einer Entschädigung gelöscht wurden.

Entlastung kam vorübergehend durch die Baupolizeiordnung von 1892, die den Schutz der Vororte zum Ziel hatte und die Nutzung von Grundstücken insbesondere in den Gebieten, die der »landhausmäßigen Bebauung« vorbehalten waren, noch einmal einschränkte. »In Lichterfelde galten überwiegend die Bestimmungen der landhausmäßigen Bauweise. Lediglich in kleinen Bereichen entlang der beiden alten Hauptstraßen war die geschlossene Bauweise zugelassen: an der Chausseestraße (Hindenburgdamm) von der Schützen- (Gelieu-) bis zur Bäkestraße und an der Berliner Straße (Ostpreußendamm) von der Giesensdorfer bis zur Lindenstraße.«[17]

Haus Schroeder, später Villa Agathe.

Trotz der schon erwähnten Vielfalt der Baustile lassen sich zumindest für die Baujahre 1870 bis 1890 gewisse Tendenzen oder Modeströmungen erkennen. In den 1870er Jahren dominierten Gebäude aus gelbem oder rotem Backstein mit Formen, die sich an der norditalienischen Renaissance bzw. an den davon inspirierten Bauten der preußischen Könige orientierten und oft Elemente der Romanik und des Klassizismus enthielten. Auffällige Beispiele des »Toskanastils« sind die Villa Holzhüter in der Curtiusstraße 10 sowie der drei Jahre früher von Hude gebaute Bahnhof Lichterfelde-West. Bei den Neubauten der 1880er Jahre überwogen die schlichten, klaren Formen des Klassizismus.

Seit den 1890er Jahren gab es keinen vorherrschenden Baustil mehr. »Alle Stile, klassische ebenso wie mittelalterliche, kommen nebeneinander vor. Gegen Ende des 19. Jahrhunderts werden die verschiedenen Stile auch miteinander vermischt, der Baukörper wird unruhiger. Die unterschiedlichen Zwecke der Räume werden nach außen hin oft durch verschiedene Fensterformen sichtbar.« Häufig gehört – als Statussymbol – ein Turm zur Villa, »typisch sind auch die zahlreichen Erker und Giebel, Risalite, Balkone und Loggien oder kleine Türmchen.«[18]

Einen ganz eigenen Weg ging Gustav Lilienthal, der Bruder des Flugpioniers. Er errichtete als freischaffender Architekt eine Reihe von

Villa Rückwardt in der Knesebeckstraße 2.

Landhäusern, die dem Ideal »My home is my castle« augenscheinlich besonders nahe kamen. Die »Burgen von Lichterfelde« mit gotisch geschnittenen Fenstern, Zinnen, Türmchen, Erkern, sogar Burggraben und angedeuteter Zugbrücke lassen eher auf Verspieltheit und Rückgewandtheit als auf Kreativität und Vernunft des Architekten schließen. Lilienthals Zielgruppe waren die »unteren Schichten des Mittelstandes«, und hier vor allem das Bildungsbürgertum, dem er den Erwerb von Hauseigentum ermöglichen wollte. Um die Baukosten zu reduzieren, setzte er bei den drei teuersten Komponenten eines Hauses an: Grundstück, Dach und Keller. Seine Gebäude kommen mit einem vergleichsweise kleinen Grundstück aus, das Dach ist in der Regel ein Pultdach, das bepflanzt oder als Terrasse genutzt werden kann, der Keller wird durch den »Burggraben« zu einem tageslichthellen Souterrain, das als Schlafzimmer dient. Die Zinnen und Türmchen bergen Abzugsschächte und Schornsteine für die zentrale Luftheizung. Ganz überzeugt von seiner Idee, mehr auf Funktion und Bequemlichkeit zu setzen als auf Repräsentation, wohnte Lilienthal selbst in seinen Häusern. Das kleinste auf einem Grundstück von gerade einmal zweihundert Quadratmetern baute er in der Dahlemer Straße 22, dem heutigen Tietzenweg. »Schon dieser kleine Zwickel / Kost' hunderttausend Nickel«

Der Ost-Bazar in Lichterfelde, historische Postkarte.

(rund 10.000 Mark) kann man an der Fassade des aus zwei Zimmern und Küche bestehenden Hauses lesen, das ansonsten alle Merkmale des Lilienthalschen Tudorstils aufweist. Für die fast im Jahresrhythmus wachsende Familie wurde es rasch zu klein. 1894 zog Lilienthal mit Frau Anna und den drei Töchtern Emmy, Marie und Olga in ein neu gebautes Doppelhaus in der Marthastraße 5. Es war wieder eine seiner Burgen, aber mit ihren Zimmern wahrlich kein Palast für die bald siebenköpfige Familie. Am Gartentor befindet sich noch heute das Namensschild »Gustav Lilienthal«. Eine Enkeltochter hat hier ihr Zuhause.

Der Hinweis auf den Mittelstand als Zielgruppe des Architekten Lilienthal berührt die Frage, welche Bevölkerungsgruppen es vorzugsweise in die neue Villenkolonie im Südwesten Berlins zog. Zumindest die ersten Bewohner mussten eine gehörige Portion Pioniergeist mitgebracht haben: unbefestigte Straßen ohne Beleuchtung, Brunnen statt Wasserleitungen, Gruben statt Kanalisation, einsame Häuser, kahle Umgebung, kaum Nachbarn, mangelnde Sicherheit, keinerlei Einkaufsmöglichkeiten, schlechte Verkehrsanbindung, und die Liste ist noch längst nicht zu Ende. Kein Wunder, dass die meisten Bewohner anfangs nur den Sommer in der Villenkolonie und den Rest des Jahres in Berlin

Mietvilla in der Ringstraße 71.

verbrachten. Da sie sich am ehesten zwei Wohnsitze leisten konnten, waren unter den ersten Einwohnern vor allem Kaufleute, Bankiers, Architekten, Fabrikanten, hohe Juristen und Militärs. Hinzu kamen Angehörige des sogenannten Bildungsbürgertums, darunter Dozenten Berliner Bildungseinrichtungen und des 1872 eröffneten Lichterfelder Pädagogiums.

Mit Verbesserung der Infrastruktur, insbesondere der Verkehrsanbindungen und der Versorgung, sowie mit dem Bau erster öffentlicher Gebäude wie der Kadettenanstalt kamen weitere Gruppen hinzu wie Lehrer, Handwerksmeister, Offiziere und in wachsender Zahl Rentiers, die hier ihren Altersruhesitz errichten ließen. Impulse für eine weitere Durchmischung der Lichterfelder Bevölkerung kamen von der Erhöhung der Zugfrequenz bei den beiden Eisenbahnlinien und der Senkung der Fahrpreise sowie einem wachsenden Angebot von Mietwohnungen in Mehrfamilienhäusern. Schöne Beispiele von Mietvillen, weitestgehend unverändert erhalten, findet man vor allem in Lichterfelde-West.

Hier entstanden 1878 auch vier – eher atypische – Mehrfamilienhäuser. Sie stehen auf einem Gelände, das Carstenn einst der Berlin-Potsdamer-Eisenbahngesellschaft vermacht hatte, um sie zur Eröffnung des

Bahnhofs Lichterfelde-West zu bewegen. Die schlichten Backsteinbauten an der Köhlerstraße hatten jeweils acht Wohnungen, die den meist kinderreichen Eisenbahnbeamtenfamilien ausreichend Platz boten. Eine gemeinsame Wasserpumpe und sechzehn Toiletten befanden sich auf dem Hof zwischen den im Viereck angeordneten Häusern. Ebenso ein Stall für jede Familie, die sich dort neben Karnickeln meist auch eine Ziege hielt, im Volksmund »Eisenbahnerkuh« genannt. Diese und die im Umfeld der Häuser immer noch reichlich vorhandenen Ackerflächen boten die Grundlage für eine Nebenerwerbslandwirtschaft wie es heute heißen würde.

Die Eisenbahnerhäuser erfüllten mit ihren vier Stockwerken nicht Carstenns Vorschriften. Bei den anderen Neubauten in der Villenkolonie wurden sie, wenn auch mitunter sehr großzügig interpretiert, eingehalten. »Wie Carstenn es gewollt hatte, stehen die sogenannten Villen frei oder zum Doppelhaus verbunden auf den Grundstücken und haben höchstens zwei übereinanderliegende Stockwerke. Das Keller- oder Sockelgeschoß ragt weit über den Erdboden hinaus, so daß es zum Wohnen für die Bediensteten geeignet war, und ebenso ist oftmals das Dachgeschoß für Wohnzwecke ausgebaut. Auch die Mietshäuser, in denen mehrere Familien untergebracht waren, sind in der gleichen Weise angelegt, wie auch die Reihenhäuser am Bassermannweg, die nach englischem Vorbild entstanden sind.«[19]

Bemerkenswert ist, dass die Villen und Mietvillen im Regelfall keinen direkten Zugang von den Wohnräumen zum Garten hatten (Hochparterrebau). Meist befand sich auf der Gartenseite ein Wintergarten oder Balkon, von dem allenfalls eine Treppe in den Garten hinabführte. »Man wollte seinen Garten übersehen, nicht drin sitzen.«[20] Das Landhaus, »dessen gewünschte enge Verbindung mit der Natur durch ein auf Gartenhöhe gelegenes Wohngeschoß erreicht wird«,[21] ist eine Schöpfung des beginnenden 20. Jahrhunderts.

Auch wenn Carstenn die Kolonie in seinen Werbebroschüren schon damals zu »einer der schönsten Villenorte im Deutschen Reich« machte, galt es die Lebensbedingungen noch deutlich zu verbessern. Als Beispiel hier eine Schilderung des Straßenzustandes aus dem Jahr 1878, die sich im Groß-Lichterfelder Lokal-Anzeiger »Inventur« fand: »Die Straßen sind notdürftig gepflastert, und von befestigten Bürgersteigen ist kaum eine Spur. ... In den von Carstenn angelegten, oft kaum besiedelten Straßen brennen stolz die Gaslaternen, ›den Hasen als Orientierung‹, allerdings nur bis 11 Uhr abends. Charakteristisch für die Beleuchtungsmisere ist die Thatsache, daß diejenigen unserer Mitbürger, welche Abends nach Berlin fahren, neben den unentbehrlichen hoch-

Reihenhäuser am Bassermannweg 7–11 (früher Mittelstraße).

schließenden Gummischuhen auch eine Handlaterne von zu Hause mitnehmen müssen. Dieses Orientierungsmittel wird im Warteraum der alten Scheune, euphemistisch Bahnhof genannt, deponirt, um dann bei der Heimkehr um 11 ¼ wieder abgehoben zu werden … ›In Transbäkanien, (im Westen jenseits der Bäke) ist es in Allem noch simpler bestellt‹.«[22]

Für ihre rasant wachsenden Aufgaben war die neue Gemeindeverwaltung personell und finanziell unzureichend ausgestattet. Um so wichtiger war die Unterstützung von privater Seite. Sie kam vor allem von Vereinen, in denen sich engagierte Bürger zusammenfanden. Der »Lichterfelder Verein« kümmerte sich um einen besseren Nahverkehr und das Post- und Telefonwesen. Ein »Verschönerungs-Comité« widmete sich u. a. der Straßenreinigung, Schädlingsbekämpfung sowie der Gesundheits- und Wohlfahrtspflege. Ein Feuerlöschverein wurde gegründet, nachdem der Brand einer Villa am Jungfernstieg nur mit Hilfe der Steglitzer Feuerwehr – »blitzblank und nach neuestem Berliner Muster organisiert«[23] – gelöscht werden konnte. Ziel des 1888 gegründeten »Lichterfelder Westend-Vereins« war »die Hebung des West-Teils von Lichterfelde«, der hinsichtlich Straßenzustand, Verkehrsanbindung und Postversorgung Nachholbedarf gegenüber dem Osten hatte.

Die Vereine und Bürgerinitiativen waren somit ein entscheidender, je nach Interessenlage nicht immer nur förderlicher Faktor in der Entstehungsgeschichte der Villenkolonie. Die Terraingesellschaften wie die schon erwähnte »Land- und Baugesellschaft auf Aktien« hatten ebenfalls großen Einfluss. Sie parzellierten ihr Terrain, bauten Straßen, verlegten Gas- und Wasserleitungen und betrieben die Ansiedlung von Geschäften. Der öffentlich zugängliche Gesellschaftspark an der Ringstraße (Carstennstraße) wurde von der »Terraingesellschaft Gross-Lichterfelde« angelegt. Auch wenn diese Aktivitäten dazu dienten, die Ansiedlung zu fördern und höhere Grundstückspreise zu erzielen, kamen sie den Bewohnern zugute.

Die Lebensbedingungen in Lichterfelde verbesserten sich gegen Ende des 19., Anfang des 20. Jahrhunderts deutlich. Die meisten Häuser hatten Wasser- und Stromanschluss, viele Straßen waren gepflastert, auf beiden Bahnlinien entwickelte sich ein reger Vorortverkehr. Es entstanden Rathaus, Amtsgericht, Schulen, Krankenhäuser und Kirchen. Die Dinge des täglichen Bedarfs waren am Ort erhältlich. Die Gastronomie entwickelte sich fast schneller als die Bevölkerungszahl, denn es gab ja noch die durstigen und hungrigen Ausflügler aus Berlin. Um 1900 hatte Groß-Lichterfelde rund 23.000 Einwohner und 61 »Gast-, Speise- und Schankwirtschaften«.

Auch wegen kultureller Veranstaltungen mussten die Lichterfelder nicht unbedingt in die Stadt fahren. Es gab Vorträge, Lesungen, Theater- und Konzertaufführungen, selbst die Berliner Philharmoniker traten im Rahmen der »Lichterfelder Abonnementskonzerte« in einer Schulaula auf. Der Architekturkritiker Julius Posener, der in Lichterfelde aufwuchs, erinnerte sich: »... wir Kinder sind fast nie in die Stadt gekommen. Wir hatten ›draußen‹ im Grunde alles, was man zum Leben brauchte ... Bis wir anfingen zu studieren, haben wir die Stadt Berlin nicht gekannt, wir waren Lichterfelder.«[24]

Der Erste Weltkrieg beendete die Entstehungsgeschichte der Villenkolonie, die vor allem in den letzten Jahren von Wachstum und Wohlstand geprägt war. Öffentliche Bauvorhaben wurden gestoppt, die private Bauwirtschaft kam fast völlig zum Erliegen. Die zu Beginn des Krieges erreichte Einwohnerzahl von rund 48.000 sank erstmalig wieder. Neben der fallenden Geburtenrate hatte Groß-Lichterfelde als Garnison und bevorzugte Wohnlage des adeligen preußischen Offizierskorps besonders viele Gefallene zu beklagen. Mit welcher Geisteshaltung dies mitunter geschah, zeigt eine Schilderung von Julius Posener: »Ein paar Häuser weiter in der Karlstraße (heute Baseler Straße, d. Verf.) wohnte die Familie von Einem. Eines Morgens im Herbst 1914

Marinesiedlung in der Hortensienstraße.

sah ich Frau von Einem in ihren Vorgarten gehen und die Fahne aufziehen: hoch, nicht auf Halbmast; sie hatte erfahren, dass ihre beiden Söhne am gleichen Tag als Gardeoffiziere bei Ypern gefallen waren. Sie flaggte Sieg, nicht Trauer.«[25] Für verwundete Soldaten wurden in den Krankenhäusern und auch in Privatgebäuden wie der Villa Meckel in der Teltowstraße (heute Goerzallee) Lazarette eingerichtet. Die Versorgungslage verschlechterte sich zusehends. Statt die Grünanlagen zu pflegen, baute die Gartenverwaltung dort Gemüse und Kartoffeln an und fällte Straßenbäume, um dem Brennstoffmangel zu begegnen.

Nach dem Krieg konnten sich viele Eigentümer den aufwändigen Unterhalt der Villen und das dafür erforderliche Personal nicht mehr leisten. Manche verkauften, andere teilten ihre Villen in mehrere Wohnungen auf und vermieteten sie. Die Wohnungsnot gehörte auch in Lichterfelde zu den drückendsten Problemen. Erst Mitte der 1920er Jahre begann wieder eine rege Bautätigkeit. Es entstanden kleinere Einfamilienhäuser und vor allem ausgedehnte Wohnanlagen wie z.B. in der Hortensienstraße. »Der Bau großer Wohnungen und Villen mit Repräsentationsräumen gehörte der Vergangenheit an.«[26]

Am 1. Oktober 1920, 25 Jahre nach Gründung der Villenkolonie durch Carstenn, wurde Lichterfelde in Groß-Berlin eingemeindet.

KZ Lichterfelde.

Widerstand in Berlin-Lichterfelde

Generaloberst Ludwig Beck.

In der Dialektik, also den philosophischen Zusammenhang betrachtend, war es letztlich zwingend logisch und wohl auch notwendig, dass sich im Lichterfelde der Dreißigerjahre Widerstand gegen das herrschende System unbedingt entwickeln musste. Das tradierte Lichterfelder Bürgertum, die eher konservativ ausgerichtete Einwohner-Klientel, waren der Nährboden für eine in Nischen verborgene Opposition gegen das Hitler-Regime, aus denen, eben dialektisch betrachtet, irgendwann offene Rebellion ausbrechen musste.[27]

Nichts ist gegen diese streng wissenschaftliche Definition des deutschen Widerstandes von Philosophen und Historikern einzuwenden. Und dennoch, ohne die ernsthaften und geschichtlich zweifellos höchst wichtigen Veröffentlichungen der klugen Kollegen zu konterkarieren, mag dem Autor eine nicht unbedingt neue Ergänzung gestattet sein: Die Geschichte des Widerstandes ist vor allem die persönliche Geschichte der aktiven Widerständler, ihrer ganz persönlichen patriotischen Taten. Und das gab es in Lichterfelde zuhauf. Vom Bäckermeister Georg Hillmann (Hindenburgdamm 93a) über den Agrarpolitiker Andreas Hermes (Herwarthstraße 16) bis zum Gewerkschaftsfunktionär Max Habermann (Berliner Straße 51, heute: Ostpreußendamm), von Gerhard Halle (Marthastraße 5) bis hin zu Otto Dibelius (Brüderstraße 5), dem engagierten Kirchenmann, regte sich – und zwar schon frühzeitig – Widerstand gegen das Hitler-Regime in allen Schichten und Kasten.

Die Philosophen behalten auch Recht: Aus dem humanistisch geprägten und in dieser Tradition gewachsenen Lichterfelder Bildungsbürgertum musste zwangsläufig eine Opposition auf allen Ebenen des täglichen Lebens gegen das Terror-Regime der Nationalsozialisten erwachsen.

Ludwig Beck (Goethestraße 9)

In der Goethestraße 9, der heutigen Nr. 24, wohnte Generaloberst Ludwig Beck, neben General Friedrich Olbricht, der sein Haus im Dahlemer Wildpfad 24 hatte, wohl die schillerndste Gestalt der militärischen Opposition. Beck, schon im Ersten Weltkrieg aufgrund seiner strategischen und taktischen Fähigkeiten als fähiger Generalstabsoffizier höchst geschätzt, stieg am 1. Oktober 1933 zum Chef des Truppenamtes im Reichswehrministerium auf, bereits zwei Jahre später war er Chef des Generalstabs des Heeres. Anfangs begrüßte und unterstützte der konservative, in den Traditionen der Monarchie verwurzelte Beck die Aufrüstungspolitik Adolf Hitlers und stimmte auch dessen Plan, die Position Deutschlands als militärische Großmacht zurück zu gewinnen, uneingeschränkt zu. Dies sollte sich 1937, zunächst zögerlich, ändern. Auslöser war das sogenannte »Hoßbach-Protokoll« vom 5. November 1937, niedergeschrieben nach einer Zusammenkunft Hitlers mit dem Kriegs- und dem Außenminister sowie den Oberbefehlshabern der Wehrmachtsteile Heer, Luft und Marine, in dem der kriegslüsterne Postkartenmaler aus Oberösterreich seine rücksichtslosen Absichten offenbarte. Die Tschechoslowakei sollte zerschlagen und »Lebensraum« im Osten erobert werden. Diese abenteuerlichen und aggressiven Kriegspläne Hitlers stießen in einigen Teilen der Generalität, die die neue deutsche Wehrmacht ausschließlich als Verteidigungsarmee, zumal noch nicht kriegsfähig bewaffnet, ansehen wollte, auf heftigste Bedenken. Neben dem überraschend kritikfreudigen Kriegsminister Werner von Blomberg, einem bis dahin unbedingt gehorsamen Hitler-Jünger, Absolvent der Lichterfelder Hauptkadettenanstalt, war es besonders der neue Oberbefehlshaber des Heeres, Generaloberst Werner Freiherr von Fritsch, der es in der Besprechung wagte, Hitlers Angriffspläne scharf zu kritisieren. Beiden sollte das nicht gut tun. Anfang Februar 1938 wurden Fritsch und Blomberg nach ihnen angedichteten homosexuellen Affären und einer »nicht standesgemäßen« Eheschließung »aus gesundheitlichen Gründen« ihrer Stellungen enthoben.

Ludwig Beck, angewidert vom rigiden Vorgehen gegen seine Generalsfreunde, versuchte, in nachfolgenden Besprechungen mit der NS-Führung diese von ihren militärisch unverantwortlichen Plänen abzubringen.[28] Ohne Erfolg. Mit einem freundlichen Schulterklopfen und den Worten: »Lieber Beck, Sie sollten sich etwas zurücknehmen. Alles, was geschehen muß, geschieht auch ohne Sie«,[29] wurde Beck aus einem Termin mit Hermann Göring im Februar 1938 entlassen. Diese Zusammenkunft muss für Beck eine Initialzündung gewesen sein. In den folgenden Monaten reifte in ihm die Erkenntnis, dass die Wehrmacht letztlich nur noch als willfährige Erfüllungsgehilfin für die größenwahnsinnigen Pläne des »Führers« und seiner Paladine dienen sollte. Am 16. Juli 1938 schrieb er, gedacht als Notiz für einen Vortrag vor den Spitzen der deutschen Wehrmacht: »Es ist ein Mangel an Größe und an Erkenntnis der Aufgabe, wenn ein Soldat in höchster Stellung in solchen Zeiten seine Pflichten und Aufgaben nur in dem begrenzten Rahmen seiner militärischen Aufträge sieht, ohne sich der höchsten Verantwortung vor dem gesamten Volk bewußt zu werden. Außergewöhnliche Zeiten verlangen außergewöhnliche Handlungen.«[30]

Ludwig Beck, der in der NS-Führung ungehörte, integre Militärpolitiker, handelte außergewöhnlich. 1938 trat er aus Protest gegen die Pläne zur Vorbereitung eines neuen Krieges von all seinen Ämtern zurück. Hitler nahm es gelassen. In Wilhelm Keitel, Walther von Brauchitsch, Walther von Reichenau und dem noch weithin unbekannten und farblosen, aber ehrgeizig aufstrebenden Generalstäbler Alfred Jodl hatte er in der höchsten Generalitätskaste längst eifrige potenzielle Vollstrecker seiner Kriegspläne gefunden, so dass diese Pläne ein Jahr später schicksalhafte Realität werden konnten.

Der national-konservativ ausgerichtete Generaloberst Ludwig Beck suchte und fand seinen Weg zum militärischen Widerstand gegen das nationalsozialistische Regime, am heimischen Schreibtisch, ständig fahndend nach Mitstreitern, die er für sein Vorhaben gewinnen wollte. Wem konnte er trauen, wen konnte er in seine noch zaghaften Pläne zu einem militärischen Putsch einweihen? Persönliche Freunde hatten natürlich oberste Priorität. »Keitel – nein, Hammerstein – ja, Blomberg – nein, Fritsch – nein, Brauchitsch – na ja, Reichenau – nein, Hausser – bei der SS gelandet, Fromm – vielleicht, Witzleben – ja, Rommel – nein« hatte er sich notiert.[31] Nicht bei jedem der so Auserwählten sollte er später Recht behalten.

In der Folgezeit liefen in Becks Lichterfelder Villa viele Fäden zusammen, Carl Goerdeler, Peter Graf Yorck von Wartenburg, Admiral Wilhelm Canaris, ob seiner Nähe zu Reinhard Heydrich durchaus kritisch betrachtet, und Helmuth James Graf von Moltke gehörten zu den Teilnehmern höchst geheimer, konspirativer Treffen. Friedrich Meinecke, der angesehene Dahlemer Historiker, urteilte 1946 über die damalige Wandlung von Becks politischen Vorstellungen: »Wie wenig reaktionär Beck selbst gesonnen war, weiß ich aus meinen mit ihm ge-

Helmuth James Graf von Moltke.   *Gustav Heisterman von Ziehlberg.*

führten Gesprächen. In dem letzten Gespräche vom Mai 1944 meinte er, daß man nach der zu erwartenden Endkatastrophe eine antinazistische Einheitspartei gründen müsse, die von der äußersten Rechten bis zu den Kommunisten reiche ...«[32] Nach einem erfolgreichen Attentat wäre Ludwig Beck, darauf hatte sich die militärische mit der bürgerlichen Opposition geeinigt, in der Nachfolge Adolf Hitlers das neue deutsche Staatsoberhaupt geworden.

Becks Traum vom neuen Deutschland endete tragisch. In der Nacht des 20. Juli 1944, schmerzhaft wissend, dass der von ihm so sorgsam mit vorbereitete Aufstand gegen das nationalsozialistische Regime gescheitert war, wurde ihm, der in Paradeuniform und mit allen verliehenen Orden geschmückt im Bendlerblock erschienen war, von Generaloberst Friedrich Fromm, dem Chef des Ersatzheeres und engem Freund, eine Pistole gereicht. »Herr Generaloberst, ich will Ihnen das Standgericht ersparen, nutzen Sie die Chance.«[33] Ludwig Beck schoss sich zweimal in den Kopf, der befohlene Selbstmord wollte aber nicht gelingen. Erst Fromms Aufforderung an einen Wehrmachtsfeldwebel, »Helfen Sie dem alten Mann«, erlöste Beck von seinem Todeskampf. Friedrich Fromm ließ wenige Minuten später im Hof des Bendlerblocks Becks engste Verbündete, Friedrich Olbricht, Ritter Albrecht Merz von Quirnheim, Claus Graf Schenk von Stauffenberg und dessen Adjutanten Werner von Haeften erschießen.

Gustav Heisterman von Ziehlberg (Goethestraße 7)

Eine der allernächsten Nachbarn Ludwig Becks war Generalleutnant Gustav Heisterman von Ziehlberg, der nur zwei Häuser weiter, in der Goethestraße 7, wohnte. Der stille, den schönen Künsten zugetane Berufssoldat war seit 1936 im Reichswehrministerium tätig gewesen und hatte dort auch Ludwig Beck kennen gelernt. Der Kontakt zwischen beiden ist auch nach der Demissionierung Becks nie abgebrochen, im Gegenteil, Ziehlberg suchte nach vielen Besuchen und Gesprächen mit seinem ehemaligen Chef selbst den Weg zum Widerstand. Im Zweiten Weltkrieg diente er als Divisionskommandeur in Italien und in der Sowjetunion, verlor im Kampf einen Arm, und ging nach seiner Genesung wieder an die Front. Seine Freundschaft mit Ludwig Beck ließ ihn in der Lesart der Gestapo in die Nähe der aktiven Verschwörer geraten. Im November 1944 wurde er verhaftet und am 2. Februar 1945 auf dem »Wehrmachtserschießungsgelände«[34] in der Murellenschlucht in Berlin-Spandau hingerichtet.

Helmuth James Graf von Moltke (Hortensienstraße 50)

Der höchst anerkannte Jurist war eine der angesehensten Persönlichkeiten des deutschen Widerstandes und der geistige Kopf des Kreisauer Kreises, der wohl effektivsten Gruppe des bürgerlichen Widerstands gegen das nationalsozialistische Regime.

Der Kreisauer Kreis, nach Helmuth James Graf von Moltkes niederschlesischem Geburtsort benannt, bildete sich Anfang 1940, als Moltke und Yorck, die beide bereits vorher in oppositionell eingestellten Gruppen wirkten, sich zu gemeinsamer Arbeit zusammenfanden. Beide kannten sich bereits vorher, sie waren verwandt. Beide Familien waren ursprünglich in Niederschlesien ansässig, Yorcks Schwester Davida Yorck von Wartenburg, genannt »Davy«, war mit Moltkes Vetter Hans-Adolf von Moltke, dem deutschen Botschafter in Polen, verheiratet. Ein engerer Kontakt zwischen Moltke und Yorck sollte sich aber erst noch entwickeln.

Nach dem Zweiten Weltkrieg wurde Freya von Moltke, seit 1931 mit Helmuth James Graf von Moltke verheiratet, nach den politischen Zielen des Kreisauer Kreises, in den sie fest integriert war, befragt. »Zunächst muss ich von seinem Ursprung sprechen. Der Ursprung war sozusagen eine Nottat von Menschen, die im Dritten Reich leben mussten, die nicht absehen konnten, wie das enden würde, und wünschten, dass es enden solle, aber nichts dazu tun konnten, unmittelbar, dass es ende, und doch weiterleben mussten, bis es dann soweit war. Diese Menschen haben sich zusammengefunden und darüber gesprochen, wie es aussehen könnte und müsste und sollte, wenn es einmal vorüber war. Das ist der Ursprung. Das kommt nun von meinem Mann: Wenn man einen gemeinsamen Gegner hat, dann kann man sich eher zusammentun und besser zusammentun, auch wenn man verschiedener Ansichten ist, als wenn man sich gegenübersteht. Und so hatte mein Mann von vornherein den Gedanken, dass man, wenn man sich über diese Zeit später Gedanken macht, Menschen zusammenbringen muss, gemeinsame Gegner, die aber an sich ganz verschiedener Ansicht sein können. Also, er hat die verschiedenen Meinungen derer, die miteinander sprachen, ganz bewusst eingesetzt, weil er sich sagte, wenn sie miteinander sprechen, dann überwinden sie manche ihrer Vorurteile und vielleicht kommen wir dann weiter. So fanden sich im Kreisauer Kreis nicht ganz und gar verschiedene, aber doch sehr anders denkende Menschen, die jedenfalls von anderen Voraussetzungen ausgingen, auch andere Vergangenheiten hatten. Es waren im Grunde alles Männer, die für die Weimarer Republik gewesen waren. Sie hatten sie bejaht. Aber sie sahen die Fehler der Weimarer Republik. Sie fragten sich, warum ist es denn so schief gegangen? Wenn Sie die Verfassung von Weimar lesen, sie ist fast ideal. Sie müssten denken, daraus kommt eine wunderbare Demokratie. Aber so war es doch nicht gelaufen. Und darum fragten sie sich, was müssen wir denn tun, dass so etwas nicht wieder passiert? Und sie sagten sich: man muss etwas schaffen, was die Deutschen zu Demokraten macht.«[35]

Bis 1943 wohnte die Familie Moltke in der Derfflingerstraße 9 in Berlin-Tiergarten. Im März 1943, als die prächtigen Stadtvillen und zahlreiche Botschaftshäuser im Tiergarten während schwerster alliierter Bombenangriffe zerstört wurden, verlor auch die Familie Moltke ihre Wohnung. Sein nunmehr bester Freund und eifrigster politischer Mitstreiter Peter Graf Yorck von Wartenburg gewährte Moltke sofort Asyl in seinem Zuhause, dem Reihenhaus in der Lichterfelder Hortensienstraße 50.

Durch die große Nähe der beiden in ihren Putschplänen »immer radikaler denkenden« Umstürzler konnten die Ziele des Kreisauer Kreises, der sein »Hauptquartier« nun faktisch nach Lichterfelde verlegt hatte, auf kürzestem Weg diskutiert werden. Frei von Konflikten und mitunter erbittert geführter Diskussionen blieb das Zusammenleben der jungen, engagierten Verschwörer nicht. Ein immer wiederkehrender Streitpunkt war Admiral Wilhelm Canaris, der Chef der militärischen Abwehr, dem Yorck anfangs nicht traute, zu dem jedoch Moltke enge Beziehungen unterhielt. Schließlich konnte Moltke seinen Freund

Yorck überzeugen. Mit Hilfe von Canaris und dessen engstem Vertrauten Hans Oster gelang es ihm, weitere wichtige Kontakte zu antinationalsozialistischen Militärs und Vertretern des Auswärtigen Amtes zu knüpfen, unmittelbar vor der Nase des ignoranten, tumben Reichsaußenministers Joachim von Ribbentrop.

Nicht einigen konnten sich Moltke und Yorck zeitlebens über die »direkte Umsetzung« eines Putsches. Während Yorck nach anfangs großen Zweifeln später immer heftiger die »unabdingbare und ohne jeden Zweifel zwingend notwendige«[36] These von einer Tötung Hitlers vertrat, lehnte Moltke diese Radikallösung als überzeugter Christ strikt ab.

Helmuth James Graf von Moltke war ein ungestümer Mensch, »nicht immer wachsam und auf seine eigene Sicherheit bedacht. Er war natürlich vorsichtig, und er war sich seiner verantwortungsvollen Aufgabe als Hirn des bürgerlichen Widerstandes mit jeder Faser seines Körpers bewußt. Er wollte viel, er wollte alles, er wollte alles sehr schnell. Und dann passierte der Fehler.«[37] Der Versuch, einen Freund aus den Reihen der mit dem Kreisauer Kreis eng verbundenen Oppositionsgruppe um Hanna Solf vor einer drohenden Verhaftung zu warnen, führte die Gestapo auf die Spur Moltkes und zu seiner Festnahme im Januar 1944.

Nach dem 20. Juli 1944 stand auch Moltke, obwohl nach halbjähriger Haft nicht unmittelbar am gescheiterten Attentat beteiligt, von schwersten Depressionen gezeichnet, vor dem Volksgerichtshof. »Allein wegen Ihrer inneren Einstellung werden Sie heute hier verurteilt«,[38] befand Gerichtspräsident Roland Freisler in der dem Nationalsozialismus eigenen Rechtsauffassung, und er schickte dem zutiefst gläubigen Christen Moltke, dem er soeben das Todesurteil verlesen hatte, mit einem widerlichen Grinsen eine letzte Botschaft hinterher: »Herr Graf, eines haben das Christentum und wir Nationalsozialisten gemeinsam, und nur eines: Wir verlangen den ganzen Menschen.«[39]

Helmuth Graf James von Moltke wurde am 23. Januar 1945 in Berlin-Plötzensee hingerichtet. Kurz vor seinem Tode schrieb er an seine Söhne: »Ich habe mein ganzes Leben lang, schon in der Schule, gegen einen Geist der Enge und der Gewalt, der Überheblichkeit, der Intoleranz und des Absoluten, erbarmungslos Konsequenten angekämpft, der in den Deutschen steckt und der seinen Ausdruck in dem nationalsozialistischen Staat gefunden hat. Ich habe mich auch dafür eingesetzt, daß dieser Geist mit seinen schlimmen Folgeerscheinungen, wie Nationalismus im Exzeß, Rassenverfolgung, Glaubenslosigkeit, Materialismus, überwunden werde.«[40]

Carl-Dietrich von Trotha (Schillerstraße 3)

Einer der engsten Mitarbeiter von Helmuth James Graf von Moltke war sein Vetter, der ebenfalls in Kreisau geborene Volkswirtschaftler Carl-Dietrich von Trotha. Der promovierte Sozialwissenschaftler war Absolvent des Frankfurter Institutes für Sozialforschung, das nach der Machtübernahme der Nationalsozialisten wegen »marxistischer, antinationaler und staatsfeindlicher Arbeit«[41] aufgelöst wurde. Trotha gehörte zu den allerersten der Lichterfelder Widerständler, bereits 1934 suchte er den Kontakt zu kommunistischen und sozialdemokratischen Untergrundgruppen. In enger Zusammenarbeit mit seinen linksorientierten politischen Freunden, die damals die Nähe zu bürgerlichen und militärischen Oppositionskreisen noch nicht gefunden hatten, trat er im gleichen Jahr der NSDAP bei, um – taktisch kalkuliert – in seiner exponierten Stellung als Oberregierungsrat im Reichswirtschaftsministerium alle, zugegeben bescheidenen Möglichkeiten zu nutzen und »das Regime von innen heraus zu bekämpfen«.[42]

Innerhalb des Kreisauer Kreises, zu dem er folgerichtig und auf Empfehlung seines Freundes Horst von Einsiedel Zugang fand, galt Trotha als Fachmann für Fragen der Wirtschafts- und Sozialordnung und leitete folgerichtig die Arbeitsgruppe Wirtschaft, das wohl wichtigste Ressort innerhalb der Widerstandsgruppe. »Trotha oblag die schier unerfüllbare Aufgabe, die deutsche Schwerindustrie nach dem Neuanfang in ein demokratisches, friedliebendes, antimilitaristisches Deutschland einbinden zu müssen. Wie kompliziert sich diese Aufgabe für ihn darstellte, sahen wir an seinen oft müden Augen bei unseren geheimen Treffen.«[43] Diese Treffen fanden regelmäßig in der Hortensienstraße 50 und in Trothas Wohnung in der Schillerstraße 3 statt. Die Ehefrau des Gastgebers, Margarete von Trotha, bestens eingeweiht in die Pläne ihres Mannes und seiner politischen Freunde, war nicht nur eine traumhafte Gastgeberin, sondern auch rege mitdiskutierende aktive Teilnehmerin der konspirativen Treffen in ihrer Wohnung. 1942 war sie aktiv an der Erörterung der Wirtschaftspläne des Kreisauer Kreises mit Theodor Haubach, Carlo Mierendorff und dem illegalen Gewerkschaftsführer Wilhelm Leuschner mit dem Ziel eines gemeinsamen Aktionsprogramms beteiligt. »Manchmal hatte ich den Eindruck, sie verstünde Trothas Ideen besser als er selbst. Was auch kein Wunder war, denn sie war Tag und Nacht mit Trothas Arbeit konfrontiert. Für beide schien es nichts anderes mehr zu geben als die Wirtschaftspolitik nach der Hitler-Diktatur. Wenn Margarete in unseren Zusammenkünften anfing zu reden, hing man förmlich an ihrem Mund.

Carl-Dietrich von Trotha.   *Werner von Haeften.*

Und dennoch, wenn Trotha sie unterbrach, manchmal auch etwas barsch, hielt sie sich zurück, um dann ihren Mann in all seinen Äußerungen unbedingt zu unterstützen.«[44]

Carl-Dietrich von Trotha, der nach einem geglückten Umsturz ohne Zweifel eine leitende Position in der Wirtschaft eingenommen hätte, konnte der Freislerschen Mordorgie nach dem 20. Juli 1944 entgehen. Obwohl er als Mitarbeiter des Kreisauer Kreises aktenkundig war, verdankte er sein Leben einem simplen Fehler der sonst so akribisch tätigen Gestapo. Er entging der Verfolgung aufgrund einer Namensverwechslung mit Adam von Trott zu Solz. Nach 1945 war Carl-Dietrich von Trotha Dozent und Abteilungsleiter an der Deutschen Hochschule für Politik.

Werner von Haeften *(Margaretenstraße 19a)*

Beinahe windstill ruhte der Wannsee an jenem warmen Tag im Juni 1944. Zwischen der von der Nazispitze längst okkupierten Insel Schwanenwerder und der erhöht liegenden, mit ihren Prachtvillen weit in die traumhafte Landschaft ragende, majestätisch anmutende Alsen-Kolonie, dümpelten flautegeschädigte Segelboote vor sich hin. Vom nahen Strandbad wehte ein undefinierbares Stimmengewirr über die sanft dahin ziehenden Wellen. Hier und da zog ein mutiger Schwimmer seine einsame und wohl auch beschwerliche Bahn vom West- zum Ostufer.

Eine wirkliche Idylle und dennoch eine unwirklich. Deutschland befand sich mitten in einem mörderischen Krieg, und von allen Fronten gab es schlechteste Nachrichten. Die mittlerweile müde gewordenen deutschen Armeen der Wehrmacht und der Waffen-SS waren ständig mit missmutigem Rückzug beschäftigt. Der von den Nazis beinahe gebetsmühlenartig herbeigeflehte »Sieg über den Weltbolschewismus«, wenige Monate später schon zum ultimativen »Endsieg« hochstilisiert, zeigte schon im Sommer 1944 in weiten Teilen der deutschen Bevölkerung keine Wirkung mehr.

An jenem Tag am Wannsee hatte sich der junge Oberleutnant Werner von Haeften ein Boot gemietet. In seiner Begleitung »eine junge, schwarzhaarige Frau, gekleidet in ein weißes Tageskostüm, dazu weiße, knielange Stiefel und ein kecker Hut, geziert von einer schwarzen Tulpe.«[45] Mitten auf dem See erzählte sie dem eifrig rudernden Haeften die neuesten Tratschgeschichten aus der Berliner Gesellschaft. »Gemunkelt wird übrigens, daß ein Staatsstreich oder ein Attentat auf den Führer unmittelbar bevorsteht.«[46]

Werner von Haeften, der Adjutant von Claus Graf Schenk von Stauffenberg und in alle Vorbereitungspläne für einen Putsch eingeweiht, muss daraufhin einen schnellen Weg zum Ufer gefunden haben. Er unterrichtete sofort seinen Vorgesetzten, für die Durchführung des Attentats war also Eile geboten.

Am Morgen des 20. Juli 1944 hatte er Stauffenberg ins Führerhauptquartier Wolfsschanze nach Rastenburg begleitet, am Abend starben beide im Kugelhagel eines Erschießungskommandos im Hof des Bendlerblocks. Zunächst wurden die sterblichen Überreste der Verschwörer in Uniform und mit Orden und Ehrenzeichen auf dem Alten St. Matthäus-Kirchhof in Berlin-Schöneberg bestattet. Auf Befehl Heinrich Himmlers erfolgte jedoch einen Tag später die Exhumierung und Verbrennung der Leichname. Die Asche wurde verstreut.

Erwin von Witzleben

Auch Erwin von Witzleben, der Absolvent der Lichterfelder Hauptkadettenanstalt, gehörte schon vor 1938 zur Verschwörergruppe. Zunächst war geplant, Hitler durch einen Militärputsch abzusetzen, wozu sich während der Sudetenkrise 1938 eine günstige Gelegenheit zu bieten schien. Witzlebens Kommando über den wichtigen Berliner Wehrkreis sollte dabei eine entscheidende Rolle spielen. Durch Hitlers Erfolg beim Münchener Abkommen wurde dem geplanten Staatsstreich jedoch die Grundlage entzogen. Von Witzleben war ebenfalls in die Verschwörung des Generalobersten Kurt von Hammerstein-Equord von

Erwin von Witzleben.

1939 einbezogen, der plante, Hitler bei einem Frontbesuch festzunehmen. Witzleben sollte dabei die Aufgabe zufallen, die Parteizentralen auszuschalten. Auch diese Planungen blieben erfolglos. Von Witzleben war inzwischen im November 1938 als Oberbefehlshaber der Heeresgruppe 2 nach Frankfurt (Oder) versetzt worden. Im September 1939 übernahm er, zum Generaloberst befördert, das Kommando über die im Westen stationierte 1. Armee. Nach dem Angriff auf Frankreich 1940 durchbrach Witzlebens Armee am 14. Juni die Maginot-Linie und zwang am 17. Juni mehrere französische Divisionen zur Kapitulation. Dafür wurde der Generaloberst mit dem Ritterkreuz des Eisernen Kreuzes ausgezeichnet und am 19. Juli 1940 zum Generalfeldmarschall befördert. 1941 wurde er noch zum Oberbefehlshaber West als Nachfolger von Generalfeldmarschall Gerd von Rundstedt berufen, aber bereits ein Jahr später aus Gesundheitsgründen verabschiedet und wieder durch Rundstedt ersetzt.

1944 war Erwin von Witzleben eine Schlüsselposition in den Staatsstreichplänen der Verschwörergruppe um Stauffenberg zugedacht. Während Generaloberst Beck als vorläufiges Staatsoberhaupt und Generaloberst Erich Hoepner als Befehlshaber des Ersatzheeres vorgesehen waren, sollte Generalfeldmarschall von Witzleben als ranghöchster deutscher Soldat den Oberbefehl über die gesamte Wehrmacht übernehmen. Witzleben, der sich am 20. Juli zunächst im Oberkommando des Heeres in der Bendlerstraße aufgehalten hatte, wurde tags darauf

auf dem Gut eines Freundes verhaftet und später von dem am 2. August 1944 gebildeten Ehrenhof aus der Wehrmacht unehrenhaft ausgestoßen. Er gehörte zusammen mit Generaloberst Hoepner zur ersten Gruppe Angeklagter, die sich am 7. und 8. August 1944 vor dem Volksgerichtshof wegen Verrats am Volke verantworten mussten. Zu Beginn der Verhandlungen entbot Witzleben den Hitlergruß, was einen Wutausbruch Freislers nach sich zog. Der Angeklagte war »ehrlos«, und nur einem »ehrenhaften Volksgenossen« sei es gestattet, den »deutschen Gruß« zu entbieten. Während des Prozesses musste sich Witzleben ständig die Hose festhalten, da die Gestapo ihm den Gürtel abgenommen hatte und er im Gefängnis abgemagert war. Freisler reagierte darauf, indem er Witzleben anbrüllte: »Was fassen Sie sich dauernd an die Hose, Sie schmutziger, alter Mann.«[47]

Erwin von Witzleben wurde am 8. August 1944 zum Tode verurteilt. Seine Schlussworte waren an den Gerichtspräsidenten gerichtet: »Sie können uns dem Henker überantworten. In drei Monaten zieht das empörte und gequälte Volk Sie zur Rechenschaft und schleift Sie bei lebendigem Leib durch den Kot der Straßen.«[48] Noch am Tag des Urteils wurde von Witzleben in Berlin-Plötzensee hingerichtet.

Josef Wirmer (*Holbeinstraße 56, Dürerstraße 17*)

1936 fand Josef Wirmer, Rechtsanwalt und Christ, Zugang zum Oppositionszirkel um Jakob Kaiser und Max Habermann. Besonders ihm, der seine Lichterfelder Wohnungen bereitwillig für geheime Treffen zur Verfügung stellte, war es zu verdanken, dass es 1939 zu einer Einigung der bürgerlich-konservativen Widerstandskräfte mit sozialistisch und gewerkschaftlich orientierten Oppositionsgruppen kam. Wirmer, der einer katholischen Familie entstammte, war bereits als Student eng in politische Arbeiten eingebunden. Er bekleidete Vorstandsposten im Kartellverband katholischer deutscher Studentenvereine (KV), schloss sich der Zentrumspartei an und galt dort schon bald als »Linker«, da er sich vehement für eine Zusammenarbeit mit der SPD einsetzte. Nach der Machtübernahme der Nationalsozialisten wurde er wegen seiner engagierten Verteidigung rassisch Verfolgter aus dem Nationalsozialistischen Rechtswahrerbund, dem berufsständischen Zusammenschluss von Rechtsanwälten, Staatsanwälten und Richtern, ausgeschlossen. »Josef Wirmer konnte in der Folgezeit viele persönliche Kontakte zu verschiedenen Oppositionskreisen knüpfen, dadurch konnte er auch manche Vorbehalte überwinden, die anfangs zwischen den Gruppen der Gewerkschafter und Sozialdemokraten, den kirchlichen Kreisen und den adligen Eliten bestanden.«[49]

Josef Wirmer.

Den Attentatsplan von Claus Graf Schenk von Stauffenberg unterstützte Wirmer, der spätestens ab 1941 zum engsten Kreis um Carl Goerdeler zählte, von Anfang an. Nach einem geglückten Attentat war er als neuer Reichsjustizminister vorgesehen. Am 4. August 1944 wurde Wirmer verhaftet und vor dem Volksgerichtshof des Hochverrats beschuldigt. Freisler, der Wirmer aus der Vergangenheit persönlich kannte, muss es geradezu sadistische Glücksempfindungen bereitet haben, den eloquenten, ihm intellektuell eindeutig überlegenen Josef Wirmer zu beschimpfen und zu demütigen. Dies aber hielt dieser aus, ab und zu durchzuckte sogar ein verächtliches Lächeln sein Gesicht, was Freisler noch mehr in Wut brachte. »Joseph Wirmer«, geiferte Freisler, »ja, Sie gehören zur schwarzen Fraktion, ja, das sieht man Ihnen an, das kann ja nicht anders sein. Ist ja ulkig. Wie wichtig wohl das Amt als Zivilanwalt gewesen sein muß, daß Sie da gehabt haben, daß Sie nicht einmal Soldat geworden sind in dem Alter. Und von da ab sind Sie dienstverpflichtet worden, spricht ja auch für Ihre Haltung, daß Sie erst warten, bis man Sie dienstverpflichtet. Feines Früchtchen! ... Ja, ja, ja, feines Früchtchen!«[50] Freislers abschließende Bemerkung, Wirmer werde bald zur Hölle fahren, konterte dieser mit dem berühmt gewordenen Satz: »Es wird mir ein Vergnügen sein, wenn sie bald nachkommen, Herr Präsident.«[51] Am 8. September 1944, zwei Stunden, nachdem er sein Todesurteil gehört hatte, wurde Josef Wirmer im Zuchthaus Berlin-Plötzensee hingerichtet.

Potsdamer Straße 58a heute.

*Die Familie Kempner –
Spuren einer »jüdischen«
Familie im Berliner Adressbuch*

Nach dem 30. Januar 1933, der Machtübergabe an Hitler, wehte im Berliner Innenministerium ein anderer Wind. Noch ging der verbeamtete Justitiar Robert M. W. Kempner in der Polizeiabteilung seinem gewöhnlichen Dienst nach, aber die Nazi-Denunzianten saßen schon in ihren Wühl-Löchern. Ein anonymer Schreiberling hatte nichts Besseres zu tun, als dem Innenministerium seine antisemitischen Ausspähungen anzukreiden, die er unter Zuhilfenahme des Telefonbuchs untermauerte: »Warum sitzt der Kerl, der Kempner noch da [im Innenministerium]? Das ist doch eine Zentrale von Leuten, die gegen die Nationalsozialisten arbeiten ... Er hat eine merkwürdige Telefonnummer in Lichterfelde mit einer Frau Professor Rabinowitsch zusammen. Wer mag denn das sein?«[52]

Wer mochte das sein, der da im Lichterfelder Adressteil von 1933 unter dem Eintrag »Potsdamer Str. 59 mit dem Namen Kempner«[53] aufgelistet war? N., Dr. phil./R., Ob. Reg. Rat/W., Dr. Med. Arzt/Kempner-Rabinowitsch, L., vw., Dr. Prof.

Kleingeister wie jener Nazi-Denunziant aus dem Innenministerium haben dafür gesorgt, dass die Erinnerungen an diese Namen getilgt wurden und ihre Spuren von Historikern wieder mühsam zusammengetragen werden müssen. Inzwischen wurden eine Straße und Institute nach den Persönlichkeiten der Familie Kempner-Rabinowitsch benannt, zwei Söhne erhielten das große Bundesverdienstkreuz, doch an der Lichterfelder Wohn- und Wirkungsstätte in der Potsdamer Straße 58a erinnert nichts an die berühmte Familie. Und auch auf dem Parkfriedhof

Lichterfelde findet man im Grablisten-Aushang außer dem Namen von Robert Kempner keinen Hinweis auf die Wissenschaftlerfamilie, von der so viele bedeutende Impulse für das 20. Jahrhundert ausgegangen sind.

***Lydia Rabinowitsch-Kempner** (1871 Kowno/Litauen – 1935 Berlin)*
Frau »Kempner-Rabinowitsch, L., vw., Dr. Prof.« zumindest hätte eine Gedenktafel am Lichterfelder Haus verdient. Als die Bakteriologin mit ihrer Familie um 1911 ein Haus in Lichterfelde anmietete,[54] war sie in den internationalen wissenschafts-medizinischen Kreisen eine anerkannte Persönlichkeit, aber auch in Berlin hatte sich die Tuberkulosespezialistin als »Retterin der Milch« in den Regionalgazetten einen Namen gemacht.

Jener Schreiberling, der Robert Kempner ein Verhältnis zu Frau Rabinowitsch andeutete, dürfte kaum geahnt haben, dass sich hinter dem stolz vorgetragenen Titel »Dr. Prof.« im Adressbuch eine einzigartige Auszeichnung verbarg. Hätte sich der Nazi-Denunziant schlau gemacht und nicht nur im Lichterfelder Adressbuch 1933 nachgeschlagen, sondern auch den ersten Eintrag der Familie Rabinowitsch-Kempner im Adressbuch von 1912 nachgeforscht, dann hätte ihm auffallen müssen, dass der Professorentitel dort schon stolz verzeichnet war. Aber hätte er den Rückschluss daraus gezogen, dass das für diese Zeit ganz außergewöhnlich war? Denn 1911 wohl kurz nach ihrem Zuzug in das Haus in Lichterfelde wurde Lydia Rabinowitsch mit »Rücksicht auf ihre anerkennenswerten Leistungen« die Ehre zuteil, als erste Frau in Berlin und zweite Frau in Preußen einen Professorentitel zu erhalten.[55]

Lydia Rabinowitsch hatte in Berlin schon einige Stationen durchlaufen, bevor sie sich mit ihrem Mann und den drei Kindern in Lichterfelde niederließ. Geboren in Litauen/Russland war sie nach Zürich aufgebrochen, um dort Naturwissenschaft zu studieren, was als Frau im russischen Reich nicht möglich gewesen wäre. In Bern promovierte sie mit den »Beiträgen zur Entwicklungsgeschichte der Fruchtkörper einiger Gastromyzeten« im Fach Medizin. 1894 folgte sie dem inzwischen internationalen Ruf des »Instituts für Hygiene der Friedrich-Wilhelms-Universität in Berlin unter Robert Koch. Die »Kochsche Schule« scharte viele Mitarbeiter und Assistenten um sich, die wie August von Wassermann oder Paul Ehrlich bald selbst berühmt werden sollten. Lydia Rabinowitsch war zeit ihres Lebens stolz darauf, dass es ihr vergönnt war, in dieser Phase beim »großen Meister« Robert Koch vor Ort gewesen zu sein. Diese wissenschaftliche Auszeichnung war für sie umso außergewöhnlicher, weil sie als einzige Frau in Robert Kochs Forscherteam aufgenommen wurde. Wenn die angehende Wissenschaftlerin des damaligen Pionierfaches

Lydia Rabinowitsch-Kempner.

»Bakteriologie« sich auf den Weg ins Institut machte, um ihren Tuberkuloseforschungen nachzugehen, hatte sie es nicht weit. Von ihrer Wohnung in der Albrechtstraße 9a waren es fünf Minuten Fußweg.

1895 begab sie sich auf Schiffsreise, um in den USA am ältesten medizinischen College für Frauen, dem »Woman's Medical College of Pennsylvania« in Philadelphia, einen Lehrauftrag anzunehmen. Allzu sehr mochte sie sich zunächst nicht an das amerikanische Institut binden, nach Beendigung ihrer College-Kurse reiste sie immer wieder nach Berlin, um am Kochschen Institut auf dem neuesten Stand zu bleiben. Wieder nahm sie sich eine Wohnung ganz in der Nähe, am Schiffbauerdamm 23. Vielleicht wäre sie sogar in die Wissenschafts-Geschichte als erste weibliche russische Professorin an einem amerikanischen College eingegangen, diese Stelle hatte man für sie 1898 in Philadelphia eingeräumt, wenn sie sich nicht in den Assistenten Dr. Walter Kempner verliebt und ihn geheiratet hätte.

Walter Kempner (1864 Glogau – 1920 Berlin)

Selbst die Zeitschrift »Die Frauenbewegung« befand diese damals noch ungewöhnliche Ehe des Forschers Walter Kempner mit einer Frau, die selbst eine renommierte Wissenschaftlerin war, als so spektakulär, dass ihr das einen Bericht wert war.[56] Lydia Rabinowitsch-Kempners Professorenvertrag wurde von der amerikanischen Fakultät rückgängig gemacht, und sie zog, frisch vermählt, zu ihrem Mann und dessen Mutter in die Matthäikirchstraße 16/I.[57]

Zwischen 1899 und 1901 veröffentlichte sie teilweise mit ihrem Mann Walter Kempner dreizehn wissenschaftliche Arbeiten. Zudem forschte sie über tuberkulös infizierte Nahrungsmittel und die Verhinderung einer Übertragung, und Walter Kempner entwickelte erfolgreich ein Serum gegen Fleischvergiftung. Schlagartig ins Rampenlicht geriet das Forscherpaar, als es eindeutig nachweisen konnte, dass »eine bedeutende Berliner Butterhandlung fast ausschließlich tuberkelbacillenhaltige Butter in den Handel« brachte.[58] Der betroffene Unternehmer, Commerzienrat Carl Bolle, hat sich darüber gar nicht amüsiert. Er beauftragte Lydia Rabinowitsch-Kempner, ein Verfahren zu entwickeln, um diese Bakterien möglichst einfach nachzuweisen und unschädlich zu machen. Die Einführung des Pasteurisierungsverfahrens der Milch ab 1899 war eine Errungenschaft, die dem Forschereinsatz von Rabinowitsch-Kempner zu verdanken war. In den ersten Jahren entfaltete das Wissenschaftspaar eine ungeheure Aktivität, trotz intensiver Forschungsarbeit wurden sie Eltern dreier Kinder und unternahmen familienbedingt mehrere Umzüge. Nach der Geburt Roberts (1899) zogen sie an den Kurfürstendamm 232/I, nach der Geburt von Nadja (1901) und Walter jr. (1903) eröffnete Vater Walter Kempner eine Arztpraxis in der Augsburger Straße 57–58/II,[59] die gleichzeitig Wohnadresse war. Zwei Jahre bevor die Familie ihren endgültigen Sitz in Lichterfelde fand, zog sie in der Augsburger Straße noch einmal ein paar Hausnummern weiter in die Nr. 43.

Wie lebensbedrohlich ihr Forschungsgebiet der Bakteriologie damals noch war, sollte die Familie selbst erleiden. Ab 1898 musste sich Walter Kempner aus Gesundheitsgründen immer wieder beurlauben lassen, später stellte sich heraus, dass er an einer Kehlkopftuberkulose erkrankt war, vielleicht weil er während seiner Forschungen mit infizierter Milch in Berührung kam. Er schied aus dem Kochschen Institut aus, um sich ganz seiner Arztpraxis zu widmen und Lydia wechselte um 1903 zum Pathologischen Institut der Charité. Trotz Professorentitel arbeitete sie auch dort ohne regulären Vertrag und reguläre Bezahlung.

Mit ihrem Umzug in das Haus nach Lichterfelde hatte die Familie endlich ihren dauerhaften Wohnsitz gefunden, den sie über Jahrzehnte bis zur Vertreibung beibehielt. Unter der liebevollen Obhut von Lydia Rabinowitsch wurde mit Hilfe einer Frau Bohde aus Pommern und einer Köchin ein reibungsloser Haushalt organisiert. Unterstützung gab es auch durch die Schwiegermutter Angelika (Munk) Kempner. Die einstmals als »schlesische Nachtigall« gefeierte Sängerin, wird in den ersten Jahren[60] vor allem für den künstlerischen Anteil bei der Erziehung der

Familie Kempner.

Kinder gesorgt haben, denn im Lichterfelder Haus wurde viel musiziert, Robert spielte Geige, Nadja und Walter jr. Klavier. Für derartige Passionen dürfte die Professorin wenig Zeit gehabt haben. Auf die Frage, welches Instrument seine Mutter gespielt habe, antwortete Robert Kempner im hohen Alter: »Die spielte die Tuberkulose«.[61]

Der an Tuberkulose leidende Vater, der im Haus seine Arztpraxis unterhielt, respektierte »mit besonderer Liebe« angesichts ihres wissenschaftlichen Ranges das enorme Arbeitspensum seiner Frau. Die fuhr morgens um sieben Uhr mit dem Zug zur Arbeit und kam am späten Nachmittag aus der Stadt zurück. Die Kinder warteten schon am Bahnhof auf sie. Sie kümmerte sich hingebungsvoll um ihre Kinder und Enkel, hatte aber auch noch zu Hause einiges zu bewältigen. Im Lichterfelder Adressbuch sind ab Mitte der 1910er Jahre unter der Potsdamer Straße 58a außer den Kempners auch die »Zeitschrift f. Tuberkulose«, die »Dr. med. Heinrich Gobureck-Stiftung z. Gewährung zinsfr. Darlehen an Medizin studier. Frauen« sowie der »Verein z. Gewährung zinsfreier Darlehen an studierende Frauen« verzeichnet. Diese Adress-Einträge geben jedoch nur einen Bruchteil der Bünde und Vereine wieder, für die sich Lydia Rabinowitsch einsetzte. Sie betreute von Lichterfelde aus die Redaktion der Tuberkulosefachzeitschrift ab 1914 bis zur erzwungenen Abgabe 1933. Zur langen Liste ihrer Pionierleistungen kam eine weitere hinzu: Vermutlich war sie die erste Frau, die als Redakteurin ein medizinisches Blatt leitete. Während sich andere Familien feiertags ein wenig Ruhe gönnten, war dies im Haus Kempner anders. Dort versammelten sich »die ersten Doktorinnen, Professorinnen und Schuldirektorinnen sonntags zum Kaffee. Die Kempners waren für Frauenrechtlerinnen, die darauf pochten, »Forscherinnen vorweisen zu können, die dazu noch Kinder« haben, geradezu eine Musterfamilie. Aus dem Haus in Lichterfelde kamen »zig Anrufe und Resolutionen, Angriffe wurden vorbereitet, gegen Professoren, die Frauen nicht zum Studium zuließen ...«[62] Wenn die Kinder nicht gerade auf Versuchsmäuse, Meerschweinchen und Kaninchen losgelassen wurden, die man unter der Terrasse aus Forschungsgründen hielt, konnten sie »ziemlich wilde und energische« Frauenrechtlerinnen, Blaustümpfe und Suffragetten erleben. »Waren die Erziehungsmethoden der Eltern Kempner schon ungewöhnlich, so wundert es nicht, dass die Kinder früh mit der Forderung nach dem Frauenstimmrecht bekannt gemacht wurden. So ziemlich alle Frauen von Rang und Namen verkehrten im Haus Kempner: Marie Elisabeth Lüders, Marie Baum, Lyda Gustava Heymann ...«[63]

Den Kinder hatte die unkonventionelle Erziehung nicht geschadet, sondern sie bewirkte eher eine starke Bindung an ihr Zuhause. Nach ihren auswärtigen Studiengängen fanden sie sich laut Adressbuch von 1933 allesamt wieder, mit renommierten Titeln untereinander aufgelistet, in der Potsdamer Str. 58a ein.

Robert M. W. Kempner *(1899 Freiburg im Breisgau – 1993 Königstein/Taunus)*
Der im Adressbuch von 1933 verzeichnete und deshalb von jenem Nazi-Schreiberling denunzierte »Kempner R., Ob. Reg. Rat« wurde auf einer der Expeditionen des Forscherpaares geboren. Noch bei der Malariaausrottung in Montenegro unterwegs, wollte die hochschwangere Lydia Rabinowitsch-Kempner zurück nach Berlin, um dort ihr Kind gesund auf die Welt zu bringen. Doch sie kam nur bis nach Freiburg im Breisgau. Dort wurde 1899 Robert Maximilian Wassilij Kempner geboren. Seinen ersten Vornamen bekam er nach dem großen Vorbild, Familienfreund und Taufpaten Robert Koch. Robert Kempner war Schüler bei Otto Morgenstern am Schillergymnasium in Lichterfelde, das »war so ein bisschen Elite, Villenbesitzersöhne!«[64] Lichterfelde, das erst 1922 zu Steglitz eingemeindet wurde, gehörte für den Schüler Robert noch gar nicht zu Berlin, es »hatte ja ein kolossales Hinterland – Teltow und Großbeeren«, das er mit seinen Mitschülern durchstreifte. So wuchs man auf in Berlin-Lichterfelde, ging zur Schule und kam mit siebzehn Jahren, nach dem Notabitur, zu den »piekfeinen« Gardeschützen.

Lydia und Robert

Lichterfelde war das Hauptquartier des Gardenschützenbatallions, und Robert Kempner ging lieber dorthin, als von einer anderen Stelle zum Ersten Weltkrieg eingezogen zu werden. Unter all den Jägern, Förstern und Landwirten, die wussten, wie man für die Front Nahrungsmittel organisierte, war er der einzige »Student«. In Berlin und Freiburg studierte er Jura und sammelte in der Referendarszeit 1923/24 seine ersten Erfahrungen auf dem Lichterfelder Grundbuchamt. In den Inflationsjahren nach dem Krieg wurde das Geldverdienen zum wichtigsten Thema im Hause Kempner und die verlässlichen Familienbande schienen dabei gut zu funktionieren, denn inzwischen waren einige Änderungen eingetreten. 1920 starb der Familienvater Walter Kempner an Kehlkopftuberkulose, abgesehen von der persönlichen Tragödie ein Indiz, welche verheerende Auswirkung diese Krankheit immer noch hatte. Die Kempners werden sicher nicht auf die Gegenmittel hereingefallen sein, die von all den Scharlatanen angepriesen wurden, aber auch das von Robert Koch entwickelte »Tuberkulin« erwies sich als wirkungslos. Es sollten noch zwei Jahrzehnte vergehen, bis Penicillin auf den Markt kam.

Durch den Tod Walter Kempners mussten einige Dinge im Hause Kempner neu geregelt werden. Der Professorentitel hatte Lydia Rabinowitsch-Kempner zwar viel Ehre eingebracht, aber ihre Forschungen betrieb sie mehr oder weniger ehrenamtlich, da sie weder einen Lehrauftrag hatte, noch für ihren Titel eine »materielle Entschädigung« erhielt.[65] Ihre Bewerbung um eine Honorarprofessur an der Friedrich-Wilhelms-Universität war gescheitert, und so nahm die inzwischen über fünfzigjährige Bakteriologin 1920 den Direktionsposten am Bakteriologischen Institut im Krankenhaus Moabit an. Als einer der ranghöchsten städtischen Beamten bezog sie damit endlich auch ein regelmäßiges Einkommen, »machte aber zum ersten Mal weniger Forschungsarbeit«.[66] Kurz vor Walter Kempners Tod war die Familie noch Eigentümer der Potsdamer Straße 58a geworden.[67] Der Sohn Robert zog in den ersten Stock des elterlichen Hauses und heiratete 1922 die Ärztin »Dr. Helene K.«. Nach dem Studium und seiner Referendarszeit als Verteidiger von »Verbrechern aller Schichten« trat Robert Kempner als Staatsanwalt in den Justizdienst, mit dem Glauben, die antirepublikanische Gesinnung der Richter ändern zu können. Er wurde jüngstes Vorstandsmitglied im »Republikanischen Richterbund«. Mit der Aussicht »auf einen guten Posten für das ganze Leben« bewarb er sich 1928 in »gelbem Flanellanzug« beim Innenministerium, sein kühnes Farb-Experiment musste er sich jahrelang vorhalten lassen, aber eingestellt wurde er trotzdem.[68] Als Mitarbeiter des Klausener-Kerstiens-Kempner-(K-K-K-)Kommentars zum Polizei-Verwaltungsgesetz profilierte er sich in ungewöhnlich kurzer Zeit und erklomm die Karriereleiter als Justitiar der Polizeiabteilung. Für seinen Polizei-Kommentar bekam er von der Regierung eine ungewöhnliche Auszeichnung überreicht. »Eines Tages erschienen in meiner Lichterfelder Wohnung Transportleute mit einer ziemlich großen Kiste. Ich machte sie auf und fand ein wunderschönes Teeservice der früheren und noch immer bestehenden Königlich Preußischen Porzellanmanufaktur. Der Bote übergab einen Brief, dass der Minister Severing sich erlaubt habe, mir ein Teeservice für die Vollendung des Polizeiverwaltungsgesetzes zu schenken.« Noch glaubte der politisch hoch motivierte Kempner daran, dass das Innenministerium als staatliches Bollwerk mit dem aufkommenden »Nationalsozialismus fertig werden« könne.[69] Aber bald wurde deutlich, dass er als »Einzelkämpfer« mit seinen warnenden Eingaben und Denkschriften, auch direkt an den Reichskanzler, wenig ausrichten konnte.[70]

Nach der Machtübergabe an Hitler und der Ernennung Hermann Görings zum preußischen Innenminister war das Ende der Beamten-Karriere des Justitiars Dr. Robert Kempner 1933 nur noch eine Frage der Zeit: »Kempner, sie müssen natürlich raus. Hat der Göring bestimmt.«[71] Kleine Denunzianteneingaben, die laut Adressbuch auf Kempners Zusammenleben mit der jüdischen Mutter hinwiesen, hatten seinen beruflichen Untergang vorbereitet. Mit 33 Jahren saß der engagierte Republikaner plötzlich auf der Straße.

Nadja Kempner (1901 Berlin – 1932 Berlin)

Eigentlich hätte der Name von Nadeschda (Nadja) Kempner, »- N., Dr. phil.« im Lichterfelder Adressbuch von 1933 überhaupt nicht mehr erscheinen dürfen, doch eine kurzfristige Adressbuchänderung war wohl nicht mehr möglich. Nadja Kempner verstarb im Oktober 1932 mit 31 Jahren an Militärtuberkulose. Wie erschütternd muss dieser zweite Todesfall in der Familie aufgenommen worden sein, die sich doch schon so lange die Erforschung genau dieser Krankheit auf die Fahne geschrieben hatte. Gab es doch nichts Spannenderes für die Kinder, durch den »heiligen Gegenstand«, ein wertvolles Zeiss-Mikroskop, die gefärbten Tuberkelbazillen anzusehen, »ganz kleine Stäbchen, aber die Viecher bewegten sich«.[72]

Es dürfte für Nadjas Mutter, Lydia Rabinowitsch-Kempner, selbstverständlich gewesen sein, dass ihre Tochter wie die Brüder eine akademische Laufbahn einschlug. Nadja Kempner besuchte die Kaiserin Auguste Viktoria Studienanstalten in Steglitz und schloss 1920 mit dem Abitur ab. Die Kempner-Kinder hatten früh von ihrer Mutter die englische Sprache gelernt und so war es naheliegend, dass Nadja in Berlin, Marburg und Heidelberg erfolgreich Anglistik studierte. 1927 promovierte sie bei Professor Hoops zum Dr. phil und erlangte mit ihrer philologischen Doktorarbeit, die sie ihrer Mutter widmete, einiges Aufsehen. Sie konnte darin nachweisen, dass der »englische Klassiker Sir Walter Raleigh [aus den Staatstheoretischen Schriften] von Nicolo Machiavelli abgeschrieben und dies in englischer Sprache als ein neues Werk angeboten hatte«.[73]

Nadja Kempner hatte noch viel vor. Sie beabsichtigte, das Examen für den Lehrberuf an höheren Schulen zu absolvieren und unternahm bis zu ihrem Tod Reisen nach England, Italien und in die Schweiz. In ihren letzten Jahren, ab 1931, war sie laut Adressbuch wieder in Lichterfelde gemeldet. Vermutlich wird die Arztfamilie sie dort bis zu ihrem frühen Tod betreut haben.

Walter Kempner jr. (1903 Berlin – 1997 Durham/North Carolina, USA)

Auch Walter Kempner, der jüngste Sohn von Lydia Rabinowitsch-Kempner, wohnte laut Adressbuchauskunft 1933 wieder als »W., Dr. Med. Arzt« im Lichterfelder Haus der Großfamilie Kempner-Rabinowitsch, seit 1928 hatte er sich dort wieder eintragen lassen.[74] Walter, der als einziges Kind ganz in die Fußstapfen seiner Eltern getreten war, studierte Medizin in Heidelberger, forschte danach in Berlin-Dahlem bei Otto Warburg am Kaiser-Wilhelm-Institut für Zellphysiologie und hatte 1928 bis 1933 eine Stelle als Assistenzarzt bei Gustav von Bergmann an der Berliner Charité.[75] Darüber hinaus wurde er zum »Leibarzt« eines ganz besonderen Patienten. Walter Kempners Lebensgefährtin Clotilde Schlayer hatte nach ihrem Romanistikstudium in Heidelberg 1927 ein Haus in Berlin-Dahlem erworben und wenn der Dichter Stefan George zwischen 1927 und 1933 in Berlin übernachtete, dann zumeist in ihrem Hause.[76] Die medizinische Betreuung des kränkelnden Dichters übernahm Walter Kempner. Welchen Stellenwert der Mediziner für den George-Kreis hatte, ließ man ihn mit einem Namenskürzel angedeihen. Nannte man den verehrten Dichter im internen Kreis »d. M.« (der Meister), so wurde Walter Kempner als »der Arzt« nunmehr auf »d. A.« verkürzt. Walter Kempner war es, der den Dichter abends nach Dahlem chauffierte, und von ihm stammt die »wunderbare« Fotoaufnahme des Dichters 1933 an seinem letzten Geburtstag in Dahlem, die am besten »das Versonnene, ja Versonnene« des »Eigenbrödlers« Stefan George der Nachwelt überliefert hat.[77]

Jetzt wird hier das Pogrom anfangen

Dass die Etablierung des Nationalsozialismus nicht ein schnell vorüberziehender »Nazispuk« sein würde, wusste der gefeuerte Justiziar Robert Kempner nur allzu gut. Er hatte kurz vor seiner Entlassung noch die Schrift »Justizdämmerung» verfasst, um die hohen Regierungsstellen wachzurütteln, die bald selbst ein Opfer der sich ankündigenden »Blutjustiz« unter einer NSDAP-Regierung werden könnten. Aber sein Aufruf fand kaum Widerhall, umso mehr stand er als »Einzelkämpfer« selbst auf der Abschussliste der NS-Justiz. Während Robert Kempner die politische Lage noch durchaus kämpferisch auffasste, hatte die Mutter Lydia Rabinowitsch-Kempner längst die bedrohlichen Auswirkungen der antijüdischen Stimmung erfasst. »Als eines Tages die ersten Hakenkreuzfahnen in den Straßen erschienen, fing sie im Auto neben mir furchtbar zu weinen an«, erinnerte sich Robert Kempner. »Ich fragte: ›Mutter, was ist denn los?‹ Da hob sie ihre Hand, deutete auf die Fahnen und sagte: ›Jetzt wird hier das Pogrom anfangen.‹«[78] Sie, »die in Kowno geboren war, kannte natürlich von ihren Eltern solche Pogromgeschichten und hat sie wahrscheinlich in ihrer Jugend erlebt.«[79]

Wohl wegen der antisemitischen Anfeindungen tilgte die Familie den Namen Rabinowitsch endgültig aus dem Adressbuch von 1934. Dass die antisemitischen Angriffe, derentwegen man den Namen Rabinowitsch unterdrückte, sich gegen eine Familie christlichen Glaubens richtete,

Lydia Rabinowitsch-Kempner an ihrem Schreibtisch.

war für die rassistischen Aufwiegler unerheblich. Lydia Rabinowitsch-Kempner war während ihrer Tätigkeit in Philadelphia »aus ihrer Überzeugung heraus Christin« geworden,[80] die Kempners feierten evangelische Familienfeste und der Gemeindepfarrer Grüneisen, der schon Robert Kempner konfirmiert hatte, taufte dessen Sohn Lucian Kempner 1923 im Lichterfelder Haus. Doch wie hatte Robert Kempner, sich seinerseits schon auf dem Schulhof hinterherrufen lassen müssen?: »Was man glaubt ist einerlei. Nur die Rasse ist Schweinerei!«[81]

Solche Widersinnigkeiten wurden nach 1933 gesetzlich verankert, und die Familie Kempner sollte dies bald zu spüren bekommen. Robert Kempner, der die politische Lage für die nächsten Jahre richtig einschätzte, eröffnete nach dem erzwungenen Ende seiner Beamtenkarriere als Justitiar eine Anwaltskanzlei in Berlin, die sich auf die Beratung von Emigranten spezialisierte. Trotz seiner Bemühungen konnte er nicht verhindern, dass seine Mutter durch die »nationalsozialistische Revolution« und auf Grundlage des »Gesetzes zur Wiederherstellung des Berufsbeamtentums« wegen »nichtarischer Abstammung« als Bakteriologin im Krankenhaus Moabit in den Zwangsruhestand versetzt wurde.[82] Der zweite Schlag folgte, als ihr Ende 1934 »natürlich aus rassischen Gründen« nahegelegt wurde, die Leitung ihrer jahrelang betriebenen »Zeitschrift für Tuberkulose« abzugeben. »Ein Herr wurde geschickt und sagte: ›Mir ist befohlen worden, die Redaktion an Ihrer Stelle zu übernehmen. Sie dürfen das nicht weiter tun.‹«[83] Die 63-jährige Lydia Rabinowitsch-Kempner erkrankte zu dieser Zeit an Brustkrebs,[84] und als plötzlich am 12. März 1935 Gestapo-Leute die Wohnung von Robert Kempner im Lichterfelder Haus stürmten und »Mitkommen« brüllten, erlitt sie einen Herzanfall. Vom Schock der Verhaftung ihres ältesten Sohnes hat sie sich nie wieder ganz erholt. Robert Kempner wurde in einem »speziellen Gestapo-Gefängnis« im Columbia-Haus in Tempelhof festgehalten. So wie er all seine Beziehungen bemüht hatte, um die Zwangspensionierung seiner Mutter zu verhindern, suchte jetzt die Familie Kempner bei ihren einflussreichsten Bekannten, wie dem Chirurgen Ferdinand Sauerbruch oder Hindenburgs Sohn, Beistand, um Robert »rauszukriegen«.[85] Aber Hitler persönlich verfügte nach einem Einspruch aus der Schweiz seine Freilassung. Für Robert Kempner war das Elternhaus nach dem März 1935 zu gefährlich geworden, er mied von nun an seine Wohnung im ersten Stock der Potsdamer Straße 58a, um einer erneuten Verhaftung zu entgehen.

Stellensuche im Ausland

Im Haus Rabinowitsch-Kempner wurden die Koffer gepackt. Die schwerkranke Lydia Rabinowitsch-Kempner erwog für sich selbst nicht mehr den Weg in die Emigration, aber noch einmal setzte sie ihr Organisationsgeschick ein und nutzte all ihre ausländischen Verbindungen, um ihre Söhne und Enkel möglichst gut unterzubringen. »Sie hat ihren Freundinnen meinetwegen geschrieben und verhandelt: Wo kann man hingehen?«, erinnerte sich Robert Kempner.[86] Ganz ins Herz geschlossen hatte sie ihren Enkel Lucian Kempner und nahm großen Anteil an seiner persönlichen Entwicklung. Eigentlich ein »Arbeitstier«, unterbrach sie ihre wissenschaftliche Tätigkeit am großen schweren Holzschreibtisch, wenn Lucian sie in ihrem Arbeitsraum besuchte, um mit ihr zu spielen.

So wie sie sich um seine Einschulung in das Lichterfelder Goethe-Gymnasium gekümmert hatte, fuhr sie 1934/35 zweimal in die Schweiz, um ein Landschulheim auszusuchen, wo der kleine Lucian »besser aufgehoben» war als im judenfeindlichen Deutschland. Sie traf Vorsorge, dass er im April 1936 in Florenz in einem Landschulheim aufgenommen wurde.[87]

Sicher konnte auch der jüngste Sohn Walter Kempner auf den guten Ruf der berühmten Arzt-Familie und seine Englischkenntnisse bauen, als sich für den Mediziner Berufsmöglichkeiten in den USA eröffneten. 1933 hielt Frederic M. Hanes von der »Duke University School of Medicin« Ausschau nach renommierten Forschern für sein Institut und traf sich mit Walter Kempner in Deutschland, um ihm eine Vollzeitstelle in Amerika anzubieten. Walter willigte ein, aber noch war er gebunden, denn er hatte es sich zur Lebensaufgabe gesetzt, den Dichter Stefan George medizinisch zu betreuen. Clotilde Schlayer pflegte den Dichter, der im Dezember 1933 in ihrem Haus in Minusio im Tessin im Sterben lag, aufopferungsvoll nach den ärztlichen Anweisungen ihres Lebensgefährten Walter Kempner. Einige Tage vor dem Tod des Dichters eilte der Arzt nach Minusio, obwohl ihm die Charité dafür keinen Urlaub gewährte. Walter und Clotilde gehörten zum engen Kreis, der in der Grabkapelle des Friedhofs von Minusio Totenwache hielt.

1934 wechselte Walter Kempner, der inzwischen wieder am Kaiser-Wilhelm-Institut bei Warburg forschte, zunächst als Assistant Professor zur Duke University of Medicine in Durham, um dort seine Studien fortzusetzen. Angesichte der antijüdischen Umtriebe und Berufsverbote in Deutschland war diese erste Vollzeitstelle an der Medizinischen Fakultät für Forschung und Unterricht für ihn ein Segen. Er drängte Clotilde, endgültig in die USA auszuwandern, und brachte sie an seiner Universität als Assistentin unter. Die Sprachwissenschaftlerin arbeitete sich so schnell in ihr völlig fremdes Sachgebiet ein, dass sie dort bald selbst Seminare halten und Artikel in medizinischen Fachzeitschriften veröffentlichen konnte.

Abschied und Tod

Mit Clotilde Schlayer reiste Walter Kempner im Sommer 1935 ein letztes Mal zurück in sein Lichterfelder Elternhaus, um noch einmal seine Mutter zu besuchen. »Der Schock ihrer Entlassung und meiner Verhaftung haben der Krankheit einen rapiden Verlauf gegeben«, schrieb der Bruder, Robert Kempner, über seine Mutter.[88] Ihren 64. Geburtstag sollte sie nicht mehr erleben, zwei Wochen vorher, am 3. August 1935, verstarb sie. Sie wurde im Familiengrab auf dem Lichterfelder Parkfriedhof beigesetzt. Der berühmten Forscherin, die 1931 noch rühmend an ihrem 60. Geburtstag gefeiert wurde, widmete die deutsche Fachpresse nunmehr spärliche Nachrufe.

Die »russische Seele« des Hauses Kempner, die bis zum letzten Atemzug über die Großfamilie gewacht hatte, gab es nicht mehr. Die Finanzen, um die sie sich »sehr« gekümmert hatte, »ohne um Ratschläge ihrer Kinder zu bitten«, mussten nun Robert und Walter übernehmen. Beide hatten in Deutschland die bedrohliche Lage für Juden am eigenen Leib erfahren. Walter hätte wie seine Mutter als Arzt in Deutschland nicht mehr existieren können, und Robert versteckte sich, um einer erneuten

Verhaftung zu entgehen. Für beide gab es nur einen Ausweg – die Emigration. Aus dieser Not heraus beschlossen sie, ihr Lichterfelder Elternhaus zu verkaufen. Ab 1937 sind die Spuren der Kempners aus dem Berliner Adressbuch endgültig getilgt. Ein »ganz Fremder«,[89] der »Dr. Ob. Reg Rat, Mayer, Hermann«, stand nun als neuer Eigentümer im Adressbuch.[90]

»Wir hatten seit ewigen Zeiten ein Haus in Lichterfelde. Hatte das irgendetwas mit den Nazis zu tun, dass das ein ganz Fremder gekauft hat?«, mussten sich Robert Kempner beim Wiedergutmachungsantrag in der Nachkriegszeit fragen lassen. »Die Mutter, eine Frau Lydia Rabinowitsch-Kempner, ist im August 1935 gestorben. Deshalb haben die beiden Söhne verkauft. Zum Beweis dafür hat der Käufer und spätere Beklagte einen Fotografen auf den Parkfriedhof von Lichterfelde geschickt, wo auf dem Grabstein der Todestag im Jahre 1935 stand. War das nicht die Zeit, wo der Robert Kempner ausreiste und der Professor Walter Kempner schon in den USA war? Selbstverständlich sei das Haus nach dem Tod der Mutter und nicht wegen der Nazis verkauft worden!« Robert Kempner »hatte genug von der widerlichen Prozessführung und erledigte die Sache mit einem lächerlichen Vergleich. Gewöhnlich hieß es: Der jüdische Besitzer wollte ja von sich aus sein Eigentum loswerden. Natürlich wollte er es loswerden. Er musste es nämlich loswerden, auch wenn er noch nicht geahnt hat, daß er ein paar Jahre später durch den Kamin gejagt werden würde.«[91]

Neuanfänge

Durch seine guten Beziehungen zum Polizeirevier Lichterfelde-West war es Robert gelungen, einen gültigen Pass für die Ausreise zu bekommen. Als der Passüberbringer in die Potsdamer Straße 58a kam, saß Robert Kempner in der einstmals riesigen Bibliothek seines Elternhauses – ohne Bücher. Vor seiner Emigration hatte er alles verkauft, der »liebe Flügel« der musikalischen Familie »ging für fünfhundert Mark an das Haus Vaterland am Potsdamer Bahnhof«.[92] Mit seiner zweiten Frau Benedicta Maria ging er nach Florenz, um dort Unterricht in politischen Wissenschaften zu geben. Durch die Einflussnahme Hitler-Deutschlands wurde es für deutsche Emigranten 1938 auch in Italien »brenzlich«, die »gute italienische Zeit« war für den »Juden« Robert Kempner vorüber.[93] Die sieben Kisten Umzugsgepäck, die er mit in die USA nahm, beinhalteten wertvolles Gut aus Lichterfelder Zeiten. Seine Mutter hatte ihm ein Notizbuch mit amerikanischen Adressen von Freunden und Freundinnen aus ihrer Zeit am Woman's Medical Collage in Philadelphia hinterlassen. Sie verhalfen Robert zu einer Bürgschaft und dazu, als Jurist in Amerika schnell Fuß zu fassen. Doch noch ein anderes »Handwerkszeug« hatte er dabei, all die Adress-, Telefonbücher und Register, die er als preußischer Justitiar angesammelt hatte. Mit diesem »Handwerkszeug« war er bestens gerüstet, um für die USA die NS-Verbrecher zu registrieren und zu verfolgen. Als Robert Kempner 1935 Deutschland verließ, ahnte er nicht, dass er zehn Jahre später als amerikanischer Staatsbürger wiederkommen würde, mit der Anklage gegen seinen ehemaligen Dienstherrn Göring, der ihn entlassen hatte, und mit vielen weiteren Akten gegen die Verbrecher der Nazigräuel im Gepäck. In den Jahren 1947/48 ist er als stellvertretender Hauptankläger der Vereinigten Staaten beim Nürnberger Prozess gegen die Hauptkriegsver-brecher und im sogenannten Wilhelmstraßen-Prozess gegen Beamte des Auswärtigen Amtes berühmt geworden.

1984 wurde Robert Kempner mit dem großen Bundesverdienstkreuz ausgezeichnet. Mit seiner Biografie »Ankläger einer Epoche« hat er sich selbst ein Denkmal gesetzt und im Berliner Adressbuch wird man weiterhin seinen Namen finden, heute nicht mehr unter den Einwohnern, aber unter dem Straßenverzeichnis mit der nach ihm benannten Robert-W.-Kempner-Straße in Berlin-Zehlendorf.

Roberts Bruder Walter, der jüngste Spross der Familie Kempner, mag hierzulande kaum bekannt sein, aber in Amerika wurde er zum angehimmelten Urvater aller Diätbewegungen. Wenn man Water Kempner googelt, landet man auf den »RiceDietProgam«-Seiten der Duke Universität in Durham, die er mit der Erfindung seiner Reis-Diät auf die internationale Landkarte der Medizin emporgehoben hat. Wer in Amerika »Duke« sagt, meint »Reis-Diät« und denkt dabei an Dr. Walter Kempner, der als erster die konsequenten Diät-Richtlinien der cholesterin- und fettarmen sowie ballaststoffreichen Kost gepredigt hat. Die Legende will es, dass ihm dabei ein kleines Missverständnis zu Hilfe kam. Er erprobte eine Reis-Diät, die er maximal zwei Wochen gegen chronische Nierenentzündungen einsetzte. Eine amerikanische Farmerwitwe hatte aber die Anweisungen des Arztes mit deutschem Akzent falsch verstanden und kam erst nach zwei Monaten Reis-Regime zur Untersuchung zurück. Das Ergebnis soll überwältigend gewesen sein, Bluthochdruck und Herzschwäche waren so gut wie auskuriert. Die Mär von der Wunderheilung wurde schnell verbreitet, und Walter Kempner wurde zum strengen Gott im Durhamer Reis-Diät-Tempel auserkoren. Unvergesslich sein Auftritt in Durham: Mit Lincoln-Klappdach-Roadster anbrausend, im Markenanzug mit blauem Blazer und weißen Schuhen verordnete er Diät-Anweisungen, die einer Hundedressur nicht unähnlich waren. Barmherzigkeit oder Sympathie im Umgang mit seinen Patienten suchte man vergeblich.

Für Kempner war Fettleibigkeit ein Problem wie Tuberkulose oder Krebs. Fettzellen wucherten nach Kempner vergleichbar den »Krebs befallenen Zellen« und nur eine komplette Beseitigung konnte das Risiko eines Rückfalls unterbinden.[94] Solche rigiden Methoden brachten ausgerechnet ihm, dem emigrierten Juden in Amerika, gelegentlich den Titel »Nazi-Onkel« ein. Und dennoch pilgerten die Stars und Sternschnüppchen reihenweise in die Kempner-Klinik, um sich freiwillig seinem fett- und cholesterinarmen Regime zu unterwerfen. Walter Kempner, der sich selbst ganz schlicht als »Mechaniker«[95] des menschlichen Körpers bezeichnete, hatte ein unscheinbares Nest in North Carolina zur heutigen »Diät-Metropole« der Vermögenden gemacht.

Was die Amerika-Prominenz kaum zur Kenntnis nahm, sind Kempners geistige Wurzeln in Europa. Durch seinen Reichtum war es ihm und seiner Assistentin Clotilde Schlayer möglich, Emigranten zu unterstützen, nach Europa zu reisen und ihre Verbindungen zu den verbliebenen Freunden des Dichters Stefan George zu pflegen.

Letzte Spuren

Im stillen Waldteil des Parkfriedhofs Lichterfelde befindet sich die Ruhestätte der Familie Kempner, die Lydia Rabinowitsch-Kempner selbst so oft aufgesucht hatte. Mindestens einmal im Monat pilgerte sie zum Grab ihres Mannes Walter und ihrer Tochter Nadja, die beide viel zu früh an Tuberkulose verstorben waren. Lydia, die ebenfalls an Tuberkulose erkrankt war, diese aber ausheilen konnte,[96] kümmerte sich liebevoll um das Grab und ruhte dort mit ihrem Enkel Lucian auf einer kleinen Holzbank aus, die seitlich zur Grabstätte aufgestellt war. 1935 wurde sie dort selbst bestattet. Ihre Kinder und Enkel mussten das Familiengrab unbeaufsichtigt zurücklassen, weil sie aus Deutschland vertrieben wurden. Als Robert Kempner nach Kriegsende das Grab besuchte und Grabschmuck kaufte, musste er sich vom »Blumenfritzen« erzählen lassen, dass er die Gestapo eingeschaltet habe, weil die Ruhestätte der Familie Rabinowitsch-Kempner immer von einer »arischen Frau Doktor Allard«[97] gepflegt worden war. »Da lag eine Eisenstange«, erinnert sich Robert Kempner. »Mit der klopfte ich so laut auf den Tisch, daß der Mann einen Todesschreck bekam. Das war das einzige Mal, wo ich eine Pseudogewalttätigkeit gegen einen solchen Strolch verübt habe.«[98] Robert Maximilian Wassilij Kempner wurde 1993 auf eigenen Wunsch im Lichterfelder Familiengrab beigesetzt. 1995 wurde das Grab der Kempners zur Ehrengrabstätte erklärt.

Nur ein Name fehlt auf dem Grabstein der berühmten Lichterfelder Familie. Der Sohn Walter Kempner ist nicht mehr dorthin »zurückge-

Robert Kempner als stellvertretender Hauptankläger beim Nürnberger Prozess 1947/48.

kehrt«. Seine Familie war der Kreis um Stefan George. Bereits in den Fünfzigerjahren hatten der vermögenden Diät-Arzt und seine Lebensgefährtin Clotilde Schlayer in Minusio ein Grab auf dem Friedhof des Dichters Stefan George gekauft. 1997 starb Walter Kempner in seinem Haus in der Virginia Avenue in Durham, wo er seit 1943 gelebt hatte. Er, der nie verheiratet war, wurde in der Nähe des Dichters auf dem Schweizer Friedhof in Minusio beerdigt. Clotilde Schlayer starb 2004 als letzte persönliche Vertraute Stefan Georges im Alter von 104 Jahren. Auf ihren ausdrücklichen Wunsch hin wurde auch sie auf dem Friedhof in Minusio, nahe bei Walter Kempner und ihrem verehrten Dichter Stefan George, beigesetzt.

An der Dahlemer, Ecke Holbeinstraße um 1900.

*Der Lichterfelder Kreis um
den Dichter Stefan George*

Stefan George.

»Natur und Kunst! Nicht allzu zahlreich sind die Stätten, wo die Menschheit beiden lieblichen Geschwistern gleichzeitig den Altar herrichten kann.«[99]

Noch heute verfehlt der Lockruf des Führers durch Groß-Lichterfelde von 1900 seine Wirkung nicht, wenn man in Sommertagen durch die »Lichtstadt ersten Ranges« streift. Wohl ist der Wunsch nachvollziehbar, den »Glücklichen anzugehören«, die hier »neben dem negotium in der Stadt am Nachmittag und Abend ihr behagliches otium finden«. Und dort, wo sich »längs der Ortsstraßen prächtige Alleen wölben«, vermögen immer noch »die Illustrationen trotz ihrer trefflichen Ausführung nur zum Teile die Schönheit wiederzugeben, denn überall erblickt man reizende Vorgärten, und da von den Grundstücken nie mehr als ein Drittel bebaut ist, die übrigen zwei Drittel aber in geschmackvolle Gartenanlagen verwandelt sind, so erscheint jeder Wohnsitz in einen duftenden Park hineingezaubert«.

Beschreitet man die Wege des Bezirksführers aus dem 19. Jahrhunderts und biegt in einer der Gartengegenden vom Tietzenweg in die Holbeinstraße, wird man immer noch ein wenig in die Ablichtungen jener frühen Jahre gebannt. Nur der moderne Fuhrpark am Wegrand verweist auf heutige Zeitgenossenschaft. Hier also, an der Ecke Tietzenweg[100]/Holbeinstraße kreuzen sich die Wege derjenigen, die dem »Lichterfelder Kreis« angehörten. Eine Gruppe von Künstlern und Schriftstellern, die sich nach diesem Ort benannte und deren Leuchtstern der Dichter Stefan George war. Nur knapp zwei Jahre, von 1907 bis 1909, versammelten sich hier die Verehrer des Dichters und hinterließen für diese knappe

Zeitspanne erstaunlich viele Dokumente und Erinnerungen. In der George-Literatur ist der »Lichterfelder Kreis« durch zahlreiche Veröffentlichungen bekannt geworden. In den heimatkundlichen Annalen aber hat diese kurze Episode kaum Spuren hinterlassen.

Das Haus in der Holbeinstraße 34 schweigt weiterhin über seine Vergangenheit. Nichts erinnert daran, dass hier einmal der Dichter Stefan George ein- und ausging. Mit der Zeit fanden natürlich auch in diesem beschaulichen Quartier bauliche Veränderungen statt, ein paar Meter weiter am Tietzenweg, wo einst der Architekt Paul Thiersch seine Zelte aufgeschlagen hatte, unterbricht heute ein Reihenhaus den Rhythmus der umstehenden Landhäuser. Tritt man näher an die Klingelschilder, liest man, dass selbst die erhaltenen Villen meist mehr als einen Familiennamen tragen; Eigenheime, die Ende des 19. Jahrhunderts von den Bau- und Terraingesellschaften »für 90 Mk. per Ruthe« als Idyll angepriesen wurden, weil die Klientel, hier in der Gegend viel ausgedientes Militär, »nicht gern wieder zur Miete wohnen wollte«.[101] Das Schicksal der Aufspaltung in kleinere Wohnungen hatte die Generalmajoren-Villa in der Holbeinstraße 34 schon früh ereilt. Das »einzelstehende kleine Backsteinhaus aus den [18]90er Jahren in einer Reihe ähnlicher mit einem schmalen Vorgarten unter alten Bäumen«,[102] wie es Ludwig Thormaehlen beschrieb, war schon um 1907 vom Baumeister-Ehepaar Wieprecht erworben und offensichtlich als Mehrparteienhaus eingerichtet worden. Aus allen »Richtungen der Windrose strömten die Ansiedler zusammen, meistens intelligente Leute, die sich, nachdem sie nun einmal hier ihre Heimat gefunden, großenteils eifrig an die Arbeit machten, Lichterfelde so wohnlich als möglich zu gestalten.«[103] Auf den weiten Weg einmal quer über den Groß-Berliner Plan vom äußersten Nord-Osten, Niederschönhausen, nach dem Süd-Westen, Groß-Lichterfelde, begab sich auch eine Gruppe von Akademikern, die sich als »Georgianer« bezeichnete.

Die Studenten, die sich dereinst um die Jahrhundertwende in einem Garten-Gasthaus nah am friederizianischen Schlosspark in Niederschönhausen mit ihren Freundinnen zu einer ländlichen Kommune zusammengefunden hatten, konnten inzwischen allesamt villentaugliche Titel und Referenzen vorweisen. Nach dem Pankower Gasthaus in der Viktoriastraße 4[104] hatten die Freunde um 1907 zunächst weiter am Nordrand von Niederschönhausen in der Platanenstraße 26 ein Häuschen, vielleicht nur übergangsweise von der »Terrain-Gesellschaft Niederschönhausen m.b.H.«[105] gemietet, um dann im Juni 1907[106] den weiten Umzug nach Lichterfelde auf sich zu nehmen.

Holbeinstraße 34 heute.

Als sich die Jugendlichen in Niederschönhausen zusammentaten, ahnten sie noch nicht, wohin die gemeinsame Reise ging. Sie lockte »das Revolutionäre, die Stösse gegen eine veraltete Weltordnung und der Glaube, dass ein Umschwung aller Dinge nötig sei, ohne dass einer wusste, was geschehen sollte oder wo zu beginnen sei.«[107] Der Berliner Extraordinarius für Universalgeschichte Kurt Breysig, der an den Niederschönhausener Festen teilnahm und dort übernachtete, hatte der Gruppe Struktur gegeben. Er hatte sie mit der Dichtung Stefan Georges vertraut gemacht, und die »Schönhausener« begannen, seine Werke in den Mittelpunkt ihrer Feiern »und schließlich ihres Lebens«[108] zu stellen. Berthold Vallentin war einer der ersten, der durch Breysig mit Stefan George zusammentraf, und seine kultische Verzauberung schlug sich in einer Tagebuchaufzeichnung von 1902 nieder: »Sein [Georges] Blick, zumal wenn er lächelt, schreitet königlich und hält den deinen mit einer freigiebigen Leutseligkeit fest. Er gibt von seinen innern Gnaden an dich. Und du wächst an ihm.«[109] Kurt Breysigs »Freier Bund bauender Forscher« in Niederschönhausen, der sich zur Aufgabe gemacht hatte, auf »neue, erlebtere, menschlichere Weise«[110] Wissenschaft zu betreiben, trat zusehends in den Hintergrund angesichts der unbedingten Verehrung Stefan Georges. Schon nannten sich die Schönhauser Freunde

»Georgianer«, zur engen Lebensgemeinschaft zählten vor allen Friedrich Wolters, Berthold Vallentin, Friedrich Andreae und Kurt Hildebrandt. Den aufstrebenden Studenten mag bewusst geworden sein, dass ihr ländliches Pankow mit dem herrschaftlichen Schlosspark ein günstiger Spielplatz ihrer Kommune gewesen war, dass sich aber die wohlhabenden Eliten und ihre intellektuellen Salons, in welchen auch Stefan George verkehrte, mehr und mehr im südwestlichen Rand von Berlin ansiedelten. Warum sich die drei »Georgianer«, die sich mit »Andrea, F. Dr. phil./Vallentin, B. Ger. Assess./Wolters, F., Dr. phil.« ins Lichterfelder Adressbuch von 1908 eintrugen, nach Groß-Lichterfelde zogen, darüber wird man spekulieren müssen. In der Holbeinstraße 34 mieteten sie das zweite Stockwerk und unmittelbar über diesem die Dachwohnung – »nach damaligen Verhältnissen bescheidene Kleinwohnungen«.[111]

Gut möglich, dass Vallentin bei der Lichterfelder Anmietung nur kurzfristig als Bürge und Finanzier in Erscheinung trat. Denn Berthold Vallentin, ein Berliner Urgestein, »der kein gesellschaftliches Ereignis«[112] ausließ, war eher dem umtriebigen Großstadt-Nachtleben und der Berliner Börse als der Abgeschiedenheit im ländlichen Umland zugetan. Vallentin hatte seine juristische Referendarszeit abgeschlossen und war 1904 zum Assessor beim Landgericht am Alexanderplatz benannt worden. Seit seiner Begegnung mit Stefan George 1902 hatte er den neun Jahre älteren Dichter, zu dem er sein Leben lang eine bedingungslose Treue aufrecht hielt, als Meister anerkannt. Unter dem Einfluss Georges konnte er neben seiner »Juristerei«[113] musische und schriftstellerische Potenziale entfalten, wobei eine Reihe von Privatdrucken erschienen. Seine Freundin Diana war die gebürtige Russin Fanny Rabinowicz, eine Schauspielerin, der die Schaubühnen-Kritik eine »höchst dekorative Erscheinung von nicht weniger schätzbarer seelischer Noblesse«[114] zuschrieb. Doch selbst ihr Künstlername »Fanny Ritter« erschien den Georgianern noch zu profan, wegen der angeblichen »Ähnlichkeit mit einem Gemälde von ›van Dyck‹ wurde sie im Freundeskreis ›Diana Tassis‹ genannt«.[115] Berthold Vallentin und Fanny hielt es kaum ein Jahr in Lichterfelde. Nach ihrer Heirat zogen sie in eine freundliche Wohnung im Bayerischen Viertel in die Lindauer Straße 6.[116]

Kaum in Lichterfelde anzutreffen waren die Brüder Friedrich und Wilhelm Andreae. Der Breysig-Schüler und Historiker Friedrich Andrea[117] liebte die Zeit des Rokoko, er hatte seine Dissertation 1904/05 über die »Russische und Preußische Staatskunst in den ersten Jahren der Regierung Friedrich Wilhelms II.« abgeschlossen, als Geschichtsforscher beschäftigte er sich vor allem mit Katharina II. Ein Jahr später trug sich auch sein jüngerer Bruder Wilhelm Andreae[118] als »stud. phil.« ins

Haus Holbeinstraße 34, heutiges Dach.

Adressbuch ein. Über die Magdeburger Brüder Andreae hatten als Schulfreunde auch Kurt Hildebrandt und Ludwig Thormaelen zu Kurt Breysig und schließlich zu Stefan George gefunden. Thormaelen erinnert sich, dass die Brüder Andreae im Winter 1908 nur noch selten in der Holbeinstraße anzutreffen waren, Friedrich Andreae, der bereits mit der »hübschen geschmeidigen, heiter-zierlichen Jüdin, der Tochter des Prager Bankier Reich[e]l«[119] verlobt war, wurde das Lichterfelder »Jüngertum« um Stefan George bald zu viel. Aber wer diese Gefolgschaft nicht nachvollziehen konnte, durfte auch nicht mehr an den abendlichen Lesungen von Stefan George teilnehmen. »Ja der Meister ist streng«, kommentierte Berthold Vallentin. Denn wer zum George-Kreis gehörte das bestimmte in jedem Augenblick allein der Meister.[120]

Der Arzt und Philosoph Kurt Hildebrandt,[121] der sicher gern mit nach Lichterfelde gezogen wäre, musste als Psychiater in der Heilstätte Wittenau Tag und Nacht erreichbar zu sein, nahm aber, wann immer er sich frei machen konnte, am Lichterfelder Kreis teil.

So hielt nur Friedrich Wolters »allein in der Holbeinstraße noch aus«.[122] Für Wolters mag der Ortswechsel nach Lichterfelde einen ganz persönlichen Grund gehabt haben, denn für ihn war Niederschönhausen mit einem schmerzvollen Einschnitt verbunden. Wolters war mit der Schauspielerin Alma Emilie verheiratet, im Oktober 1905 wurde ihre erste Tochter Imorla Maria geboren. Im Januar 1907 erwarteten sie wieder ein Kind, aber Wolters' geliebte Frau und sein zweites Kind starben bei der Geburt.[123] Wolters verkraftete diesen Schicksalsschlag schwer, die Gefährten sorgten sich sehr um den so »lange Leidenden«.[124] Er plante, Alma Emilie mit einem Gedenkbuch zu verewigen. Sein Entwurf, ein Buchschmuck mit dem Ornament der Rose nach dem Vorbild der Fenster-Rosen der gotischen Kathedralen, »Symbol des hohen Lebens«, lag bereits in schwarzer Tusche vor. Aber Stefan George, dessen Maximin-Gedenkbuch soeben im prunkvollen Buchschmuck des Jugendstil-Künstlers Melchior Lechter erschienen war, duldete keine Vergleiche. »Das Verspinnen ins Leid wie ins Ornament« untersagte er Wolters.[125]

Zunächst aber war ein Rückzug in bürgerlichere Wohnverhältnisse angebracht. Wolters zog zusammen mit seiner Tochter Imorla ins Dachgeschoss der kleinen Lichterfelder Villa.

Wolters, Lieblingsschüler von Kurt Breysig und Gustav Schmoller, hatte mit einer wirtschaftsgeschichtlichen Dissertation über französische Agrarpolitik im 18. Jahrhundert promoviert und den Auftrag zu einer Untersuchung der Zentralverwaltung des Heeres und der Steuerverwaltung der Kurmark zugeteilt bekommen, mit der er habilitieren sollte.

Aber zunächst diskutierten die Freunde in der Holbeinstraße wahrscheinlich einen ganz besonderen »Geheimauftrag«, der mit dazu beigetragen haben mag, eine noblere Arbeits-Anschrift in der ehemaligen Generalmajors-Villa unweit der Königlichen Haupt-Kadettenanstalt vorzuziehen. Durch seinen »Doktorvater« Schmoller war Wolters beauftragt worden, die Dissertation des Prinzen August Wilhelm von Preußen zu betreuen. Schmoller brachte das den Adelstitel ein, und Wolters, der »Studienhelfer«,[126] »durfte als feingebildeter, freundschaftlicher Gesellschafter manche schöne Sommerstunden« mit dem preußischen Prinzen teilen.[127] Nach außen hin »wurde wenig von dieser Episode gesprochen«,[128] doch wie umfassend die »Georgianer« an der geheimen Mission Wolters' teilhatten, offenbart das Titelblatt dieser kaiserlichen »Inaugural Dissertation«. Die roten und schwarzen Zierinitialen und Lettern lassen auf die Handschrift Melchior Lechters, dem Ausgestalter der George-Gedichtbände schließen. Der exklusive Druck wurde bei Otto von Holten in Auftrag gegeben, der ebenso die George-Werke betreute.

Gleichsam als persönliche Dankesgabe für den prinzlichen Auftrag, der mit einem fürstlichen Honorar belohnt wurde, schoben die Lichter-

Berthold Vallentin und Friedrich Wolters um 1910.

felder Prinz August Wilhelm ein persönliches Präsent hinterdrein. Wolters und Friedrich Andreae widmeten eigene Verse sowie Übersetzungen von Verlaine der »Königlichen Hoheit August Wilhelm, Prinz von Preussen zur Feier seiner Vermählung mit ihrer Hoheit Alexandra Victoria, Prinzessin zu Schleswig Holstein Sonderburg-Glücksburg«. Die »Arkadischen Launen« von 1908, ediert in streng limitierter Auflage, im handgebundenen Ganzpergament mit Rückentitelgoldprägung, Kassettenvergoldung der Einbanddeckel, sowie goldgeprägten Vignetten und Ganzgoldschnitt, waren eines Prinzen würdig.[129]

»Mit Verlangen«[130] hatte sich auch der Architekt Paul Thiersch der Dichtung Stefan Georges geöffnet und schloss sich über den »Bruder seiner Braut« Kurt Hildebrandt dem Schönhauser-Lichterfelder Kreis an. Bei der Thiersch-Hochzeit in München waren sie alle dabei, und Berthold Vallentin verfasste als Hochzeitsvergnügung das »Festspiel: Zug von Masken«,[131] der »große Paare der Sage und Geschichte wie Oberon und Titania, Ginerva und Lanzelot u.a. in Zwiegesprächen als ein Reigen«[132] erscheinen ließ.

»Wir fühlen, dass dem nun so lange fest in sich beschlossenen Hause die Türe aufbricht und der Sommer zu schenken kommt, das Geschenk,

Titelblatt der Inaugural Dissertation.

Rechte Seite: »Zug von Masken« von Berthold Vallentin.

das über allen Geschenken ist: die Menschen unser zartesten Liebe, nächsten Hinneigung, tiefesten Andacht«,[133] jubilierten Wolters, Andreae und Vallentin, als Paul Thiersch mit seiner Familie dem Drängen folgte und eine Generalmajors-Villa in der damaligen Dahlemer Straße 12 (heute Tietzenweg 91) bezog. Nicht selten luden Fanny und Paul Thiersch zu »geistigen Festen« in ihr Haus ein. Paul Thiersch, der sich vom Architekturbüro Peter Behrens in Düsseldorf getrennt hatte, nahm in Berlin bei Bruno Paul eine Stelle als Bürochef an und eröffnete danach im Dezember 1909 als freier Architekt ein eigenes Atelier.

»Öfter in der Woche« fanden die Männer und Frauen in der Holbeinstraße oder auch in der Dahlemer Straße zusammen. »Offener Tag« war am Sonntagnachmittag und abends bei Wolters oder Andreae, zu dem besonders gern Künstler eingeladen waren, einige Male nahm das »entzückende junge und schöne Maler-Ehepaar Macke« daran teil.[134] »Unbelastet von Bescheidenheit« gründeten die Lichterfelder die Vortragsgemeinschaft »Academia Urbana«, als Vorbild der Urbanität dienten Platons Dialoge. »Gepflegteste Umgangsformen«[135] wurden dem abverlangt, der an der Vortragsreihe teilnehmen wollte. Einmal im Monat wurde von einem der Mitglieder ein Vortrag gehalten, dessen Manuskripte in einem safran-ledernen Etui aufbewahrt wurden. Angeregt von Arthur Schopenhauer sprach beispielsweise Hildebrandt unter dem Beifall der älteren Freunde »über den metaphysischen Ernst des Geschlechtstriebs und dem Eros attischer Vasen«.[136]

> ZUG VON MASKEN
>
> HERAUFGEFUEHRT ZUR VERMAEH
> LUNG VON PAUL UND FANNY THIERSCH
>
> AM 20 NOVEMBER 1906
>
> DURCH BERTHOLD VALLENTIN
>
> IHNEN EIN DENK-BILD BEI DER ERSTEN
> JAHRES-FEIER UND LEBENS-EINGELEIT
> DER
> GEMMA-ELISABETH MARGARETE THIERSCH
> GEBOREN AM 17 OCTOBER 1957
>
> MASKEN — FREUNDE
>
> OBERON — KURT HILDEBRANDT
> TITANIA — MARIE THIERSCH
>
> GINEVRA — EMMA THIERSCH
> LANZELOT — FRIEDRICH WOLTERS
>
> FRANCISCUS BORGIA — RUDOLF V BECKELA
> SCHWESTER ISABELLA LUSITANA — BERTHA THIERSCH
>
> REGINA CYPRIA — FRIEDA THIERSCH
> DUX VENETUS — BERTHOLD VALLENTIN
>
> BALTHASAR NEUMANN — FRIEDRICH ANDREAE
> ROSALBA CARRIERA — MATHILDE FABRICIUS

Ganz im Gegensatz zu solch formellem Gehabe neigte Berthold Vallentin eher dazu, die Lichterfelder Nachbarschaft zu schockieren. Er liebte den Skandal, bestellte im Restaurant nur wegen des Gleichklangs Bier mit Birnen oder orderte zum Menü erst das Dessert und zum Schluss die Suppe. Der Freund von Exzessen und Skurrilitäten sorgte auch mit seinen Festen, die den Namen »Rams« trugen, dafür, dass die bisweilen abgehobenen Lichterfelder nicht den Boden unter den Füßen verloren. Dann kleidete man sich »schäbig« und zog in die Kaschemmen.[137]

Auf einem Feste der »Academia Urbana« begegnete die Lichterfelder Schülerin Erika Schwartzkopff dem »feurigen Rheinländer« Friedrich Wolters. Vermutlich hatte Kurt Hildebrandt seine Cousine Erika dorthin geladen. »Als diese beiden Gestalten sich auf einem der Feste der ›Academia Urbana‹ kennen lernten, zogen sie sich mächtig an«.[138] Cousin Hildebrandt hegte gegen diese wachsende Leidenschaft zwar bürgerliches Bedenken und befürchtete gar eine »Trübung des Geistigen Lebens«, aber der unkomplizierte Berthold Vallentin überzeugte die Lichterfelder Gilde, dass eine »wechselseitige Einstrahlung von Geist und Liebe« durchaus im Sinne Stefan Georges sei.[139] Vallentin, der Wolters finanziell unter die Arme griff, mag auch materielle Einstrahlungsmöglichkeiten in Erwägung gezogen haben, denn Erika kam aus einer Unternehmerfamilie, ihr Großonkel Louis Schwartzkopff[140] war einer der frühindustriellen Berliner »Lokomotivkönige«, die das »Birmingham der Mark Brandenburg« in ein »Feuerland« der Dampfmaschinen verwandelt hatten.¹⁴¹ Der Bruder des Lokomotivpioniers Louis, der ebenso vermögende Karl Wilhelm Schwartzkoff, hatte sich schon vor dem großen Bauboom 1883 als Privatmann ins noch gänzlich bäuerliche Lichterfelde zurückgezogen. Sein Sohn Ernst Wilhelm Schwartzkopff, der Vater von Erika, war »königlicher Baurat und Dombaumeister«. Er umrahmte das Bild der aufstrebenden Metropole Berlin, mit Kirchen, die wie »heilige Gottesfinger in nächster Nähe der Industrieanlagen« wirkten, und mit geförderten Wohlfahrts-Unterkünften für die boomende Arbeiter- und Angestelltenmetropole.

Die 1883 erbaute »Villa Schwartzkopff« beherrschte, bis auf eine weitere Villa, allein den Marienplatz von Lichterfelde. 1888 starb Erika Schwartzkopffs Großvater Karl Wilhelm und inzwischen war auch der Bauboom um den Marienplatz ausgebrochen. Der Dombaumeister Ernst Wilhelm, Erikas Vater, zog mit seiner Frau und den drei Kindern von dort fort, um sich 1895 endgültig wieder fest auf seinem Lichterfelder Sommersitz in der Drakestraße 75 niederzulassen.¹⁴²

Erika Anna Schwartzkopff war wie ihre zwei Brüder als jüngste Tochter 1886 in Lichterfelde geboren und profitierte dort von den neu gegründeten »Höheren Töchterschulen«. So besuchte sie die 1906 gegrün-

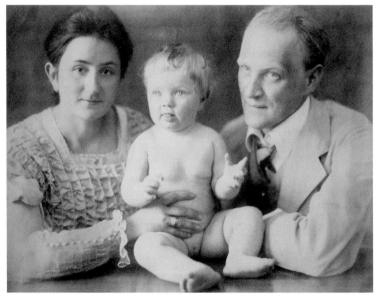

Fanny, Gemma und Paul Thiersch.

Erika Schwartzkopff. *Ernst Schwartzkopff.*

dete »Elisabethschule verbunden mit der Frauenschule«[143] unter der modernen Schulleiterin Eleonore Lemp. Die Pädagogin hatte für ihre Reformschule eigens Lehrhallen in freier Natur in der Drakestraße 80 auf dem ehemaligen Sommersitz des Kunsthistorikers Herman Grimm, Sohn und Neffe der Gebrüder Grimm, errichten lassen. Das Elisabeth-Lyzeum warb damit, in kleinen Klassen die Eigenart der Einzelschülerinnen zu fördern, Persönlichkeiten voller Tatkraft und Warmherzigkeit zu bilden, denen das Gelernte »selbstständig erworbener und innerlich erarbeiteter Besitz« werden sollte.[144]

Erika Schwartzkopff war achtzehn Jahre alt, als ihr Vater 1904 starb. Ihre Mutter zog 1909 in einen gerade fertig gestellten Mehrfamilienbau in die Theklastraße 11, direkt gegenüber der Kadettenanstalt. Es ist anzunehmen, dass sie ihre Tochter dorthin mitnahm.

Schon mit 21 Jahren, um 1907, war Erika Schwartzkopff durch ihren Cousin Kurt Hildebrandt in die »geistige Nähe« Stefan Georges gekommen, »obwohl sie anfangs beim Vorlesen Georgescher Gedichte noch in innerer Abwehr stand«.[145] Um 1910 begegnete sie dem Dichter persönlich, der ihre »hervorragende Klugheit« bezeugte: sie »habe mehr Grütze im Kopf als der Reichskanzler«.[146] Immerhin leitete sie Ende des Ersten Weltkrieges eine Lichterfelder Fabrik.[147] Im George-Kreis bewies die Lebensgefährtin Friedrich Wolters, der sie 1915 vor seiner Einberufung geheiratet hatte, »die gleiche Energie, die gleiche Leidenschaft des Mitbildens und -seins«, die »Fähigkeit, Freunde und Freundinnen auf eine hohe Ebene zu holen, wie ihr Mann Wolters«. Außer ihr hatten nur der »Meister« George selbst und Wolters die Persönlichkeit, so »gegegenwartssprühend im augenblicklichen Kreise wie auch im geistigen Staate« zu wirken, erinnerte sich Cousin Kurt Hildebrandt.[148]

Nach einem mehrwöchigen Aufenthalt Stefan Georges im Haus der Wolters im Winter 1908/09 durchlebte Friedrich Wolters eine tiefgehende Wandlung und überraschte seine Freunde mit der Schrift »Herrschaft und Dienst«. Im April 1909 las er »das Wesentlichste der fast vollendeten Schrift«[149] bei Berthold Vallentin vor und versetzte die Lichterfelder in »Staunen«. Allmählich begriffen die Lauschenden: Nichts sollte mehr so sein wie früher. Die richtungslosen Experimente des Ästhetentums, wie sie noch in Niederschönhausen vom Dichterkreis kultiviert wurden, sollten ein Ende haben. »Denn die Herrschaft duldet nicht, dass irgend ein bild oder wesen auf den Ebenen des Reiches ein anderes wappen trage als das ihre ...«,[150] verkündete Wolters mit der Rückendeckung, dass der Meister selbst diese Zeilen schon längst mit »grösstem lob und teilnahme« abgesegnet hatte.[151]

Anstelle einer Gemeinde von Lesern sollte nunmehr ein »Kreis von Jüngern seine Erfüllung darin finden, dass er einen geistigen Staat bildet, der allmählich in weiteren Wellen die Umwelt durchdringen kann.«[152] Melchior Lechter, der an der »Verkündung« Wolters im April teilgenommen hatte, illustrierte das Buch »Herrschaft und Dienst« als »Opus 1« der Einhornpresse auf handgeschöpftem Tonbütten, im Pergamenteinband mit vergoldeten Vor- und Rückendeckeln. George, der das handwerkliche »meister-stück« ebenso »mit staunen« durchsah,[153] maß wenigstens dem Inhalt eine so hohe Bedeutung bei, dass er neben der eigenen,»die kultische Mitte [seines] Kreises bildenden Lyrik«, Wolters Text vorlesen ließ.[154] Manchen »Jüngern« wurde der Führungsanspruch von Wolters im George-Kreis allmählich unheimlich: »jetzt haben wir Einen, der schlägt den Kaiser inmitten seiner Garden tot und wird nicht gefangen«,[155] äußerte Friedrich Gundolf und die langjährigen Freunde Georges wussten, wen er damit meinte.

Aber auch bei anderen hinterließ der Besuch des Meisters in Lichterfelde nachhaltige Spuren. Im Februar 1909 begab sich Ludwig Thormaehlen, der knapp 20-jährige Student mit der »Elektrischen« in die Holbeinstraße. Die Fahrt dorthin, gegen fünf Uhr abends, in den Sonnenuntergang hinein, sollte zur »wahren Andacht« werden. Berthold Vallentin hatte Thormaehlen gebeten, sich in Lichterfelde »einzustel-

Das 1906 gegründete Elisabeth-Lyzeum.

len«, nicht ohne darauf hinzuweisen, dass dies eine »Auszeichnung« sei.[156] Es war eine »Sache des Glaubens und der Zuversicht«: Wer zu einem Leseabend in den Kreis mit dem Dichter geladen wurde, »der gehört für diesen Tag dazu«.[157] Im Dachgeschoss der kleinen Villa angekommen, wies der Hausherr Dr. Wolters Thormaehlen ein: Dr. Vallentin sei anwesend, später kämen noch ein paar Leute und »der Meister sei heute in besonders guter Stimmung«.[158] Dann ging es in »Wolters' Zimmer, einen jener schönen Innenräume ... nicht hoch, weiträumig, etwas winklig, eine Gelehrtenstube, Bibliothek zugleich, durch Abstimmung aller Töne und Auswahl selbst des geringsten Hausrates und weniger Bilder zu einem Kunstwerk persönlicher Art gestaltet. Schöner noch ein kleines Seitengemach. Eine Lampe brannte auf dem Tisch. Zwei Drucke Melchior Lechters und ein in zarten Tönen gehaltenes Gemälde von diesem hingen an der Wand: »Orpheus auf der Wiese von Asphodill«, offenbar ein Bildnis Stefan Georges, ein Entwurf zu dem Kölner Wandgemälde »Die Weihe am mystischen Quell«. Auf einem kleinen Tisch lag aufgeschlagen ein Prachtband des Dichters: »Maximin« ..., die eine Seite füllend das schöne Schulterbild des Knaben.«[159]

Und »an die Wand gelehnt im Gespräch mit Dr. Vallentin« stand er: Stefan George. Eine mittelgroße Figur, eckig, derb und darüber ein mächtiges Haupt. Er war schwarz gekleidet, so dass er sich kaum von dem dunklen Grunde abhob, angetan mit einem schwarzen Rock, der bis zum Hals schließt, doch trägt er ihn offen mit einer dunklen, gewirkten Weste mit hellerem, grobformigem Muster und dunkelblauem, durch eine Goldnadel zusammengehaltenem seidenem Kragentuch.«[160] Thormaelens Beobachtungen reihen sich nun ein in den Kanon der Erinnerungen an den markanten »Kopf« Stefan Georges.

Während der Leseabenden, wurden zunächst »geistige« Gespräche geführt, auf der geistigen Ebene, »auf der man das gemeinsame Ziel spürt«.[161] In Gegenwart des Meisters stellte sich ein Zauber ein, der ein »Auslöschen des Profanen« herbeiführte.[162] Niemand wagte etwas Triviales zu sagen, eine gedämpfte, ungezwungene Unterhaltung in geistiger Heiterkeit fand statt.

Ideal für solche Begegnungen war ein Raum, »der von herkömmlichen Schmuck, erst recht aber von jedem werktäglichen Gepräge möglichst frei war, um Gedichte zu lesen.«[163] Denn Bestimmung des »Freundeskreises« und seiner »Zusammenkünfte« war die eigentliche »Kulthandlung« des Lesens, »in der jeder Einzelne sein bestes gab, die Verse des Dichters richtig erklingen zu lassen. Sinn und Rhythmus, Sprachmelodie und Reim sollten dabei als Einheit im Gedicht laut werden. Und wie die Stimme, wunderbares Phänomen aus Seele und Leib, die besondere Art eines Jeden erkennen lässt, so war auch das Lesen der Gedichte, bei aller Stilisierung, für einen Jeden bezeichnend.«[164] Die Teilnehmer erprobten ihren Atem, ihre Gebärden und wurden von den klanglichen und rhythmischen Bewegungen, vom Gehalt der Dichtung durchdrungen.[165] Wer an die Reihe zu lesen kam, wurde durch ein Zunicken Georges bestimmt. In den Erinnerungen an diese Kultabende gibt es einen regelrechten Wettstreit, wer überhaupt lesen durfte und wer dies auf »unerhörte« Weise tat. Hildebrandt dagegen erinnert sich an eine feste Rangfolge.

Belohnt wurden gute Vortragende wie »Wolters und Erika«, wenn George dem Paar auf die Stirn küsste und sagte: »Sie haben schön gelesen«.[166] Bisweilen trug George selber vor »mit dem stärksten Gewicht des Tones, dem gedehntesten Lento des Tempos«.[167] Nach Beendigung des »kultischen Lesen« verließ der Dichter den Raum, »ohne dass noch ein Wort gesprochen wurde«.[168] Diana Vallentin, Erika Schwartzkopff oder Fanny Thiersch, welche die »schwierige Aufgabe« hatten, »gastlich zu sein und selbst zurückzutreten«,[169] reichten ein »ganz schlichtes Essen belegter Brote«.[170]

»Wie wunderbar ist diese ›Aufnahme in den Orden‹, hatte Hugo von Hofmannsthal 1903 über Georges lyrisches Kurz-Drama geschrieben. »Wie ergreift die Knappheit dieser Zeilen. Diese Sprache ist durchaus

Umschlag zu Wolters' Schrift »Herrschaft und Dienst«.

Geste, das Malende hat sie abgethan wie einen bunten Mantel«[171] Dies so gelobte Stück Georges sollte in der Lichterfelder Zeit und darüber hinaus bis 1913 zu dem mustergültigen »Weihespiel des Kreises« werden. Während der »Berliner Winter« trafen sich die George-Freunde immer wieder in den Wohnungen von Wolters, Vallentin und dem Atelier von Thiersch, um an einer Aufführbarkeit zu feilen. Auch die Holbeinstraße eignete sich als Zimmertheater, um die »liturgisch wiederholbare Feier« der Ordensaufnahme unablässig zu zelebrieren und ihre »schöpferische Erfüllung« zu finden. »Stil und Geschmack ließen sich nicht wie Kleider wechseln«, aber es waren »Keime vorhanden, die im kleinen Kreis reifen könnten«.[172] Und in diesen künstlerischen Keimkammern mimten die Freunde ihre Rollen selbst, denn Publikum und »berufsmäßige Schauspieler«, sofern sie nicht wie Diana Vallentin dem Kreis selbst angehörten, waren im Holbeinschen Zimmertheater nicht erwünscht.

Georges zugrunde liegendes Lehrstück »Die Aufnahme in den Orden« spielt im Chor einer Kirche. Eingeleitet wird das Spiel von den Kloster-Brüdern, die uni sono das »Wollen und Wirken« ihres Ordens preisen. Der Großmeister am Altar verkündet nun, dass hier jeder ganz der Gemeinschaft diene. Ein Jüngling kniet vor dem Altar und bittet um Aufnahme in den Orden. Von der Treulosigkeit der Geliebten verwundet, kann ihm nur noch die Klausur helfen. Der Jüngling muss für die Aufnahme einen Ordensbruder als Bürgen gewinnen, aber diese weisen ihn zurück. Allein der jüngste der Ordensbrüder, der mit dem Zurückgewiesenen gleichaltrig ist, fühlt die äußerste Pein des Jünglings, erwählt ihm zum Freund und gewährt ihm die Aufnahme. Zum Schluss preist noch einmal »der Chor den Geist, der sich in dieser Gemeinschaft mächtig auswirkt.«[173]

Zur Inszenierung des »Weihe-Spiels« gruppierten sich die Freunde mit dem Dichter wieder einmal im Februar 1909 in der Holbeinstraße. Alle Frauen und Männer des Lichterfelder Kreises waren zugegen, George, Wolters, Vallentin, seine Frau Diana, Kurt Hildebrandt und die Familie Thiersch kamen später dazu, Friedrich Andreae folgte nach dem Abendessen, er brachte seine Verlobte »Mietzel« mit, die junge Gymnasiastin »Fräulein Reich(e)l«. In einem kargen Wohnzimmer ohne Dekoration und ohne Zuschauer, wie es das Theater Georges vorschrieb, versammelten sich die Protagonisten in Alltagskleidung, bisweilen auch in »Festgewändern«, und sagten die Verse der »Aufnahme in den Orden« in leidenschaftslos gehobener Sprache mit kaum angedeuteten Gebärden her. Wolters, in seiner »bäuerlich-geistigen Leiblichkeit«, »spirituell und asketisch« entsprach der Personage der unerbittlichen Klosterbrüder und Berthold Vallentin, der wie ein »Scheich oder Sultan« wirkte, »von beträchtlicher Leibesfülle« und »schütterem Haar« verlieh seinen »massigen Zügen« Feuer in der Rolle des »Grossmeisters«.[174] Um Aufnahme bittend, kniete vor ihnen der »Knabe« Ludwig Thormaelen, ein Bild perikleischer Schönheit, mit der reinen Linie von Augen und Mund, im Profil vom attischen Adel.[175] Er hatte das vorzutragen, was der »Jüngling« sagt.

Am Ende des Stücks schlossen die Lichterfelder Ordensbrüder einen Kreis um den »Grossmeister« und den »Jüngling« und der gesamte Chor ließ nun, nach glückvoller Einverleibung des Neulings, die letzten Verse des Ordens verhallen: »Der kreis ist der hort/der trieb allen tuns/ein hehres wort/verewigt uns!«[176]

Es war Mitternacht geworden in der Holbeinstraße an jenem 1. Februar 1909. Dreimal hatten die Lichterfelder an diesem Tag »Die Aufnahme in den Orden« in unterschiedlichen Besetzungen gespielt. Der Dichter des Stücks verabschiedete sich schnell – doch noch einige Jahre wurde die »Aufnahme« weiter eingeübt.

Stefan George hatte Berthold Vallentin zuvor vor dem Problem einer »dichterischen« Spiel-Aufführung gewarnt und deutlich die große Erwartung benannt, die er sich von einer Einstudierung der »Aufnahme in den Orden« erhoffte. Noch einmal sollte sich der Lichterfelder Kreis des Stückes annehmen, »bevor die Sache ans Publikum weitergeht«. Sein Besuch in Lichterfelde, so hatte der Meister angedroht, sei »ein letzter Versuch«: »Und wenn dann nichts wird, kann sein, dass er etwas ›Ungeheures‹ tut.«[177]

Ein größeres Publikum bekam dieses Theater-Experiment nie zu sehen. War George enttäuscht darüber, dass der Kreis von sich aus keine öffentliche Aufführung ins Werk gesetzt hatte, wie Hildebrandt vermutete?[178] Scheiterte das Projekt am Geld, das George mit den Lichterfeldern wohl für eine Zeitschrift wie das »Jahrbuch für die geistigen Bewegung« mobilisieren konnte, aber »nicht für ein Theater«?[179] Oder war das »Sprechen im Chor«, der meditative Charakter der Lesungen, der gemeinsam beschrittene Weg der Einübungen das eigentliche Ziel? George und seine Mitstreiter traten den Rückzug in einen »Lyrismus in Gesprächsform«[180] an, der keiner Bühne mehr bedurfte.

Mit dem Umzug von Friedrich Wolters 1909 nach Steglitz löste sich der Lichterfelder Kreis auf, auch wenn sich die Freunde weiter zu gemeinsamen Lesungen trafen und das »Jahrbuch für die geistige Bewegung« planten. Wolters, der als letzter in seiner Dachgeschosswohnung in der Holbeinstraße ausgehalten hatte, zog in die Steglitzer Forststraße 17, wo er bis 1919 wohnte. Am Tag seiner Abreise an die Front im Februar 1915 ließ er sich mit Erika Schwartzkopff »kriegstrauen«, um das Schicksal seiner Tochter und seiner Frau zu sichern, falls er nicht mehr heimkehren sollte.

Nach seinem legendären Lichterfelder Besuch war Stefan George in den Jahren vor dem Ersten Weltkrieg öfter zu Gast bei »Hausvater« und »Hausmutter«[181] Diana und Berthold Vallentin in der Sybelstraße 28. Hier wurde auch weiter an der »Aufnahme in den Orden« geprobt. Friedrich Andreae hatte sich mehr und mehr von allen Bindungen um den George-Kreis gelöst. Paul Thiersch, der Architekt, heftete sich weiter an die Fersen des Dichters. Er zog erst in Fußnähe der Vallentins im Bezirk Charlottenburg, Schillerstraße 13, dann bewohnte er eine »freundliche Villa klassizistischen Stils«[182] in der Lindenallee 6/7, in unmittelbarer Nachbarschaft vom Anhängerkreis von Berliner Westend, in dem George gelegentlich zuhause war.[183] Von der »Dichtung geleitet«, strebte Thiersch danach, »das Symbol für das Heilige zu finden – in strenger Architektur und eingegliederter Malerei«.[184] Für Kurt Hildebrandt, der dies schrieb, entwarf er eine Innenausstattung. Mit dem Bau des Landhauses Syla bei Küstrin für den einstigen Lichterfelder Wilhelm Andreae setzte Thiersch am deutlichsten seine architektonischen Visionen um, die er als Mit-Autor in Georges »Jahrbuch für die geistige Bewegung« artikulierte hatte. Weitere Bauaufträge für den George-Umkreis verhinderte der Erste Weltkrieg. Ab 1915 erneuerte Paul Thiersch als neu berufener Leiter die Handwerksschule Burg Giebichenstein bei Halle in Anlehnung an den Deutschen Werkbund zu einer modernen Kunstgewerbeschule.

Wie ein »ernster Abschluss« und ein »Siegel auf die Lesejahre« mit dem Dichter George war der Familie Thiersch die Lesung der zehnten Folge der »Blätter für die Kunst« erschienen.[185] Noch einmal erklangen dort im Hause die Gedichte, bevor der Krieg die Freunde trennte. Auch wenn sich in den Kriegsjahren ehemalige Lichterfelder zu George-Lesungen trafen, bezeugen viele Beteiligte die Jahre vor dem Ersten Weltkrieg als die »schönste Zeit des Kreises«,[186] in der die »schöpferische Mitte« Stefan George am zugänglichsten war.

Nach dem Tod seiner Frau Erika Schwartzkopff 1925 heiratete der inzwischen in Kiel lehrende Friedrich Wolters im August 1927 Gemma Thiersch. Gemma war die Tochter des Architekten Paul Thiersch, jenes Mädchen also, deren »Kreistaufe« die Lichterfelder gemeinsam gefeiert hatten. Wolters 29 Jahre jüngere Frau war wohl die lebendigste Augenzeugin der Jahre vor dem Ersten Weltkrieg, von denen Wolters so gern erzählte.[187]

Schon kurz nach dem beschriebenen Auftritt Georges im Lichterfelder Kreis und der dabei ausgelösten Verwandlung von Friedrich Wolters war klar, dass er zum Verfasser der »offiziellen Kreis-Biographie« ermächtigt war. Bereits 1914 wurde das Werk Wolters' in einem Prospekt angekündigt, aber es sollte 14 Jahre dauern, bis das monumentale Werk »Stefan George und die Blätter für die Kunst« noch zu Lebzeiten dem Dichter vorlag. Zwar erregte Wolters George-Biografie unter den Freunden heftigen Widerspruch, aber niemand anderes als George selbst hatte diese »Blättergeschichte« überwacht. Sie war Wolters eindrucksvollste Hinterlassenschaft, die endgültige »Hagiograph des George-Kreises«.[188] Wenige Monate nach dem Erscheinen seiner »Blättergeschichte« starb Friedrich Wolters an den Folgen des Krieges.

In der letzten Ausgabe jener »Blätter«, deren Geschichte er verfasse, war Wolters selbst mit einem Gedicht vertreten, seine Überschrift lautete: »Die Mitte«. Noch einmal beschwor er die Atmosphäre des Lichterfelder Kreises herauf: Sind jahre sind jahrtausende vergangen/Seit wir bekränzt auf breiten Polstern lagen/Lorbeer der tische weisses linnen schmückte/Drauf brot und obst in fülle stand?[...] Nach heiterm mahl umlagerte die schar/Dich Einen und die liebsten dir als nächste«.[189]

Fanny Thiersch, Erika Schwartzkopff (?), Gemma Thiersch, Kurt Hildebrandt und Sofie Reinhardt (v.l.n.r.).

»Nach wie vor«, schrieb der Führer durch Groß-Lichterfelde 1901, »werden die Bewohner von Gross-Lichterfelde in stillem ländlichen Frieden unter duftenden Blättergrün, bei laut hallenden Vogelsang Erholung von den Sorgen des Tages und den Strapazen der Großstadt finden, aber diese ist wiederum nahe genug, um uns die Schatzkammern der Kunst und Wissenschaft zu öffnen so oft und so bald wir es begehren.«[190] In diesen Schatzkammern werden nun auch die wertvollen Hinterlassenschaften derer aufbewahrt, die sich vor dem Ersten Weltkrieg für knapp zwei Jahre zusammentaten, um ihren Dichter und Meister Stefan George zu huldigen. In einem kleinen Haus der Holbeinstraße, das seinen ländlichen Frieden weiterhin bewahrt.

Jungfernstieg 19 heute.

Manfred von Ardenne

1907 Hamburg – 1997 Dresden
Universalgenie

Jungfernstieg 19

Bis Ende 1927 wohnte Manfred von Ardenne bei seinen Eltern in einem Mehrfamilienhaus am Kaiser-Friedrich-Platz. Dann mietete sich der Zwanzigjährige eine geräumige Villa mit einem fünf Hektar großen Grundstück in Lichterfelde. Da er noch nicht volljährig war, musste er seinen Vater bitten, den Mietvertrag mit zu unterschreiben. Der tat es vermutlich mit gemischten Gefühlen: mit der Trauer, die man empfindet, wenn ein Kind das Elternhaus verlässt, mit Furcht, dass sich sein ältester Sohn mit der Miete der Villa übernehmen könnte, und mit Erleichterung, dass in der Wohnung endlich mehr Platz und weniger Unruhe herrschen würden. Zwar hatte der Jungforscher seine chemischen Experimente eingestellt, nachdem der Vater auf »diverse heftige Explosionen in Anwesenheit würdiger Gäste« mit »durchaus berechtigtem Unwillen« reagiert und ihm schließlich, als ein Phosphorbrand in der Küche nur mit Hilfe der Feuerwehr gelöscht werden konnte, »unwiderruflich jede weitere praktische Tätigkeit auf dem Gebiet der anorganischen Chemie untersagt«[1] hatte.

Aber auch die Experimente, die der junge Baron auf dem Gebiet der Elektrotechnik durchführte, hatten wenig Beruhigendes: so standen Türklinken unter Strom, wurden illegal Fernsprechleitungen abgehört, öffentliche Stromkabel angezapft und private Radiosender betrieben. Hinzu kam, dass der Jungunternehmer für seine Messgeräte, Versuchsanordnungen, Fertigungseinrichtungen und die ersten Mitarbeiter immer mehr Platz benötigte, bis zuletzt sogar das mit dreißig Quadratmetern größte Zimmer in der elterlichen Wohnung in ein Labor verwandelt wurde.

Die intensive Beschäftigung mit der Funktelegraphie führte schon im Oktober 1923 zum ersten Patent, das der gerade 16-Jährige für »ein Verfahren zur Erzielung einer Tonselektion, insbesondere für die Zwecke der drahtlosen Telegraphie« erwarb. 1924 veröffentlichte er sein erstes Buch, das als »Funk-Ruf-Buch« eine Liste aller in Berlin zu empfangenden Funkstationen mit Rufzeichen und Wellenlänge enthielt, inklusive der streng geheimen und deswegen besonders interessanten Sender von Reichswehr und Polizei. Das Honorar diente dem jungen Autor zur Anschaffung dringend benötigter Messgeräte.

Die Schule kam bei all dem Forscherdrang natürlich zu kurz. 1923, als die Gefahr bestand, ein zweites Mal sitzen zu bleiben, verließ Manfred das Gymnasium mit der mittleren Reife und wurde Praktikant in einer feinmechanischen Werkstatt. Sein zweites Buch »Des Funkbastlers erprobte Schaltungen« brachte es immerhin auf fünf Auflagen.

Mit 17 Jahren machte sich der Schulabbrecher selbstständig. Er konnte mit Buchveröffentlichungen und der Verwertung von technischen Entwicklungen und Erfindungen seinen Lebensunterhalt allein bestreiten und sogar Miete für das Labor in der elterlichen Wohnung zahlen.

Als ein Physiker seine Arbeit als »Basteltätigkeit« abqualifizierte, die mangels theoretischem Hintergrundwissen und exakter Messtechnik nie zu wirklichem Fortschritt führen könne, beschloss Ardenne, seine »Arbeitsweise grundsätzlich zu ändern«.[2] Durch Vermittlung des Nobelpreisträgers Walther Nernst und des technischen Direktors der Firma Telefunken, Georg Graf von Arco, konnte er sich 1925 trotz fehlenden Abiturs an der Berliner Universität einschreiben, um Physik, Chemie und Mathematik zu studieren. Nach vier Semestern beendete er das »Grundlagenstudium«, um sich künftig im Selbststudium weiterzubilden. Innerhalb weniger Jahre wurde der jugendliche Ardenne zu einem auch bei der Industrie gefragten Experten der Rundfunktechnik. Zu den technisch und wirtschaftlich herausragenden Entwicklungen, an denen er maßgeblich beteiligt war, gehörte die sogenannte »Dreifachröhre«, die als erste integrierte Schaltung der Welt gilt und im damals zigtausendfach verkauften »Loewe-Ortsempfänger« für »außerordentliche Reinheit und Klarheit der Wiedergabe aufgrund des erstmals möglichen verzerrungsfreien Empfangs«[3] sorgte. 1925 entwickelte er den ersten Breitbandverstärker, dessen Bedeutung für die Rundfunk- und Radartechnik erst Jahre später erkannt wurde.

Das finanzielle Risiko, das Ardenne 1928 mit der Anmietung der Villa am Jungfernstieg einging, musste dem knapp 21-Jährigen angesichts seiner anhaltenden Erfolge als Forscher und Unternehmer vertretbar erscheinen. Doch schon nach einem Jahr veränderte sich die Situation. Vom Vermieter überraschend vor die Wahl gestellt, entweder das Haus samt Grundstück zu kaufen oder aber auszuziehen, entschied sich Ardenne zu bleiben, und unterschrieb den notariellen Kaufvertrag. Quasi über Nacht hatte er 150.000 RM Schulden. Die Firma Loewe bot ihm einen Kredit von 50.000 RM an, verknüpft mit der Bedingung, dass das gesamte Labor an die Firma fällt, wenn er seine Schulden nicht termingerecht zurückzahlt. Ardenne akzeptierte zähneknirschend. Der drohende Verlust des Labors und damit seiner Existenzgrundlage zwang ihn, »noch mehr als bisher streng wirtschaftlich zu denken« und sich keinerlei Fehler zu leisten, »besonders wenn es darum ging, die richtige Auswahl unter den möglichen Angeboten zu treffen, die aus den Bereichen der Forschung, Entwicklung und Produktion«[4] auf ihn zukamen. Diese Maxime war eine der Quellen des Erfolgs in den nächsten 16 Jahren, die er das Lichterfelder Laboratorium leitete.

Ardenne konnte den Kredit der Firma Loewe termingerecht zurückzahlen, was ihm – wie er sich in seiner Autobiografie erinnert – der Firmenchef David Loewe nie verziehen habe. Hilfreich war ein lukrativer Auftrag über die Lieferung von Messgeräten an die Deutsche Reichspost, den der damalige Staatssekretär Dr. Kruckow wohl in Kenntnis der prekären Lage Ardennes vermittelt hatte. Hier kam eine weitere Maxime zum Tragen, die dem ehrgeizigen Forscher immer wieder zum Erfolg verhelfen oder ihn auch aus kritischen Situationen befreien sollte: Pflege gute Kontakte zu wichtigen Persönlichkeiten! »Ardenne beanspruchte, auf gleicher Augenhöhe mit den Spitzen von Politik und Gesellschaft zu verkehren«,[5] wurde ihm später attestiert.

In seinem neuen Laboratorium befasste er sich zunächst mit der Messtechnik im Hoch- und Niederfrequenzbereich und mit dem Bau entsprechender Messgeräte. Bei der experimentellen Prüfung der Frage, ob menschliche Denkvorgänge messbar sind, konnte er nicht die erwarteten Hoch- und Mittelfrequenzfelder, sondern nur »schwache, sehr undefinierbare niederfrequente Ströme« feststellen. Da sie nicht in die Zielsetzung der Messungen passten, untersuchte er sie nicht genauer. Als der Neurologe Hans Berger 1930 in Jena die Hirnströme entdeckte, merkte Ardenne, dass er, ohne es zu wissen, schon zwei Jahre vorher »unmittelbar vor der Entdeckung des Elektroenzephalogramms (EEG)« gestanden hatte. Die Lehre aus dieser verpassten Chance wurde zu einer weiteren Maxime für seine wissenschaftliche Arbeit: »Man soll eben auch und gerade dann weiter forschen, wenn etwas gefunden wird, was nicht gesucht wurde.«[6]

Eine andere Idee scheiterte am Widerstand der Industrie. Ardenne schlug anlässlich eines öffentlich angekündigten Vortrages vor, zur Verbesserung des Empfangs ferner Rundfunksender in großen Städten Relaisstationen zu errichten. Dadurch wären die Sender »mit einfachen und billigen Geräten störungsfrei« zu empfangen. Aus Angst, mit Realisierung dieses Vorschlages erhebliche Umsatzeinbußen bei ihren aufwändigen Rundfunkgeräten hinnehmen zu müssen, organisierten die führenden Elektrokonzerne ihren Widerstand. Schon vor Beginn des Vortrags wurden Flugblätter mit Gegenargumenten verteilt, in der anschließenden Diskussion dominierten die Firmensprecher. Ardennes Vorschlag, wenigstens einen Großversuch zu starten, fand keine Befürworter. Auch diese Erfahrung, »daß nämlich die Großfirmen den technischen Fortschritt bremsen, wenn er ihren Gewinn zu reduzieren droht«,[7] prägte sich bei dem jungen Ardenne tief ein.

Von dieser Niederlage eher angestachelt, widmete er sich einem neuen Vorhaben, der Bildübertragung. Ende 1930 gelang ihm in Lichterfelde die erste Fernsehübertragung von Bildern und Gegenständen mit Hilfe von Braunschen Röhren auf der Sende- und Empfangsseite. Ein halbes Jahr später konnten die Besucher der VIII. Deutschen Funkausstellung die Fernsehübertragung eines Films mit Hilfe des von Ardenne erfundenen »Flying spot scanners« bestaunen und so die Geburtsstunde des elektronischen Fernsehens erleben. Da diese Forschungs- und Entwicklungsarbeiten wirtschaftlich nicht gleich verwertbar waren, musste Ardenne auf anderen Wegen Einkünfte erzielen. So wurden am Jungfernstieg 19 größere Stückzahlen von Messgeräten und Oszillographen gefertigt. Dem von Ardenne konstruierten Elektronenstrahl-Oszillographen stand als Pioniergerät der Weltmarkt offen.

In den Dreißigerjahren gelangen Ardenne einige bahnbrechende Entwicklungen. Mit einem elektronenoptischen Bildwandler – der Licht aus dem unsichtbaren in den sichtbaren Frequenzbereich übertrug – schuf er 1934 die Grundlage der heutigen Nachtsichtgeräte. Sein »Polarkoordinaten-Oszillograph« hatte große Bedeutung für die Radartechnik. Mit seinem Elektronenrastermikroskop erzeugte er Abbildungen von bisher nie gekannter Tiefenschärfe. Ende der Dreißiger-, Anfang der Vierzigerjahre baute er das »Universal- Elektronenmikroskop«, das als weltweit leistungsfähigstes Gerät galt und mit seinem Auflösungsvermögen die Konkurrenzprodukte von Siemens weit hinter sich ließ. Es lockte zahlreiche Wissenschaftler in das Institut am Jungfernstieg, so die berühmten Physiker Max von Laue und Max Planck. Werkstoffwissenschaftler, Biologen und Chemiker nutzten das Gerät für spezielle Aufgabenstellungen.

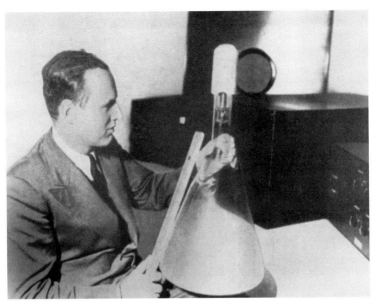

Manfred von Ardenne mit einer Bildröhre, 1934.

Spätestens jetzt könnte sich der aufmerksame Leser fragen, ob dem rastlosen Ardenne noch Zeit für ein Privatleben blieb. Es gibt dafür einige Indizien. 1938 endete nach zehn Jahren seine erste, kinderlos gebliebene Ehe. Im gleichen Jahr heiratete er Bettina Bergengruen. Ardenne hatte die Nichte des Schriftstellers Werner Bergengruen zwei Jahre zuvor beim Tennisspielen auf der Anlage von »Blau-Weiß« kennen gelernt und nicht zuletzt wegen ihres kurzen Röckchens bewundert. Ardenne wäre nicht Ardenne gewesen, hätte er nicht die Hochzeitsreise für ein technisches Experiment genutzt: Er richtete eine Fernseh-Sprech-Einrichtung ein, damit seine Schwiegereltern ihre Tochter beim Telefonieren sehen konnten. Im Übrigen wurde es eine glückliche Ehe, aus der nicht nur vier Kinder hervorgingen, sondern er auch eine »Fülle unvergleichlicher Freuden« und »Kraft zum beruflichen Handeln«[8] schöpfte.

Die frühen Vierzigerjahre wurden für Ardenne zu einer sehr produktiven Phase im Bereich der Elektronenmikroskopie. Er entwickelte u. a. Schneidegeräte und Präparierungsmethoden, erprobte neuartige Abbildungsverfahren und hatte sogar noch Zeit, ein umfangreiches Buch über die »Elektronen-Übermikroskopie« zu schreiben. Das fundamentale Werk wurde bald nach seinem Erscheinen 1940 ins Englische, Russische und Japanische übersetzt.

Der Schul- und Studienabbrecher erhielt von der Berliner Universität einen Lehrauftrag. »Seine Fähigkeiten und Verdienste« in der »Schaffung von Hilfsmitteln für die Forschung« seien »so einmalig, daß der Wunsch, ihn in den Lehrkörper einzugliedern, berechtigt erscheint«, hieß es in der Begründung. Als die Luftangriffe der Alliierten sich häuften, verlegte Ardenne die wöchentliche Vorlesung zum Thema »Konstruktion und Bau von Anlagen der Elektronen- und Korpuskelphysik«[9] in die unterirdischen Betonbunker des Instituts in Lichterfelde, die er 1941 hatte bauen lassen.

Die Betonbunker, zu deren Bau bis zu 700 Häftlinge des KZ-Außenlagers Lichterfelde eingesetzt wurden, sollten eine doppelte Funktion erfüllen: als Luftschutzbunker, angesichts der zunehmenden Bombereinsätze der Alliierten, und als Strahlenschutzvorrichtung für Mitarbeiter, die hier kernphysikalische Experimente durchführten.

Die Entdeckung der Uranspaltung durch Otto Hahn, Lise Meitner und Fritz Straßmann im Jahr 1938 hatte eine geradezu beflügelnde Wirkung auf Ardennes Forscherdrang. Er begann auf dem Gebiet der experimentellen Kernphysik, insbesondere der Auslösung nuklearer Kettenreaktionen und der magnetischen Isotopentrennung, zu arbeiten. Kongenialer Mitarbeiter wurde Friedrich Georg Houtermans, der 1941 auf Vermittlung Max von Laues zum Ardenne-Institut kam. Houtermans erzielte schon nach kurzer Zeit bedeutende Forschungsergebnisse, die er u. a. in einem Bericht »Zur Frage der Auslösung von Kern-Kettenreaktionen« zusammenfasste. Darin sagte er – schon vor der Entdeckung des Plutoniums – neue Elemente schwerer als Uran voraus und zeigte Möglichkeiten auf, diese zur Energiegewinnung zu nutzen. Die Brisanz des Berichts, den Ardenne trotz Geheimhaltungsverpflichtung »an die Creme der deutschen Kernphysik«[10] verschickte, wurde von dieser nicht erkannt oder geflissentlich übersehen.

In den Bunkern, einer befand sich auf dem Nachbargrundstück im Jungfernstieg 18, wurden ein 1-Mio-Volt-Van-de-Graaff-Generator als Neutronenquelle und ein 60-Tonnen-Zyklotron als Teilchenbeschleuniger aufgestellt. Auftrag- und Geldgeber war die Deutsche Reichspost. Grundlage war ein im Januar 1940 abgeschlossener Vertrag, in dem Ardenne zusagte, »Aufträge der DRP für die technische Entwicklung von Verfahren und Anlagen auf dem Gebiet der Atomzertrümmerung zu übernehmen«.[11] Die Zusammenarbeit mit der Post, die Ardenne schon mit Beginn der Lichterfelder Jahre gesucht hatte und die ihm die wirtschaftliche Basis des Instituts sichern half, bekam einen neuen Schwerpunkt. Verantwortlich hierfür war Wilhelm Ohnesorge, Mathematiker, Physiker, früher Wegbegleiter Adolf Hitlers, Reichspostminister seit 1937 und vom persönlichen Ehrgeiz beseelt, den Endsieg mit einer atomaren Wunderwaffe zu erzwingen.

Eine Inbetriebnahme des Zyklotrons verhinderten die zunehmenden Luftangriffe der Alliierten. Unter anderem wurde das Hauptgebäude des Ardenne-Instituts getroffen und geriet in Brand. Personal und Gerätschaften, um deren beider Unversehrtheit willen Ardenne große Anstrengungen unternahm, überstanden in den unterirdischen Laborbunkern. Er schaffte es auch, ein Jahr vor Kriegsende, als jegliche Bautätigkeit daniederlag, das zerstörte Institutsgebäude wieder aufzubauen und noch ein 5.000 Quadratmeter großes Nachbargrundstück zu erwerben. Damit wollte er »die Erweiterung des Instituts durch drei neue Gebäude unmittelbar nach dem Krieg vorbereiten.«[12] Dazu kam es nicht mehr.

Am 10. Mai 1945, russische Soldaten hatten das in den letzten Kriegswirren intakt gebliebene Institut umstellt, richtete er ein Schreiben an den »Genossen Stalin« und bot der Sowjetregierung seine Dienste an. Der letzte Satz darin lautete: »Mit dem heutigen Tage stelle ich der sowjetischen Regierung sowohl meine Institute als auch mich selbst zur Verfügung.« Der rote Diktator nahm das Angebot dankend an. Ardenne erhielt den Auftrag, »Aufbau und Leitung eines großen, für die Sowjetunion arbeitenden technisch-physikalischen Forschungsinstituts zu übernehmen«.[13] Am 21. Mai 1945 saßen Ardenne und seine Frau im Militärflugzeug nach Moskau.

Drei Monate später war Manfred von Ardenne Direktor des »Instituts für elektronische Physik« bei Suchumi am Schwarzen Meer. Dorthin übersiedelten auch seine Angehörigen und die meisten seiner Mitarbeiter und brachten die Einrichtungsgegenstände des Labors und der Wohnung aus Lichterfelde mit.

Käthe Dorsch

*1890 Neumark/Oberpfalz –
1957 Wien Österreich
Schauspielerin*

Harry Liedtke

1882 in Königsberg (heute Kaliningrad) – 28. April 1945 [14]
Schauspieler

Drakestraße 81

Vielleicht wäre die Geschichte Deutschlands ja ein bisschen anders verlaufen, wenn Käthe Dorsch nicht den Filmstar Harry Liedtke zum Mann genommen hätte – sondern ihn. Jenen Hauptmann mit enganliegender Fliegeruniform, aristokratischer Haltung, stechenden blauen Augen und energischem Kinn, der durchaus bei der blutjungen hübschen Soubrette aus Mainz landen konnte und sich 1917 mit ihr verlobte – jener Herr war Hermann Göring.[15] Vielleicht wäre er dann nie in die Partei eingetreten und vielleicht wäre er durch sie ein besserer Mensch geworden. So zumindest beteuerte es die Schauspielerin Käthe Dorsch »mindestens zwanzigmal«, vor 1933 und auch noch nach 1945.[16] Vielleicht ...

Gleichzeitig begegnete man Käthe Dorsch in Berlin mit einem anderen Mann. Trampend am Straßenrand auf dem Weg zum Berliner Filmstudio in Tempelhof. Die Operetten-Soubrette unternahm ihre ersten Gehversuche im ernsten Schauspielfach und besserte ihre spärlichen Gagen mit kleinen Filmdrehs auf. Da kam ihr ein unglaublicher Zufall zu Hilfe, der sie ganz nach oben katapultieren sollte – so zumindest will es die Film-Anekdote. Wer wollte schon hören, dass die soeben von den Kritikern entdeckte Schauspielerin auch ganz allein das Potential gehabt hätte, sich in der Bühnen- und Filmwelt durchzubeißen.

Die Version, dass ein vornehmes Auto am Straßenrand anhielt und sie aus dem Aschenputteldasein des ärmlichen Starlets erlöste, klang weitaus filmreifer.

»Das war er!«, schrie Käthes Freundin.

»Wer?«

»Der Liedtke ... der Harry!«

»Wenn der uns mitnähme ...!«[17]

Und Harry Liedtke nahm sie mit. Nun hatte Käthe Dorsch ihren Ruhm für alle Zeiten der Gunst des damals beliebtesten deutschen Mädchenschwarms und Stummfilmstars zu verdanken. Doch zuvor musste noch die Heldenkomödie der Kampfhähne Göring und Liedtke abgewickelt werden. Der Fliegeroffizier geriet natürlich in Rage, weil die Käthe den Harry vorzog. »Den Kerl knalle ich nieder!«, soll der einen Revolver besitzende Göring getobt haben, als er zum Schluss der Vorstellung am Bühneneingang Käthe und Harry nachgestellt hatte. Dass der schneidige Offizier Göring, was Frauen betraf, »kein Kostverächter« war, sich als Kunstflieger und Fallschirmverkäufer durchschlug und sein Verlöbnis mit der Schauspielerin nicht allzu monogam und möglicherweise auch weniger dramatisch sah, entging den Biografen der Käthe Dorsch.[18] »Aber Käthe war stärker als Göring, und von ihrer ehrlichen Absage blieb eine große Verehrung in Göring zurück.«[19]

Auch Harry Liedtke hatte schon einige Schauspiel- und wohl auch Frauenexperimente hinter sich gebracht, als er in den Zeiten der Hyperinflation der frühen 1920er Jahre ein Haus in Lichterfelde erwarb.[20] An seiner ersten Ehe mit der Schauspielerin Hanne Proft (Schütt) war er bereits gescheitert, seine zwei Söhne schlugen eine kaufmännische Laufbahn ein.[21] Mehr oder weniger glücklos hatte er in Göttingen, Berlin, »über dem großen Wasser« – am »New German Theatre« in New York – und dann wieder bei Max Reinhardt in Berlin und in Mannheim seine Schauspielerfahrungen zusammen getragen. Am Theater in Nebenrollen vor sich her dümpelnd, hatte der »reizende Junge« in den frühen 1910er Jahren seine weitaus durchdringendere Ausstrahlungskraft im nagelneuen Medium Stummfilm erkannt. Mit seinem Talent fürs Kintopp war er dafür mit Ruhm und Reichtum gesegnet worden.

Was hatte Liedtke dazu bewogen, ins Epizentrum jener Kadettenaufzuchtsgegend zu ziehen, wo ein Männlichkeitsideal geprägt wurde, das gerade er in seinen Filmen immer wieder mit feiner, doppelbödiger Ironie durchbrach? Was mögen die Lichterfelde-Armisten vom Zuzug des populären Waffenrock-Artisten gehalten haben, der aus dem humorlosen Gebaren der »Stahlnaturen eingestellt auf den Kampf in seiner gräßlichsten Form«[22] genau jenes komödiantische Element herauskristallisierte, das ihn als Idol für seine weiblichen Fans so hinreißend machte. Wenn Harry Liedtke in seiner Kintopp-Uniform auftrat – und das tat er gern – dann umwehte ihn ein gefälliger, weicher, ja geradezu »femininer« Touch.[23]

So verzauberte er seine Verehrerinnen als hübscher Uniformträger, junger Prinz, Detektiv und Abenteurer. Regisseure wie Ernst Lubitsch oder Friedrich Wilhelm Murnau schmückten ihre Werke gern mit diesem Talent. Der »Harry-Liedtke-Film« war zum unverkennbaren Markenzeichen geworden. Selbst als Pharao Ramphis im Film »Das Weib des Pharao« (1921) blieb er »trotz der geringen Bekleidung eine bezaubernde Berlin-W-Type; nicht nur mit dem Mund, sondern auch mit den Augen so reizvoll lächelnd, dass er vergeblich in den Nil springt, man weiß doch, es ist Spree oder Havel.«[24]

Und dort, wo die Drakestraße kein Ende nimmt, »wo sie unweigerlich ins Wasser fallen würde, wenn es keine Brücke über den Teltowkanal gäbe, dort stand sein Heim, sein Haus«. Hier klingelten die »Poussierstengeln«, die auf Autogrammjagd oft wochenlang seinen Gartenzaun umlagerten. Unzweifelhaft hatte Liedtke das »unmodernste Häuschen von seinen Kollegen, aber mit seinem alten gepflegten Garten sieht es so lieb und vertraulich, so wohnlich aus, daß sicherlich manch einer gern einen Blick hineintun möchte ...«[25]

Wer immer öfter einen Blick bei Harry Liedtke hineintun durfte, das war Käthe Dorsch, die offensichtlich eher vom Charme des Militär-Parodisten hingerissen war, als vom markanten Original Hermann Göring, der von seinem Fliegerruhm allein nicht leben konnte. Zögerlich rückten die Filmmagazine mit der Neuigkeit heraus, dass die noch relativ unbekannte Schauspielerin Dorsch den heißumschwärmten Harry Liedtke 1920 abbekommen hatte. »Das Glück dieser jungen Ehe spiegelte sich wieder in der aufblühenden und neu aufstrahlenden Schauspielkunst von Käthe Dorsch«, schrieb der Theaterkritiker Herbert Ihering, der aber sonst keinen Zweifel daran ließ, dass sie auch ohne Harry Liedtke von der »Peripherie in das Zentrum der Berliner Theaterstadt« gerückt wäre.[26]

Sicher konnte der vielgereiste und acht Jahre ältere Theaterroutinier und Filmstar mit wertvollen Erfahrungen und Beziehungen aufwarten. »Ungeduldig, grob und zärtlich leitete er sie, studierte Rollen mit ihr, probierte Gefühle aus und gab ihr, was sie brauchte, den entscheidenden Mut zu sich selbst.«[27] Harry Liedtke selbst hatte längst den »Sieg des Typs über die Schauspielkunst, des privaten Scharms über die Gestaltung« davongetragen. »Er bedeutete die notwendige und richtige Trennung des Films vom Theater.«[28] Als Theaterschauspieler allerdings, der in Nebenrollen oft in fünfter, sechster oder siebter Besetzung antrat, bevor ein Stück abgesetzt wurde, dürfte sein Einfluss auf Käthe Dorsch von den Biographen eher überbewertet worden sein. Alles »was ihm selbst an Ausdruckstiefe versagt war, entdeckte er in

Käthe Dorsch.   *Harry Liedtke.*

ihr.« Dennoch vollzog Käthe Dorsch in ihrer Lichterfelder Zeit die Wandlung zur »totalen Schauspielerin«, wie sie nur »alle hundert Jahre« vorkommt. So zumindest feierte sie der Kritiker Herbert Ihering. »Sie spielte heute einen Klassiker und morgen ein Singspiel. Aber es war doch ein Unterschied.«[29] Die Bühnen hatten sich seit den 1910er Jahren enorm spezialisiert, und Käthe Dorsch meisterte virtuos den Spagat der unterschiedlichsten Rollenrepertoires. »Im Jubel ihrer Töne, im Glanz einer schimmernden Rhetorik gelang ihr mühelos und ohne Bruch der Übergang von Hauptmann zu Lehár.«

Käthe Dorschs erste Ehejahre in Lichterfelde waren vielleicht die glücklichsten ihres Lebens. 1924 waren Dorsch & Liedtke endlich auch als Traumpaar in den Filmmagazinen vereint. Ihre Film-Expedition nach Kairo wurde ebenso protokolliert wie die gemeinsame Fütterung einer Kuh auf ihrer neuen Besitzung in Bad Saarow-Pieskow am Scharmützelsee, dort, wo sich die Filmschickeria neuerdings inflationsbedingt riesige Sommersitze leisten konnte. Jedoch schon im Januar 1927 ließen die Fanpostillen durchsickern, dass das »Gemunkel einer Ehescheidung« leider der Wahrheit entspräche. War die gerade grassierende »Bubikopffeindschaft« von Harry Liedtke Schuld am Ehezwist? Käthe Dorsch trug neuerdings einen solchen. Hatte sie mit der neuen Kurzhaar-Frisur gar die endgültige Emanzipation vom großen Meister und Gatten provoziert? Das sei »bestimmt nicht der Scheidungsgrund«, hatte die »Filmwoche« den aufgeregten Leserinnen-Nachfragen beschieden.[30]

Die Ehe war auf dem Zenit ihres beiderseitigen Ruhmes zugrunde gegangen. Profane Zeitabläufe in der Drakestraße mögen diese Trennung gefördert haben: »Harry wurde meist schon um sieben in der Frühe abgeholt, denn um neun Uhr pünktlich wurde mit dem Drehen begonnen, Käthe aber kam selten vor Mitternacht aus dem Theater. Dann hatte man sich noch viel zu erzählen, tagsüber sah man sich ja nicht. So kam man viel zu spät zu Bett und stand zu früh wieder auf. Käthe ließ es sich nicht nehmen, selbst das Frühstück für Harry zu bereiten, richtig frisiert und fertig angezogen, »wie sich's gehört« pflegte sie zu sagen, denn sie nahm die Ehe ernst.«[31]

Aber nahm Harry Liedtke die Ehe so ernst? »So sehr er auch seine Käthe liebte, kleinere Abenteuer waren kaum auszuschalten. ›Wenn sie's nicht fühlen, lernen sie's nicht‹ stöhnte Harry unter der Last immer neuer Liebeleien und log sich seine Entschuldigungen vom Himmel herunter. Es war ja sein leicht entzündbares Herz, das den Zauber vom

Drakestraße 81, um 1926.

Käthe Dorsch.

Harry Liedtke.

Aug' auf die Leinwand trug ... und von der Leinwand ins Auge der Welt.«

Doch möglicherweise zeichnete sich in ihrer Partnerschaft noch ein anderer Konflikt ab, der nicht so leicht nach außen zu tragen war. »Das Glück dieser jungen Ehe spiegelte sich wieder in der aufblühenden und neu aufstrahlenden Kunst von Käthe Dorsch«,[32] hatte der Kritiker Herbert Ihering beobachtet. Selbst die gefürchtete Theaterhoheit Adele Sandrock bat nach langem Zögern darum, ihr Käthe Dorsch vorzustellen, was einem Ritterschlag im Berliner Theater-Olymp gleichkam. Gänzlich anders lief es bei Harry Liedtke, der »frische Jüngling, der liebenswürdige Tausendsassa, der lustige Draufgänger« kam in die Jahre. Während 1927 die 37-jährige Schauspielerin Dorsch in der ersten Riege der Theaterbühnen stand und ihr noch alle Optionen für die Zukunft offen standen, musste ihr 45-jähriger Mann allmählich darüber nachgrübeln, wie lange er noch die Männerwelt davon überzeugen wollte, dass, »wenn Frauen sich in einen anderen verlieben«, es nur Harry Liedtke sein konnte.[33] Der Schauspieler hat sich in »energischer Konzentration« auf die Mission eines Künstlers zu begeben, um innere Erlebnisse, getragen von einer starken Selbstbesinnung darzustellen, prophezeite die »Filmwoche«. Nur so könne er seine unsterbliche Wiederkehr aus der »blühenden goldenen Zeit« erblicken, in der er »nicht die letzten Möglichkeiten des schöpferischen Mannes« erblickt hatte.[34]

Einstweilen trat der Schauspieler 1927 gegen das Verblassen seines Ruhmes mit dem programmatischen Gedichtbändchen »Vergeßt mich nicht« an. Wehe dem Kritiker Herrn Dr. Theuerkauf, der es in einer Filmgazette gewagt hatte, diese »prächtigen Gedichte« auf gemeinste Weise zu zerreißen und zu verhöhnen.[35] »Er gleicht dem Könige auf dem Thron, und ist der Kino-Muse bester Sohn«,[36] rang die empörte Leserinnenschaft um den Filmhelden, der sich nun auch als Dichter versuchte.

Harry Liedtke stand an »einem entscheidenden künstlerischen Wendepunkt seiner Karriere« und es ist, als ob der Kintopp-König nach der Scheidung sich und seiner Zuschauergemeinde geradezu in Torschlusspanik beweisen wollte, dass er immer noch in die erste Riege der Filmstars gehörte. 1929 und 1930 trat er in 14 Filmen auf und verstopfte geradezu den »Liedtke Markt«.[37] Dabei schlüpfte ihm in ihrer ersten Hauptrolle eine Schauspielerin unter, die ihn bald in den Schatten stellen sollte: Marlene Dietrich.[38] Doch Liedtkes erotisches Geheimnis vom ewigen »Typ des schönen Mannes«, der versuchte in das Fach des »Père noble« überzuwechseln, wurde mit der Einführung des Tonfilm entzaubert. Der Stern des Künstlers begann endgültig unterzugehen, da half auch der massive Einsatz von Gesangs- und Sprechunterricht nichts. »Harry Liedtkes Stimme trübt das Rosenrot seines Lächelns«,[39] darüber konnten auch seine neuerlichen Theater- und Tonfilmoperettenversuche nicht mehr hinwegtäuschen.

»Käthe Dorsch behält das Haus in Lichterfelde, Harry Liedtke das in Pieskow«, wusste die »Filmwoche« zu berichten.[40] Als Harry Liedtkes

Harry Liedtke, Christa Tordy und Käthe Dorsch.

Harry Liedtke, der Frauenschwarm.

Autogrammadressen wurden zunächst das Eden-Hotel und dann die gemietete Villa in der Bismarckstraße 16 in Berlin-Grunewald weitergereicht. Bis er sich endgültig mit seiner dritten Frau, der Reinhardt-Schauspielerin Christa Tordy (Dr. phil. Annelise Uhlhorn), einer »hübschen jungen Studentin, die sich beim Film versuchen wollte«[41] ganz nach Pieskow zurückzog.

Wenn auch »die Eifersucht die Ehe von Käthe Dorsch und Harry Liedtke zerstört« hatte, gestanden sie sich ein, dass nur zwei Liebende sich »getrennt hatten, ohne Rechte mehr aufeinander« zu haben. Die Drittfrau Christa Tordy schien sich damit zu arrangieren, »sie hatte ein rührendes Vertrauen in Käthe und zog sie zu Rate, wo immer es um Harrys Wünsche und Empfindlichkeiten ging.«[42] Als das Nachbar-Grundstück bei Harrys Häuschen am Scharmützelsee frei wurde, das der Filmarchitekt Kurt Richter aufgab, »unterhandelte Harry sofort für Käthe. Er machte es ihr so überzeugend klar, wie billig der Kaufpreis und wie einmalig die Gelegenheit sei, daß Käthe, alles, was er wollte, bereitwillig einsah. Sie kaufte also das Häuschen. Nun waren sie Nachbarn. Wenn man zu Gast zu Käthe kam, ging man mit ihr zu Liedtkes hinüber. Es war dann genau wie früher [in Lichterfelde], nur dass die junge Frau [Christa Tordy], die Harrys Tochter hätte sein können, die Gastherrin spielte.«[43] Auf einem Foto um 1930 sieht man die Ménage à trois am Fenster im Pieskower Haus von Harry Liedtke glücklich vereint.

Aber die Filmlegenden um Dorsch und Liedke wären nicht komplett, wenn sich nicht noch einmal Harry Liedtkes einstiger Gegenspieler zu

Wort gemeldet hätte. Der inzwischen dickleibig gewordene Jagdflieger und Pour-le-mérite-Träger Hermann Göring begab sich nach dem Tode seiner Frau Carin 1932 erneut auf Brautschau. Da Käthe Dorsch ebenfalls frei war, soll er ihr einen neuerlichen Heiratsantrag gemacht haben. »Die Dorsch bat sich Bedenkzeit aus. Eines Tages nun erhielt sie einen telefonischen Anruf, die gesamte Führerschaft der Nazis wolle sie nach der Vorstellung – also nachts – in ihrem Hause in Berlin-Lichterfelde aufsuchen ..., es wäre quasi Brautschau durch den Führer gewesen, denn die Position der ›Hohen Frau‹ war vakant, und Göring wollte die Zustimmung Hitlers persönlich zu seiner neuen Wahl erhalten.«[44] Käthe Dorsch unterließ ein zweites Mal die Möglichkeit, Göring zu bessern und in die Geschicke der Weltgeschichte einzugreifen. Göring selbst begnügte sich mit einer Schauspielerin aus der zweiten Garde: Emmy Sonnemann. Göring soll immerhin »eine Schwäche für die Dorsch« bewahrt haben. Eine Schwäche, durch die »sie in schlimmer Zeit viele Menschen retten konnte«, so zumindest wurde ihre fortbestehende Verbindung zum »mächtigen Protektor«[45] Göring nach 1945 immer wieder gewertet. Tatsächlich stand Käthe Dorsch auf der limitierten Liste der steuerlich extrem begünstigten Schauspielerinnen des »Dritten Reiches«[46] und setzte sich gleichzeitig für die »freiwillige monatliche Unterstützung« von »einer Reihe von Juden«[47] ein. »Wer sich daran stört, dass beides nicht zusammengehe ... wird nie die Mischung verstehen, aus der die ewig waltende Gottheit das echte, große und beglückende Talent schafft und formt«,[48] verteidigte ein Film-Regisseur die Ambivalenz ihrer Rolle in der Diktatur. Der Dorsch-Biograf Ludwig Berger, schrieb dies über sie, »die treu blieb, nicht nur in Gedanken, sondern auch im Mut«.[49]

Käthe Dorsch »wechselte ihre Wohnungen wie Kleider und Rollen«.[50] Spätestens Ende der Dreißigerjahre, als sie ein festes Engagement am Burgtheater annahm, dürfte sie ihr Lichterfelder Haus aufgegeben haben. »Die Unruhe der Käthe Dorsch, zeitlebens von einem Theater zum anderen zu wechseln, gehörte zu ihrer Natur, »wie sie auch immer verschiedene Arten von Häuslichkeit haben muß: vom Landhaus am märkischen See in Pieskow zog sie in eine Etage im alten, ruhigen Berliner Westen, von dort nach Wien in ein amerikanisches Hochhaus, dessen Zimmer sie sich anähneln konnte, und [in eine schlossähnliche Villa] an den Attersee[51] in stille Abgeschiedenheit ...«[52]

Um Harry Liedtke indes war es ruhig geworden. Selten erinnerte sich der Film seiner, als jungenhafter, graumelierter Papa oder Grandseigneur tauchte er in den Dreißigerjahren bisweilen noch in Nebenrollen auf. 1941 bewies er neben Heinz Rühmann und Käthe Haaks in »Sophienlund«, dass er als heiter, abgeklärter Patriarch durchaus eine Hauptrolle meistern konnte.

Bald 20 Jahre war es her, dass sich die Dorsch von Liedtke in Lichterfelde getrennt hatte, und doch waren sie gute Freunde geblieben. In den Unwägbarkeiten des Krieges, im Januar 1945 fuhr sie noch einmal nach Pieskow hinaus, um Liedtke vergeblich zu überreden, mit ins sichere Salzkammergut zu kommen. Sie wird sich ihr Leben lang daran erinnern: »Es war ganz neblig ... man konnte kaum drei Schritte weit sehen ... plötzlich tauchte aus dem Nebel Harry Liedtke auf. Er wollte mir nur eine gute Reise wünschen, sagte er. Wir hatten gerade noch Zeit, einander die Hand zu drücken. Ich fragte ihn noch einmal, warum er nicht mitkomme. Da fuhr der Zug auch schon los ... So, wie er ganz plötzlich aufgetaucht war, verschwand er wieder im Nebel. Da wußte ich, daß ich ihn nie mehr wiedersehen würde!«[53]

Liedtke, »der ja sonst nichts besaß«,[54] als sein Haus mit dem Silber, den Teppichen und den antiken Möbeln, blieb mit seiner Frau Christa Tordy auch noch, als die russischen Kanonen schon den Landstrich überrollten. Welche Katastrophe sich 1945 während des Einmarsches im Hause Liedtke abspielte, wird wohl für immer im Dunkeln bleiben. Das Haus brannte völlig ab, und der Garten lag verwüstet. Die genaue Todesursache und das Sterbedatum von Liedtke und Tordy sollten noch zum deutsch-deutschen Zankapfel werden. Im Westen stützte die Presse ihr Todesdatum am 28. April 1945 mit den Stories über die grausamen Exzesse, die den Liedtkes von den Russen angetan wurden. Und im Osten datierte man den Tod des Paares auf den 27. Mai 1945, also außerhalb einer Schuldzuweisungsmöglichkeit an die Rote Armee. Die letzten Tage des einstigen Filmstars Harry Liedtke sind von dieser furchtbaren Realität überschattet. Was für ein Widerspruch für einen Helden, der als »Mensch, der medial Glück« vermittelte, in die deutsche Filmgeschichte eingegangen ist, und der als immerwährendes »Symbol der Lebensbejahung«[55] von der Leinwand herunterlächeln wird.

Käthe Dorsch hat ihren größten Glücksbringer nie vergessen. Das offenbarte auch ihr letzter Wunsch. Am 3. Januar 1958 starb sie in Wien, wo ihr Sarg unter Ehrengeleit von Zehntausenden um das Burgtheater getragen wurde. »Dann nahm die Bahn sie auf und führte sie nordwärts«, dorthin wo sie die »vielleicht glücklichsten Jahre ihres an Glück nicht armen Lebens verbracht hatte«.[56] Nahe bei Harry Liedtke in Bad Saarow-Pieskow fand sie ihre letzte Ruhestätte.[57] Ein Gedenkstein befindet sich auf dem Evangelischen Kirchhof der St.-Annen-Gemeinde in Dahlem.

Hansjörg Felmy

1931 Berlin –
2007 Eching am Ammersee
Schauspieler

Theklastraße 11

Hansjörg Felmy war Berliner. Berliner bleibt man auf immer und ewig, auch wenn man, wie er, in der niedersächsischen Provinz aufwuchs, und seine Wege ihn später nach Nordrhein-Westfalen und Bayern führen sollten, den berühmten, oft besungenen sprichwörtlichen »Koffer« hatte auch Hansjörg Felmy immer in Berlin. Und es ließ sich sogar eine Lichterfelder Adresse ermitteln: »Felmy, Theklastraße 11«. Mit dieser spärlichen Information haben sich aber seine Lichterfelder Spuren beinahe schon erschöpft. Und dennoch: Obwohl er sich nur kurze Zeit hier aufhielt, bleibt er ein Lichterfelder.

Schon als Pennäler hatte der rebellische Sohn des Fliegergenerals Hellmuth Felmy und dessen Frau Helene seinen eigenen Sturkopf. Nach einem heftigen Streit mit der versammelten Lehrerschaft verließ der notorisch aufmüpfige Untertertianer vorzeitig das Braunschweiger Gymnasium ohne Abschluss und mit familiären Standpauken. »Die Borniertheit der Lehrer war es, die mich verzweifeln ließ, und auch die politische Kritiklosigkeit machte mich rasend«, erinnerte er sich später, »aber ich hatte auch den Eindruck, dass die ganz froh waren, mich endlich los zu werden.«[58] Gern erzählte er später, vielleicht doch ein wenig publikumswirksam geschönt, er hätte sich aus der Lehrerkonferenz mit dem berühmt gewordenen letzten Satz des ebenso letzten Königs von Sachsen, den der bei seiner erzwungenen Abdankung 1918 sprach, verabschiedet: Dann macht doch euren Dreck alleene. Und jeder, der Felmy kannte, hat ihm diese Geschichte geglaubt. In der Folgezeit versuchte sich der Jungrevoluzzer mit mäßigem Erfolg im Schlosser- und Buchdruckerhandwerk, landete aber schließlich dort, wo er schon immer landen wollte: auf der Theaterbühne. Von 1947 bis 1949 hatte er Schauspielunterricht bei der höchst zufriedenen Hella Kaiser erhalten, 1949 debütierte er am Staatstheater Braunschweig in einer Nebenrolle in Carl Zuckmayers »Des Teufels General«.

Frühzeitig interessierte sich auch der deutsche Film, ständig auf der Suche nach neuen Gesichtern, für den jungenhaft wirkenden Mimen, den es mittlerweile an das Theater in Aachen verschlagen hatte. Die in der zweiten Hälfte der Fünfzigerjahre entstandenen Streifen »Stern von Afrika« und »Wir Wunderkinder« waren mehr als nur Achtungserfolge für Felmy, es waren Höhepunkte einer erfolgreichen und dennoch relativ kurzen Filmkarriere.

1957 spielte er sich mit »Haie und kleine Fische« nachhaltig in die Gunst eines breiten Kinopublikums, am stärksten in Erinnerung blieb jedoch seine Rolle als Konsul Buddenbrook in der Thomas-Mann-Verfilmung von 1959. »Was das für ein fein differenzierender Schauspieler er war, konnte man hier erkennen.«[59] Für seine außergewöhnliche Leistung bekam er damals sogar Lob von Erika Mann. »Beim ›Stern [von Afrika]‹ war er der saubere, offene, nicht eben aufs Heldentum geeichte Wehrmachtsleutnant. Felmy, der seine Rollen sorgfältig auszuwählen pflegte, war in den ›Wunderkindern‹ dann schon ein anderer: zwar noch der ›positive Deutsche‹, der nur aufbegehrt, wenn der Ungeist der Zeit zu brandmarken ist, und zugleich einer, in dem sich die Skeptiker in der jungen Generation jener späten Fünfzigerjahre wiedererkennen konnten. Da war der Haferkamp in seinen Konturen bereits sichtbar.«

Und dieser »Tatort«-Kommissar Heinz Haferkamp war es dann, dem Felmy ab 1973 in 20 Folgen, ausgestrahlt vom Westdeutschen Rundfunk, Gesicht und unverwechselbare Konturen geben sollte. »Nur wenige ›Tatort‹-Kommissare sind es, die im Gedächtnis bleiben. Haferkamp aus Essen ist so einer, und er ist es, weil Hansjörg Felmy ihn gespielt hat. Sein Kommissar war ein ernster, auch mürrischer Polizist, kein verbissener Jäger von Mördern und anderen Kriminellen, sondern ein Mensch mit dem Beruf des Aufklärers. Und einer, der die privaten Probleme mit seiner Ex-Frau, gespielt von Karin Eickelbaum, in einer Weise ertrug und austrug, dass die Zuschauer die Probleme mit ihm und ihr teilen wollten.«

In den Sechzigerjahren hatte er sich, weniger freiwillig, vom Kino verabschieden müssen. Der bundesdeutsche Film war in eine beinahe existenzielle Krise geraten, von der er sich erst nach einem Jahrzehnt langsam zu erholen schien. Selbst ein Star wie Hansjörg Felmy schien am Ende seiner Schauspielkarriere angekommen zu sein. Aufbauhilfe kam ausgerechnet aus der Chefetage international renommierter Regisseure. Alfred Hitchcock besetzte den nachhaltig enttäuschten Felmy 1966 in seinem Spionagethriller »Der zerrissene Vorhang« mit einer Hauptrolle. In Deutschland ließ er sich hin und wieder für einen Auftritt in der heute noch beliebten Edgar-Wallace-Krimireihe bezahlen, ansonsten wurde es still um den einst so hochgelobten Nachwuchsstar.

Nun also war er Heinz Haferkamp. »Sein von ihm lange vor ›Colombo‹ erfundener zerknautschter Mantel, seine geschiedene TV-Frau Karin Eickelbaum und seine Bouletten verschafften ihm schnell einen Kultstatus und machten ihn unvergessen.« Von den 20 »Tatort«-Folgen waren Felmy zufolge zwölf »echte Klasse«, fünf gut und drei akzeptabel. »Doch später wurden die Drehtage immer weniger, und darunter litt neben den nicht mehr so guten Büchern auch die Qualität.« Bis 1980 spielte er den nachdenklichen, gelegentlich muffligen »Tatort«-Ermittler, doch bald erkannte Felmy die Gefahr, dass sich ein Gesicht schnell »abnutzen« kann. »Früher sagten die Leute auf der Straße noch Herr Felmy zu mir, später hieß ich dann ›Haferkamp‹ und zum Schluss oft nur noch ›Herr Kommissar‹ – da denkt man schon ans Aufhören.« Als neue Autoren den Sympathieträger mit negativeren Akzenten versehen wollten, stieg Felmy aus. Fortan machte er sich rar auf dem Bildschirm, war aber wieder mehr auf den Theaterbühnen zu erleben.

Der Sympathieträger, der »Charmeur mit dem Knittergesicht«, dachte aber niemals mit Wehmut oder gar Bitterkeit an seine große »Tatort«-Zeit zurück. »Es war richtig aufzuhören«, sagte Felmy kurz vor seinem 75. Geburtstag. »Felmy siegte stets über Haferkamp. Denn man wollte ihm nicht dabei zusehen, wie er melancholisch an der Bar sitzt und das Weinglas anschaut – sondern, wie er klug und, darin lag ein irritierend wichtiges Moment seines Spiels, erst verstehend, dann auch voller Verständnis auf das Verbrechen blickt. Indem er das Verbrechen verstand, im Sinne der kühlen Analyse, konnte er es aufklären. Aber es war doch stets ein Verstehen, das ihn, den Polizisten, an die Seite des Kriminellen rückte. Erst daraus bezogen die Haferkamp-Filme ihre einzigartige Melancholie.«[60] Über seinen Nachfolger Götz George, der sich als Kommissar Schimanski durch die Ruhrgebiets-Unterwelt prügelte, urteilte Felmy: »Ach Gott, der ist schon immer durch Türen gesprungen, nicht wahr?« Und zu Kommissarin Lena Odenthal, von Ulrike Folkerts dargestellt, bemerkte er noch weit ungnädiger: »Da lese ich lieber ein Buch.«[61]

Anfang der Neunzigerjahre tauchte der in die Theaterprovinz abgetauchte Felmy in der ZDF-Serie »Hagedorns Tochter« wieder auf. Es

Theklastraße 11. *Hansjörg Felmy in den 1950er Jahren.*

sollte seine letzte große TV-Arbeit werden. Seine Fernsehtochter Anja Kling erinnerte sich: »Wir haben während der Serie eine Vater-Tochter-ähnliche Freundschaft aufgebaut, die über die Serie hinausging.« Er sei ein großartiger Schauspieler und Kollege gewesen, »der mir Mut gemacht hat, bei der Schauspielerei zu bleiben«.[62] Und auch Anjas Schwester Gerit, ebenfalls Schauspielerin, hatte er ins Herz geschlossen. »Dich würde ich auf der Stelle adoptieren.«[63]

Begleitet wurden die Dreharbeiten, bei denen Felmy buchstäblich »alte Klasse« offenbarte, von einer ständig fortschreitenden Krankheit. Felmy litt seit Jahren unter Knochenschwund, und obwohl sich immer ernsthaftere und letztlich lebensbedrohliche Anzeichen mehrten, wollte er diese offenbar nicht erkennen. »Ich komme schon wieder auf die Beine, ich bin eine Rossnatur«, beruhigte der leidenschaftliche Rotweintrinker und »beinahe militante Kampfraucher«[64] seine Freunde und Kollegen, wohl aber in erster Linie sich selbst. »Ich tauge nun mal nicht zum Abstinenzler«,[65] war eine seiner letzten Entschuldigungen, die er kurz vor seinem Tod in die allerletzte, bittere Erkenntnis wandelte: »Ich habe gegen meinen Körper gelebt.«[66]

Hansjörg Felmy starb am 24. August 2007. Peter Fricke, sein langjähriger Schauspielerkollege würdigte ihn als »liebevollen Kollegen und gefühlvollen und liebevollen Freund. Er war kein abgehobener Star und auch Kollegen gegenüber sehr sozial eingestellt. ... Uns verband die Musik. Er liebte vor allem den jungen Caruso.«[67]

Sebastian Haffner

(eigentl. Raimund Pretzel)

1907 Berlin – 1999 Berlin
Publizist, Schriftsteller

Zehlendorfer Straße 52
(heute Finckensteinallee), Block L

In einer regnerischen Nacht Ende September 1954 kam die Familie Haffner aus London im dörflichen Lichterfelde an. Bis die neue Wohnung eingerichtet war und bezogen werden konnte, fanden sie Unterkunft in einer Pension. Sarah, Sebastian Haffners damals 14-jährige Tochter, erinnerte sich an ihre Ankunft in Berlin.»Die Wohnung war relativ klein. Mein Vater hatte sie von seiner Schwester und ihrem Mann übernommen, die nach München gezogen waren. Drei ziemlich große Zimmer und ein kleines mit schrägem Dach. Das bekam ich. Auf meinem Fensterbrett saßen manchmal Eichhörnchen. Wo war ich bloß gelandet.«[68]

Gelandet war Sarah Haffner in der alten Heimat ihres Vaters. Die Familie kam nicht nur in seiner Heimatstadt Berlin an, sondern bezog eine Wohnung in dem Stadtviertel, in dem Haffner seine Jugend verbracht hatte. Die Wohnung befand sich im dritten und vierten Stock einer großen Villa am Marienplatz in Lichterfelde-Ost. Das Kopfsteinpflaster und die weiten Straßen mit den vielen Bäumen bildeten in ihrem dörflichen Charakter einen Gegensatz zum großstädtischen Flair Londons.

Die Abgeschiedenheit Lichterfeldes wurde durch die Randlage zum Grenzgebiet noch verstärkt. Vor dem Bahnhof Lichterfelde-Ost stand damals noch ein Schild mit der Aufschrift: »Reisende, wecken Sie Schlafende auf! Vorletzte Station vor der Zonengrenze!«

Ganz in der Nähe des neuen Domizils lagen die Wohnung von Haffners Mutter und das Gymnasium, an dem er 1926 das Abitur abgelegt hatte. Das Gebäude der Schule soll allerdings während des Krieges völlig ausgebrannt sein, wurde in den Fünfzigerjahren wieder aufgebaut und beherbergte dann eine Berufsschule.

Die Rückkehr nach Deutschland bedeutete für Haffner kein Anknüpfen an sein altes Leben, sondern der Beginn eines neuen. »Ich habe zweimal mein Land gewechselt«, sagte Haffner rückblickend über den Umzug von England nach Deutschland.[69] Obwohl es schwer gewesen war, die gesamte Familie von einem Umzug zu überzeugen, alle waren mittlerweile fest in England verwurzelt, hatte Haffner seine Pläne umgesetzt. Allerdings kam allein Berlin als Wohnsitz der Familie in Frage, alle anderen Orte in Deutschland interessierten ihn nicht. Haffner kam als englischer Korrespondent für den »Observer« und als britischer Staatsbürger nach Deutschland zurück. 1957 zog die Familie Haffner nach Dahlem in eine größere Wohnung in einem Mietshaus in der Ehrenbergstraße.

Den Deutschen wurde er bald als ständiger Gast in der sonntäglichen Fernsehsendung »Internationaler Frühschoppen« mit dem Gastgeber Werner Höfer bekannt. In diesem neuen Fernsehformat diskutierten sechs Journalisten aus fünf Ländern über das Weltgeschehen. Zunächst war die Sendung 1952 als Hörfunkprogramm gesendet worden, ab 1953 gehörte die Livesendung zum Fernsehritual am Sonntagmorgen. Haffner verkörperte in der Sendung stets den eleganten Intellektuellen, der pointiert und brillant formulierte und durch ungewohnte Betrachtungen zu überraschen wusste.

Raimund Pretzel, wie Sebastian Haffner eigentlich hieß, wurde 1907 als Sohn eines Schuldirektors und Reformpädagogen geboren. Der Nachzügler in der Familie, seine drei Geschwister sind fast zehn Jahre älter als er, wuchs in einem bildungsbürgerlichen Haushalt auf. Gespräche über Literatur gehörten zum täglichen Brot, und selbstverständlich lernte jedes Kind ein Instrument zu spielen. Der Vater, ein preußischer strenger Lehrer, der allerdings einen reformerischen Erziehungsstil mit viel Toleranz und Respekt gegenüber seinen Kindern pflegte, wurde für Haffner die prägende Figur in seiner Kindheit. Mit seiner umfassenden literarischen und historischen Bildung war er dem Sohn ein guter Lehrmeister. Haffner verbrachte seine Kindertage im Berliner Bezirk Prenzlauer Berg. Der Vater war Rektor der dortigen Gemeindeschule und die Familie bewohnte eine Dienstwohnung im Direktorenwohnhaus auf dem Schulhof. Nach dem Ende des Kaiserreichs machte der Vater einen Karrieresprung zum preußischen Oberregierungsrat, der mit einem Umzug nach Lichterfelde verbunden war. Die Familie bezog 1924 eine Dienstwohnung in der Zehlendorfer Straße, der heutigen Finckensteinallee. Diesen Umzug in das bürgerliche, beschauliche Lichterfelde beschrieb Haffner rückblickend als besonders einschneidend für sein Leben, beinahe so einschneidend wie seine spätere Emigration nach England. Als 17-Jähriger betrat Raimund Pretzel hier eine ganz andere Welt.

Am Königstädtischen Gymnasium in Prenzlauer Berg hatte er seine erste humanistische Prägung erhalten, in einem Bezirk der kleinen Leute, der Arbeiter und Handwerker. Hier lernte er den Elitegedanken der jüdischen Geschäftsleute kennen. »Sie waren die geistige Elite des Gymnasiums, und unter ihnen fand ich meine Freunde und verwandte Seelen. Meine erste Schule lehrte mich: Die Juden sind das bessere, das kultivierte Deutschland.«[70] Der Umzug nach Lichterfelde eröffnete ihm nun eine Welt der Offiziere und Beamten. »Dort lebte schon lange vor Hitler der Geist des 20. Juli. Das waren Leute, die durchaus gegen die Weimarer Republik waren, die aber auch gegen die Nazis waren, sie waren gegen alles Rabaukentum, sie waren eben die deutsche Elite. Am Königstädtischen Gymnasium unter der jüdischen Elite war ich ziemlich links, hier wurde ich rechts. Mein ganzes Leben ist bestimmt gewesen von meinen Erfahrungen auf diesen beiden Schulen.«[71]

Schon ein flüchtiger Blick auf seinen späteren beruflichen und politischen Werdegang bestätigt diese Aussage. 1926 schloss er als bester Schüler die Schule ab und begann ein Jurastudium, um auf Wunsch des Vaters erst einmal etwas »Vernünftiges« zu lernen. Schon früh hatte Haffner den Wunsch, Schriftsteller zu werden. Das Studium sollte seinem Broterwerb dienen und nebenbei entstanden die ersten Romane. Seine Doktorarbeit beendete Haffner noch in Paris, doch schon vor dem zweiten Staatsexamen als Referendar am Berliner Kammergericht schied er aus dem Staatsdienst aus. Denn schon kurz nach der Machtübernahme der Nationalsozialisten sah Haffner es als unmöglich an, seine Integrität im Nazi- Deutschland zu bewahren. Er versuchte, sich durch »unpolitische« Tätigkeiten herauszuhalten und trug sich lange mit dem Gedanken, Deutschland zu verlassen. Er arbeitete als Kulturjournalist und schrieb für Unterhaltungsblätter wie »Die Koralle« oder das Modemagazin »Die Dame« und lernte seine erste Frau Erika Landry kennen. Sie arbeitete in den Dreißigerjahren als Bibliothekarin an der Hochschule für Politik, an der renommierte Wissenschaftler und Gelehrte beschäftigt waren, u. a. Theodor Heuss. Erika Landry entstammte einer zum protestantischen Glauben übergetretenen jüdischen Familie aus Berlin-Kreuzberg. Sie verlor durch den sogenannten Arierparagraphen ihre Stellung, was auch ihr Vorgesetzter Theodor Heuss nicht verhindern konnte. Ebenfalls 1933 erhielt Heuss selbst die Kündigung und musste die Hochschule verlassen. Erika Landry war die Frau eines Kollegen von Haffner, die durch ihre Freundschaft zu Margret Boveri Kontakte zur schreibenden Zunft hatte. Haffner hoffte, durch ihre Verbindungen eine Arbeit bei einer Zeitung zu finden. Erika lebte mit ihrem Sohn Peter von ihrem Mann getrennt. Sebastian Haffner und Erika Landry befanden sich nicht nur in einer vergleichbaren beruflichen Situation. Der neun Jahre jüngere Haffner war von der intellektuellen und schlagfertigen Erika beeindruckt. Und schon kurze Zeit nach ihrem Kennenlernen zog er zu ihr in die Bonner Straße 1 a in die Wilmersdorfer Künstlerkolonie.

Ausschlaggebend für den Entschluss, Deutschland zu verlassen, war die jüdische Abstammung seiner Frau Erika. Als sie schwanger war, gingen die Haffners 1938 nach Cambridge zu einem Bruder von Erika Landry.

Zum Schutz seiner in Deutschland gebliebenen Familie hatte sich Dr. Raimund Pretzel das Pseudonym Sebastian Haffner zugelegt. Zusammengesetzt ist der Name aus dem Vornamen von Haffners Lieblingskomponisten Johann Sebastian Bach und aus dem Namen seiner Lieblingssinfonie, der »Haffner Symphonie« von Mozart. Sebastian Mozart wollte er sich allerdings nicht nennen.

In England machte Haffner als ehemaliger »feindlicher Ausländer« nach anfänglichen schwierigen Jahren eine ungewöhnliche Karriere als Journalist. Zunächst arbeitete er für das Immigrantenblatt »Die Zeitung«. Vor den Internierungen durch die englische Regierung in Lagern in Südengland und auf der Isle of Man schrieb Haffner sein Buch »Germany: Jeckyll und Hyde«, das 1940 erschien. Der Erfolg des Buches in England, das eine Analyse des Dritten Reiches enthält, war überwältigend. Thomas Mann lobte es, und Winston Churchill war so begeistert, dass er seine Kabinettsmitglieder anwies, das Buch zu lesen. Der durchschlagende Erfolg verschaffte Haffner das Angebot, als politischer Redakteur für die angesehene Londoner Sonntagszeitung »Observer« zu schreiben. Auch andere deutschsprachige Emigranten, beispielsweise Arthur Köstler oder Richard Löwenthal, arbeiteten für den »Observer«.

Die Haffners konnten sich nun den Umzug ins noble London leisten und zog in ein viktorianisches Reihenhaus in Wimbledon. Anders als viele andere Emigranten beherrschte Haffner die englische Sprache nach einiger Zeit so gut, dass er seine Texte statt in seiner Muttersprache auf Englisch verfasste, worauf er immer ein wenig stolz war. Er wurde zum ungekrönten Herrscher des »Observers«. Allerdings kam es nach einigen Jahren zu Differenzen mit dem Chefredakteur, die Haffner zur Rückkehr nach Deutschland bewogen.

Wieder in Deutschland umfasste sein Arbeitsleben so ungewöhnliche Stationen wie die des Redakteurs bei der dem Springer Konzern angehörenden Tageszeitung »Die Welt« und beim evangelisch-konservativen Wochenblatt »Christ und Welt«. Beide Stellungen kündigte er aus Protest nach der »Spiegelaffäre« 1962. Haffner war über die Verhaftung des Herausgebers des »Spiegel« so empört, dass er die junge deutsche Demokratie in Gefahr sah. Als ehemals ausgewiesener Konservativer wechselte er zur Illustrierten »Stern« und der weit links stehenden Zeitschrift »Konkret«, in denen er Kolumnen veröffentlichte. Wöchentlich lieferte er seine »Knallfrösche« in der Hamburger Redaktion ab. Haffner wurde zu einem der einflussreichsten Journalisten in Deutschland und darüber hinaus.

Er befürwortete die Politik des »Wandels durch Annäherung« von Willy Brandt. Mit seinen eigenwilligen Vorschlägen zur Deutschlandpolitik, u. a. die Forderung nach der Anerkennung der DDR, was damals noch einem Tabubruch gleichkam, hatte er die Positionen Brandts vorweg genommen. 1972 beantragte der ehemalige »Kalte Krieger« die deutsche Staatsbürgerschaft erneut, um »Willy wählen«[72] zu können. Bei der Bundestagswahl 1972, bei der Willy Brandt zum Bundeskanzler gewählt wurde, wollte Haffner aktiv die sogenannte Ostpolitik, die Annäherung an die DDR, unterstützen.

Überraschend war für viele auch seine vehemente Sympathie für die Studentenbewegung 1968. Oft zitiert wurden die Äußerungen in seiner wöchentlichen Kolumne im »Stern« bezüglich des Todes des Studenten Benno Ohnesorg während der Demonstration gegen den Besuch des Schahs in Berlin. Unter der Überschrift »Die Nacht der langen Knüppel« schrieb Haffner zum Erstaunen oder zum Entsetzen vieler Zeitgenossen: »Gerade hier zeigt sich lupenrein, daß dieses Springer-Berlin von 1967 in der Sache, wenn auch nicht in der Form, wieder ein faschistisches Berlin geworden ist.«[73] Haffner ließ sich politisch nicht einverleiben. Den einen war er zu »links«, den anderen zu »rechts«. Temperamentvoll vertrat er seinen Standpunkt, nahm mit Vorliebe ungewöhnliche Perspektiven ein und hinterfragte mit großer Freude Selbstverständlichkeiten. Beständig zeigte er sich aber in seiner steten Auseinandersetzung mit dem Nationalsozialismus und der preußischen Geschichte.

Erst spät ist sein Jugendtraum, Schriftsteller zu werden, in Erfüllung gegangen. Nachdem er seine Tätigkeit beim »Stern« beendet hatte, konzentrierte er sich mit fast 70 Jahren auf die Schriftstellerei. Seine Bücher »Anmerkungen zu Hitler« (1978) und »Preußen ohne Legende« (1979) wurden Bestseller. Sie gelten bis heute als Meisterwerke einer subjektiven Betrachtung von Geschichte, die fortan selbstverständlich zum Repertoire der Geschichtsschreibung gehörte, allerdings damals eine neue Betrachtungsweise verkörperte. Die Sachbücher lesen sich wie Romane, eine bis dato seltene Kunst in Deutschland.

Den Erfolg seiner Bücher hat seine erste Frau Erika nicht mehr miterlebt. Im Gegensatz zu ihrem Mann, der im Nachkriegsdeutschland ein berühmter und viel beschäftigter Mann wurde, hat sie in Berlin nicht wieder Fuß fassen können. Eine erhoffte Rückkehr nach England kam nicht zustande. Erika starb am Heiligen Abend 1969. Sebastian Haffner überlebte seine erste Frau um 30 Jahre. 1982 heiratete er die Journalistin Christa Rotzoll. Auch seine zweite Frau starb vor ihm. Am 27. Dezember 1995, Haffners 88. Geburtstag, stürzte sie in der gemeinsamen Dahlemer Wohnung. Bevor Hilfe eintraf, erlag sie ihren Verletzungen.

Sebastian Haffner starb kurz nach seinem 91. Geburtstag. Sein Ruhm war in den letzten Jahren etwas verblasst, und er fühlte sich, als habe er »sich selbst überlebt«.[74] Schon kurze Zeit nach seinem Tod sollte sich das ändern, die posthum erschienene Biographie »Geschichte eines Deutschen. Die Erinnerungen 1914–1933« wurde als sein bestes Buch gefeiert.

Nach seinem Tod kehrte Sebastian Haffner nach Lichterfelde zurück. Er wurde auf dem Parkfriedhof beigesetzt.

Elly Heuss-Knapp

*1881 Straßburg – 1952 Bonn
Sozialreformerin, Politikerin*

Kamillenstraße 3

Die erste First Lady der Bundesrepublik Deutschland war eine resolute, selbstständige und emanzipierte Frau. Eine Frau, die keine »komplizierten Halbheiten« mochte. Elly Heuss-Knapp war ihr ganzes Leben lang berufstätig und engagierte sich im öffentlichen Leben. Theodor Heuss fand sie auf den ersten Blick ziemlich extrovertiert. Die Tochter aus gutem Hause, ihr Vater war der berühmte Nationalökonom Georg Friedrich Knapp, der an der Kaiser-Wilhelms-Universität in Straßburg lehrte, verwandt mit Justus von Liebig und Adolf Harnack, hatte Theodor Heuss im Haus des gemeinsamen Freundes Friedrich Naumann kennengelernt. Im Gegensatz zu der lebhaften und kommunikativen Elly präsentierte sich Heuss als kühl und schweigsam.

Elly Knapp kam in Straßburg zur Welt und wuchs größtenteils ohne Mutter auf. Ihre Mutter entstammte einem kaukasischen Adelsgeschlecht, sprach sieben Sprachen und spielte virtuos Klavier. Ihren späteren Mann lernte sie als Studentin in Leipzig kennen. Nach der Geburt von Elly erkrankte die Mutter und verbrachte viele Jahre in Sanatorien, in denen ihr Nervenleiden kuriert werden sollte. Elly und ihre ältere Schwester Marianne wurden vom Vater erzogen, und insbesondere der Großvater, bei dem Elly sehr viel Zeit verbrachte, war ihre wichtigste Bezugsperson. Der Vater unterrichtete seine Töchter zu Hause, und in sogenannten Sprechstunden brachte er Elly die Literatur Hölderlins und Goethes nahe. Entgegen den damals herrschenden, für Mädchen sehr einengenden Erziehungsidealen, verbrachte Elly eine freie, ungezwungene Kindheit. Schon früh konnte sie sich freizügig bewegen, sie unternahm ausgedehnte Radtouren in die nähere Umgebung und besuchte

Ferienkurse an der Universität in Grenoble. Daneben gehörte sie dem Kreis um Albert Schweitzer an. Mit 19 Jahren beendete Elly Knapp ihre Ausbildung zur Lehrerin. Die sichtbaren Defizite in der Schulbildung von Mädchen waren für Elly der Grund, sich für die Gründung einer Schule zu engagieren, die Mädchen noch über das achte Schuljahr hinaus unterrichtete. Schon in sehr jungen Jahren zeigte sich ihre kraftvolle Durchsetzungsfähigkeit, mit der sie in Straßburg die Etablierung einer Fortbildungsschule für Mädchen durchsetzte. Und selbstverständlich übernahm sie einen Teil des anfallenden Unterrichts. Unterrichten blieb zeitlebens eine ihrer großen Leidenschaften und eines ihrer wichtigsten Anliegen.

Mit 24 Jahren zog es die umtriebige junge Frau weiter hinaus in die Welt. Sie begann ein Studium der Volkswirtschaftslehre und ging als Gasthörerin an die Universitäten nach Freiburg und Berlin. Elly diskutierte insbesondere die »Soziale Frage« der wilhelminischen Gesellschaft im frühen 20. Jahrhundert. In Berlin knüpfte sie Verbindungen zur Frauenbewegung und arbeitete mit bei der berühmten »Heimarbeit-Ausstellung«, die die elendigen Arbeitsbedingungen, die niedrigen Löhne und langen Arbeitszeiten sowie die Ausbeutung durch Kinderarbeit öffentlich anprangerte. Elly führte durch die Ausstellung und begann nach ihrer Rückkehr ins Elsass eine rege Vortragstätigkeit zu dieser Thematik, die sie in vielen Städten vor gewerkschaftlich organisierten Arbeitern, vor Armen- und Waisenpflegerinnen und anderen sprechen ließ. Elly war von ihrer schnellen Karriere begeistert: »Gelt, ich werde eine Persönlichkeit, alle halten mich für was Extraes, weil ich Vorträge halte, als junges Mädchen«, jubelte sie.[75]

Ellys soziales Engagement fand eine geistige Heimat in den Ideen des nationalliberalen Politikers Friedrich Naumann. In Berlin knüpft sie an die bestehenden Verbindungen zu dem berühmten Liberalen der Jahrhundertwende wieder an. Hier fand sie wichtige Antworten auf die brennenden gesellschaftlichen Fragen. Die »gleiche liebende Verehrung« für den gelehrten Naumann brachte sie mit ihrem späteren Mann Theodor Heuss zusammen. In Berlin traf sie den frisch promovierten Schwaben, dessen Auftreten ihr ein wenig zu bohemienhaft war.

Nach zwei Jahren, in denen sie sich nur wenig sehen konnten – sie lebte in Straßburg, er arbeitete in Berlin – heirateten Elly Knapp und der zweieinhalb Jahre jüngere Theodor Heuss. Am 11. April 1908 traute Albert Schweitzer die beiden in der Straßburger Wilhelmer Kirche.

In den zwei Jahren ihrer Verlobungszeit hatten sie einen regen Briefwechsel geführt, der deutlich werden lässt, dass die resolute und planende Elly ihrem zukünftigen Ehemann in Fragen der Konvention, etwa der Wahl seiner Kleider für die Hochzeit oder der richtigen Haarlänge seiner schwer zu bändigen Mähne, schwer zu schaffen machte. Nach der Hochzeit bezogen beide ihre erste Wohnung in Schöneberg in direkter Nachbarschaft zu Friedrich Naumann und von 1911 bis 1912 wohnte das Paar in Berlin-Steglitz in der Grillparzerstraße.

Schon Ellys Doppelname machte deutlich, dass sie nach der Hochzeit nicht in die »klassische Hausfrauenrolle« wechseln wollte. Ihre Berufstätigkeit gab Elly Heuss-Knapp, wie sie nach der Heirat hieß, nicht auf. Das Ehepaar wandte sich vom konventionellen, schnörkelvollen Prunk ab und war auf der Suche nach dem Neuen. In der ersten, mit modernen, schlichten, funktionsgerechten und handwerklich soliden Möbeln aus den »Deutschen Werkstätten« in Dresden-Hellerau eingerichteten gemeinsamen Schöneberger Wohnung wurden zwei Schreibtische aufgestellt. Elly nahm ihre Lehrtätigkeit im Letteverein und in der Viktoria-Fortbildungsschule wieder auf. »Meine Lebensführung entsprach also genau dem Programm der ›neuen Frau‹«, schrieb sie in ihren Memoiren, rückblickend sah sie die Berufstätigkeit von Frauen jedoch eher problematisch.

Auch während der Zeit ihrer Schwangerschaft blieb Elly nicht untätig. Sie nutzte die Zeit, um ein Lehrbuch zu schreiben. Und kurz nach der Geburt des gemeinsamen Sohnes Ludwig erschien 1910 ihr Buch »Bürgerkunde und Volkswirtschaftslehre für Frauenschulen«, das lange Jahre ein Standardwerk blieb. Die Geburt des Kindes verlief äußerst kompliziert, und Elly wäre bei der Geburt beinahe gestorben. Infolge der schwierigen Geburt konnte sie keine weiteren Kinder bekommen.

Als Theodor Heuss ausgerechnet von Friedrich Naumann in die schwäbische Provinz nach Heilbronn geschickte wurde, haderte Elly mit dieser Entscheidung.

Der Wegzug aus Berlin fiel ihr besonders schwer. Als ihr der Leiter einer Behörde in Heilbronn – Ellys Name war durch die Heimarbeiter-Ausstellung bekannt geworden – entgegen schleuderte: »Wir brauchen hier keine Suffragetten«, war ihr seelisches Gleichgewicht für kurze Zeit gefährdet.[76] Ihre berufliche Entwicklung litt unter der Enge der Provinz, das anregende Berlin fehlte ihr sehr. »Sie dürfen jetzt nicht matt werden und Ihren inneren Sonnenschein verlieren«,[77] schrieb ihr Naumann in einem Trostbrief. Elly reagierte auf diese schwierige Situation natürlich mit Tatkraft und begann mit Schulungen für Mitarbeiterinnen im sozialen Bereich. Während des Ersten Weltkrieges richtete sie eine Arbeitsbeschaffungsstelle für Frauen ein, damit diese sich ihr eigenes Geld verdienen konnten, während ihre Ehemänner im Krieg waren.

Theodor Heuss.   *1960 – Einweihung einer Gedenktafel für Elly Heuss-Knapp am Haus Kamillenstraße 3.*

1918 wurde Theodor Heuss Geschäftsführer des Werkbundes und Schriftleiter der Wochenzeitschrift »Deutsche Politik«, und die Familie zog wieder nach Berlin. Kurze Zeit später nahm Heuss seine Tätigkeit als Dozent an der Hochschule für Politik auf. Elly unterrichtete beim Lette-Verein, engagierte sich für das Frauenstimmrecht. 1920 kandidierte Elly Heuss-Knapp für die Deutsche Demokratische Partei. Ein Mandat für die Nationalversammlung erhielt sie allerdings nicht, sie zog sich daraufhin aus der Politik zurück und widmete sich ihren Vorträgen und Büchern.

1930 zog die Familie Heuss-Knapp in ein modernes Reihenhaus nach Lichterfelde. Mit der Machtübernahme der Nationalsozialisten wurden Theodor Heuss und seine Frau Elly mit Berufsverbot für ihre politische und publizistische Tätigkeit belegt. Theodor Heuss musste seine Lehrtätigkeit an der Hochschule für Politik aufgeben, Elly wurde aus dem Programmbeirat des Berliner Rundfunksenders entlassen und durfte keine Rundfunkvorträge mehr halten. Theodor zog sich ins Privatleben zurück und schrieb mehrere Biografien. Um die Familie finanziell über die Runden zu bringen, war Elly froh über die Vermittlung eines ganz neuen Betätigungsfeldes. Sie übernahm einen Auftrag der Firma

Wybert-Halstabletten in Lörrach, eine Rundfunkwerbung für das Unternehmen zu entwickeln. Die Wybert-Gaba Werke in Basel leitete ein Cousin von Elly Heuss-Knapp, der sie in ihrem neuen Betätigungsfeld unterstützte. Mit viel Elan und Talent arbeitete sie sich in die neue Materie ein. Nachhaltig hat sie mit ihrem neu entdeckten Können die Werbebranche verändert. Sie erfand das »akustische Firmenzeichen«, eine Art Erkennungsmelodie. In einer Zeit, in der Anzeigentexte lediglich von einem Sprecher vorgelesen wurden, hat sie mit modernen Mittel die Branche revolutioniert. Sie verband die selbst getexteten verbalen Botschaften der Werbung mit eingängiger Musik und Tönen. Die Werbeslogans wurden auf Schallplaten aufgenommen und im Radio gespielt.

Mit großer Kraft sorgte sie für die Familie. Von Lichterfelde schrieb sie im Oktober 1933 in einem Brief an ihre Schwester Marianne über einen neuen Auftrag, den sie an Land gezogen hatte, und gab in dem Brief gleichzeitig eine Kostprobe ihres Könnens: »Damit bin ich fast ein gemachter Mann. Aber anstrengend!!! Nachtfahrt heim. Ich brauche alle meine Kräfte für den Aufbau meines Geschäftes, es ist schwer genug. Ich habe einige meiner Werbesprüche auf eine Platte gebracht mit Trommel und Flötenbegleitung:

Trommel: Auf Schritt und Tritt
Nimm Wybert mit.
Flöte: Ob's windet, regnet oder schneit,
Wybert schützt vor Heiserkeit.
Becken: Apotheker, Drogisten, die geben Dir Kunde,
Nimm Wybert, nimm Wybert
Zu jeglicher Stunde!«[78]

In dem Haus in der Kamillenstraße wohnte die Familie Heuss-Knapp mit Sohn und Schäferhund zunächst zur Miete. Das Berliner Adressbuch vermerkt aber ab 1940 »Heuss, Dr. Theodor, Schriftsteller Lichterfelde, Kamillenstraße 3 E.« Das E. zeigt an, dass aus dem Mieter mittlerweile ein Eigentümer geworden war. Erarbeitet wurde das Haus auch durch Ellys Werbeaufträge, die mittlerweile so bekannte Firmen wie Henkel, Reemtsma, Persil und Nivea zu ihren Auftraggebern zählen konnte.

Ellys Einstellung zur Berufstätigkeit hatte sich zwangsläufig gewandelt: Aus der sozial engagierten Lehrerin und Vortragsreisenden war eine engagierte Geschäftsfrau geworden, deren Beruf einzig und allein dem Broterwerb galt. 1934 formulierte sie das in einem Brief an eine Freundin folgendermaßen: »Ich bin nach wie vor entschlossen, eine Menge Geld zu verdienen. Mein Beruf hat nur darin seinen Sinn. Früher habe ich andere Sachen zu tun gehabt.«[79]

Zur Entspannung diente der passionierten Gärtnerin ihr Garten in Lichterfelde. Und »... obwohl ich schon wieder sehr verliebt bin in ihn und dauernd braune Hände habe von den Blattläusen, deren Lebenssäfte viel echter braun sind als alles andere. Die Akelein blühen im Augenblick mit den Lilien zusammen, und die Rosen haben schon dicke Knospen.«[80]

Während des Zweiten Weltkrieges verließ das Ehepaar 1943 Berlin erneut und zog nach Heidelberg.

Am 12. September 1949 wurde Theodor Heuss zum ersten Bundespräsidenten der Bundesrepublik Deutschland gewählt. Seine Frau Elly, deren mütterliche Ausstrahlung vielleicht auf den ersten Blick über ihre selbstständige moderne Lebensführung hinwegtäuschte, nutzte die öffentliche Stellung, um ihrem sozialen Engagement die Etablierung einer gesamtdeutschen Institution hinzuzufügen. Auf ihre Initiative geht die Einrichtung des Deutschen Müttergenesungswerkes zurück. Vermutlich liegt es an ihrem Beispiel, dass es sich die First Ladies der Bundesrepublik bis heute zur Aufgabe gemacht haben, eine gemeinnützige soziale Einrichtung zu unterstützen oder zu gründen. Noch heute steht das von Elly Heuss-Knapp ins Leben gerufene Müttergenesungswerk unter der Schirmherrschaft der Gattin des jeweiligen Bundespräsidenten.

Lange bevor ihr Mann zum ersten Bundespräsidenten gewählt wurde, machte Elly Heuss-Knapp ein Herzleiden zu schaffen. Als Theodor Heuss das Amt des Bundespräsidenten annahm, war Elly bereits schwer krank. Sie wusste, dass ihr nicht mehr viel Zeit bleiben würde. Dennoch trieb sie ihr Projekt Müttergenesungswerk unvermindert tatkräftig voran. 1950 gründete sie gemeinsam mit Dr. Antonie Nopitsch einen Verband, der alle kirchlichen und wohltätigen Erholungseinrichtungen für Mütter unter einem Dach vereinte.

Am 19. Juli 1952 starb Elly Heuss-Knapp. Das Haus in der Kamillenstraße existiert heute nicht mehr. Eine Gedenktafel im Rathaus Steglitz erinnert an die berühmten Bewohner der Kamillenstraße.

Paul Hörbiger

1894 Budapest (Ungarn) –
1981 Wien (Österreich)
Schauspieler

Am Pfarracker 37

Plötzlich lösten sich die Seile. Ein starker Bodenwind hatte den Weidenkorb, der vom Heißluftballon nach oben gezogen wurde, aus der Erde gerissen. Paul Hörbiger hatte im fest vertauten Fahrkorb Platz genommen. Die Kameras waren platziert, Drehort Lichterfelde-Ost, am 14. Juni 1935.[81] Doch jetzt schwebte der aufgeblähte Ballon mit ihm davon. Wo es hingehen würde, das oblag allein der Laune des Windes. Beunruhigend sanft schob sich die luftige Gondel in die Höhe, wie beim Riesenrad am Wiener Prater oder im Rathaus-Paternoster, nur dass dieser Fahrstuhl nicht mehr anhalten oder umdrehen würde.

Oh Jessas! betete Paul Hörbiger gegen den Himmel unter dem Fauchen und den Feuerstößen des Brenners, der versuchte, das unkontrollierte Gefährt in eine stabile Höhe zu bringen. Es wäre eine Ironie des Schicksals, wenn es ihn jetzt herunterschmeißen würde, von da oben. Der berühmte Schauspieler Paul Hörbiger bei Flugaufnahmen verunglückt! Sohn des Erfinders und Flugpioniers Hanns Hörbiger, der für seine Flugmaschinenerfindung, »bei welcher der Rumpf und die großen, zur Quer- und Längsachse derselben annähernden parallelen Tragsegel ein starres Ganzes bilden«, Gott sei Dank, nie Geldgeber gefunden hatte. Sonst wäre es seinem Vater vermutlich so ergangen, wie den Renner-Buben, Zirkussöhne, deren zeppelinartige Konstruktion die Familie Hörbiger in den Praterauen immer so bewundert hatten und die es eines Tages im Donautal zerbröselt hatte ...

Winkend und schreiend lief das Filmvölkchen Paul Hörbiger hinterher, als ob die immer kleiner werdende Meute noch etwas hätte ausrichten können, er flog einfach weiter. Ein zweites Mal würde er, der alles andere als schwindelfrei war, in diesen Höhen nicht so einfach davonkommen. Wie damals, als ihn der verrückte Heinz Rühmann dazu überredet hatte, in sein neues kleines Zweisitzer-Flugzeug zu steigen. Auf einer Spritztour über den Dächern Berlins waren sie schnell mal nach Wannsee geflogen, um Rühmanns Haus aus der Vogelperspektive zu betrachten. Ein schlimmer Sturm hatte indes den Freizeit-Flieger zum Schleudern gebracht und nur mit größter Not brachte Rühmann die Propellermaschine wieder im sicheren Tempelhofer Hafen zur Landung. »Paul, es grenzt an ein Wunder, das wir das jetzt überlebt haben«, hatte Heinz Rühmann dem halbtoten Hörbiger gestanden. »Ich war doch zum ersten Mal ohne Fluglehrer unterwegs.«[82] Warum musste für solche Abenteuer ausgerechnet immer er, Paul Hörbiger, herhalten?

Jetzt bloß kein Unglück! Grad jetzt, wo er es geschafft hatte. Er war ein Star, berühmt, lang vorbei die Zeiten, da er sich als armer Schlucker in winzigen Rollen am Stadttheater durchschlagen oder sich für seine ersten Stummfilmrollen mit der Tagesgage von 100 Mark zufrieden geben musste. Die Filmagenten rannten ihm heutzutage die Tür ein, und selbst bei Max Reinhardt hatte er seinen Dreijahresvertrag nicht verlängert. »Gegen den Film kann ich nicht konkurrieren, das sehe ich ein«, hatte Reinhardt bedauert.[83] Aber schneller als gedacht, stand er gleich wieder auf der Reinhardt-Bühne im Großen Schauspielhaus. Mit der Paraderolle seines Lebens, als wahrhaftig legendäre Inkarnation des Kaisers Franz Josef im »Weißen Rößl«.

Wer trällerte sie nicht mit, seine Filmschlager, fast schon Volkslieder aus den neumodischen Tonfilmoperetten wie »Zwei Herzen im Dreivierteltakt« oder »Der Kongress tanzt«?

Wenn er jetzt mit einem Schlag in seinem Heißluft-Körberl von da oben runtersegeln würde, dann würde er eingehen in die Geschichte – aber als was? Als ewiger Spatz von Wien, der immer gut aufgelegte Charme-Gewährsmann, unablässig ein paar Schrammel-Verse auf den Lippen. Hat er jemals was anderes gedreht als Gesangseinlagen beim Heurigen? Ein Filmleben für Wein, Weib und Gesang. An irgendetwas zwischen »Weaner« Fiaker-Kutscher oder Kaiser Franzl würde man sich beim Namen Hörbiger erinnern. Hätte er nicht wenigstens einmal eine Rolle ablehnen können, wo selbst seine größten Verehrer langsam an seiner Intelligenz zweifeln mussten? Er teilte doch seine Filme nur noch »in zwei Kategorien ein«: in solche, für die es eine Gage gab, und andere, für die er Schmerzensgeld bekam.[84] Der bezeichnende Film-Titel »Der Herr auf Bestellung« war schon Grund genug zum Gespött, aber die Geschichte dahinter war so ein ausgemachter Blödsinn, ja »wenn der Reinhardt diesen Film sieht, schmeißt er mich heraus und sucht sich für das ›Weiße Rößl‹ einen anderen Kaiser.«

Dafür war er berühmt, der Name Hörbiger war etwas, die Wiener Straßenbahn-Schaffner erließen ihm die Fahrkarte. Am Wittenbergplatz in Berlin bremste so ein Verrückter im Doppeldecker mitten auf dem Damm, um ihm hinterher zu schreien: »Paule, willste mitfahren?«[85]

In der Glockengasse 25 in Zehlendorf hatte er sich von seinen Gagen auf 2.400 Quadratmetern Garten ein Haus hingesetzt. Mit kleinem Weinkeller natürlich, das musste ein Heurigen-Sänger wie er schon bieten. Da spazierte die Crème de la Crème der Sänger- und Schauspielerriege ein und aus und labte sich an seiner Gastlichkeit, Jan Kiepura und Martha Eggert, Willi Forst, Theo Lingen … Das war schon was anderes als 1926, als er in Berlin seine Zelte aufgeschlagen hatte. In das billige Stundenhotel in der Bärenstraße hätte er niemanden einladen können. Und auch sein Untermietsverhältnis bei der Frau Thulke, die Vierzimmerwohnung in der Freisinger Straße 3/2, war alles andere als vorführbar.[86] Der Herr Papa hatte seinerseits sogar die Berliner Möbelfirmen angeschrieben, um für die Schöneberger Wohnung des Schauspielersohnes ein paar Ladenhüter abzustauben: »Mein Sohn dachte nicht im entferntesten an eine Anstalt für vornehme Wohnräume …« Vornehm waren sie gewiss nicht, die Räume, und das konnten auch die sechs wunderschönen Zeichnungen mit Alt-Wiener Motiven vom Maler Meindl nicht herausreißen. Dass die Wanzen im Hause Thulke die Fähigkeit hatten, sämtliche Giftbarrieren zu überwinden, um sich »vom Plafond aufs Bett herunterfallen lassen«,[87] diese Erfahrung wollte er nicht noch einmal machen. Das konnte er seiner Frau Pippa und dem Töchterl Christl nicht antun, und der kleine Sohn Hansi war gerade unterwegs … Damit es auch jeder merkte, dass er seinen ersten Sohn bekam, wurde vom Vater aus dem fernen Österreich gleich eine telegrafische Mitteilung inszeniert: »Schauspieler Hörbiger, Deutsches Theater Berlin. Ganz Mauer gratuliert. Abholet 1.000 Mark, Deutsche Bank.«[88]

Davon konnte er sich 1928 für seine Familie immerhin einen Umzug nach Lichterfelde leisten.[89] Um seine Frau mit den zwei Kindern zu entlasten, hatte sich Paul Hörbiger sogar ein Dienstmädchen gegönnt. Ida, ein Dienstmäderl mit Häubchen und Schürze, »wie es im Buche steht … ihre Ausbildung hatte sie im Fürstlichen Haushalt zu Eulenburg erfahren«.[90] An ihrem ersten Diensttag im Schlafzimmer der Hörbigers Am Pfarracker 37 hatte sie ganz nach der hohen Schule des Fürstenhauses diskret Bleistift und Papier gezückt, um das Menü »des heutigen Tages

Am Pfarracker 37, um 1950.

zu notieren«. Unter dem Schmunzeln seiner Frau hatte der Schauspieler Ida den ersten Auftrag erteilt: »Den Speiseplan können Sie selbst erstellen. Nur – vorher müssen Sie das Silberbesteck zum Versatzamt tragen. Wir haben nämlich keinen Pfennig im Haus.«

Aber das war lang her, und 1929 wollte er sich gar nicht mehr daran erinnern. Nicht wegen des Dienstmädchens, das hatte sich schnell an seine »budgetäre Situation« gewöhnt. Aber Lichterfelde war für ihn ein düsteres Kapitel, das er nicht noch einmal durchleben wollte.

Der Fessel-Ballon schob sich entlang der funkelnden Linie des Teltowkanals gnadenlos über die Türme der Petruskirche hinweg, vorbei an den Umrissen des Reihenhauses am Pfarracker. Sein ehemaliges Wohnhaus, das er nie mehr sehen wollte. Als er dort hinzog, war es noch Land, drumherum viele unbebaute Grundstücke. Nur eine Seite des Pfarrackers war mit Kopfsteinpflaster belegt, auf der anderen Seite zogen die Heu-Wagerln noch über einen Sandweg. Obstbäume, Wiesen, Acker und Kornfelder lagen noch bis nach Teltow hin. Pferdefuhrwerke und Kuhställe überall, und die Milch wurde aus einer großen Kanne mit der Schöpfkelle ins Haus geliefert. Auf dem Gemeindehaus-Grundstück stand eine Ziegelei, welche Mauersteine für die ganze Gegend lieferte. Die ersten Bewohner der neuen Doppel- und Reihenhäuser um den Pfarracker, die Mitte der Zwanzigerjahre hierher gezogen waren, wussten ein Lied von dem spröden Baumaterial aus Schlacke und Ton

Paul Hörbiger. *Auf dem Parkfriedhof.*

zu singen, wenn sie einen Nagel in die Wand klopfen wollten.[91] Dass die Filmgazetten Hörbigers neue Adresse in Lichterfelde gleich als »seine Villa titulierten«, war doch ein wenig hochgegriffen. Dienstmädchen hin oder her, sein Heim war ja nur Teil eines Reihenhauses, dass er sich vom »Kolonialbeamten z. D. Herrn Benz« angemietet hatte. Eine »Scheiblettenvilla«, wie es seine gehässigen »Krippensetzer« in der Nachbarschaft nannten. Aber wie hatte er die Landschaft geliebt, sein Gartenhaus und die Tanne, die er dort eigenhändig angepflanzt hatte, sie stand dort noch immer.[92]

Nur um seinen Sohn Hansi musste er sich Sorgen machen. Im März 1929 in Lichterfelde hatte er die schwersten Stunden seines Lebens. In Berlin wütete die Spanische Grippe. Den kleinen Hansi hatte es auch erwischt »und kein Arzt der Welt konnte helfen«.[93] Hörbiger hatte alle beruflichen Verpflichtungen abgesagt, um so viel wie möglich bei seinem Söhnchen zu sein. »Da lag dieser kleine zweieinhalbjährige Bub im Bett.« Sein Lieblingslied war doch immer: »Ich küsse Ihre Hand, Madame«. Das konnte er tausendmal hören. Stundenlang hatte Hörbiger bei seinem Hansi am Krankenlager gesessen, ihm immer wieder das gleiche Lied vorgesungen. Jedes Mal hatte er dabei kleine Fehler eingebaut, das war ihr Spielchen. »Ich küsse Ihre Hand, Marrrrrdame.« Und der Hansi: »Nein, Papa, sing nicht immer Marrrrrdame, es heißt Madame!« Dann im Spital, der Arzt hatte gesagt: »Es ist Zeit zum Abschiednehmen.« Er hatte sich wieder an sein Bett gesetzt und angefangen zu singen: »Ich küsse Ihre Hand, Marrrrrrdame ...« Und der Hansi stöhnte: »Er singt's schon wieder falsch.« Das waren seine letzten Worte.[94]

Paul Hörbiger hatte nicht gemerkt, dass seine Freiluft-Loge auf die Pflanzung einer Gärtnerei zugeschwebt war und mit einem sanften Klopfen aufsetzte. Nein, er also würde nicht abstürzen, nicht sterben. Aus der Nachbarschaft waren die Neugierigen zusammengerannt, um zu beobachten, wie der gepolsterte Weidenkorb dumpf aufsetzte. Hörbigers Himmelfahrt über Lichterfelde war zu Ende. Neulinge im Heißluftballon, so besagte es die Tradition, werden nach ihrer ersten Fahrt getauft: »Mit dem Feuer, das uns in die Lüfte hebt, der Erde, die uns wieder hat und dem Sekt, den wir so gern trinken.«

Aber Paul Hörbiger wollte nach Hause. So schnell wie möglich zu seiner Frau und seinen Kindern. Nach Zehlendorf, wohin er 1932 gezogen war. Und vielleicht würden sie gemeinsam noch einen Spaziergang zum Parkfriedhof in Lichterfelde unternehmen. Zum Grab vom Hansi. Mitte im Wald waren dort zwei Felssteine versteckt, auf der die Bronzefigur eines kleinen Knaben stand. Das Wahrzeichen seiner schlimmsten Zeit, die Tage in Lichterfelde.[95]

Karl Liebknecht

1871 Leipzig – 1919 Berlin
Politiker, Rechtsanwalt

Hortensienstraße 14

Karl Liebknecht, der brillante Redner und glänzende Schreiber, musste am 22. August 1911 den wohl schwersten Text seines Lebens formulieren. Karl Kautsky, dem führenden Theoretiker der deutschen und internationalen Sozialdemokratie und dessen Ehefrau gab er den Tod seiner Frau Julia, die er im Mai 1900 geheiratet hatte, bekannt: »Liebe Freunde! Meine Julia ist mir soeben verstorben. Folge einer Gallenoperation, die glänzend verlief (gestern). Noch vor ein paar Tagen gesund und munter. Es ist nicht auszudenken. Das arme, arme Kind. Richtig verdurstet ist sie. Sie kommt nach Berlin. Herzlichst Ihr Dr. Karl Liebknecht.«[96]

Zutiefst erschrocken und betrübt klammerten sich die Kinder Wilhelm, Robert und Vera an ihren Vater. »Für die Kinder ist der Tod von Julia ein unersetzlicher Verlust, obwohl sie keine Erzieherin war«, sagte August Bebel, der Vorsitzende der SPD, zu Kautsky, »aber sie war doch die Mutter. Karl wird's leicht überwinden.« Bebel, Liebknechts politischer Ziehvater, hatte seit Jahren beobachtet, wie sehr sich das Ehepaar Liebknecht auseinander gelebt hatte.

Der Grund hierfür war einfach: Schon 1906 hatte sich Karl in die aus einer jüdischen Familie stammende, junge, hochgebildete Sophie Ryss verliebt. Fünf Jahre lang hatte Karl versucht, das Liebesverhältnis geheim zu halten. Es gab einen heftigen Briefwechsel zwischen den beiden, von dem Julia zunächst nichts wusste, der aber Karls Freunden nicht verborgen blieb.

Im Oktober 1912, ein Jahr nach Julias Tod, heirateten Karl und Sophie. Seit 1910 hatte Karl mit seiner Familie in der Straße Alt-Moabit 109 gewohnt, nach Julias Tod wollte er mit Sophie und den Kindern zusammenleben, so gab er die Wohnung auf und zog mit ihnen noch vor der Hochzeit am 27. März 1912 nach Lichterfelde in die Hortensienstraße 14. Die neue Umgebung sollte auch die Gewöhnung der Kinder an ihre künftige Stiefmutter fördern. »Sophie schwärmte von der komfortablen Neubauwohnung unweit des Bahnhofs Botanischer Garten.« Der Umzug nach Lichterfelde brachte Sophie auch in die räumliche Nähe zu anderen Sozialdemokraten. Franz Mehring, der bedeutende marxistische Historiker und väterliche Freund der Familie, wohnte in der Steglitzer Albrechtstraße. Mit vielen Funktionären der SPD hatte sie fortan Kontakt, sie hielt Vorträge an der Arbeiterbildungsschule und fand großen Anklang in der Sozialdemokratischen Bewegung. »Sie war eine charmante, bildschöne Frau. Ihre Zuhörer waren alle begeistert von ihren Vorträgen, die nie ins Politische übergingen. Über Athen und Griechenland mit seinen berühmten Tempelbauten, seiner Bildhauerkunst und seinen Sagen wußte sie interessant und geistreich zu plaudern und brachte uns so die alte Zeit näher. Ebenso waren wir entzückt von ihren Interpretationen mit Erzählungen vom alten Rom.«[97]

Die neue Familie Liebknecht fühlte sich wohl in der Hortensienstraße. Rührend kümmerte sich Sophie um die Kinder und hielt ihrem Mann, dem erfolgreichen Rechtsanwalt, der allerdings immer mehr in seiner politischen Arbeit aufging, den Rücken frei. Die Harmonie in der Familie gab ihm die Kraft, mehr und mehr in die Rolle des Berufspolitikers hineinzuwachsen. 1913 zog er als einer der jüngsten SPD-Abgeordneten in das deutsche Parlament ein und sorgte im Reichstag, von Kaiser Wilhelm II. abfällig als »liberalistische Schwatzbude« bezeichnet, sofort für Aufsehen. Am 18. April 1913 trat er als entschiedener Gegner einer Heeresvorlage auf, die dem Kaiser Steuermittel für die Heeres- und Flottenrüstung bewilligen sollte. Er konnte außerdem nachweisen, dass die Firma Krupp durch illegale Absprachen mit ausländischen Rüstungsfirmen Geschäfte machte. »Das sind dieselben Kreise, die die Zwietracht der Völker zu Gold münzen. Das sind dieselben Leute, für die Zwietracht zwischen den Völkern säen und schüren, gleichviel aus welchem Grunde, Geld verdienen heißt. Das sind dieselben Leute, deren Profit völlig unbeeinflußt ist von dem Anlaß eines Zwistes zwischen den Völkern und seinem Erfolge, bei denen die Höhe des Profits schlechthin proportional ist dem Grade der Zwietracht, des Hasses zwischen den verschiedenen Völkern. Mit diesem System muß ein Ende gemacht werden!«[98]

Am 4. August 1914 stimmte die SPD-Fraktion geschlossen für die Kriegskredite, die dem Kaiserreich nach dessen Kriegserklärung an

Russland vom 2. August die totale Mobilmachung ermöglichten. Liebknecht blieb der Abstimmung fern, um nicht gegen die eigene Partei stimmen zu müssen. Aber am 2. Dezember 1914 stimmte er als zunächst einziger Reichstagsabgeordneter gegen die erste Verlängerung der Kriegskredite. Am 20. März 1915 schloss sich ihm Otto Rühle an, der ebenfalls bereits öffentlich gegen die Kriegskredite aufgetreten war.

Liebknechts Gegner holten zu einem perfiden Gegenschlag aus. Um ihn aus dem politischen Tagesgeschäft zu verbannen, ließen sie ihn zur Front einberufen, obwohl er als Reichstagsabgeordneter Immunität besaß. Er erlebte als Armierungssoldat zusammen mit einfachen Soldaten den Krieg an der West- und Ostfront. Obwohl ihm die Militärgesetzgebung jegliche politische Aktivität außerhalb des Reichstages untersagte, blieb er auch als Soldat seinen politischen Grundsätzen treu. Mit zehn weiteren SPD-Linken war er Mitglied der von Rosa Luxemburg am 5. August 1914 gebildeten »Gruppe Internationale«, an der Front brachte er seinen Kameraden die Inhalte neuer linker Politik nahe.

Noch vor seiner Einberufung hatte er im März 1915 gemeinsam mit Rosa Luxemburg die Zeitschrift »Internationale« herausgegeben, die nur einmal erschien und sofort von den Behörden beschlagnahmt wurde. Es gelang ihm dennoch, die »Gruppe Internationale« zu vergrößern und die entschiedenen Kriegsgegner in der SPD reichsweit zu organisieren. Daraus ging am 1. Januar 1916 die »Spartakusgruppe« hervor, die nach der endgültigen Loslösung von der Sozialdemokratie im November 1918 in »Spartakusbund« umbenannt wurde. 1916 stimmten bereits zwanzig SPD-Abgeordnete gegen weitere Kriegskredite. Daraufhin schloss die SPD-Reichstagsfraktion diese Kriegsgegner, darunter Liebknecht, am 12. Januar 1916 aus ihren Reihen aus.

Am 1. Mai 1916 trat er als Führer einer Antikriegsdemonstration auf dem Potsdamer Platz in Berlin auf, wurde verhaftet, wegen Hochverrats angeklagt und im August 1916 zu vier Jahren und einem Monat Zuchthaus verurteilt. In seine Haftzeit fiel die Spaltung der SPD und Gründung der USPD im April 1917, aber auch der Verlust der Familienwohnung. Nach viereinhalb Jahren in der Hortensienstraße musste Sophie die Wohnung aufgeben und zog mit den Kindern in die Steglitzer Bismarckstraße 75.

Im Zuge einer allgemeinen Amnestie wurde Liebknecht 1918 begnadigt und vorzeitig aus der Haft entlassen. Am Morgen des 23. Oktober 1918 war in der Strafanstalt Luckau ein Telegramm der Berliner Staatsanwaltschaft II eingegangen: »Liebknecht sofort entlassen.« Die Amnestie war allerdings schon am 3. Oktober 1918 durch die Regierung des Prinzen Max von Baden erlassen worden, auf Betreiben der SPD-

Hortensienstraße 14.

Kabinettsmitglieder Philipp Scheidemann und Friedrich Ebert wurde Liebknecht jedoch nicht sofort begnadigt. Im Gegenteil, Liebknechts ehemalige sozialdemokratische Mitstreiter sprachen sich nur für die Umwandlung seiner Zuchthausstrafe in Gefängnis- oder Festungshaft aus. Nach machtvollen Demonstrationen im ganzen Reich und dem Ruf nach dem Sturz der Regierung und der Freilassung von Karl Liebknecht ruderte Scheidemann schließlich zurück. Liebknecht sei im Gefängnis »gefährlicher als draußen«, sagte er, und »Liebknecht stünde als der große Märtyrer da, der immer Frieden und Waffenstillstand gefordert hätte«.[99]

Sofort nach seiner Freilassung fuhr Liebknecht nach Berlin, um dort den Spartakusbund zu reorganisieren. Gegen 17.30 Uhr traf er, gemeinsam mit Sophie und seinem Sohn Robert auf dem Anhalter Bahnhof ein. Viele seiner Genossen, unter ihnen Karl Kautsky und Hermann Duncker empfingen ihn, einige hoben ihn auf ihre Schultern. Vor dem Bahnhof wurde die Polizei angesichts einer großen Menschenmenge zusehends nervös und wollte einschreiten. »Wagt's! Liebknecht ist frei, nicht anrühren!« Vom Tiergarten fuhren Karl und Sophie mit einigen Genossen in ihre Wohnung, dort waren bereits Fotografen und Bekannte eingetroffen. Der Tisch war reichlich mit Früchten, Butter und Brot gedeckt und mit Blumen geschmückt.

Am darauffolgenden Tag gab es für Liebknecht in der russischen Botschaft Unter den Linden einen großen Empfang. Botschafter Adolf

Abramowitsch Joffe, ein treuer Kampfgefährte Leo Trotzkis und 1927 eines der ersten Opfer der Stalinschen Säuberungen, entbot Liebknecht die brüderlichen Grüße der russischen Bolschewiki.»Die Befreiung des Vertreters der revolutionären Arbeiter Deutschlands aus dem Gefängnis ist das Zeichen einer neuen Epoche, der Epoche des siegreichen Sozialismus, die sich jetzt Deutschland wie auch der ganzen Welt eröffnet.«[100] Man trank aus Kristallpokalen und aß vom Geschirr des gestürzten Zaren. Mathilde Jacob, enge Vertraute von Rosa Luxemburg und Teilnehmerin des Banketts, erinnerte sich später:»Mir war unbehaglich zumute bei diesem Mahl, das Rosa Luxemburg nicht gutgeheißen hätte in einer Zeit, wo die Volksgenossen Hunger litten.«[101] Aufgeputscht von der Revolutionseuphorie im Saal, sagte Liebknecht in seiner Erwiderung:»Die russische Revolution ist in Gefahr, wenn ihr die deutsche nicht zu Hilfe kommt! Gelingt es dem deutschen Proletariat nicht, den Sieg zu erringen, dann verschlingt der Weltkapitalismus, der noch mächtig und ungebrochen dasteht nach dem Gemetzel, die Welt. Das wollen wir verhindern.«[102] Am 9. November 1918 rief Liebknecht von einem Balkon des Berliner Stadtschlosses die »Freie Sozialistische Republik Deutschland« aus.

Bei den folgenden Auseinandersetzungen stellte sich jedoch heraus, dass die meisten Arbeitervertreter in Deutschland eher sozialdemokratische als sozialistische Ziele verfolgten. Eine Mehrheit trat auf dem Reichsrätekongress vom 16. bis 20. Dezember 1918 für baldige Parlamentswahlen und damit Selbstauflösung ein. Daraufhin planten die reichsweit Zulauf erhaltenden Spartakisten die Gründung einer neuen, linksrevolutionären Partei und luden ihre Anhänger zu deren Gründungskongress Ende Dezember 1918 nach Berlin ein. Am 1. Januar 1919 wurde die »Kommunistische Partei Deutschlands« gegründet.

Eine Woche später wurde Deutschland durch den von unabhängigen Arbeiterräten inszenierten Spartakusaufstand erschüttert, dem sich Liebknecht und weitere führende Vertreter der neuen Kommunistischen Partei anschlossen. Ziel war es, die Übergangsregierung Friedrich Eberts mittels eines Generalstreiks zu stürzen. Liebknecht trat in die Streikleitung ein und rief, entgegen dem Rat von Rosa Luxemburg, zusammen mit der USPD zur Volksbewaffnung auf. Vorausgegangen war am 24. Dezember Eberts Versuch, die den revolutionären Kieler Matrosen nahestehende Volksmarinedivision mit Gewalt aufzulösen. Dabei hatte er reguläres Militär gegen sie eingesetzt, was am 29. Dezember den Austritt der drei USPD-Vertreter aus dem Rat der Volksbeauftragten zur Folge hatte. Diese Übergangsregierung wurde daraufhin bis zur Wahl und Konstitution der Weimarer Nationalversammlung

Karl Liebknecht auf einer Kundgebung im Treptower Park, 1911.

von den drei SPD-Vertretern allein weitergeführt. Ebert hatte seit Anfang Dezember immer mehr Militär in und um Berlin zusammengezogen. Die KPD unter Liebknecht versuchte nun erfolglos, einige Regimenter zum Überlaufen zu bewegen. Nach zweitägigen ergebnislosen Beratungen trat die KPD zunächst aus dem Führungsgremium der Aufständischen aus, dann brachen die USPD-Vertreter parallele Verhandlungen mit Ebert ab. Ebert ließ das Militär gegen die Aufständischen aufmarschieren, es kam zu blutigen Straßenkämpfen mit Hunderten von Opfern. Der Aufstand scheiterte.

Wenige Tage später wurden Karl Liebknecht und Rosa Luxemburg in einem Versteck in Wilmersdorf von einer »Bürgerwehr« entdeckt, aufgegriffen und an die »Garde-Kavallerie-Schützen-Division«, das weitaus größte der frisch aufgestellten Freikorps, übergeben. Die »Bürgerwehr«, die Schützendivision und weitere aktive Truppen sowie Propaganda-Organisationen wurden finanziert von führenden Spitzen- und Verbandsvertretern des deutschen Industrie-, Handels- und Bankenkapitals, die am 10. Januar 1919 einen »Antibolschewistenfonds« einrichteten und mit 500 Millionen Reichsmark ausstatteten.[103] Gemeinsam mit Karl Liebknecht und Rosa Luxemburg war auch Wilhelm Pieck festgenommen worden, selbst Spartakist und Mitbegründer der KPD. Nach den Verhören, regelmäßig durch brutalste Folterungen begleitet, mussten die drei Inhaftierten von einem Mordplan ausgehen. Dieser sollte bald vor dem Hotel Eden am Kurfürstendamm Wirklichkeit werden.

Das Hotel »Eden«, vom Architekten Moritz Ernst Lesser entworfen und 1912 durch die »Hotel(bau) am Zoologischen Garten GmbH« auf einem 1.614 Quadratmeter großen Grundstück errichtet, war eines der größten, am luxuriösesten ausgestatteten Hotels in Berlin. Den fünfgeschossigen Bau zierte eine Muschelkalkfassade in neobarocken Stilformen. »Eden« verfügte über 200 Betten und war das erste Hotel der Stadt mit einem Dachgarten.

Am frühen Morgen des 15. Januar 1919 wurden Karl Liebknecht und Rosa Luxemburg vor dem Hotel »Eden« in Tiergarten schwer misshandelt und in einem PKW abtransportiert. Im Tiergarten hielt der Wagen, Liebknecht wurde zum Aussteigen gezwungen und von hinten erschossen, so dass im Nachhinein behauptet werden konnte, er sei bei einem Fluchtversuch ums Leben gekommen. Unter dem Befehl von Hauptmann Waldemar Pabst waren an dem heimtückischen Mord der Kapitänleutnant Horst von Pflugk-Harttung, der Oberleutnant zur See Ulrich von Ritgen, der Leutnant zur See Heinrich Stiege und der Leutnant der Reserve Rudolf Liepmann beteiligt, wobei Liepmann die tödlichen Schüsse abfeuerte. Der Tote wurde als »unbekannte Leiche« bei einer Polizeistation abgegeben. Rosa Luxemburg wurde mit einem aufgesetzten Schläfenschuss durch den Leutnant zur See Hermann Souchon erschossen. Der Mörder warf ihre Leiche in den Landwehrkanal. Erst Monate später wurde sie gefunden.

Ein ziviler Mordprozess gegen die Mörder fand nicht statt, ein Militärprozess wurde erst eingeleitet, nachdem die KPD durch eigene Ermittlungen unter Leitung des im März 1919 ebenfalls ermordeten KPD-Funktionärs Leo Jogiches die Aufenthaltsorte einiger Täter kundgab. In zwei Fällen, gegen den Husaren Otto Runge und Kapitänleutnant Horst von Pflugk-Harttung, wurden dann zwar geringe Gefängnisstrafen verhängt, die die Verurteilten aber nicht anzutreten brauchten. Bei der Berufungsverhandlung wurden sie außerdem von einem preußischen Militärgericht freigesprochen. Das Urteil trug die Unterschrift des SPD-Reichswehrministers Gustav Noske.

Otto Lilienthal

1848 Anklam – 1896 Berlin
Ingenieur, Flugpionier,
Konstrukteur

Boothstraße 17

Es fällt schwer, sich vorzustellen, dass in der Boothstraße 17 einst ein Mann lebte, der fliegen konnte. Otto Lilienthal erwarb 1885 das Grundstück, auf dem sich heute das »Alten- und Pflegeheim Boothstraße« befindet und an dessen Eingang eine Berliner Gedenktafel an den Flugpionier erinnert.

Lilienthal wollte auf den 2.500 Quadratmetern nicht nur seiner Frau Agnes und den drei Kindern ein großzügiges Heim bauen, sondern auch mit einer geräumigen Werkstatt und einem großen Rasenplatz geeignete Arbeitsbedingungen schaffen, um sich endlich den Traum vom Fliegen zu erfüllen, der ihn schon seit seinen Kindheitstagen in Anklam verfolgte.

Lilienthals Bruder Gustav entwarf und der Steglitzer Architekt W. Ernst baute das Landhaus, das wie auch das heutige Gebäude, wenn auch aus anderen Gründen, nicht so recht in die von Villen geprägte Umgebung passte. Während die benachbarten Häuser zwei Stockwerke hatten, deren unterstes als Hochparterre über eine Treppe mit dem Garten verbunden war, entstand auf dem Grundstück Boothstraße 17 ein einfaches Landhaus mit Walmdach, fünf Zimmern, Küche, Veranda und Werkstatt ebenerdig zum Garten. Otto Lilienthal, immerhin Unternehmer und Fabrikbesitzer, legte beim Bau des Hauses selbst Hand an, was die wohlhabenden Villenbesitzer mit Verwunderung registriert haben dürften. Als er kurz nach dem Einzug im Dezember 1885 einen großen Bären aus Schnee in den Vorgarten stellte und diesen, als der strenge Winter anhielt, durch eine Kolossalbüste Bismarcks aus Schnee ersetzte, staunten sie noch mehr.

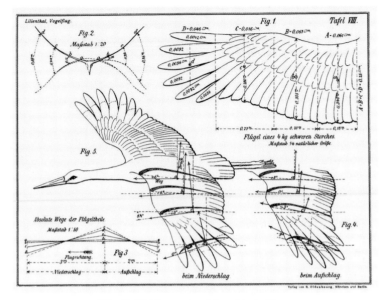

Lilienthal-Zeichnung der »Lehrmeister im Fluge«.

»Wie ein kleines unscheinbares Singvögelchen unter prächtigen Papageien« wirke das Haus inmitten hochherrschaftlicher Villen, schrieb später Anna Rothe in einem ihrer »Brautbriefe« an den künftigen Ehemann Gustav Lilienthal. In der Boothstraße 17 wurden Tauben und Hühner gehalten und im Frühjahr Kohl und anderes Gemüse angepflanzt. Auf dem Dach befand sich ein künstliches Storchennest und als dieses nicht angenommen wurde, beschaffte Otto Lilienthal vier Jungstörche. »Sie konnten noch nicht fliegen und stolzierten nun mit spitzem Schnabel pickend und hackend im Garten unter den vier kleinen Lilienthals umher. Ein reizendes Bild, aber eine stete Gefahr für die Kinder. Eines frühen Morgens flogen sie, flügge geworden, auf und davon, zur Erleichterung der Mutter, die in steter Angst um die Augen der Kinder schwebte, zum Leide des gerade abwesenden Hausherrn, der von ihnen lernen wollte.«[104]

1888 hatte Otto gemeinsam mit seinem Bruder Gustav die seit 1874 unterbrochenen flugtechnischen Experimente wieder aufgenommen. Vorwiegend in den Morgen- und Abendstunden, wenn es windstill war, stellten sie auf dem Rasenplatz in der Boothstraße 17 einen selbst gebauten Rotationsapparat auf und maßen mit seiner Hilfe den Auftrieb unterschiedlicher Materialien, Flächen, Flächenprofile und Anstellwinkel. Die Versuchsergebnisse bestärkten sie in ihrer Überzeugung, dass beim Bau eines Flugapparates für den Menschen die Flügelform und -stellung der großen Vögel beim Segelflug übernommen werden müssen.

Den Storch als »Lehrmeister im Fluge«, hatten Otto und Gustav schon als Kinder durch eine Tierfabel vom Storch und dem Zaunkönig kennen gelernt. In ihrer Geburtsstadt Anklam gab er ihnen in den Sommermonaten täglichen Anschauungsunterricht, wenn er und seine zahlreichen Artgenossen, die damals die Dächer und Wiesen bevölkerten, sich in die Lüfte erhoben und am blauen Himmel ihre Kreise zogen. Die beiden Brüder beobachteten sie von der Dachluke aus oder krochen ihnen im kniehohen Gras entgegen, um die Startbewegungen der aufgescheuchten Vögel zu verfolgen.

Den zweiten großen »Lehrmeister im Fluge« hatte Gustav Lilienthal 1880 auf einer Schifffahrt nach Australien studiert. Albatrosse folgten dem Dampfer; ohne Flügelschlag, nur mit kleinen Bewegungen ihrer bis zu anderthalb Metern langen, schlanken Schwingen segelten sie stundenlang dicht über den Wellen oder umkreisten die Takelage der »John Elder«. Als Lilienthal aus Australien zurückkehrte, brachte er einen ausgestopften Albatros mit, der von den Brüdern sorgfältig vermessen und untersucht wurde und heute noch in der Marthastraße 5 – unter der Decke hängend – zu bewundern ist.

Die Erkenntnisse, die die Lilienthal-Brüder bei ihren Versuchen und Beobachtungen gewannen, behielten sie nicht für sich. Sie korrespondierten mit Experten im In- und Ausland, schrieben Aufsätze in Fachzeitschriften und hielten Vorträge. Unter dem Titel »Der Vogelflug als Grundlage der Fliegekunst«, veröffentlichte Otto Lilienthal 1889 auf eigene Kosten ein Buch, das, obwohl von seiner Erstausgabe nicht einmal dreihundert Exemplare verkauft wurden, die »bedeutendste flugtechnische Veröffentlichung«[105] des 19. Jahrhunderts werden sollte. Darin werden in 40 Kapiteln die mechanischen Grundgesetze der Flugtechnik, die aerodynamischen Vorgänge beim Vogelflug sowie die Ergebnisse der Messungen dargestellt, die die Brüder auf dem Rasenplatz in der Boothstraße 17 und auf einer freien Fläche unweit der Kadettenanstalt durchführten. Das Fazit des Buches, das in einer Zeit herauskam, als Ballon und Luftschiff als einzige realistische Möglichkeit der Luftfahrt galten, war revolutionär: »Wir müssen daher den Schluss ziehen, dass die genaue Nachahmung des Vogelfluges in Bezug auf die aerodynamischen Vorgänge einzig und allein für einen Flug des Menschen sich eignet, weil dieses höchst wahrscheinlich die einzige Methode ist, welche ein freies, schnelles und zugleich wenig Kraft erforderndes Fliegen gestattet.«[106] Auf den letzten Seiten entwickelte Lilienthal seine Vorstellungen von einem Flugapparat, der »ohne Mühe« aus Weidenruten und Stoffbahnen herzustellen sei.

Als das Buch über den Vogelflug 1889 erschien, existierte bereits ein erstes Mann tragendes, acht Meter langes Flügelpaar, mit dem die beiden Brüder Stehübungen auf dem Kadettenfeld machten. »Stehübungen« hieß, die »Flugmaschine« so zu halten, dass man nicht das Gleichgewicht verlor, was je nach Windstärke und -richtung Kraft und Geschicklichkeit erforderte. Es wurde leichter, als Lilienthal den Apparat mit einer Schwanzflosse versah, zuerst horizontal, dann horizontal und vertikal. Zur Erprobung baute er 1891 im Garten ein in der Höhe variables Sprungbrett, von dem er nach kurzem Anlauf und wochenlangem Üben bis zu sieben Meter weite Sprünge schaffte. Doch bis aus den Sprüngen Flüge wurden, bedurfte es noch vieler Versuche mit neuen und immer wieder modifizierten Flugapparaten.

Im Sommer 1891 verlegte Lilienthal seine Übungen auf einen Hügel bei Derwitz, südwestlich von Potsdam. Vor der ersten Übung trugen er und sein Assistent Hugo Eulitz, ein Vetter seiner Frau, abwechselnd den verschnürten Flugapparat von der Boothstraße bis zum Potsdamer Bahnhof, dem heutigen S-Bahnhof Lichterfelde-West, um dann per Zug – Eulitz mit dem Apparat im Gepäckwagen, Lilienthal im Personenabteil – nach Groß Kreutz zu fahren, von wo sie mit einem Pferdefuhrwerk zum Versuchsgelände gebracht wurden. Auch bei den Flugversuchen wechselten sich beide ab. Während der eine »vom Berg herabsegelte und gleich darauf den Apparat wieder zur Höhe trug«, ruhte sich der andere für den nächsten Sprung aus. Auf diese Weise übten die beiden »Tausende von Malen den Segelflug gegen den Wind.«[107] Da das Gelände auch wegen der nahen Eisenbahnstrecke keine längeren Flüge erlaubte, wurde wieder gewechselt, diesmal auf die »Rauhen Berg« zwischen Steglitz und Südende. Zwei neue Flugapparate entstanden. Die Steuerung erfolgte – wie heute beim modernen Drachenfliegen – durch Gewichtsverlagerung mit dem Körper. Das artete mitunter in akrobatische Verrenkungen aus, die zu einem Mann mit Hut, wie ihn Lilienthal regelmäßig beim Fliegen trug, nicht so richtig passen wollten. Kam es zu einem unkontrollierbaren Zustand, etwa nach einer Windböe, musste sich der Flieger schon einmal aus dem Apparat fallen lassen. Die verstauchten Füße und Arme, seien jeweils in wenigen Wochen wieder geheilt gewesen, berichtete Lilienthal.

1893 errichtete er einen Übungsplatz auf der Maihöhe, einem Hügel in der Nähe des später entstandenen Steglitzer Wasserturms. Hier baute er einen achteckigen Schuppen, der ihm nicht nur als Hangar, sondern auch als Startrampe diente, von der aus Gleitflüge von bis zu fünfzig Metern gelangen. Die neuen Flugapparate hatten eine Spannweite von sieben Metern, wogen zwanzig Kilogramm und konnten transport- und lagerfreundlich zusammengefaltet werden.

Im Sommer unternahm Otto Lilienthal erste Gleitflüge in den Rhinower Bergen. Wegen der umständlichen Anfahrt mit Eisenbahn und Pferdedroschke fanden sie meist nur an Wochenenden statt. Trotzdem schaffte er noch im selben Jahr Weiten von bis zu 250 Metern und erste Flüge mit Kehrtwendung.

Ein Jahr später entstand in rund zweieinhalb Kilometern Luftlinie von der Boothstraße 17 entfernt der Fliegeberg. Lilienthal ließ aus der Abraumhalde einer Lehmgrube einen Kegel von 15 Metern Höhe und mit einem Durchmesser von 65 Metern an der Basis aufschütten, in dessen Spitze ein runder fensterloser Schuppen eingebaut wurde und von dessen Dach in alle Himmelsrichtungen gestartet werden konnte.

»Der Fliegeberg wurde ein beliebter Ausflugsort. Des Sonntags kamen sie mit Kind und Kegel heraus und schlugen ihr Lager am Fuße des Berges auf. Der ›fliegende Mann‹ wurde bei seinem Erscheinen mit lautem Hallo begrüßt, nach seinem Abflug mit Beifall oder mit abfälligen Bemerkungen bedacht, je nach der Länge oder Kürze der Flüge.«[108] Für seine Nachbarn in der Boothstraße, meist Fabrikanten oder Kaufleute, flog Lilienthal auch auf Bestellung, wenn diese ihren Geschäftsfreunden etwas Besonderes bieten wollten. Er verband damit die Hoffnung, Käufer für seine Flugapparate und Sponsoren für einen neuen, doppelt so hohen Fliegeberg zu gewinnen.

Neben vielen Schaulustigen waren auch »Fachbesucher« wie Luftschiffer, Offiziere und Flugforscher am Fliegeberg. Für den berühmten Schweizer Maler Arnold Böcklin, der sich bis dahin selbst mit dem Bau von Flugapparaten beschäftigt hatte, waren Lilienthals Vorführungen Anlass, seine eigenen Experimente von heute auf morgen aufzugeben. Lilienthal war inzwischen bei seinem Flugapparat Nummer elf angelangt, dem »Normal-Segelapparat«, von dem ca. zwölf Exemplare gebaut und zu einem Preis von 500 Mark an Interessenten im In- und Ausland verkauft wurden. Die Apparate wurden verschnürt, per Eilgut versandt und vom Empfänger anhand einer mitgelieferten Montageanleitung wieder entfaltet.

Ein wirtschaftlicher Erfolg war der Normal-Segelapparat zwar nicht, aber er hat – nicht zuletzt wegen der multiplikativen Wirkung der Fotografen, die ihre Apparate an den Übungshängen aufstellten – viel zum wachsenden Interesse an der »Kunstfliegerei« beigetragen.

Denkmal auf dem Fliegeberg.

Fliegen vom Fliegeberg am Abend, vom Gollenberg bei Stölln am Wochenende, zwischendurch Reparieren, Modifizieren, Konstruieren und Bauen von Flugapparaten, Dokumentieren der Flugexperimente, Korrespondieren und Vorträge halten – Bruder Gustav machte dieses Tempo Otto Lilienthals längst nicht mehr mit. Er hatte sich seit den ersten Flugversuchen in Lichterfelde zurückgezogen und war zum kritischen Zuschauer geworden, der um Gesundheit und Familienleben Ottos fürchtete und seine warnende Stimme erhob. Dieser schien aber vier Leben zu leben und das des Familienvaters schien nicht das wichtigste zu sein. Als Unternehmer steuerte er seine Maschinenfabrik im Auf und Ab der Wirtschaftskonjunktur, gab ihr mit Erfindungen neue Impulse, verbesserte im Kampf gegen den aufkommenden Elektromotor den Wirkungsgrad von Dampfmaschinen und führte für seine Mitarbeiter eine 25-prozentige Gewinnbeteiligung und den Achtstundentag ein. Als frischer Mitinhaber wandelte er das Ostendtheater an der Großen Frankfurter Straße (heute: Karl-Marx-Allee) in das »Nationaltheater« um und versuchte mit sozialkritischen Stücken und Eintrittskarten für 10 bis 50 Pfennigen die Auslastung zu erhöhen und Besucher aus den unteren Bevölkerungsschichten zu gewinnen. Ein sozialkritisches Drama mit autobiografischen Zügen schrieb er selbst, versuchte sich mit mäßigem Erfolg als Schauspieler und verliebte sich schließlich in eine junge holländische Bühnenkollegin, deren Briefe ihm postlagernd zugestellt wurden.

Im Herbst 1895 erprobte Lilienthal mit dem Flugapparat Nr. 13 den ersten Doppeldecker und erreichte erstmalig Höhen, die über dem Startpunkt lagen. Es folgten weitere Modelle, bis zur laufenden Nummer 21, darunter auch mit Kohlensäuremotoren angetriebene Flügelschlagapparate, die aber nicht zufriedenstellend funktionierten.

Am 9. August 1896, Lilienthal hatte schon einen fast halbstündigen Flug hinter sich, trug er den Normal-Segelapparat ein zweites Mal auf den Gollenberg. Es waren ideale Flugbedingungen: stabile Hochdrucklage, über 20 Grad und leichter Ostwind. Ein Augenzeuge: »Lilienthal flog ab, und wie er ein Stück geflogen war, steht er oben in der Luft vollständig still. Und da sehe ich, dass er mit den Beinen hin und her schlenkert, um den Apparat in Bewegung zu bringen. Mit einem Mal kriegt der Apparat eine Neigung nach vorne und saust runter, schlägt auf, und das Unglück war passiert.«[109] Lilienthal lag bewusstlos unter dem Apparat, kam wieder zu sich und verkündete den herbeigeeilten Helfern: »Ich werde mich ausruhen, und dann machen wir weiter.« Diese brachten ihn stattdessen mit einem Pferdefuhrwerk zum Gasthof Germs in Stölln und wurden hier beruhigt: »Ich lebe noch, ich bin Otto Lilienthal aus Lichterfelde.«[110]

Da am Sonnabend kein Zug mehr nach Berlin fuhr, wurde Lilienthal am nächsten Tag auf einem Feldbett liegend in einen Güterwagen des Zwei-Uhr-Zuges nach Berlin verladen. Um halb sechs abends starb er kurz nach seiner Ankunft in der Bergmannschen Klinik an den Folgen eines Halswirbelbruchs. Seine letzten Worte sollen gewesen sein: »Opfer müssen gebracht werden!« Ein Motto, das auch seiner Ehefrau Agnes auferlegt war, nicht nur zu seinen Lebzeiten, sondern auch danach. Sie wohnte mit den Kindern noch einige Jahre in der Boothstraße. 1902 verkaufte sie das mit Hypotheken belastete Anwesen und zog in eine Mietwohnung in der Holbeinstraße, musste noch mehrfach umziehen und bewohnte zuletzt eine Mansardenwohnung in der Moltkestraße. Bis zu ihrem Tod 1920 war die Unternehmerwitwe auf finanzielle Unterstützung von außen angewiesen.

Das Haus in der Boothstraße 17 wechselte innerhalb weniger Jahre dreimal den Besitzer. Einer von ihnen ließ es 1915 aufstocken und die Fassade in Angleichung an die Nachbarvillen neu gestalten. Vom unveränderten Grundriss abgesehen, erinnerte nichts mehr an Lilienthals Landhaus. Im Zweiten Weltkrieg brannte das Haus bis auf das Erdgeschoss nieder. Als es 1950 ausgebaut und mit einem Flachdach versehen wurde, gewann das Haus fast die ursprüngliche Form zurück. Es half ihm nichts, Anfang der Siebzigerjahre musste es einem mehrstöckigen Altenheim weichen und wurde abgerissen.

Walter Linse

1903 Chemnitz –
1953 Moskau (UdSSR)
Rechtsanwalt

Gerichtsstraße 12
(heute: Walter-Linse-Straße)

Im Herbst 1949, kurz nach der Gründung der beiden deutschen Staaten, formierte sich in West-Berlin der »Untersuchungsausschuss Freiheitlicher Juristen« (UFJ), eine vom amerikanischen Geheimdienst CIA unterstützte, auch gelenkte Menschenrechtsorganisation mit Sitz in der Zehlendorfer Limastraße 29, die sich die Aufdeckung rechtsstaatswidriger Verhältnisse in der noch jungen DDR auf die Fahnen geschrieben hatte. Systematisch wurden Dokumente und Zeugenaussagen zu Menschenrechtsverletzungen gesammelt, die Betroffenen erhielten rechtliche Unterstützung. Der UFJ führte eine »Belastetenkartei« über DDR-Funktionäre mit rund 115.000 Namen, in Zusammenarbeit mit dem Radiosender RIAS Berlin veröffentlichte der UFJ in regelmäßigen Abständen Listen von haupt- und »ehren«amtlichen Mitarbeitern der Staatssicherheit. In seinen mitunter spektakulären Aktionen bewegte sich der UFJ aber im Auftrag des CIA in manchen Aktionen auch hart am Rande der Legalität. Aus Ost-Berliner Wohnungen wurden Kinder entführt, aus Rechtsanwaltskanzleien wurden Akten und Dokumente entwendet, und – nach den alliierten Kontrollratsgesetzen verbotene – Ballonfahrten über dem Ostteil Berlins organisiert. Die SED sollte sich »auf Schritt und Tritt beobachtet fühlen und wissen, daß das Recht nicht tot ist«.[111] Erster Leiter des UFJ war der Rechtsanwalt Horst Erdmann, der aus Sicherheitsgründen den Decknamen Dr. Theo Friedenau benutzte. Friedenau musste 1958 wegen unberechtigter Titelführung und einer verschwiegenen Karriere als HJ-Führer sein Amt niederlegen. Zu seinem Nachfolger wurde Walter Rosenthal bestimmt, selbst ehemaliges NSDAP-Mitglied.

Einer der wichtigsten Mitarbeiter dieses vom DDR-Ministerium für Staatssicherheit als »Diversions- und Spionageorganisation« bezeichneten Juristenkreises war der Lichterfelder Rechtsanwalt Walter Linse. Linse sammelte Daten über den Zustand der Wirtschaft in der DDR und stellte im Frühjahr 1952 in einer Studie fest, dass es – sieben Jahre nach Beendigung des Zweiten Weltkrieges – bereits wieder eine »Rüstungsindustrie im sowjetischen Sektor« gab.

Linse, der Sohn eines Postsekretärs in Chemnitz, studierte ab 1924 Rechtswissenschaften in Leipzig und legte 1927, nach nur sieben Semestern, das Erste juristische Staatsexamen ab. Nach 1931 war er in Dresden als Assessor im sächsischen Staatsdienst und Hilfsrichter in Leipzig tätig, schied jedoch Ende 1933 aus dem Staatsdienst aus. In der Folgezeit bereitete er eine juristische Dissertation über den Begriff des »untauglichen Versuchs« im Strafrecht vor und wurde 1936 an der Universität Leipzig promoviert.

Im September 1938 übernahm er als Referent der Industrie- und Handelskammer in Chemnitz die »Bearbeitung von Entjudungsvorgängen«, trat am 1. Oktober 1940 mit der Mitgliedsnummer 8.336.675 in die NSDAP ein und war bis 1940/41 ausschließlich mit der »Arisierung der jüdischen Gewerbebetriebe« im Bezirk Chemnitz betraut. Nach dem Abschluss der »Arisierung« übernahm er auch Aufgaben im Rahmen des »totalen Kriegseinsatzes« bei der Koordinierung von jüdischer Zwangsarbeit und war hierbei u.a. für die Bearbeitung der Anträge kriegswichtiger Unternehmen auf Freistellung »halbjüdischer« Mitarbeiter von Einsätzen als Zwangsarbeiter in der Organisation Todt zuständig. Bis zum Kriegsende blieb Walter Linses Referat für alle »Judenangelegenheiten« in der IHK Chemnitz zuständig.

Nach der Besetzung von Chemnitz durch sowjetische Truppen am 8. Mai 1945 wurde bekannt, dass Linse während des Krieges einer Widerstandsgruppe mit Namen »Ciphero« angehört haben soll, allein bezeugt wurde dies von Eugen Fischer, einem Bekannten Linses.[112] Linse selbst gab im Juni 1945 eine Erklärung zu Protokoll, in der er die »Arisierung« jüdischer Unternehmen zwar als »Unrecht« bezeichnete, sich aber gegen eine Rückgabe an die ursprünglichen jüdischen Besitzer aussprach, solange die »Wiedergutmachung nicht reichs- oder landeseinheitlich geregelt sei«.[113] Obwohl er sich weigerte, der SED beizutreten, blieb Linse unter sowjetischer Besatzung in seinem Amt, stieg zum Hauptgeschäftsführer der IHK Chemnitz auf und führte in dieser Funktion 1946/47 die Entnazifizierung der steuer- und wirtschaftsberatenden Berufe durch, wobei er in den entsprechenden Prüfungsverfahren auch schwer belasteten Personen die Genehmigung zur Weiterführung ihres Berufes erteilte. Im Juni 1949 setzte er sich nach West-Berlin ab.

»Charmant war er, ein gebildeter Mann ... Und mit sächsischem Akzent hat er gesprochen.« Das ist das Bild von Walter Linse, das 56 Jahre nach seiner Entführung im Kopf seiner Lichterfelder Nachbarin Brigitte Winter geblieben ist.[114] Das Ministerium für Staatssicherheit kidnappte ihn am 8. Juli 1952, morgens um 7.22 Uhr, wenige Meter von seinem Wohnhaus entfernt in der Gerichtstraße 12 in Berlin-Lichterfelde. In den Akten des UFJ befindet sich ein »Besuchervermerk«, der deutlich dokumentiert, dass die Partei- und Staatsführung der DDR in die vorbereitete Aktion aktiv eingebunden war: »Etwa im April bis Mai 1952 fand in der Angelegenheit Dr. L. eine vorbereitende Sitzung beim SSD[115] in der Normannenstraße statt.«[116] Als Teilnehmer dieser Sitzung wurden Major Lossow vom sowjetischen Geheimdienst NKWD, der Kandidat des Politbüros der SED Anton Ackermann, der Minister für Staatssicherheit Wilhelm Zaisser sowie die beiden Staatssicherheitsoffiziere Lindner und Weichmann benannt.

Den Auftrag zur Entführung Walter Linses erteilte die DDR-Führung am 14. Juni 1952 unter dem Decknamen »Aktion Lehmann«. Als Ausführende wurden die »Gesellschaftlichen Mitarbeiter« (GM) des Ministeriums für Staatssicherheit »Pelz«, »Barth«, »Ringer« und »Boxer« bestimmt, hinter denen sich die Kleinkriminellen Willi-Herbert Baumbach, Harry Bennewitz alias Gerhard Meister, Kurt Schulz und Kurt-Oswald Knobloch verbargen. Das Tatauto war ein neuer »Opel Kapitän«, die Entführer tarnten es mit einem gestohlenen Taxischild als »Westtaxe aus Neukölln«.[117] In den Unterlagen des Ministeriums für Staatssicherheit ist der Übergriff auf Walter Linse detailliert beschrieben: »Die Gruppe fuhr geschlossen in die Nähe des Bahnhofes Lichterfelde-West und dort stiegen der Boxer und der Ringer aus. Sie gingen zur Obus-Haltestelle Drakestraße–Gerichtsweg. Zeit des Eintreffens: 7 Uhr.«[118] Der Wagen wurde von Pelz gefahren, Barth war bei ihm geblieben. Gegen 7.20 Uhr stand der Wagen 100 Meter in Fahrtrichtung zur Drakestraße von Linses Haus entfernt. Den Tätern fielen ein VW-Lieferwagen sowie ein älterer Mann auf, den sie von früheren Erkundungen kannten und ihn als »Dackelmann« bezeichneten, da er stets mit seinem Dackel in der Gerichtstraße spazieren ging. »Gegen 7.21 Uhr kam der Dackelmann, und als er den Wagen sah, kam er auf diesen zu, ging in entgegengesetzter Richtung davon und schrieb die Wagennummer auf. Er entfernte sich in Richtung Ringstraße.«

Walter Linse verließ sein Haus um 7.22 Uhr, die Entführer machten sich zum Angriff fertig. Pelz ließ den Motor an, Boxer und Ringer

Walter-Linse-Straße in Lichterfelde.

kamen ihm aus Richtung Drakestraße entgegengelaufen. »Auf der Straße befanden sich zu dieser Zeit der Dackelmann, eine Frau, welche neben dem Lehmann kam, aber nicht zu ihm gehörte, der Volkswagenfahrer, und auf der anderen Straßenseite zwei Frauen. Lehmann kam zwei Meter an unserem Wagen vorbei, da er nicht sofort vom Boxer durch seinen neuen Anzug erkannt wurde. Barth machte die Tür des Wagens auf und befahl durch das Zeigen auf Lehmann den Angriff.«

GM »Ringer« und GM »Boxer« stellten sich Walter Linse in den Weg und baten ihn um Feuer. Als dieser in seine Tasche griff, wurde er überwältigt und zu Boden gerissen. Linse wurde geschlagen und in den Wagen gezerrt. »Pelz fuhr sofort an ...«

Obwohl sich die Entführung in einer ruhigen Nebenstraße und zu früher Stunde ereignete, war sie nicht unbemerkt geblieben. Mehrere Passanten wurden aufmerksam und versuchten, das Verbrechen zu verhindern. GM »Barth« vermerkte in seinem Protokoll: »Bei Beginn des Angriffs riß der Dackelmann eine Trillerpfeife aus der Tasche und gab laufend Signal, die neben Lehmann laufende Frau schrie um Hilfe. Die Frauen auf der anderen Straßenseite fingen an mit zu schreien, der Volkswagen-Fahrer hupte laufend und zog seinen Wagen mit hoher Geschwindigkeit nach links, schlug das Steuer nach rechts ein und versuchte unseren Wagen, der bereits fuhr, zu rammen.«[119] Die Entführer scheuten auch den Einsatz von Schusswaffen nicht. »Barth wehrte diesen Rammversuch durch zwei Schüsse neben den Kopf des Fahrers ab.« Auch Walter Linse wurde im Auto mit einer Waffe bedroht. In höchstem Tempo fuhren die Entführer über die Königsberger und Giesensdorfer Straße zur Stadtgrenze in Richtung Teltow, die Fahrt endete im Stasi-Gefängnis Hohenschönhausen, dem »Vorhof zur Hölle«.[120]

Die »Wochenschau« stellte das Geschehen wenig später in einem Dokumentarbericht nach: »Dr. Linse wurde von zwei Unbekannten ergriffen und in ein bereitstehendes Auto geworfen. Menschenraub – das gemeinste Verbrechen gegen die persönliche Freiheit.«[121] In West-Berlin fand zwei Tage nach der Entführung eine Protestkundgebung zur Freilassung Linses vor dem Rathaus Schöneberg statt, an der rund 30.000 Menschen teilnahmen. Ernst Reuter, der Regierende Bürgermeister, appellierte an das Weltgewissen: »Hier ist ein Mensch aus unserer friedlichen Mitte geraubt worden, überfallen worden, niedergeschlagen worden, in ein Automobil hineingeschleppt, hinausgefahren in die Folterhöhlen dieser Verbrecher. Er muss uns zurückgegeben werden. Das fordern wir. Jetzt.«[122] Als Reaktion auf die Entführung mit einem Pkw wurden die Straßenübergänge von West-Berlin nach Ost-Berlin und in die sowjetische Zone bis auf wenige kontrollierte Übergänge für den Fahrzeugverkehr mit Barrieren versperrt.[123]

Für Walter Linse war Hohenschönhausen freilich nur eine Zwischenstation, nach endlosen Qualen wurde er im Dezember 1952 dem sowjetischen Geheimdienst in Berlin-Karlshorst übergeben und kurze Zeit später nach Moskau verschleppt. Zermürbt von den Verhören, bekannte sich Linse gegenüber den Vernehmern der »Spionage und Subversion gegen die DDR« für schuldig. Am 23. September 1953 wurde er von einem sowjetischen Militärgericht wegen »Spionage, antisowjetischer Propaganda und Bildung einer antisowjetischen Organisation« zum Tode verurteilt. Nach seinem Kassationsbegehren wurde er in die Lubjanka, das berüchtigte Moskauer Staatsgefängnis, verlegt. Dort bestätigte das Militärkollegium des Obersten Gerichtshofes der Sowjetunion am 15. Dezember 1953 das bestehende Gerichtsurteil. Linse wurde am gleichen Tag im Butyrka-Gefängnis in Moskau erschossen und der Leichnam in einem Krematorium auf dem Gelände des Donskoi-Friedhofes verbrannt. Wenige Tage vor Weihnachten wurde seine Asche in einem Massengrab verscharrt.

West-Berlin ehrte den streitbaren Rechtsanwalt 1961 mit der Umbenennung der Gerichtstraße in Walter-Linse-Straße. Der Generalstaatsanwalt Russlands rehabilitierte Walter Linse am 8. Mai 1996 als »politisches Opfer«.

Klemens Wilhelm Jacob Meckel

1842 Köln – 1906 Lichterfelde
Generalmajor, Instrukteur der
Kaiserlichen Japanischen Armee,
Schriftsteller, Komponist

Goerzallee 6 (früher Teltower Straße)

Er wurde »wirklich wie ein Gott verehrt«.[124] Ewiger Ruhm sollte ihm zuteil werden und sein Geist noch in Hunderten von Jahren fortwirken. Doch der kostbare Schrein, der an den Generalmajor Jacob Meckel erinnern sollte, wurde während der Kriegswirren der 1940er Jahre im japanischen Garten der Goerzallee 6 nie fertiggestellt. Nur eine Tafel wurde 1943 am imposanten »Schlossbau« mit dem schmiedeeisernen Türmchen angebracht. Eine Tafel zum ewigen Gedenken an jenen preußischen Generalmajor, der in Japan wie ein großer Sohn des eigenen Volkes geehrt wurde.

Die ersten 100 Jahre sind seit dem Tod des berühmten Generalmajors vergangen, und wer die Gedenktafel für ihn sehen will, muss sich auf die Suche begeben. Der Pilger wird die mehrteilige Tafel auf dem Weg zum Park rechts neben dem Haus entdecken, eingelassen im Boden, vor den Mülltonnen. »INSTUKTEUR DER KAISER... JAPANISCHEN ARMEE 1848–1889« ist dort auf der zersprungenen Reliefplatte mit dem Porträt des Majors und dem Abbild eines Samurai-Schwertes aus der lückenhaften Schrift zu entziffern. Einer Initiative der Lichterfelder Bürger ist es zu verdanken, dass die Tafel nach dem Abriss der Meckel-Villa 1977 nicht ganz und gar verschwand und vom Architekten des Neubaus Axel Gutzeit überhaupt wieder angebracht wurde. Die imposante Meckel-Villa selbst, welche die dort ansässige »Private Chemieschule Dr. Lüders (Geilmann)« angeblich als »Trümmerhaufen« hinterlassen hatte, konnte vom Landeskonservator nicht mehr gerettet werden. Sie wich 1980 einem neuen Gebäude im Rahmen des sozialen Wohnungsbaus.[125]

24 Stunden Bedenkzeit hatte sich Jacob Meckel ausbedungen, als der Chef des großen Generalstabs Graf Moltke im September 1884 den Major zu sich bat und ihm einen Auftrag als Lehrer an der japanischen Kriegsakademie antrug. 24 Stunden, die Major Meckel brauchte, um telegraphisch zu klären, ob Rhein- und Moselweine den Transport nach Japan vertragen würden und ein Versand möglich wäre. Bereits einen Tag später erklärte sich der Major mit seiner Lehrmission einverstanden. Dem erstaunten Moltke erklärte Meckel seinen raschen Entschluss: »Ich trinke zu gern Moselwein und kann keinen Tag darauf verzichten. … Als ich erfuhr, dass mir der Wein geschickt werden könne, war ich sofort zur Reise nach Japan bereit.«[126]

Das japanische Kriegsministerium, das in Berlin mit der preußischen Armeespitze Fühlung aufgenommen hatte, um einen preußischen Generalstabsoffizier an die neu gegründete japanische Kriegsakademie zu berufen, fand in Jacob Meckel den richtigen Mann. Nachdem sich Meckel in den 1860er Gefechtsjahren im Rheinischen und Hessischen Infanterieregiment seine Meriten sowie das Eiserne Kreuz verdient hatte, wurde er 1871 an die Kriegsschule nach Hannover versetzt. Meckel fiel dort sofort auf, weil er nicht nach vorgegeben Lehrbüchern unterrichtete, sondern seine ganz eigene Lehrmethode entwickelte. Er förderte das selbstständige Entscheiden und Handeln seiner Schüler und verlangte von ihnen logisches Denken. Seine Lehrmethode bezeichnete er als rein »applikatorisch«, neue taktische Gedanken wurden nicht einfach nur vorgetragen, sondern der Schüler wurde stets durch Fragen gezwungen, »auf Grund schon vorhandener Begriffe, in logischer Schlußfolgerung den Gedanken selbst zu produzieren, und somit als sein geistiges Eigentum von sich zu geben«.[127] Meckel entwickelte für diese Methode das »Kriegsspiel«, und mit Schriften wie den »Anleitungen zum Kriegspiel« und dem »Lehrbuch der Taktik« untermauerte er seine progressive Didaktik.[128]

Bereits 1873 hatte Reichskanzler Bismarck auf die Ähnlichkeit Preußens und Japans im Zeitalter der Kolonialisierung hingewiesen: »Ich kann mich in die [japanischen] Verhältnisse ganz gut hineindenken, weil ich in einem kleinen und schwachen Land, das sich langsam auf den heutigen Standpunkt emporgeschwungen hat, geboren bin. Wir schützen unsere Rechte und unsere Selbsterhaltung. Japan befindet sich in derselben Lage und wegen dieser Verhältnisse müssen wir besonders freundschaftlich verkehren.«[129] Beim Vergleich der westlichen Staatsysteme bewunderte das aufstrebende kaiserliche Japan die konservativ-reaktionären Strukturen und das martialische Auftreten Preußen-Deutschlands. Beeindruckt vom Sieg über Frankreich bemühte

Villa in der Goerzallee 6 mit japanischem Steingarten, um 1901.

sich das japanische Militär, ein modernes Heer nach preußischem Vorbild zu schaffen. Heeresoffizier Katsura Tar,[130] der von 1870 bis 1873 und 1884 in Deutschland Strategie und Taktik studiert hatte, drängte darauf, Japans Armee mehr nach deutschem als nach französischem Muster aufzubauen. Er schuf einen japanischen Generalstab, der wie in Preußen unabhängig von der Regierung sein sollte. Und er gründete die japanische Kriegsakademie, an der ein deutscher Offizier unterrichten sollte, und der Major Klemens Wilhelm Jacob Meckel schien dafür der richtige Mann zu sein.

Meckel wurde mit seinem besonderen Auftrag vom Generalstab für zwei Jahre in das Ausland beurlaubt, Reichskanzler Bismarck empfing ihn in der Weihnachtszeit 1884 noch einmal, um ihn zu verabschieden. Am 18. März 1885 kam Meckel in Japan an, der Tenno besuchte daraufhin höchstpersönlich die Kriegsakademie, um den deutschen Offizierslehrer einzuweisen: »Ich habe mich entschlossen, eine Kriegsakademie zu errichten, damit meine Offiziere in den höheren Militärwissenschaften sich ausbilden. Sie haben sich bereitfinden lassen hierhin zu kommen, um diese Anstalt einzurichten und fördern zu helfen.«[131]

Meckel respektierte durchaus die Leistungen seiner französischen Vorgänger, doch die hatten ihre Schüler eher darauf vorbereitet, wie man sich in kleinen Scharmützeln verteidigt. Meckel schuf die Grundlagen für ein modernes Heer, das befähigt sein sollte, in die Offensive zu gehen und große Kriege zu gewinnen. Ungewöhnlich für die autoritätshörigen und schriftfixierten japanischen Schüler war zunächst seine »applikatorische« Lehrmethode, die zum eigenverantwortlichen Denken und Handeln ermutigte. Aber genau das war es, was die Schüler brauchten, um später große Verbände führen zu können. »Außerordentlich imponierend« fanden die japanischen Schüler seine praktische Vorgehensweise, weil sie hauptsächlich aus »Kriegsschauspielen« bestand.[132] »Que feriez-vous dans tel cas, sie vous commandiez une armée?«, lautete Meckels Standardfrage.[133] Der »tüchtige und liebenswürdige« Feldherr mit »seinem famosen militärischen Gesicht in der stattlichen General-Stabsuniform«, der »mit dem glattrasierten Kinn und dem Hinterkopf-Scheitel selbst immer wie ein Stück [preußische] Heimat aussah«, inszenierte mit seinen japanischen Offiziersschülern eindrucksvolle Geländeübungen und Kriegsspiele.[134] Auf solchen Studienreisen machte er sich und seine Schüler mit dem japanischen Gelände und seinen militärischen Fährnissen vertraut und bewirkte gleichzeitig ein starkes Heimatgefühl für die Schönheit des eigenen Landes. Meckels Schüler fühlten sich von ihrem Lehrer »mit seinen Vorzügen und kleinen Schwächen«[135] persönlich angezogen, und in den japanischen Landen wurde Meckel mit seinem Schüler-Heer auf den spektakulär-strategischen Streifzügen bald eine legendäre Erscheinung.

Als Gründer der japanischen Schule für Militärwissenschaften hatte sich Meckel große Anerkennung und Respekt verdient, noch jahrzehntelang verehrten ihn dafür seine japanischen Schüler. Innerhalb des japanischen Armeesystems übte er aber noch weitaus größeren Einfluss aus. Als Katsura Tar 1885 plante, das japanische Militär nach preußischem Vorbild umzuformen, wurde nach Meckels Vorschlägen das Garnisonssystem grundlegend geändert, das Wehrpflichtsystem strenger organisiert, militärische Infrastrukturen wie die Entwicklung eines armeetauglichen Eisenbahnnetzes und einer Küstenbefestigung sowie der Aufbau einer Rüstungsindustrie angeregt. Mitten im Reformeifer des Landes wäre Meckels Lehrauftrag im Herbst 1886 ausgelaufen, auf Meckels Wunsch hin wurde der Vertrag nur um ein Jahr verlängert. Meckel hätte gewiss länger bleiben können, aber obgleich er in Japan Land und Leute liebgewonnen hatte, wollte er wieder der Armee in seiner Heimat dienen. Da halfen auch die regelmäßigen Moselweinim-

Meckel in Generalsuniform.   *Meckel im Kimono.*

porte aus Trier nichts, die ebenso gern von anderen deutschen Kolonisten mitbezogen und genossen wurden. »Der Major Meckel hier wird täglich dicker u. sehnt sich nach seinem strammen preußischen Dienst«, er war nicht gerade »felddienstfähiger geworden« und hatte sich »bei dem guten theoretischen Leben ein Bäuchlein angemästet, das wohl kaum in seine alte Uniform passt«.[136] Meckels markante Glatze und das rote Gesicht des dem edlen Tropfen nicht abgeneigten Genießers, trugen ihm den geheimen Spitznamen »Shibugaki-Oyaji« ein, was ungefähr »Väterchen herbe Kakifeige« bedeutet.[137] Schließlich hatte er seine Schüler auch in preußische Trinktugenden eingeweiht, in »einigen Minuten etwa 1 1/2 Flaschen Champagner hinunterzugießen«.[138]

Meckels Abschied von Japan wurde mit vielen Dankesworten und Anerkennungen begangen, das persönlichste Abschiedsgeschenk aber bekam er vom Fürsten Katsura. Dieser übersandte ihm eine alte japanische Klinge, die er selbst noch in den Wirren der japanischen Bürgerkriege getragen hatte. Wenige Jahre nach Meckels Abschied bewiesen sich seine militärischen Instruktionen für Japan als wegweisend. 1895 besiegte die modern ausgerüstete und gut ausgebildete japanische Armee das veraltete kaiserliche China im Konflikt um Korea und trat zum ersten Mal als ernst zu nehmende Großmacht auf.

Gedenktafel – Goerzallee 6.

Der direkte Kontakt zu Japan blieb auch nach Meckels Deutschland-Rückkehr 1888 bestehen. Die japanische Regierung hatte ihren Wunsch vorgetragen, einige ihrer Offiziere zur einjährigen Dienstleistung Meckel zuzuweisen, was von deutscher Seite unterstützt wurde. Diese besonderen militärischen Beziehungen zwischen Japan und Deutschland kühlten sich jedoch 1893 nach Bismarcks Rücktritt empfindlich ab. Und so passte auch Meckel, der nie die »Eigenschaften eins Höflings«[139] besessen hatte, offensichtlich nicht mehr in die Nach-Bismarck-Ära von Kaiser Wilhelm II. Zwar war er zum Generalmajor befördert worden und hatte 1896 den »Roten Adlerorden zweiter Klasse mit Eichenlaub« verliehen bekommen, aber die daraus folgende Erhebung in den preußischen Adelsstand blieb aus. Persönliche Ablehnung des Kaisers, politische oder private Hintergründe, Meckels letzte militärische Versetzung musste auf ihn wie eine Art Verbannung wirken. Am 27. Mai 1896 setzte Meckel seiner so hoffnungsvollen Laufbahn mit seinem Abschiedsgesuch ein Ende. Des Kaisers Namen aber durfte in Meckels Gegenwart nie mehr erwähnt werden.[140]

Nach 36 pflichterfüllten Jahren in der preußischen Armee, deren Ruhm er bis nach Japan getragen hatte, zog sich Jacob Meckel zurück und erlebte einen weitaus entspannteren Lebensabschnitt in Lichterfelde. Wenn der unverheiratete Jacob Meckel Repräsentationspflichten nachgehen musste, oblag es der Gattin des ihm im Range folgenden Offiziers, diese Pflichten mit zu übernehmen, und so trat für den Junggesellen bei öffentlichen Anlässen öfters Frau Carmela de Ripley von Groll an seine Seite. Sie schien dem Frauenhelden[141] gern Gesellschaft geleistet zu haben, denn vieles deutete darauf hin, dass die skandalöse Affäre mit der Offiziersgattin Meckel das Lehramt an der Kriegsakademie gekostet hat.[142] Im Mai 1897 ließ sich Carmela de Ripley von ihrem Mann Oberst Maximilian von Groll scheiden und heiratete im August 1897 Jacob Meckel in der Kaiser-Wilhelm-Gedächtniskirche.

Carmela erbte von ihrer Mutter ein beträchtliches Vermögen, von dem sich das Ehepaar in der heutigen Goerzallee 6 ein Grundstück kaufte. Der Sohn von Jacob Meckels Schwester Sophie, Baurat Carl Kühn, baute das geräumige Haus mit dem markanten schmiedeeisernen Türmchen. Das Wett-Klotzen im Burgen-Stil hatte in Groß-Lichterfelde gerade mal begonnen, der Teltowkanal wurde noch ausgebaut, und so konnten die Chronisten Hermann und Paul Lüders bewundernd vom »das Bäkethal überragenden Schlossbau des General Meckel« berichten.[143] Eine Sehenswürdigkeit war die riesige Parkanlage mit dem Teich und dem japanisch anmutenden Steingarten.[144]

Meckel hatte jetzt die Muße, sich seinen künstlerischen Neigungen zu widmen. Der Generalmajor gehörte noch der Generation der hochgebildeten Offiziere »im Goetheschen Sinne«[145] an, er war außerordentlich musikalisch, ein flotter Tänzer, und spielte hervorragend Klavier. Hohes musikalisches Niveau bewies das Ehepaar als regelmäßige Besucher der Joseph-Joachim-Konzerte. Meckel war Mitbegründer des sogenannten Rodensteiner Kreises, zu dem bekannte Persönlichkeiten wie Generalfeldmarschall von Hindenburg zählten, mit dem ihn eine Freundschaft verband. Jacob Meckel überarbeitete in Lichterfelde nicht nur seine militärwissenschaftlichen Schriften, er ließ immerhin seine Zeitgenossen auch durch eigene Kompositionen aufhorchen. Seine Oper »Thea«, zu der er auch das Libretto verfasst hatte, verherrlichte im Gewande des Ostgotentums die Kaiser-Proklamation von 1871. Der Dirigent Professor Mengewein brachte die Oper 1905 im geschlossenen Kreis zur Uraufführung, dargeboten wurde auch Meckels Weihefestspiel »Kaiser Rotbart«, andere Partituren von ihm erklangen im Saal der Singakademie zu Berlin.

Im Deutschen Kaiserreich war Meckel abgeschrieben, aber in Japan hatte man den Lichterfelder nicht vergessen, denn »in Tokyo wusste man von seinem Ergehen mehr als in Berlin«.[146] In seiner Villa wurde er häufig von japanischen Offizieren besucht, noch 1903 unterrichtete Meckel sechs japanische Offiziere und war beeindruckt von ihrer vorzüglichen Vorbildung. Ein japanischer Duft durchwehte das Haus mit all den Mitbringseln seiner exotischen Besucher: Bilder von Hokusai, japanische Vasen …, nur weniges davon ist noch im Besitz der Nachfahren.

Während die Berliner Diplomatie Japans mögliche Bedeutung gegenüber Russland völlig unterschätzte und auf jeglichen Rat von Meckel verzichtete, ahnte der Generalmajor schon sehr früh, wie ein russisch-japanischer Konflikt ausgehen könnte. Mitten im Russisch-Japanischen Krieg im Juli 1904 platzierte Meckel im »Berliner Lokal-Anzeiger« ein Geleitwort mit seiner Bewunderung und seiner Liebe zu Japan. Und es sollte das eintreffen, was Bismarck seinerseits proklamiert hatte: ein »kleines schwaches« asiatisches Land bezwang die europäische Großmacht Russland und wies sich als neuer Mitspieler auf der imperialistischen Weltbühne aus. Noch der Meckel-Schüler Erich von Ludendorff sollte sich 1918 an den Durchbruchstaktiken der Japaner orientieren, und bis in die 1940er Jahre wirkte die Strategie-Indoktrination des preußischen Lehrmeisters bei den offensiven Mensch- und Materialschlachten der erbitterten Kamikazeflieger nach.

Meckel, der sich aufgrund seiner Herzbeschwerden seit 1900 immer öfter in seinem Sommerhaus in Schierke im Harz aufhielt,[147] konnte noch im Frühjahr 1906 den »feierlichen, ehrfurchtvollen Dank« der Russland-Sieger vom fernen Tokio entgegennehmen. Der höchste Shint-Priester der japanischen Nation huldigte vor der versammelten Elite des Landes den »weisen und überreichen Lehren« Meckels und versprach ihm ewigen Ruhm und immerwährende Dankbarkeit.[148]

Kurz nach seiner Ehrung starb Jacob Meckel an einem Gehirnschlag. Zur Trauerfeier am 9. Juli 1906 kam der japanische Militärattaché Oberst Akashi und verlas ein Kondolenz-Telegramm des Großen Generalstabs der Kaiserlichen Japanischen Armee. Zahlreiche japanische Zeitungen widmeten Meckel ausführliche und herzliche Nachrufe und die japanische Regierung ließ den Kaiserlichen Japanischen Gesandten Graf Inoue an der Trauerfeier in Deutschland teilnehmen. In der Japanischen Kriegsakademie hatte General Graf Gentarô Kodama die Traueranordnungen getroffen und ebenso die Totenrede für Meckel geschrieben. Dass General Kodama selbst kurz vor der Trauerfeier verstarb, gab der Gedächtniszeremonie in Tokio eine zutiefst schmerzliche Atmosphäre. Unter dem Gemälde des Generalmajors Meckel verlas im Saal der Japanischen Kriegsakademie der Direktor Generalmajor Igudsi den anrührenden Nachruf des Toten an einen Toten.

Meckels Leib wurde verbrannt und seine Asche auf dem Anwesen der Goerzallee beigesetzt.[149] »Sein Geist«, so hatte General Kodama in der Totenrede geschrieben, »lebt in seinem Werke fort und wird noch Hunderte von Jahren den Lernenden weitere Belehrung gewähren.« Die »Seele seiner Exzellenz« aber baten die Shint-Priester nach Japan, »er möge hierher kommen und sich bewirten lassen«.[150]

Julius Posener

*1904 Berlin – 1996 Berlin
Architekturhistoriker,
Architekturkritiker*

*Holbeinstraße 69, Karlstraße 87
(heute Baseler Straße)*

»Funkelnde Augen/hohe Stirn/spärlich welliges Haar/sprühender Geist/kleine Statur/imposant/wieselig/stets auf und ab zwischen Bänken und Tafel/Hosenträger/die Daumen darunter/überall Kreide, nicht nur an der Tafel/›ANDRA MOI ENNEPE MUSA, HOS ...‹[151]/ Odysseus/Homer/Dante Alighieri/Mendelsohn/Kuala Lumpur/Vergleiche – Sprünge – Zitate«[152]

Auf diese Weise – so heißt es in den »Erinnerungsfetzen des Architekturstudenten Peter Vollmer« – konnte Professor Julius Posener mit seiner lebendigen Baugeschichte die Zuhörer »betrunken machen«. Nüchtern Gebliebene schrieben Poseners Vorlesungen Wort für Wort mit und machten ihre Veröffentlichung zum dauerhaften Publikumserfolg. Er war kein sturer Daten- und Faktensammler, sondern ein großer Erzähler. Er »war kein Architektur-Vermittler, er war ein Architektur-Verführer.«[153] Wenn er von Hermann Muthesius und seinen Landhäusern schwärmte, »schwang der Cello-Ton der Zuneigung mit«.[154] Ihm lauschten seine Zuhörer nicht nur im Hörsaal, sondern auf den Exkursionen zu Muthesius' Bauwerken, wie dem Haus Freudenberg in Zehlendorf oder dem Haus Cramer in Dahlem. Diese waren nach Poseners Verständnis nicht herausragende Beispiele eines Baustils, sondern einer Lebensform. »So wie er selbst zu erzählen liebte, so forderte er von der Architektur die Erzählung. Episches Bauen sollte Geschichten von seiner Entstehung mitteilen, von der Gesellschaft, aus der es kam, von den Bedingungen, die es formten, von den Benutzern, die Bauten und Dinge gebrauchten. Kultur bedeutete für ihn die Übereinstimmung der Leute mit den Dingen, die sie umgaben. Seine Architekturkritik und seine Architekturgeschichte waren Nacherzählungen von Erzählungen.«[155]

Julius Posener erzählte in Vorlesungen, Vorträgen, auf Exkursionen und Spaziergängen, in Büchern, Zeitschriften, Tageszeitungen und Briefen. In seinem Nachlass fanden sich nicht weniger als 15.000 Briefe, alle im »spezifischen Posener-Sound« gehalten. »Wenn man seine Essays und mehr noch seine Briefe liest, hört man ihn sprechen: die Vorsicht, mit der er sich seinen Gegenständen nähert, die freundliche Umständlichkeit, die Rückgriffe und Vorwegnahmen, die nichts anderes als angewandte Pädagogik sind.« Das gern benutzte »wir« war nicht arrogantes pluralis majestatis, sondern Ausdruck der Gemeinsamkeit, »die der Sprecher einer kleinen Gemeinde der Vernünftigen empfindet«.[156]

Als Julius Posener 1996 der Heinrich-Mann-Preis verliehen wurde, geschah es in Anerkennung seines essayistischen Werks. »Die literarische Miniatur, die Skizze, der Versuch [= Essay, d. Verf.] mit offenem Ausgang« waren eher seine Sache als systematische Abhandlungen. Ihm lag mehr zu improvisieren als zu planen. »Wenn man über dieses Leben ein Wort setzen wollte, ein Motto, so wäre es dies: Improvisation«, schrieb Posener im Rückblick auf ein Jahrhundert, das ihn als Intellektuellen, Juden und Emigranten zu »immer neuem Aufbruch«[157] gezwungen hatte. Das war nicht zu ahnen, als er am 4. November 1904 das Licht der Welt erblickte und sich für ihn eine glückliche Kindheit anschloss. »Ich lebte in Deutschland, dem besten Land, das es gab, in Lichterfelde, dem besten Villenvorort seiner Hauptstadt, im besten Haus mit dem schönsten Garten weit und breit, und hatte die besten Eltern, die man sich denken konnte, und die nettesten Brüder noch dazu. Wenn ich mir das abends vorsagte, war ich zufrieden mit der Welt und dem lieben Gott sehr dankbar.[158] So heißt es in seiner Autobiografie, die Posener 50 Jahre später im fernen Kuala Lumpur niederschrieb.

Zuerst hatte die Familie, das heißt Vater Moritz Posener, Mutter Gertrud, geborene Oppenheim, und ihre drei Söhne Karl, Ludwig und Julius, in der Holbeinstraße 69 gewohnt.

Julius mochte das Haus nicht, »mit seinen vielen dunklen Ecken, den hohen Fenstern, den nackten Fußböden und den verschnörkelten Möbeln von erdrückender Größe«.[159] Das änderte sich völlig, als die Eltern ein neues Haus in der Karlstraße (Baseler Straße) bauen ließen. Die »Schokoladenvilla«, wie sie bei den Kindern wegen ihres dunkelbraun verputzten Dachgeschosses hieß, liebte er heiß und innig. »Es war ein Haus im ›englischen Landhausstil‹ – geräumig, sonnig und bequem – und stand in einem formstreng angelegten Garten mit weißen Garten-

Baseler Straße 87. *Holbeinstraße 69.*

bänken, breiten Blumenbeeten und einer Vogeltränke.«[160] Sein Erbauer, Fritz Czellitzer, ein Mann aus der Schule von Hermann Muthesius, beeindruckte den kleinen Julius. Der Architektenberuf, »verkörpert in seiner Person und seinem Werk, unserem neuen Haus, hat mir seitdem stets Hochachtung eingeflößt«.[161]

Das Haus war zweistöckig mit ausgebautem Dachgeschoss. Dort hatte der Vater, ein am französischen Impressionismus orientierter »Plein-air«-Maler, sein Atelier. Im ersten Stock befanden sich das Elternschlafzimmer, zwei Kinderzimmer, das Zimmer des Kindermädchens und ein Fremdenzimmer. Das Wohngeschoss betrat man über eine Loggia, kam dann in die Garderobe, von der es links zu den Wirtschaftsräumen und rechts über eine Diele in den Salon ging. Hier stand der Flügel der Mutter, einer hervorragenden, aber nur für den Hausgebrauch spielenden Pianistin. An den Salon schlossen sich straßenseitig das Herrenzimmer und gartenseitig das Esszimmer mit Wintergarten an. Die Türen waren im Wohngeschoss beige, sonst blau gestrichen. In die Türfelder hatte der Vater kleine Bildchen gemalt, auf die Toilettentüren jeweils einen Kaktus.

Neben der Familie wohnten noch die Köchin, das Dienstmädchen, das Kindermädchen sowie der Gärtner mit Frau und Tochter in dem Haus. Trotz des vielen Personals, das sich die Familie leistete, lebte sie bescheiden und zurückgezogen. Die Mutter kaufte ein und beteiligte sich an der Hausarbeit, Vater und Söhne klopften im Garten die Teppiche. Die Kinderkleidung wurde vom Ältesten bis zum Jüngsten aufgetragen. Gäste waren selten im Haus, »Reiten, Tennis und Einladungen galten als snobistisch«.[162]

Mit ihrem Judentum nahmen es die Eltern nicht sonderlich ernst. Feiertage, ob christliche oder jüdische, wurden gefeiert wie sie fielen.

Poseners begingen Ostern, Pfingsten, Neujahr und aßen am Karfreitag Fisch. Am Jom Kippur befolgten sie zwar nicht die 24-stündige Fastenpflicht, schlugen sich aber »am Abend bei einem üppigen Mahl die Bäuche voll«.[163] Beim Schmücken des Weihnachtsbaumes – wie in den meisten Familien ein Privileg des Vaters – entwickelte dieser »seinen eigenen spätgotischen Stil«, die Mutter begleitete am Flügel das gemeinsame Singen von Weihnachtsliedern, nach der Bescherung gab es Karpfen auf polnische Art.

Wegen seiner schwächlichen Konstitution wurde Julius erst mit siebeneinhalb Jahren eingeschult. Die Schule habe ihn nicht interessiert, »mit Ausnahme des Lesens«. Das tat er gern, aber langsam, was sich im Laufe seines Lebens nur wenig geändert habe. Er sei immer noch der langsamste Leser, den er kenne, schrieb er in seinen Memoiren. Immerhin hatte das langsame Lesen, verbunden mit einem phänomenalen Gedächtnis, den Effekt, dass sich Posener, auch noch im hohen Alter an alles erinnerte, was er gelesen hatte. So konnte er ganze Passagen aus Shakespeare-Dramen, Homers Odyssee oder Dantes Göttlicher Komödie auswendig deklamieren.

Der Erste Weltkrieg warf seine Schatten auch auf das »Haus in der Sonne« in der Karlstraße. Die Mutter organisierte wöchentliche »Strickabende« im Haus, in der die Damen aus Lichterfelde bei klassischer Musik, von arbeitslosen Berufsmusikern dargeboten, Handschuhe und Socken für die Soldaten an der Front strickten. Die Lebensmittel wurden knapp, der »Kohlrübenwinter« 1916/17 brachte Kälte und Hunger. Sohn Karl meldete sich zur Artillerie, lernte als jüdischer Kriegsfreiwilliger und deutscher Patriot den Antisemitismus des Offizierskorps am eigenen Leibe spüren und wurde schließlich unter Erde und Trümmern begraben, als neben ihm eine Granate einschlug. Die Genesung vom »Bombenschaden« war langwierig. Ein Krankenbericht beschrieb den Patienten als einen »typisch jüdisch Degenerierten, dem das wenige, was er je an Charakterfestigkeit besessen haben mag, im Krieg abhanden gekommen ist«.[164] Wieder »k.v.« geschrieben, wurde er an die Westfront versetzt. Dem Schicksal vieler Kameraden, die in den letzten Schlachten des Krieges geradezu verheizt wurden, entging er, als man ihn zur Offiziersausbildung wieder in die Etappe schickte.

Von den kriegsbedingten Einschränkungen abgesehen, ging das Leben in Lichterfelde fast seinen normalen Gang. Je nach Fach und Lehrer langweilte sich Julius weiterhin in der Schule. Nach wie vor unternahm die Familie Ferienreisen. Auf einer nach Süddeutschland entdeckte Julius die Faszination mittelalterlicher Städte, Bau- und Kunstwerke. Heimgekehrt bastelte er die ersten Papiermodelle von Kirchen und Fachwerkhäusern. »Baumeister gotischer Kirchen« hätte er geantwortet, wäre er damals nach seinem Berufswunsch gefragt worden.

Zwei Jahre nach Kriegsende wechselte Julius in die Oberrealschule nach Zehlendorf (heute Schadow-Gymnasium). Im Lichterfelder Realgymnasium hatte er sich als einziger Jude in seiner Klasse zwischen Beamten- und Offizierskindern zunehmend unwohl gefühlt. Auch an der neuen Schule gab es Antisemitismus. Seine Schulkameraden zollten dem »Marquis«, wie sie Julius nannten, zwar Respekt und Sympathie, erklärten sich aber außerstande, mit ihm als Juden »befreundet« zu sein. Ausgerechnet sein von ihm besonders bewunderter Klassenlehrer Ulrich Haacke war davon überzeugt, dass Juden unfähig seien, Kunstwerke der Malerei und Musik in ihrer »deutschen Tiefe auszuloten und zu begreifen«. Trotzdem öffnete er seinem jüdischen Schüler Posener »eine Tür zur Kunst« und zog ihn mit ansteckender Begeisterung und aktivierender Didaktik in den Bann von Literatur und Geschichte, der diesen nie wieder losließ.

Mehr den Eltern zuliebe als aus eigener Überzeugung begann Julius nach Schulende das Architekturstudium. Die ersten zwei Studienjahre empfand er als verlorene Jahre. Insbesondere die »Hilfsdisziplinen« Baukonstruktion, Statik und Baustilkunde waren ihm ein Gräuel. Er schwänzte Vorlesungen, fuhr lieber mit Bahn oder Bus in einen der Berliner Vororte und studierte dort Landhäuser oder machte Waldspaziergänge und verfasste dabei Gedichte, um sie, wenn er wieder zuhause war, aufzuschreiben, »manchmal drei oder vier Stück«.[165]

Auf einer von der Technischen Hochschule organisierten Exkursion erlebte Posener mit dem Haus Cramer in Dahlem ein Werk von Muthesius und »verliebte« sich spontan in das Gebäude. Von nun an beschäftigte er sich intensiv mit Muthesius' Landhausarchitektur und ihren englischen Vorbildern und wurde zu einem ihrer leidenschaftlichen Verehrer und Verfechter.

Derweil gingen die Lichterfelder Jahre zu Ende. Das Leben in der Karlstraße 87 wurde der Familie Posener unerträglich. Um das Haus auch in der Wirtschaftskrise zu halten, war das Wohngeschoss vermietet worden. Das endete mit dem Doppelselbstmord des Mieterehepaars, nachdem es in finanzielle Schwierigkeiten geraten und monatelang mit der Miete im Rückstand gewesen war. Später machte die Schwester des Vaters, die dieser aus Gutmütigkeit im Kreis der Familie aufgenommen hatte, den Poseners das Leben so zur Hölle, dass sie sich nicht anders zu helfen wusste, als in ein kleineres Haus zu ziehen, in dem für Tante Mathilde kein Platz mehr war. Vorübergehend wohnte man am Bahnhof Lichterfelde-West und zog 1925 in ein neu erbautes Haus am

Schwarzen Grund in Dahlem. Der Architekt hieß wieder Fritz Crzellitzer.

1926, ein Jahr später als vorgesehen, bestand Julius Posener sein Vorexamen. Danach besuchte er das Entwurfsseminar bei Hans Poelzig und lernte, »daß Architektur etwas Großes ist, menschlich in dem Sinne, daß sie etwas mit dem Leben zu tun hat, nicht nur mit Formen, und daß es überaus lohnt, sich ihr zu widmen«.[166] Poelzig, Erbauer des Großen Schauspielhauses und später des Hauses des Rundfunks, wurde mit seinem Architekturverständnis und vor allem der Art, dieses seinen »Schülern« zu vermitteln, zu Poseners großem Vorbild.

1929 machte Julius Posener sein Examen und durfte zur Belohnung eine Reise nach Frankreich antreten. Er blieb länger als geplant. In Paris hielt er sich mit Hilfsarbeiten in Architekturbüros über Wasser und begann für die junge Zeitschrift »L'Architecture d'Aujourd'hui« zu schreiben. 1931 kam er wieder nach Berlin, arbeitete – unentgeltlich – im Büro von Erich Mendelsohn, bevor er, inzwischen arbeitslos geworden und von der Machtübernahme der Nationalsozialisten aufgeschreckt, nach Paris zurückkehrte. Nach fünf Jahren als Redakteur bei »L'Architecture d'Aujourd'hui« wanderte er nach Palästina aus, arbeitete dort bei Erich Mendelsohn und zeitweise sogar als selbstständiger Architekt. 1941 meldete sich Posener freiwillig zum Militärdienst in der Britischen Armee und bereiste nach der Kapitulation das zerstörte Deutschland als Presseoffizier. Nach mehrjährigen Aufenthalten in London und Kuala Lumpur folgte er dem Ruf nach Berlin und wurde 1961, inzwischen 57-jährig, Professor für Baugeschichte an der Hochschule für Bildende Künste. »Mit dieser Rückkehr an den Ort seiner frühen Jahre begann sein später Ruhm«:[167] als mitreißender Hochschullehrer, als engagierter Vorsitzender des Werkbundes, kritischer Journalist, fesselnder Buchautor und gesuchter Redner auf Protestveranstaltungen gegen Häuserabriss und Flächensanierung. Nicht aber als genialer Architekt. Als er einmal Erich Mendelsohn ein Bild des einzigen je von ihm gebauten Hauses zeigte, lautete dessen knapper Kommentar: »Mein armer Junge.«[168]

Hans Rosenthal

1925 Berlin – 1987 Berlin
Journalist, Quizmaster, Regisseur

Augustaplatz 4 b

Der Augustaplatz, einer der schönsten Flecken Lichterfeldes, angelegt Ende des 19. Jahrhunderts lag an diesem ungewöhnlich heißen Tag im Frühsommer 2008 beinahe wie ausgestorben da. Aus der am Rande des Platzes gelegenen kleinen Bungalowsiedlung war kein Laut zu hören, und selbst auf dem Gelände der das charmante Rondell architektonisch dominierenden, kasernenhaft anmutenden Polizeiwache war nichts von eigentlich vermuteter Geschäftigkeit zu spüren. Alles atmete Ruhe, die Idylle war perfekt. Der Autor, dem die freundliche Wirkung des Augustaplatzes aufgrund engster nachbarschaftlicher Nähe seit vielen Jahren nicht unbekannt geblieben ist, hatte sich an diesem Tag eigentlich vorgenommen, aus dem Munde von Zeitzeugen Näheres über das wohnliche Umfeld eines der beliebtesten Lichterfelder Bewohners zu erfahren. Schließlich wurde er auch fündig, wenngleich nicht unbedingt mit den gewünschten Ergebnissen.

Ein älteres Ehepaar mit einem prächtig geratenen altdeutschen Schäferhund an der Seite zeigte sich bei der Frage nach Hans Rosenthal völlig überrascht. »Hans Rosenthal? Der von »Dalli-Dalli«? Der hat hier gelebt? Das haben wir gar nicht gewusst.«[169] Wenig später konnte sich die »um die Ecke wohnende« Gudrun Wiedemann schon besser erinnern. »Den habe ich hier schon mal gesehen. Ich habe ihn gegrüßt, und er hat ganz freundlich zurückgegrüßt, aber ich habe mich nicht getraut, ihn anzusprechen. Da war so ein Gefühl in mir, dass er das nicht wollte.« Und ein arg gebrechlich wirkender, gefühlter Mittachtziger auf seinem täglichen Spaziergang und gestützt von einer missmutig dreinschauenden Begleiterin, antwortete auf die Frage nach Hans

Rosenthal: »Rosenthal? Das war doch ein Jude. Hier in der Gegend haben schon immer Juden gewohnt.« Vielleicht hatte er einen guten Grund, seinen Namen zu verschweigen und den Autor, nicht unbedingt freundlich, rat- und grußlos stehen zu lassen.

Hans Rosenthal hatte »zwei Leben in Deutschland«. So überschrieb er auch seine außergewöhnlich anrührende Autobiografie, und womöglich gehörte der zitierte alte Mann zu den zahllosen Helfern des Regimes, die Rosenthals »erstes Leben« in der düsteren Zeit des Nationalsozialismus, wenn nicht persönlich, so doch in ein menschenverachtendes Regime eingebunden, mitbeeinflusst und mitgeprägt haben. Hans Rosenthal musste den staatlich, politisch und ideologisch verordneten Judenhass wie viele seiner Leidensgenossen in seiner schweren Jugendzeit schmerzvoll erfahren.

Das Jahr 1941 war ein besonders tragisches für die beiden Brüder Hans und Gert Rosenthal. Nachdem sie 1937 ihren Vater verloren hatten, starb ihre Mutter an Darmkrebs. Zu dieser Zeit hatte sich der knapp 17-jährige Hans als Landarbeiter in Deutschlands Norden verdingt. Seinen jüngeren Bruder, den immer kränklichen, zerbrechlichen Gert, der zu dieser Zeit schon in einem jüdischen Kinderheim lebte, wollte er nach diesem Schicksalsschlag nicht allein lassen. Und er wollte dem stets bitterlich weinenden kleinen Bruder durch seine Nähe Kraft und Halt geben. »Ich gab ungerne meine Landarbeit auf und zog nach Berlin zu meinem Bruder ins Waisenhaus«,[170] schrieb Hans Rosenthal in seiner Autobiografie. Mit seinem Einzug in das Waisenhaus war er fortan, ebenso wie sein kleiner Bruder, ein Fall für die Hilfsorganisation der »Jüdischen Sammelvormundschaft«. Die städtische Fürsorge war für Juden schon seit zwei Jahren nicht mehr zuständig, Geld für ihre notleidenden Mitglieder musste die »Reichsvereinigung der Juden« selbst aufbringen. Und noch etwas hat sich verändert: Die beiden Jungen wurden jetzt nur noch mit den Zwangsnamen Hans Israel und Gert Israel Rosenthal bezeichnet.

Ihr Vormund, Fritz Israel Lamm, hatte zu diesem Zeitpunkt einige hundert Mündel zu betreuen. Im Vorfeld des sich ankündigenden Holocaust, der im Januar 1942 nach der berüchtigten und schicksalhaften »Wannsee-Konferenz« europaweit bitterster Wirklichkeit werden sollte, war Lamm einer derjenigen heute zu Unrecht fast vergessenen jüdischen Patrioten, die sich trotz heftigster Repressalien um ihre verfolgten Glaubensbrüder und -schwestern kümmerten. Hans und Gert Rosenthal, den in ihrer Trauer um den Verlust des elterlichen Halts total überforderten Brüdern, half er u. a. bei der notwendigen, für sie von unsagbarem Schmerz begleiteten Auflösung der einstmals gemeinsamen elterlichen Wohnung. Brieflich wandte sich Lamm an Ernst Rosenthal, den dem Schicksal seiner Neffen manchmal gleichgültig gegenüberstehen Onkel, mit der Frage, wo der Erlös aus dem Verkauf der Möbel abgeblieben sei. Die Tante antwortete, »daß mein Mann immer noch abwesend ist, und ich Ihnen wirklich keine genaue Aufstellung der Sachen machen kann«.[171] »Abwesend« bedeutete: Onkel Ernst ist inzwischen im Konzentrationslager Sachsenhausen. Er hatte sich geweigert, den Judenstern zu tragen und damit gegen die Polizeiverordnung verstoßen. Drei Wochen später sollte Ella Rosenthal, die gütige Tante, die Nachricht erhalten, dass Onkel Ernst in Sachsenhausen an Herzversagen verstorben sei.

Hans Rosenthal war, nachdem er zu seinem Bruder in das Jüdische Kinderheim gezogen war, kein leicht zu handhabender Zögling. Über den renitenten Neuzugang beklagte sich sein Erzieher Süßmann und hielt in einem Bericht für die Vormundschaftsakte fest, dass Hans »das Tragen des Judensterns mißachtet«, dass er versucht, sich »heimlich mit Freunden zu treffen«, dass er sich »mit Mädchen schreibt«.[172] Es drohte Ärger mit den offiziellen Behörden, und um den Fortbestand des Waisenhauses nicht zu gefährden, beschloss dessen Leitung im höchst verständlichen Interesse der Sicherheit des nur geduldeten Heimes und seiner latent gefährdeten kleinen Insassen, »den Jungen in eine kleinere Gemeinschaft zu geben«. Hans wurde von seinem wieder mit heftigem Weinen reagierenden kleinen Bruder Gert getrennt und in das Jüdische Jugendwohnheim in der Rosenstraße 2–4 eingewiesen.

Der fast 17-Jährige war fassungslos. Sie hatten ihn erwischt, als er sich heimlich aus dem Heim schlich, sie hatten ihn getadelt, weil seine Kleidung nicht so war, wie sie hätte sein sollen. Und, so glaubte er wenigstens, sie verstanden nicht, dass er frei sein wollte. Dafür wurde er nun bestraft. Er sollte weg, in ein anderes Heim, sollte getrennt werden vom kleinen Bruder, »der so sehr an mir hängt«, seit die Mutter gestorben war. Und bekennen sollte er sie auch noch, »seine kleine Dummheit«. Einen Lebenslauf musste er schreiben.

Was Hans Rosenthal an bislang erlebten und auch erlittenen Eckpunkten seines jungen Daseins in linkischer, kindlicher Schrift zu Papier brachte, sollte später als überliefertes, erschütterndes Dokument einer Kindheit im Nationalsozialismus gelten. Der Lebenslauf ist archiviert, trägt die Seitenzahl 85 und ist Teil einer über 200 Blatt starken Akte. »No 1725« steht auf dem Deckel, »Sammelvormundschaft der jüdischen Gemeinde zu Berlin«. Nummer 1725 ist eine von über einhundert erhaltenen jüdischen Vormundschaftsakten aus der Zeit des Holocaust, es ist die Akte der Brüder Gert und Hans Rosenthal, ein Ordner voll mit Notizen, Rechnungen, Belegen, Briefen und Berichten. Nicht viele jüdische Dokumente haben das Ende der Nazi-Diktatur überdauert. Die Rosenthal-Akte aber lag bis 1996, völlig unbeachtet, im ehemaligen Staatsarchiv der DDR im sachsen-anhaltinischen Coswig.[173] Im letzten Satz seiner damaligen Lebensbeschreibung hatte der Teenager Hans Rosenthal diese Formulierung gewählt: »Damit ist mein Lebenslauf beendet.«[174]

Überspringen wir einige Jahre der Geschichte. Hans Rosenthals Lebenslauf war überhaupt nicht beendet, überlebte den Holocaust, im Gegensatz zu seinem kleinen Bruder Gert, der nie die Chance auf eine Zukunft hatte, nie eine glückliche und erfüllte Jugend erleben durfte. 1945 stieß Hans, der sich bis zum Kriegsende versteckt hielt, zum Berliner Rundfunk in der Masurenallee und startete ab 1948 als Aufnahmeleiter und Unterhaltungsredakteur beim RIAS eine einzigartige Radiokarriere. Härteste Arbeit ließ ihn in den folgenden Jahren zu einem der beliebtesten Quizmaster Deutschlands wachsen, er wurde Autor und Moderator kultiger Hörfunk-Unterhaltungssendungen beim RIAS Berlin. Aus der Berliner und der gesamtdeutschen Rundfunkgeschichte sind die, streng auf die ganze Familie ausgerichteten Rosenthal-Radioshows in Ost und West gleichermaßen beliebt, nicht mehr wegzudenken. »Allein gegen alle«, »Wer fragt, gewinnt«, »Das klingende Sonntagsrätsel«, »Spaß muß sein«, »Opas Schlagerfestival«, »Da ist man sprachlos« und »Die Rückblende« sind nur einige seiner legendären Rundfunk-Highlights. Unbestrittener Höhepunkt seiner sich zwingend logisch anschließenden Fernsehtätigkeit war die von ihm entwickelte und selbst moderierte Sendung »Dalli-Dalli«.

Hans Rosenthals Anspruch war die intelligente Unterhaltung. Der mitunter überspitzte, oft auch zynische Humor der von ihm höchst geschätzten Kollegen Hans-Joachim Kulenkampff und Rudi Carell, die mit ihren eigenen TV-Shows grandioseste Erfolge und sich selbst feierten, war nicht sein Ding. In einem unverzeihlichen Vergleich mit den genannten Kollegen urteilte das Hamburger Nachrichtenmagazin »Spiegel« über Rosenthal, er habe eine »Herzlichkeit nahe dem Gefrierpunkt«.[175] Seine getreue Fanschar ficht diese freundlich-fiese Kritik nicht an. »Dalli-Dalli« mit dem oft irrwischigen, immer vor der Kamera hin- und herhüpfenden, »das ist Spitze« rufenden, klugen, freundlichen und geistreichen Hans Rosenthal wurde zu einem der erfolgreichsten Formate in der Geschichte des Zweiten Deutschen Fernsehens.

Hans Rosenthal, der Ehrenbürger in seinem langjährigen Urlaubsort Utersum auf Föhr, engagierte sich neben seiner aufwendigen Hörfunk- und Fernsehtätigkeit im Zentralrat der Juden in Deutschland und fand gar noch Kraft und Zeit, seine alte Liebe zum Fußball als Präsident des Berliner Traditionsvereins Tennis Borussia aus- und weiterzuleben. Zwei Aufstiege in die erste Bundesliga des in bravem veilchenblau spielenden Clubs aus dem Westender Mommsenstadion gehören letztlich auch zu Rosenthals bemerkenswerter Lebensleistung.

Drehen wir das Rad der Geschichte noch einmal zurück. Ende Februar 1943 war Hans Rosenthal in den Untergrund gegangen. Die für ihn verantwortliche »Jüdische Vormundschaft« war unwissend und ratlos zugleich, denn seinen Aufenthalt konnte sie dem eifrigen und wachsamen Bezirksbürgermeister von Berlin-Prenzlauer Berg in ihren wöchentlichen Berichten nicht nennen. »Wo ist Hans?« war dessen barsche Frage.

Der verzweifelt Gesuchte war immer noch in Berlin. Er hatte sich in der Laube einer älteren Dame in Berlin-Lichtenberg versteckt, den Unterschlupf verdankte er den Beziehungen seiner Großmutter. Zwei Jahre, bis zum Kriegsende, hielt er sich versteckt. In seinem Exil zwischen Tomatenstauden und Kohlrabibeeten erlebte er die Bombenangriffe der Alliierten als »Momente der Freiheit«.[176] »Wenn die Piloten da oben wüssten, wie sie mich erfreuen ...«, erinnerte er sich in seiner Autobiografie.

Im Mai 1945, nach der Befreiung Deutschlands vom nationalsozialistischen Regime, hatte Hans Rosenthal endlich sein Versteck verlassen können. Mit dem gelben Stern am Jackett trat er einem Trupp sowjetischer Soldaten entgegen, seine vermeintlichen Retter freudig und dankbar begrüßend. Was er nicht wissen konnte: Eben diese Rotarmisten waren an der Befreiung des Vernichtungslagers Majdanek beteiligt und hatten dort unbeschreibliches Leid der Häftlinge erfahren müssen. Die SS-Wachen hatten versucht, mit einem aufgeklebten »Judenstern« an schleunigst aufgetriebener Zivilkleidung zu entkommen. Vergeblich. Sie starben im Kugelhagel tief erschütterter Sowjetsoldaten.

Hans Rosenthal hatte Glück. Die bereits entsicherte Maschinenpistole eines kasachischen Sergeanten wurde von dessen Zugführer, einem jüdischen Leutnant aus dem Wolgagebiet, nach unten gehalten. »Sage mir das Jüdische Glaubensbekenntnis«, forderte er den verängstigten jungen Deutschen auf. »Schma Jisroel, Adonaj Elauhenu, Adonaj echod – Höre, Israel, der Ewige ist unser Gott, der Ewige ist einzig«, antwortet dieser. Hans Rosenthal durfte den Stern abnehmen, sein »zweites Leben in Deutschland« hatte begonnen.

Heinrich Seidel

*1842 Perlin (Mecklenburg) –
1906 Berlin
Ingenieur und Schriftsteller*

Boothstraße 29

»Konstruieren ist Dichten! Hab' ich gesagt,/Als ich mich noch für die Werkstatt geplagt./Heut' führ ich die Feder am Schreibtisch spazieren /Und sage: Dichten ist Konstruieren!«[177]

»Wo liegt der allerschönste Ort in unserem Vaterlande«, fragte Heinrich Seidel in seinem Gedicht, und die Antwort lautete: »Er liegt am Bäkelstrande! Ein Ort so schön wie ein Gedicht – So lieblich ist sein Angesicht, Daß ich mit Freuden vermelde: Er nennt sich Lichterfelde!« Heinrich Seidel, der dichtende Ingenieur, konstruierte die Yorckbrücken und die Halle des Anhalter Bahnhofs, und er war begeisterter Bewohner Lichterfeldes. Die Liebe zu Lichterfelde hat er in dem Lied »An Lichterfelde« verewigt, das er anlässlich des 25-jährigen Bestehens des Ortes im Jahr 1903 verfasste.

Aufgewachsen in dem kleinen Dorf Perlin in Mecklenburg, blieb der verwunschene Garten des Elternhauses und das Leben in der Natur für ihn stets prägend. Zu diesen Wurzeln kehrte er durch seinen Hauskauf in Lichterfelde und mit seiner Begeisterung fürs Gärtnern zurück.

Viele Mitglieder der weit verzweigten Familie der Seidels haben sich schriftstellerisch betätigt, manche haben neben ihrer Arbeit gedichtet – so Heinrichs Vater, der neben seiner Tätigkeit als Pfarrer Gedichte verfasste und Bücher schrieb. Andere machten die Schriftstellerei zu ihrem Hauptberuf. Heinrich bewegte sich also auf den Pfaden seiner Ahnen. Allerdings vollzog er einen radikalen Bruch in seinem Berufsleben. Als sein Vater Heinrich Alexander Seidel, Pfarrer von Perlin und Schwerin in Mecklenburg, mit noch nicht ganz 50 Jahren starb, musste Heinrich, das älteste von sechs Geschwistern, seine Ausbildung abbrechen. 14 Monate besuchte er das Polytechnikum in Hannover. Das Gymnasium hatte Heinrich frühzeitig verlassen, weil er Maschinen bauen wollte. Eine akademische Ausbildung war für einen Techniker damals noch unbekannt, und so begann der 17-Jährige eine Ausbildung in den Schweriner Lokomotiv-Reparatur-Werkstätten und es folgte eine Tätigkeit in einer kleinen Fabrik für landwirtschaftliche Maschinen im mecklenburgischen Güstrow. In seiner Freizeit schrieb er Geschichten für Zeitungen sowie Gedichte. 1866, im Alter von 24 Jahren, ging er nach Berlin, um dort an der Gewerbeakademie weiter zu studieren.[178]

Nach Beendigung seines Studiums, 1868, hatte Heinrich zunächst Schwierigkeiten, eine Stelle zu finden, denn die Industrialisierung hatte in Deutschland noch nicht ihre spätere Bedeutung erreicht. Er baute Lokomotiven in der Wöhlertschen Fabrik in der Berliner Chausseestraße. Dort, vor dem Oranienburger Tor, zwischen Chaussee-, Linien- und Gartenstraße, lag Mitte des 19. Jahrhunderts das Zentrum der Berliner Schwerindustrie. Borsigs Maschinenbauanstalt nahm von hier ihren Anfang. Dieses Milieu thematisierte Seidel später in seinen Büchern. Die erste Zeile seines 1871 gedichteten Ingenieurliedes »Dem Ingenieur ist nichts zu schwere!« wurde sein Motto.

Seine nächste Anstellung fand er bei der »Berlin-Potsdam-Magdeburger Eisenbahn-Gesellschaft«. Bei der Potsdamer Bahn sollte Heinrich Seidel Dach- und Brückenkonstruktionen entwerfen, ein Gebiet von dem er nach eigener Einschätzung »nicht das Allergeringste« verstand. Nach schlaflosen Nächten, geprägt von dem Gedanken, die Stellung wegen Überforderung zu kündigen, beschloss er, sich in die Materie einzuarbeiten. Er machte sich dann so erfolgreich mit dem Arbeitsfeld vertraut, dass er in seiner folgenden Stellung bei dem Neubaubüro der Berlin-Anhalter eine Dachkonstruktion von dahin ungekannten Ausmaßen entwarf. Die Konstruktion dieser riesigen eisernen Überdachung des Anhalter Bahnhofs war der Höhepunkt seiner Karriere. Eine damals in Europa einmalige Spannweite von 62,5 Metern zierte den Bahnhof. Dieser Bau hätte Heinrich Seidel das Leben kosten können: Bei einer Inspektion des Daches war er bei einem unaufmerksamen Schritt zurück vom Gerüst gefallen. Er überstand den Sturz indes ohne große Verletzungen.

Obwohl erfolgreich in seinem Beruf, zog es Heinrich doch immer mehr zur Schriftstellerei. Der Ingenieurberuf ließ ihm viel Zeit fürs Schreiben, und er setzte seine dichterische Tätigkeit fort. Allerdings trennte er seine beiden Berufe sehr penibel. Seine Kollegen sollten nichts von dieser dichterischen Seite erfahren. Seit 1870 führte Heinrich Seidel deshalb ein eigenartiges Doppelleben als dichtender Ingenieur. Er schrieb darüber in seinen Erinnerungen: »Ich war ängstlich bemüht, meine praktische Berufstätigkeit und meine poetischen Liebhabereien scharf auseinander zu halten. Ich habe jahrelang mit Leuten auf einem Büro zusammengearbeitet, ohne daß diese Ahnung davon hatten, daß meine Mußezeit von ganz anderen Interessen ausgefüllt wurde.«[179]

Erst 1880, mit 38 Jahren, entschloss sich Seidel, den Ingenieurberuf aufzugeben, um sich voll und ganz der Schriftstellerei zu widmen. In seinem Beruf hatte sich vieles verändert, und studierte Techniker übernahmen nun die interessanten Aufträge. Es boten sich deshalb keine Herausforderungen mehr für jemanden, der bereits ein Mammutprojekt wie den Bau des Anhalter Bahnhofs gemeistert hatte. In einem Brief an den Schriftstellerkollegen und Amtsgerichtsrat Theodor Storm in Husum beschrieb Heinrich seine berufliche Situation und die Gründe für sein Ausscheiden aus dem Ingenieursberuf: »Um mich paradox auszudrücken: Ich habe allmählich soviel gelernt, daß ich für den Staatsdienst unbrauchbar geworden bin. Das Fach, in welches ich mich eingearbeitet hatte, wird in höheren Stellungen nur mit examinierten Baumeistern besetzt, während es für meinen Beruf früher kein Examen gab. Dies jetzt noch nachzuholen, seit einigen Jahren ist es auch hier eingeführt, war ich zu alt. So wäre mir nur übrig geblieben, unter Baumeistern, denen ich an Wissen und Können weit überlegen bin, gegen geringeres Gehalt weiterzuarbeiten in einer Stellung, welche meinen Fähigkeiten nicht im geringsten entspricht – oder selbständiger Zivilingenieur zu werden, und dies wollte ich nicht, denn dann hieße es aufzugehen in diesem Beruf, und mit der freien Zeit und mit der Poesie wär es vorbei. So wählte ich von zwei Übeln dasjenige, welches mir als das kleinere erschien. Gerade übermäßig wohl fühle ich mich in dieser Haut auch nicht.«[180]

Sieben Jahre brauchte er, um von seiner Schreiberei zu leben können. In der schwierigen Anfangsphase seiner freien Tätigkeit half ihm das Vermögen seiner Frau. Dann aber liefen die Geschäfte sehr gut. Sein berühmtestes Buch wurde die Familiengeschichte von »Leberecht Hühnchen«, einem einfachen Ingenieur, der allerdings die Fähigkeit besitzt, in einfachen und bescheidenen Verhältnissen glücklich zu sein. Sogar die Kaiserin nahm Heinrichs ehrerbietige Anfrage, eine Widmung für sein Buch »Leberecht Hühnchen« zu schreiben, an. Ihm wurde der Ehrendoktorhut verliehen, und er war soweit über die Grenzen Deutschlands bekannt geworden, dass ihm der amerikanische Kollege Mark Twain einen Besuch in Groß-Lichterfelde abstattete. Es ist

Das Haus Seidels in der Boothstraße 29.

auch überliefert, dass ihn sein berühmter Nachbar aus der Boothstraße 17, Otto Lilienthal, noch kurz vor seinem Tod besucht hat. Um seinen 60. Geburtstag herum, in den ersten Jahren des 20. Jahrhunderts, geriet Heinrich Seidel jedoch etwas aus der Mode.

Sein Interesse galt neben der Schriftstellerei auch der Botanik. Mit besonderer Freude betätigte sich Seidel in der Stadt als »Florafälscher«: Er säte neue Pflanzenarten aus, die in Berlin nicht heimisch waren. Besonders angetan hatte es ihm das Zimbelkraut, Linaria cymbalaria, eine Rankpflanze ähnlich dem Efeu. Diese Pflanze mit kleinen hellvioletten Blüten und einem gelben Gaumenfleck stammte aus den Mittelmeerländern. Heinrich Seidel hat das Zimbelkraut in der Stadt verteilt, auf langen Spaziergängen entlang des Landwehrkanals steckte er den Samen in Ritzen, Mauervorsprünge und Flächen. Diebisch freute er sich darüber, wenn unerfahrene Botaniker sich über den »selten Pflanzenfund« in der Stadt begeistert haben. Mehr noch als mit seinen Büchern hoffte Heinrich Seidel mit dieser »grünen Spur« ein wenig Unsterblichkeit zu erlangen. »Der, der diesen Samen streute, möchte gern eine kleine grüne Spur hinterlassen auf dieser Erde ... Dann aber wird vielleicht noch ein kleines zierliches Pflänzchen, das aus dürren Mauerritzen lieblich hervorgrünt, lebendige Kunde geben davon, daß der Verfasser jener vergessenen Geschichten einst über diese Erde gegangen ist.«

Aber seine Sorge erwies sich als unberechtigt und nach dem seine Bücher gekauft und gelesen wurden, hat er aufgehört ganz Berlin zu seinem Garten zu machen. Der Erfolg seines Buches »Leberecht Hühnchen«, die Geschichte eines bescheidenen Ingenieurs, der, wie er selbst, in einem kleinen, idyllischen Haus in Steglitz wohnte, ermöglichte es Heinrich Seidel, endlich selbst ein Haus mit Garten zu erwerben. 1895 ging es finanziell so gut, dass ein Haus in Lichterfelde in der Boothstraße 29 gekauft werden konnte. Viele Jahre hatte er mit seiner Frau Agnes und den Söhnen in der Nähe des Potsdamer Platzes, Am Karlsbad 11, gewohnt. In seinen Memoiren »Von Perlin nach Berlin« erinnert er sich voll Stolz an das genaue Datum seines Umzugs nach Lichterfelde: »Seit dem 9. April 1895 wohne ich in Großlichterfelde, einem Ort, der wohl eine Gartenstadt genannt werden kann, 19.000 Einwohner hat und von Berlin 9,21 Kilometer südwärts gelegen ist.« Das Haus hatte »acht heizbare Zimmer, prachtvoller Keller, hübscher Garten mit Obstbäumen«. Dort, so schrieb er, konnten alle Rosen und Erdbeeren »und sonstigen edlen Gewächse und Blumen herrlich gedeihen und von einer großen Anzahl beschaulicher Gartenbesitzer liebevoll gepflegt werden«. In Groß-Lichterfelde würden sogar in den Gewächshäusern köstliche Weintrauben gezogen, die in Berlin als französische Ware ausgegeben und verkauft »und mit einer Hochachtung verzehrt werden, die man einem simplen Lichterfelder Gewächs wohl niemals gewähren würde«.

Seinen Gemüse- und Obstgarten bearbeitete er selbst, und das Gedeihen und Wachsen in seinem Garten betrachtete er mit höchster Sorgfalt. »Wir werden bald in Erdbeeren schwimmen. An Mietern habe ich im Nußbaum Rotschwänzchens, über meinem Fenster Fliegenschnäppers, und in einem hochstämmigen Johannisbeerstrauch Zaungrasmückens. Alle drei Familienmütter ›sitzen‹ und sehen in kurzer Zeit erfreulichem Familienzuwachs entgegen. Die Äpfel haben gut angesetzt, die Birnen weniger, die Kirschen mächtig, dagegen behüte uns Gott vor der Cholera, denn es gibt ein Pflaumenjahr.«[181]

In nur 18 Minuten erreichte man aus diesem Gartenidyll mit Veilchen-, Flieder-, Rosen- oder Levkojenduft die rauschende Großstadt Berlin. Mit Genugtuung beschreibt Seidel die Fahrt in die Stadt, die über Brücken geht wie zum Beispiel die Yorckbrücken, die er selbst konstruiert hatte, und kommt an in der von ihm entworfenen Bahnhofshalle. Und »wenn ich in die mächtige Halle einfahre, alles Eisen, das man sieht, von dem riesigen Dach bis zu den nicht minder stattlichen Fenstern, sowie den unterirdischen Gepäckaufzügen, einmal, sozusagen, durch meinen Kopf gegangen ist, und das in dem ganzen Gewirr von

Stangen, Platten und Sprossen und dergleichen kein Teilchen ist, dem nicht einst von mir der Platz angewiesen worden wäre ...«[182]

Das Pendeln zwischen der nüchternen Großstadt und der lieblichen Gartenstadt beschrieb auch den Gegensatz zwischen den zwei Welten, des Ingenieurs und des Schriftstellers. »Dort in dem rauchgeschwärzten Norden« war er ein kleiner Fabriktechniker, der nüchtern und praktisch seine Zeichnungen in die Werkstatt lieferte. »... hier aber im Westen, wo in blühenden Gärten die Nachtigallen sangen, hell gekleidete Mädchen unter dem Flieder wandelten ... hier war ich angehender Poet.«[183] Mit dem Umzug nach Lichterfelde in ein eigenes Häuschen mit Garten war mehr als ein Ortswechsel vollzogen worden: Hier hatte Seidel einen Ort gefunden, der die innere Wandlung zum Schriftsteller offenbarte und den Aufstieg in die bessere bürgerliche Gesellschaft symbolisierte. Gleichzeitig war die Abkehr und Flucht aus dem sich immer mehr ausbreitenden Moloch Berlin gelungen.

Heinrich Seidel starb im Lichterfelder Krankenhaus an Magenkrebs. Begraben wurde er in seinem geliebten Lichterfelde, auf dem Parkfriedhof befindet sich sein Ehrengrab. In Berlin wurden eine Grundschule im Bezirk Mitte in der Ramlerstraße und eine Straße im Stadtteil Steglitz nach ihm benannt. Das Haus in der Boothstraße 29 wurde im August 1943 zerstört.

Die Tradition der Schriftstellerfamilie wurde von Heinrich Seidels Schwiegertochter Ina Seidel weitergeführt. Sie war die Tochter seines Bruders. Ina Seidel wurde eine berühmte Schriftstellerin, die 1932 neben Ricarda Huch als zweite Frau in die Preußische Akademie der Künste in Berlin aufgenommen wurde. Eine Ehrung für Hitlers 50. Geburtstag 1939 haftete ihr allerdings lange an. Sie hatte in einer Zeitung ein Gedicht und einen Prosatext im Zeichen des »Führerkults« veröffentlich, da sie eine Zeit lang, wie sie später schrieb, »der Suggestion der nationalsozialistischen Parolen« erlegen sei.[184] Ina heiratete Heinrichs Sohn, Heinrich Wolfgang Seidel. Somit wurde seine Nichte zu seiner Schwiegertochter. Sein Sohn wurde Pfarrer und Schriftsteller, ganz im Sinne der Familientradition.

Peter Graf
Yorck von Wartenburg

1904 Klein-Öls/Niederschlesien –
1944 Berlin
Jurist

Hortensienstraße 50

Peter Graf Yorck von Wartenburg, der Ururenkel der preußischen Generäle Louis Ferdinand Prinz von Preußen und Johann David Ludwig Graf Yorck von Wartenburg, hatte eine umfassende aristokratische Bildung genossen. Er legte an der Klosterschule Roßleben in Thüringen sein Abitur ab und studierte ab 1923 in Bonn und Breslau Rechtswissenschaft. Während des Studiums schloss er sich der Studentenverbindung Corps Borussia Bonn an, in der viele Söhne des deutschen Hochadels, darunter auch die des deutschen Kaisers, Mitglieder waren. Nach dem Referendarexamen 1926, seiner Dissertation 1927 über »Die Haftung der Körperschaften des öffentlichen Rechtes für Maßnahmen der Arbeiter und Soldatenräte«, dem Assessorexamen und einer kurzen Tätigkeit als Gerichts- und Anwaltsassessor wurde er 1932 Beamter bei der Osthilfe, 1934 beim Oberpräsidium Breslau und 1936 in der Behörde des Kommissars für Preisbildung. Da er sich aus demokratischer und humanistischer Überzeugung weigerte, der NSDAP beizutreten, wurde er seit 1938 nicht mehr befördert und kam trotz seiner von den Vorgesetzten anerkannten Leistungen und Fähigkeit als Verwaltungsexperte nicht über den Rang eines Oberregierungsrats hinaus.

1938 geriet eine Familienfeier zum Wendepunkt in Yorcks Leben. Ein entfernter Verwandter, der Rechtsanwalt Helmuth James Graf von Moltke, gerade erst aus Großbritannien zurückgekehrt, dozierte bei Kognak und Zigarre über die Möglichkeiten einer Änderung im deutschen Staatswesen mit Hilfe einer starken bürgerlichen Opposition. Yorck von Wartenburg, fasziniert von Moltkes Vortrag, nahm dessen Angebot an, sich intensiver mit diesen Thesen auseinanderzusetzen und suchte mit Moltkes Hilfe Kontakte zu verschiedenen Regimekritikern. Moltkes Cousin Berthold Graf Schenk von Stauffenberg gehörte dazu, auch Adam von Trott zu Solz und Ulrich Wilhelm Graf Schwerin von Schwanenfeld. Mit ihnen diskutierte Yorck vor allem die Verfassung Deutschlands nach dem Ende der Herrschaft des Nationalsozialismus. Immer mehr wuchs Yorck, eloquent und charismatisch, in die Rolle des Wortführers demokratischer Veränderungen in Deutschland, die er ausdrücklich mit den Vertretern des militärischen, gewerkschaftlichen und kommunistischen Widerstands umzusetzen gedachte. Der spätere Mitverschwörer Hans Bernd Gisevius bezeichnete ihn als »sozialistischen Grafen«.[185]

Yorcks Adresse in der Lichterfelder Hortensienstraße wurde fortan zu einem der wichtigsten, wohl auch geheimsten Treffpunkte des Widerstandes. Hier trafen sich regelmäßig, unter höchsten Sicherheitsbedingungen, Fritz-Dietlof Graf von der Schulenburg, Nikolaus Graf Üxküll, Caesar von Hofacker, Albrecht von Kessel, der Ministerialdirigent Otto Ehrensberger, Ulrich-Wilhelm Graf Schwerin von Schwanenfeld, Otto Heinrich von der Gablentz, Horst von Einsiedel und Berthold Schenk Graf von Stauffenberg. Im Juni 1940, nach der von Moltke initiierten Gründung des Kreisauer Kreises, der wohl effektivsten Gruppe des Widerstandes, begann auch ein grundlegender Briefwechsel zwischen Yorck und Moltke, aus dem sich schnell eine fruchtbare und intensive Zusammenarbeit ergab. Angesichts der von der nationalsozialistischen Gewaltherrschaft begangenen Gewaltverbrechen ging es Yorck und Moltke »um Wesen, Grenzen und Ziele des Staates«.[186]

Am 7. Juli 1940 erläuterte Yorck in einem Brief an Moltke, wie er die staatliche Ordnung »in der protestantischen Tradition als einen Trieb göttlicher Ordnung deutet«: »Diese Rückbezogenheit von Einzelmensch und Gemeinschaft scheint mir bei der Erörterung das Wesentliche und in ihr liegt die Kumulation von Recht und Pflicht, die ich in dem Gespräch als Hypothek auf den Einzelmenschen bezeichnete. Ich wollte damit die Freiheit für sich selbst umwerten zu der Freiheit für die Anderen, die nach meinem Dafürhalten nur die Grundlage staatlichen Lebens sein kann. Ich wollte zum Ausdruck bringen, daß die Zeit der Bedrängnis, die trotz der äußeren Erfolge kommen wird, die Pflicht zum gemeinnützigen Handeln, zum Dienen besonders hervortreten lassen wird. Doch das geschieht im Rahmen der Rechtsidee, wonach die objektive staatliche und rechtliche Ordnung zugleich ein persönliches Rechtsgut des Einzelnen ist, der nicht der politischen Willkür des allgewaltigen Staates ausgeliefert sein darf, demgegenüber sich der Staat vielmehr auch in dem Verhältnis von Pflicht und Recht befindet. Ein zweites Wesentliches gilt es noch zu beachten, daß nämlich Recht und Sittlichkeit untrennbar zusammengehören und auch der Staatswille sich der Sittlichkeit beugen muß. Der wahre Inhalt des Staates ergibt sich mir nur dort, wo er als Trieb göttlicher Ordnung den Menschen erscheint und von ihnen empfunden wird.«[187]

Im März 1942 war Yorcks jüngerer Bruder Heinrich in Russland gefallen. Daraufhin schrieb er erschüttert an seinen Freund Martin von Katte über die Sinnlosigkeit des Krieges, der ihm schon zwei seiner Brüder genommen hatte, und von der nationalsozialistischen apokalyptischen Wirklichkeit: »Was ist es denn, wofür sie kämpfend starben? Ist es der Geist, der unsere Heere führt? Die Werte, die sie zu lieben trachteten und für die sie starben, liegen in tieferem Grunde und auf höherer Ebene.«[188] Für Yorck wurde es immer notwendiger, die Nähe zu den oppositionellen Militärs zu suchen.

Yorck, der den Beginn des Zweiten Weltkrieges selbst als Leutnant an der Front erlebt hatte, pflegte seit Ende der Dreißigerjahre ein respektvolles nachbarschaftliches Verhältnis zu Generaloberst Ludwig Beck in der Goethestraße 9. Am 28. September 1941 lud er Beck, der 1938 sein Amt als Chef des Generalstabes niedergelegt hatte, zu einem gemeinsamen Gespräch mit Moltke in die Hortensienstraße ein.

An diesem Abend wurden die Kontakte zwischen bürgerlichem und militärischem Widerstand, die bereits 1938 theoretisch angedacht waren, intensiviert und enge Verbindungen auch zum national-konservativen Widerstand unter der Führung Becks, Ulrich von Hassells und Carl Goerdelers aufgenommen. Wenige Monate später diskutierten Yorck und Moltke in der Hortensienstraße erstmals auch mit Abgesandten der Kirchen und mit Arbeitervertretern über eine Bündelung der antinationalsozialistischen Kräfte. Zu den Teilnehmern der Beratung gehörten u. a. der Jesuitenpater Alfred Delp, der katholische Pfarrer Augustin Rösch, der Sozialdemokrat Carlo Mierendorff und der Politiker Hermann Maaß. Der Widerstand begann zu einer einheitlichen Aktionsfront zu wachsen.

Als Moltke 1943 nach einem Bombenangriff seine Berliner Wohnung verlor, zog er zu Yorck von Wartenburg in die Hortensienstraße 50. Die enge persönliche Nähe übertrug sich auch auf die gemeinsame politische Arbeit. Im Herbst 1943 gelang es Yorck, eine Verbindung zwischen dem Sozialisten Julius Leber und den Brüdern Stauffenberg sowie zwischen Werner von Haeften, Bruder von Hans-Bernd von Haeften, und Claus Graf Schenk von Stauffenberg herzustellen.

Als sein Freund Moltke am 19. Januar 1944 verhaftet wurde, war Yorck überzeugt, dass nun ein Umsturz zwingend notwendig war. Seine

Marion Gräfin Yorck von Wartenburg im Garten des Hauses in der Hortensienstraße 50, um 1950.

Wohnung, seit jeher ein Zentrum des Widerstandes, wurde jetzt der wichtigste Anlauf- und Ausgangspunkt für die Vorbereitungen einer aktiv werdenden militärischen Verschwörung für den geplanten Umsturz und einen Staatsstreich. Vehement arbeitete Yorck an einer staatlichen und rechtlichen Neuordnung und beharrte dabei »auf seiner christlich-humanistischen Grundanschauung und betonte erneut, daß sich die Staatslehre nur theologisch begründen lasse«.[189]

Am 20. Juli 1944, dem lange vorbereiteten Tag des Aufstands, befand sich York von Wartenburg in der Bendlerstraße, wurde dort nach dem gescheiterten Attentat verhaftet und am 7. August 1944 vor dem Volksgerichtshof angeklagt. In dem Prozess unter dem Vorsitz von Roland Freisler deckte Yorck unerschrocken die Perversion des Nationalsozialismus auf: »Das Wesentliche ist, was alle diese Fragen verbindet, der Totalitätsanspruch des Staates gegenüber dem Staatsbürger unter Ausschaltung seiner religiösen und sittlichen Verpflichtungen Gott gegenüber.«[190] Aus diesem Grunde hatte Yorck Widerstand geleistet und sich für die Ermordung Hitlers ausgesprochen. Als Christ und als Patriot war er bereit, die Schuld zu übernehmen und zu verantworten. Den Mord an Hitler, den Tyrannenmord, erkannte er als das ethisch Notwendige, als die letzte Möglichkeit, seinem Vaterland »mit der Verpflich-

Hortensienstraße 50 heute.

tung des Geistes von Tauroggen«[191] sinnvoll zu dienen. In diesem Sinne schrieb er an seine Mutter kurz vor seiner Hinrichtung: »Am Ende eines an Liebe und Freundschaft überreich gesegneten Lebens habe ich nur Dank gegen Gott und Demut unter seinen Willen. Daß ich Dir diesen Kummer bereite, ist mir ein sehr großer Schmerz nach alledem, was Du an Traurigem erleben mußtest. Ich bitte Dich, mir das von ganzem Herzen zu vergeben. Ich habe über zwei Wochen Zeit gehabt, mich und mein Handeln vor Gott zu stellen und bin überzeugt, in ihm einen gnädigen Richter zu finden. Das Ausmaß an innerer Not, das Menschen wie ich in den letzten Jahren zu durchleben hatten, ist gewiß nicht von denen zu verstehen, die ganz von ihrem Glauben beseelt sind, den ich nun einmal nicht teile. Dir darf ich versichern, daß kein ehrgeiziger Gedanke, keine Lust nach Macht mein Handeln bestimmte. Es waren lediglich meine vaterländischen Gefühle, die Sorge um mein Deutschland, wie es in den letzten zwei Jahrtausenden gewachsen ist, das Bemühen um seine innere und äußere Entwicklung, die mein Handeln bestimmten. Deshalb stehe ich auch aufrecht vor meinen Vorfahren, dem Vater und den Brüdern. Vielleicht kommt doch einmal die Zeit, wo man nicht als Lump, sondern als Mahnender und Patriot gewertet wird. Daß die wunderbare Berufung ein Anlaß sein möge, Gott die Ehre zu geben, ist mein heißes Gebet.«[192]

> In diesem Hause lebte
> **PETER GRAF YORCK von WARTENBURG**
> 13.11.1904 – 8.8.1944
>
> Hingerichtet nach dem gescheiterten
> Attentat auf Hitler am 20. Juli 1944
> Mitglied des »Kreisauer Kreises«
> der sich hier auch traf

An der Hortensienstraße 50.

Am 8. August 1944 sprach Roland Freisler das Todesurteil gegen Peter Graf Yorck von Wartenburg aus, noch am selben Tag wurde er im Zuchthaus Berlin-Plötzensee hingerichtet. Seine Frau Marion starb am 13. April 2007 im Alter von 102 Jahren in Berlin.

Anmerkungen
Seite 9–83

1 Lüders, Paul: Groß-Lichterfelde in den ersten fünfundzwanzig Jahren seines Bestehens, Berlin 1893, S. 88
2 Aus einer Rede des BDA-Präsidenten Kaspar Kraemer anlässlich des 7. Berliner Gesprächs des BDA (Bund der Architekten) am 6.12.2002 zum Thema »Wer aber will sagen, was Schönheit sei?«
3 Lüders, Paul, Groß-Lichterfelde, a.a.O., S. 88f.
4 Brinkmann, Ulrich: Wohnen im Gestern. Kollhoff und Timmermann Architekten, Kahlfeldt Architekten: Villen in Berlin; in: archithese, Jg. 31 (2001), Nr. 2, S. 18–25
5 Julius Posener, siehe: http://de.wikipedia.org/wiki/Berlin-Lichterfelde
6 Ausschuss für örtliche Interessen (Hrsg.): Führer durch Gross-Lichterfelde, Berlin 1901 (Reprint 1989)
7 Lüders, P., Koch, E., Heinrich, P.: Liebling Lichterfelde, Berlin 1998 (Nachdruck von 1893), S. 14
8 Ebd., S. 16
9 Ebd., S. 15
10 Zit. von Thomas Wolfes in: Deutsche Bauzeitung, Jg. 3 (1869), Nr. 22, S. 262f.
11 Reinhold, Erika, Bannier, Ingeborg, Ilgner, Lukas: Lichterfelde, Berlin 1996, S. 32
12 von Carstenn: Die zukünftige Entwicklung Berlins, Berlin 1892, S. 1f.
13 Lüders, P. u.a., Liebling, a.a.O., S. 21
14 Ebd.
15 www.steglitz.de/jahrbuch/13.htm
16 Lüders, P. u. a., Liebling, a.a.O., S. 31
17 Thomas Wolfes, a.a.O., S. 113
18 Ebd., S. 90f.
19 Reinhold, Erika u. a., a.a.O., S. 64
20 Spohn, Jürgen, Posener, Julius: Villen und Landhäuser in Berlin, Berlin 1989, S. 8
21 Wiegand, Heinz, von Krosigk, Klaus: Berliner Naturschönheiten und die Gartenkunst von damals; in: Stadt – Neue Heimat Monatshefte für Wohnungs- und Städtebau, Jg. 29 (1982), Nr. 4, S. 38
22 Reinhold, Erika u. a., a.a.O., S. 40
23 Lüders, Paul: Groß-Lichterfelde, a.a.O., S. 66
24 Posener, Julius: Was Architektur sein kann – Neuere Aufsätze, Basel 1995, S. 105
25 Posener, Julius: Fast so alt wie das Jahrhundert, Basel 1993, S. 37
26 Reinhold, Erika u. a., a.a.O., S. 102
27 Haberecht, Walter: Der kommunistische Widerstand in Deutschland. Aufsatz nach einem Gespräch mit Bruno Baum und Albert Norden, Berlin 1970, Privatarchiv Dr. Ansgar Seidelmeister, Berlin 2008
28 Hinderling, Berthold: Der Schreibtisch Hermann Görings, Aktensammlung, München 1959, Privatarchiv Friedrich A. Raabe Nachf., Archivierungs-Nr. B 211/2102-1938
29 Ebd.
30 Grachhausen, Hans-Günther: Ludwig Beck und der 20. Juli 1944, Karl-Marx-Universität Leipzig, Sektion Journalistik, Aufzeichnung Emil Dusiska, 1973, Privatarchiv Dr. Ansgar Seidelmeister, Berlin 2008
31 Ebd.
32 Buntner, Aron: Friedrich Meinecke zwischen Humanismus und Nationalsozialismus, Stuttgart 1978, auch: Gelbensande, Heinz-Werner: Friedrich Meinecke, der verborgene Nationalsozialist, Kannenberg-Schriften, Zugspitz Eigenverlag, Juni 1961
33 Grachhausen, Hans-Günther: a.a.O.
34 Sandvoß, Hans-Rainer: Widerstand in Steglitz und Zehlendorf. Gedenkstätte deutscher Widerstand, Berlin 1986, S. 160
35 Görner, Eberhard: Gespräch mit Freya von Moltke, In: Sinn und Form, Jg. 35 (1984), Nr. 6, S. 1181f.
36 Kuch, Eugen: Die preußischen Marschälle und ihre Nachfahren, Kapitel »Die Familie Yorck«, Frankfurt am Main, S. 369, Privatarchiv Dr. Ansgar Seidelmeister, Berlin 2008
37 Weißmann, Helmut: Der Kreisauer Kreis, Gesprächsprotokoll, Karl-Marx-Universität Leipzig, Sektion Journalistik, Leipzig 1973, Privatarchiv Dr. Ansgar Seidelmeister, Berlin 2008
38 Gedenkstätte Deutscher Widerstand. Protokolle des Volksgerichtshofes, Berlin 2008
39 Görner, Eberhard: Gespräch mit Freya von Moltke, a.a.O., S. 141
40 Ebd.
41 Lieckmann, Herbert: Frankfurter Widerstand, Universität Frankfurt am Main, Aufsatz, 1952, Privatarchiv Friedrich A. Raabe Nachf., Archivierungs-Nr. B 211/0138-1934
42 Hellenhausen, Hans-Günter: Ein Tag im Juli 1944, Hamburg 1962, S. 123

43 Einsiedel, Horst von: ARD-Interview, Köln 1966
44 Ebd.
45 Reggebrecht, Alfons: Das Dritte Reich auf den zweiten Blick, Köln 1965, S. 78; auch: Balkow-Gölitzer, Harry, Reitmeier, Rüdiger, Riedel, Jörg und Biedermann, Bettina: Prominente in Berlin-Wannsee und ihre Geschichten, Berlin 2006
46 Ebd.
47 Müller, Gene: Generalfeldmarschall Erwin von Witzleben in: Hitlers militärische Elite, Darmstadt 1998
48 Ebd.
49 Hohmann, Friedrich G.: Deutsche Patrioten in Widerstand und Verfolgung 1933 – 1945, Paderborn 1986
50 Leber, Annedore: Das Gewissen steht auf. 64 Lebensläufe aus dem deutschen Widerstand, Berlin 1963
51 Ebd.
52 Kempner, Robert M. W.: Ankläger einer Epoche, Frankfurt am Main/Berlin 1983, S. 86
53 Adressbuch Berlin 1933, als weiterer Eintrag findet sich hier auch »Kempner, Helene, Dr. med.«, die erste Ehefrau Robert Kempners. 1934 findet sich statt Kempner-Rabinowitsch, L.« nur noch der Eintrag: »Kempner, Lydia, Prof. Dr.«, offensichtlich ein Reflex auf den Denunzianten-Brief
54 Im Berliner Adressbuch von 1912 ist der Baumeister »Böhme, G.« als Eigentümer verzeichnet
55 In Preußen war sie die zweite Frau, die diesen Titel erhielt, war damit aber noch nicht befugt, einen Lehrauftrag mit regulärer Bezahlung an den Ehrentitel zu binden. Doch ab 1900 führte sie im Berliner Adressbuch ihren Professorentitel an, der auf ihre Assistenzprofessur 1898 in Pennsylvania/USA zurückging, einer Stellung, der sie nie nachkam. Graffmann-Weschke, Katharina: Lydia Rabinowitsch-Kempner (1871–1935), Herdecke 1999, S. 101ff.
Ich bedanke mich an dieser Stelle bei Frau Dr. Katharina Graffmann-Weschke, ohne deren Publikation, ihrer Unterstützung und Erlaubnis der Einsicht in ihren »Korrespondenzordner« mit den Kempner-Erben dieser Artikel so nicht möglich gewesen wäre.
56 Die Frauenbewegung, 4/1898, zit. in: Graffmann-Weschke, a.a.O., S. 61
57 Erster Adressbucheintrag von Lydia Rabinowitsch-Kempner 1899
58 Graffmann-Weschke, a.a.O., S. 70
59 Adressbuch Berlin: 1901–1903
60 Angelika Munk, geb.1835 in Glogau, verh. Kempner, verstarb 1915 in Berlin-Lichterfelde
61 Graffmann-Weschke, a.a.O., S. 86
62 Kempner, Robert M. W., a.a.O., S. 19
63 Strecker, Gabriele, zit. in: Graffmann-Weschke, a.a.O., S. 138
64 Kempner, Robert M. W., a.a.O., S. 29 (auch folgende Zitate)
65 Graffmann-Weschke, a.a.O., S. 100f.
66 Kempner, Robert M. W., a.a.O., S. 32
67 Berliner Adressbuch 1920
68 Kempner, Robert M. W., a.a.O., S. 65
69 Ebd.
70 Eisfeld, Rainer und Müller, Ingo (Hrsg.): Gegen Barbarei. Essays Robert M.W. zu Ehren, Frankfurt am Main 1989, S. 22ff.
71 Kempner, Robert M. W., a.a.O., S. 89
72 Ebd., S. 13
73 Graffmann-Weschke, a.a.O., S. 79 und Kempner, Robert M. W., a.a.O., S. 20
74 Nach Karlauf, Thomas: Stefan George, München 2007, lebte er aber seit 1927 auch zusammen mit Clotilde Schlayer in ihrem Haus in der Boetticherstr. 15c
75 Skyler, Jay S.: Walter Kempner. A Biographical Note. Reprint from the Archives of Internal Medicine, Durham/North Carolina May 1974, Volume 133
76 Balkow-Gölitzer, Harry, Reitmeier, Rüdiger u.a.: Eine noble Adresse, Prominente in Berlin-Dahlem, Berlin 2005, S. 130f.
77 Boehringer, Robert: Mein Bild von Stefan George, München, Düsseldorf 1951, Textband S. 155 u. 199
78 Kempner, Robert M. W., a.a.O., S. 135
79 Ebd.
80 Graffmann-Weschke, a.a.O., S. 57
81 Kempner, Robert M. W., a.a.O., S. 98
82 Pross, Christian u. Winau, Rolf: nicht misshandeln. Das Krankenhaus Moabit, Berlin 1984, S. 109ff.
83 Kempner, Robert M. W., a.a.O., S. 135
84 Pross, Christian, Winau, Rolf, a.a.O., S. 190
85 Kempner, Robert M. W., a.a.O., S. 134
86 Ebd., S. 136
87 Graffmann-Weschke, a.a.O., S. 134
88 Kempner, Robert M. W., a.a.O., S. 136
89 Ebd., S. 381
90 Berliner Adressbuch 1937–1943

91 Kempner, Robert M. W., a.a.O., S. 381f.
92 Ebd., S. 40
93 Ebd., S. 147
94 Moscovitz, Judy: Die Reisdiät, Düsseldorf 2001, S. 21ff.
95 Ebd.
96 Kempner, Robert M. W., a.a.O., S. 459
97 In Robert Kempners Buch wird sie ohne weitere Angaben nur als »Frau Allard« beschrieben. Möglicherweise handelt es sich um Emy Allard, die Lehrerin von Clotilde Schlayer (und dann vermutlich auch Nadja Kempner). Briefe von Clotilde Schlayer an Emy Allard befinden sich im Stefan-George-Archiv in Stuttgart.
98 Kempner, Robert M.W., a.a.O., S.136
99 Führer durch Gross-Lichterfelde, hrsg. vom Ausschuss für örtliche Interessen, 1901, Reprint Berlin 1989, S. 1ff. (auch die nachfolgenden Zitate)
100 Die Straße wurde umbenannt und umnummeriert: Die Thiersch-Villa stand in der einstigen Dahlemer Str. 12 am heutigen Tietzenweg 91
101 Führer durch Gross-Lichterfelde, a.a.O., S.28
102 Thormaehlen, Ludwig: Erinnerungen an Stefan George, Hamburg 1962, S.7
103 Führer durch Gross-Lichterfelde, a.a.O., S.12
104 In Berlin-Niederschönhausen, heute Majakowskiring, hieß die südliche Ringhälfte Viktoriastraße, die nördliche Ringhälfte Kronprinzenstraße. Adressbuch Niederschönhausen
105 Hildebrandt, Kurt: Erinnerungen an Stefan George und seinen Kreis, Bonn 1965, S. 25, und Adressbuch Niederschönhausen
106 Hildebrandt, Kurt, Erinnerungen, a.a.O., S. 34
107 Wolters, Friedrich: Stefan George und Die Blätter für die Kunst, Berlin 1930, S. 354f.
108 Hildebrandt, Kurt, Erinnerungen, a.a.O., S. 25
109 Vallentin, Berthold: Gespräche mit Stefan George 1902–1931, Amsterdam 1967, S.17
110 Michael Landmann in: Breysig, Kurt: Stefan George. Gespräche, Dokumente, Amsterdam 1960, S.76
111 Thormachlen, Ludwig, a.a.O., S. 7
112 Ebd., S. 11
113 Vallentin, Berthold, a.a.O., S. 25
114 Jacobsohn, Siegfried (Hrsg.): Die Schaubühne, Berlin 1908, S. 681
115 Thormaehlen, Ludwig, a.a.O., S. 11. Ähnlichkeit und Name der Schauspielerin beziehen sich wahrscheinlich auf das Porträt: »Maria de Tassis« von Anthonis van Dyck, Fürstliche Sammlungen Liechtenstein, Inv.-Nr. GE58.
116 Thormaehlen, Ludwig, a.a.O., S. 7; nicht Hohestaufen-, sondern Lindauerstraße 6, Adressbuch Berlin
117 Friedrich Andreae (geb. 1897 Magdeburg – gest. 1939 Breslau)
118 Wilhelm Andreae (geb. 1888 Magdeburg – gest. Gießen 1962), Finanz- und Sozialwissenschaftler, seit 1933 Professor in Gießen, dort nach dem Zweiten Weltkrieg Direktor des Instituts für Wirtschaftswissenschaften
119 Thormaehlen, Ludwig, a.a.O., S. 7
120 Hildebrandt, Kurt, Erinnerungen a.a.O., S. 61
121 Kurt Hildebrandt (Florenz 1881 – Kiel 1966)
122 Thormaehlen, Ludwig, a.a.O., S. 7
123 Alma Emilie Wolters geb. von Sande, (30.04.1880 Düsseldorf – 28.01. 1907 Pankow b. Berlin)
124 Hildebrandt, Kurt, Erinnerungen, a.a.O., S.33
125 Ebd.
126 Thormaehlen, a.a.O., S. 8
127 Karlauf, Thomas: Stefan George, Die Entdeckung des Charisma, München 2007, S. 449f.
128 Thormaehlen, a.a.O., S. 8
129 Ich danke Frau Sonja Schön-Beetz, die mir sowohl die Dissertation von Prinz August Wilhelm von Preußen wie auch die »Arkadischen Launen« im Original zur Verfügung stellte.
130 Fahrner, Rudolf: Paul Thiersch. Leben und Werk, Berlin 1970, S. 24
131 Hildebrandt, Kurt, Erinnerungen, a.a.O., S. 33
132 Fahrner, Rudolf,, a.a.O., S. 28
133 Ebd., S. 30
134 Hildebrandt, Kurt, Erinnerungen, a.a.O., S. 39
135 Landmann, Michael: Figuren um Stefan George, 1. Band, Amsterdam, 1988, S. 54
136 Hildebrandt, Kurt, Erinnerungen, a.a.O., S. 34
137 Landmann, Michael, a.a.O. S. 54

138 Hildebrandt, Kurt, Erinnerungen, a.a.O., S. 27
139 Ebd., S. 58
140 Bei der durchgehend unterschiedlichen Schreibweise von Schwar(t)zkopff halte ich mich an die »Ahnentafel des Geschlechts Schwartzkopff« von Kurt Schwartzkopff, Leipzig 1930
141 Fischer, Wolfram: Berlin. Die preußische Residenz auf dem Weg zur Industriestadt, in: Berlin und seine Wirtschaft, Berlin 1987, S. 67. Louis Viktor Robert Schwartzkopff (1825–1892)
142 Zwischen 1890 und 1894 lebte er auch in Berlin, Altonaer Str. 27, am vornehmen Hansa-Platz und hatte nebenher schon den »Sommersitz« in der Drakestraße
143 Namenspatronin der Schule war die Kommerzienrätin Elisabeth Schwarz. Der Hinweis, dass Erika Schwartzkopff diese Schule besuchte, in: Groppe, Carola: Erika Schwartzkopff. Frauen um Stefan George. Eine Tagung im Deutschen Literaturarchiv in Marbach, 25./26. April 2008, Bericht Renate Scharffenberg
144 Gantzer, K.: Im Spiegel der Heimat Lichterfelde, Berlin 1928, S.130, und Führer durch Gross-Lichterfelde, a.a.O., Annonce
145 Hildebrandt, Kurt, Erinnerungen, a.a.O., S. 58
146 Ebd.
147 Groppe, Carola, Erika Schwartzkopff, a.a.O., Bericht Dagmar Reese
148 Hildebrandt, Kurt, Erinnerungen, a.a.O., S. 58
149 Heintz, Günter (Hrsg.): Melchior Lechter und Stefan George. Briefe, Stuttgart 1991, S. 293
150 Wolters, Friedrich: Herrschaft und Dienst, in: Landmann, Georg Peter: Der George-Kreis, Stuttgart 1980, S. 83
151 Philipp, Michael, a.a.O., Brief 22, S. 71f.
152 Hildebrandt, Kurt, Erinnerungen, a.a.O., S. 39
153 Heintz, Günter (Hrsg.), Melchior Lechter, a.a.O., S. 306
154 Groppe, Carola: Die Macht der Bildung, Köln, Weimar, Wien 1997, S. 243
155 Boehringer, Robert: Mein Bild von Stefan George, München 1951, S. 133
156 Thormaehlen, Ludwig, a.a.O., S. 18 f.
157 Hildebrandt, Kurt, Das Werk, a.a.O., S. 335
158 Thormaehlen, Ludwig, a.a.O., S. 18 f.
159 Ebd.
160 Ebd.
161 Hildebrandt, Kurt, Erinnerungen, a.a.O., S. 38
162 Ebd.
163 Ebd., S. 60
164 Boehringer, Robert, a.a.O, S. 141
165 Fahrner, Rudolf,, a.a.O., S. 31
166 Hildebrandt, Kurt, Erinnerungen, a.a.O., S. 60f.
167 Ebd., S. 60f.
168 Ebd.
169 Boehringer, Robert, a.a.O, S. 140
170 Hildebrandt, Kurt, Erinnerungen, a.a.O., S. 60f.
171 Briefwechsel zwischen Stefan George und Hugo von Hofmannsthal, München 1953, S. 206
172 Hildebrandt, Kurt, Das Werk, a.a.O., S. 229 u. 105f.
173 Ebd., S. 227
174 Thormaehlen, a.a.O., S. 10 ff. und Salin, Edgar: Um Stefan George, München u. Düsseldorf 1954, S. 80
175 Hildebrandt, Kurt, Erinnerungen, a.a.O., S. 35ff.
176 George, Stefan: Gesamt-Ausgabe der Werke, Band 18, Berlin 1934, S. 61–71
177 Vallentin, Berthold, a.a.O., S. 31f. Sein letzter Versuch: Eine öffentliche Lesung der »Aufnahme in den Orden« gab es bereits 1902 im Festsaal des Bayerischen Hofes, München, außerdem wöchentliche Proben 1903 in den »leeren Parterreräumen« der Münchner Wohnung von Karl Wolfskehl
178 Hildebrandt, Kurt, Erinnerungen, a.a.O., S. 60
179 Kurt Breysig in: Castrum Peregrini, XLII, Amsterdam 1960, S. 15
180 Karlhans Kluncker in: Blätter für die Kunst, Frankfurt a.M. 1974, S. 104
181 Heintz, Günter (Hrsg.), Melchior Lechter, a.a.O., S. 310
182 Thormaehlen, Ludwig, a.a.O., S. 7
183 Siehe die Portraits von Georg Simmel, Gertrud Kantorowicz und Sabine und Reinhold Lepsius in: Balkow-Gölitzer, Harry, Reitmeier, Rüdiger, Biedermann, Bettina, Riedel, Jörg: Prominente in Berlin-Westend, a.a.O.
184 Hildebrandt, Kurt, Erinnerungen, a.a.O., S. 140
185 Fahrner, Rudolf, a.a.O., S. 31

186 Hildebrandt, Kurt, Erinnerungen, a.a.O., S. 63
187 Landmann, Michael: Figuren um Stefan George, 2. Band, Amsterdam 1988, S. 26. Landmann bezieht die Erinnerungen an die Vorkriegsjahre nur auf den Vorort »Schönhausen«, das in diesem Zusammenhang erwähnte »Jahrbuch für die geistige Bewegung« entstand aber erst während oder nach der Zeit in der Holbeinstraße
188 Karlauf, Thomas,, a.a.O., S. 451
189 Friedrich Wolters in: Blätter für die Kunst, Folge 11/12, S. 87
190 Führer durch Gross-Lichterfelde, a.a.O., S. 16

Anmerkungen
Seite 85–173

1 Ardenne, Manfred von: Ein glückliches Leben, Berlin 1972, S. 38
2 Ebd., S. 58
3 Nesper, Eugen, Kunze, Walter: Die Mehrfachröhre, (Aufsatz) Berlin 1928
4 Ardenne, Manfred von, a.a.O., S. 76
5 Barkleit, Gerhard: Manfred von Ardenne – Selbstverwirklichung im Jahrhundert der Diktaturen, Berlin 2006, S. 42
6 Ardenne, Manfred von, a.a.O. S. 79
7 Ebd., S. 81f.
8 Ebd., S. 109
9 Barkleit, Gerhard, a.a.O., S.73
10 Ebd., S. 72
11 Stange, Thomas: Institut X – Berlin, Wiesbaden 2001, S. 21
12 Ardenne, Manfred von, a.a.O., S. 122
13 Barkleit, Gerhard, a.a.O. S. 88f.
14 Wir vertrauen hier den Daten vom Cine-Graph Lexikon, hrsg. von Hans-Michael Bock, München 1984, (Loseblatt D 3, Lg. 13); auch wenn die Biographen sein Geburtsdatum auf den 12.10.1888 legen (z.B. Hickethier: Harry-Liedtke Buch) und sein Todesdatum lange umstritten war.
15 Irvin, David: Göring, München, Hamburg 1987, S. 797, Anm. S. 226. So erinnert von Curt Riess, die Angaben der Göring-Biografen (z.B. Maser, Werner, Berlin 2000 u. Irving) sind sehr ungenau.
Käthe Dorsch war zu dieser Zeit nicht mehr am Mainzer Stadttheater. Ihre erste Begegnung dürfte eher in Berlin stattgefunden haben. Sie könnte durchaus in die Zeit um 1912/13 fallen, als Göring in Lichterfelde an einem Kriegsschulkurs teilnahm und Dorsch ihre ersten Operettenrollen annahm. Paul Rose, Käthe Dorsch in: Berlins große Theaterzeit, Berlin 1969, datiert ihr Verhältnis auch auf die Zeit »während des Ersten Weltkriegs«.
16 Käthe Dorsch an Curt Riess, Irving, David, a.a.O, S. 797 Anmerkung S. 226
17 Berger, Ludwig: Käthe Dorsch, Berlin 1957, S. 15
18 Siehe Maser, Werner: Herrmann Göring, Berlin 2000, S. 41
19 Berger, Ludwig: Käthe Dorsch, a.a.O., S. 20
20 Erster Eintrag von Harry Liedtke im Berliner Adressbuch Drakestr. 81: 1923
21 Filmwoche Nr. 36/1927
22 Jünger, Ernst: Der Kampf als inneres Erlebnis, Berlin 1922
23 Typ und Rollenbeschreibung siehe: Hickethier, Knut: Harry Liedtke, in: Grenzgänger zwischen Theater und Kino, Berlin 1986, S. 157ff.
24 Pinthus, Kurt: Das Tagebuch 18.03.1922, zit. In: Cinegraph, a.a.O., Lg. 33
25 Filmwoche Nr. 28/1926, S.1133
26 Ihering, Herbert: Käthe Dorsch, München 1944, S. 33f.
27 Berger, Ludwig, Käthe Dorsch, a.a.O., S. 16
28 Ihering, Herbert, a.a.O., S. 33 (auch folgendes Zitat)
29 Ebd., S. 59 (auch folgendes Zitat)
30 Filmwoche Nr. 14/1927
31 Berger, Ludwig: Käthe Dorsch, a.a.O., S. 18 (auch folgendes Zitat)
32 Ihering, Herbert, a.a.O., S. 33
33 Béla Balázs in: Der Tag, vom 30.10.1923 und 16.3.1923
34 »Harry Liedtke, Künstler des Films (7)« in: Filmwoche 1927
35 Filmwoche Nr. 26/1927
36 Ebd.
37 Hickethier, Knut, a.a.O., S. 166
38 Für diesen Hinweis danke ich der Marlene-Dietrich-Koryphäe Daniel Cilento
39 Siegfried Kracauer in: Frankfurter Zeitung, vom 13.4.1931
40 Filmwoche Nr. 8/1927
41 Berger, Ludwig, Käthe Dorsch, a.a.O., S. 22f.
42 Ebd.
43 Ebd.
44 Rose, Paul, a.a.O., S. 50
45 Ebd., S. 49

46 d'Almeida, Fabrice: Hakenkreuz und Kaviar, o.O. 2007, S. 94
47 Rose, Paul, a.a.O., S. 49
48 Berger, Ludwig, Käthe Dorsch, a.a.O., S. 27
49 Berger, Ludwig: Wir sind vom gleichen Stoff, aus dem die Träume sind, Tübingen 1953
50 Ihering, Herbert, a.a.O., S. 12
51 Die schlossähnliche Villa in Kammer-Schörfling hatte sie Fritzi Massary abgekauft, »in Zeiten wo Österreich noch nicht durch Hitler besetzt war«. Rose, Paul, a.a.O., S. 70
52 Ihering, Herbert, a.a.O., S. 12
53 Riess, Curt: Das gab's nur einmal, o.O. 1956, S. 747f.
54 Ebd.
55 Das Harry-Liedtke-Buch, Wien 1927, S. 56 u. 76
56 Bronnen, Arnolt: Käthe Dorsch, in: Begegnungen mit Schauspielern, Berlin 1967, S. 97f.
57 Sie wurde dort am 3. Januar 1958 beigesetzt.
58 Felmy, Hansjörg: Filmreport (Beilage), München 1958
59 Hilmar Bahr, Gert Böse: »Hansjörg Felmy ist tot«, in: Stern, vom 27.8.2007 (auch die folgenden Zitate)
60 Gerhard Matzig »Wie man die Requisite an die Wand spielt«, in: Süddeutsche Zeitung, vom 29.8.2007
61 Ebd.
62 Anja Kling im Gespräch mit Frank Elsner, in: Menschen der Woche, MDR, Juli 2008
63 Ebd.
64 Jürgen Rummel im Gespräch mit Hansjörg Felmy, München 1996
65 Gerhard Matzig »Wie man die Requisite an die Wand spielt«, a.a.O.
66 Ebd.
67 Hilmar Bahr, Gert Böse, a.a.O.
68 Haffner, Sarah: Eine andere Farbe. Geschichten aus meinem Leben, Berlin 2001, S. 49
69 Soukup, Uwe: Ich bin nun mal Deutscher, Sebastian Haffner. Eine Biographie, Berlin 2001, S. 184
70 Ebd.
71 Ebd.
72 Ebd.
73 Ebd.
74 Ebd.

75 Zimmer, Dieter: Deutschlands First Ladies. Die Frauen der Bundespräsidenten und Bundeskanzler von 1949 bis heute, Stuttgart 1998, S. 14
76 Heuss-Knapp, Elly: Ausblick vom Münsterturm, Tübingen 1984, S. 97
77 Ebd., S. 98
78 Vater, Margarethe: Bürgerin zweier Welten. Elly Heuss-Knapp – ein Leben in Briefen und Aufzeichnungen, Tübingen 1961, S. 223
79 Ebd., S. 239
80 Ebd., S. 240
81 Chronik Berlin, 14. Juni 1935, unter: www.luise-berlin.de
82 Hörbiger, Paul: Ich hab für euch gespielt. Erinnerungen, München 1994, S. 158
83 Ebd., S. 169
84 Ebd., S. 179 (auch folgendes Zitat)
85 Ebd., S. 206
86 Ebd., S. 159 (auch folgendes Zitat)
87 Ebd., S. 54
88 Ebd., S. 160
89 Laut Adressbuch Berlin und »Filmwelt« lebte Paul Höriger in Lichterfelde von 1928 bis Dezember 1932. Danach mietete er vorübergehend eine Wohnung in Zehlendorf und kaufte dort, »nur ein paar Meter entfernt«, 1934 ein Grundstück in der Glockengasse 25, das er bebaute und 1934 bezog. Hörbiger, Paul a.a.O., S. 207
90 Ebd., S. 160 (auch folgendes Zitat)
91 Ortsbeschreibung: Eva Laucks »Meine Erinnerungen an Lichtefelde Ost«, in: Gemeindebrief der Kirchengemeinde Petrus-Giesendorf, Juli 2001
92 Laut heutigen Zeitzeugen und Bewohnern des Hauses, Herrn Dieter Rickert, steht die Tanne immer noch. Es ist vom Gartentor aus gesehen die letzte und größte.
93 Hörbiger, Paul, a.a.O. S. 161
94 Ebd., S. 162. Hansi Hörbiger starb am 16. März 1929
95 Parkfriedhof Lichterfelde, das Grab von Hansi Hörbiger ist gut versteckt im Waldteil, Nr. 246. Die Bronzefigur des Knaben wurde in den Fünfzigerjahren gestohlen.
96 Laschitza, Annelies: Die Liebknechts. Karl und Sophie. Politik und Familie, Berlin 2007, S. 187 (auch folgende Zitate)
97 Ebd., S. 190f.
98 Ebd., S. 204
99 Ebd., S. 376 (auch folgendes Zitat)

100 Ebd., S. 378
101 Jacob, Mathilde: Von Rosa Luxemburg und ihren Freunden, in: Internationale Wissenschaftliche Korrespondenz, Berlin 1988, Heft 4, S. 488
102 Laschitza, Annelies, a.a.O., S. 379
103 Stadtler, Eduard: Erinnerungen. Als Antibolschewist 1918–1919, Düsseldorf 1935, S. 46ff.
104 Lilienthal, Anna und Gustav: Die Lilienthals, Stuttgart, Berlin 1930, S. 53
105 Schwipps, Werner: Lilienthal, Berlin 1979, S. 195
106 Lilienthal, Otto: Der Vogelflug als Grundlage der Fliegekunst, München 1977 (Faksimile-Wiedergabe der ersten Auflage), S. 185
107 Laut Lilienthals Jahresbericht über die Flugversuche von 1891
108 Lilienthal, Anna und Gustav, a.a.O., S. 60
109 Schwipps, Werner, a.a.O., S. 382
110 Ebd., S. 384
111 Hagemann, Frank: Der Untersuchungsausschuß Freiheitlicher Juristen 1949 bis 1969, Frankfurt am Main 1994 (auch folgende Angaben)
112 Bästlein, Klaus: Zur Rolle von Dr. Walter Linse unter der NS-Herrschaft und in der Nachkriegszeit, Kurzexpertise im Auftrag des Berliner Landesbeauftragten für die Unterlagen des Staatssicherheitsdienstes der ehemaligen DDR, Berlin September 2007
113 Ebd.
114 Moritz Gathmann, »Ungeklärte Schuldfrage«, in: Tagesspiegel, vom 29.3.2008
115 Abkürzung für »Staatssicherheitsdienst«. Aufgrund der Namensnähe zu »SS« und »SD« wurde der Begriff »SSD« in der DDR seit den Fünfzigerjahren nicht mehr verwendet
116 Mampel, Siegfried: Entführungsfall Dr. Walter Linse, Schriftenreihe des Berliner Landesbeauftragten für die Unterlagen des Staatssicherheitsdienstes der ehemaligen DDR, Band 10, Berlin 2006, S. 11
117 Ebd. S. 14
118 Ebd. S. 15 (auch die folgenden Angaben und Zitate)
119 Ebd. S. 16 (auch folgendes Zitat)
120 Benedict Maria Mülder, »Weil er Mielke in die Quere kam«, in: Der Tagesspiegel, vom 13.12.2003
121 Im Schatten der Vergangenheit, in: 3sat Kulturzeit, am 5.12.2007
122 Kirsch, Benno: Walter Linse. 1903–1953–1996, Stiftung Sächsische Gedenkstätten, 2007
123 Benedict Maria Mülder, a.a.O.
124 Ryotaro, Shiba: Wolken über den Hügeln, Typoskript-Auszug S. 5. Dieses Typoskript und viele andere wertvolle Hinweise und Materialien verdanke ich dem Großneffen von Jacob Meckel, Herrn Andreas Meckel. Siehe auch: Meckel, Andreas: Jacob Meckel, Instrukteur der japanischen Armee. Ein Leben im preußischen Zeitgeist, in: Kulturvermittler zwischen Japan und Deutschland, hrsg. vom Japanischen Kulturinstitut in Köln, Frankfurt/Main–New York 1990, S. 78–89
125 »Die Gedenktafel ist da!«, in: Steglitzer Lokal-Anzeiger, 18./19.1.1980
126 Kerst, Georg: Jacob Meckel. Sein Leben und Wirken in Deutschland und Japan, Göttingen 1970, S. 33, Anm. 73
127 Ebd., S. 29
128 Siehe auch die unveröffentlichte Magisterarbeit: Eschke, Tobias Ernst: Jacob Meckel als Militärhistoriker in Deutschland und Japan, Albert-Ludwigs-Universität Freiburg i. Br., 2005/6
129 Bismarck, Otto von, zit. in: Krebs, Gerhard (Hrsg.): Japan in Preußen, München 2002, S. 20
130 Katsura Tar (1848–1913), 1898 General und Kriegsminister, 1904/05 Premierminister, 1911 zum Fürsten ernannt
131 Nach Besichtigung der Akademie wohnte der Tenno einer Vorlesung Meckels bei. Siehe: Presseisen, Ernst L., Before Agression. Europeans Prepare the Japanese Army, Tuscon 1965, S. 114
132 Becker, Bert (Hrsg.): Georg Michaelis. Ein preußischer Jurist im Japan der Meji-Zeit. Briefe und Tagebuchnotizen, München 2001, S. 118
133 Marcel Hutin »Le Général Meckel et ses élèves«, in: L'Écho de Paris, 28 April 1905, zit. in: Eschke, Tobias Ernst, a.a.O.
134 Becker, Bert (Hrsg.), a.a.O., S. 118 u. 437
135 Ebd.
136 Ebd., S. 183
137 Ryotaro, Shiba, a.a.O., S. 5
138 Meckel, Andreas, a.a.O., S. 95
139 Japan Daily Mail, 9.7.2006, zit. In: Kerst, Georg, a.a.O., S. 151

140 Verwandtenaussage, siehe: Kerst, Georg, a.a.O., S. 89
141 Kaiser Wilhelm II. soll Anstoß daran genommen habe, dass Meckel es »mit den Weibern hielt«. Ryotaro, Shiba, a.a.O., und Meckel, Andreas, a.a.O., S. 95
142 Ryotaro, Shiba, a.a.O., und Eschke, Tobias Ernst, a.a.O., S. 74
143 Lüders, Paul: Chronik von Gross-Lichterfelde. Neu bearb. von Hermann Lüders, Berlin 1901
144 Das Grundstück war ursprünglich viel größer als heute
145 Verwandtenaussage, siehe: Kerst, Georg, a.a.O., S. 89
146 Ebd., S. 156
147 Meckels Sommerhaus lag in Schierke in der Brockenstraße 46, ebd., Anm. Nr. 275
148 Ebd., S. 93
149 1913 zog Meckels Frau Carmela mit der Urne ihres Mannes nach Greifswald. Sie verstarb am 1. Januar 1914 und wurde dort mit der Urne ihres Mannes beigesetzt. Siehe: Ebd., Anm. 281
150 Ebd., S. 161
151 »Andra moi ennepe musa polytropon hos mala polla = Vieler Völker Stätten sah er und lernte ihre Gesinnung kennen«, Proömion von Homers Odyssee, aus der Posener gern und auswendig zitierte
152 Mislin, Miron (Hrsg.): Julius Posener – Laßt mich doch Kinder, hier komme ich wahrscheinlich nie wieder her, Berlin 1997, S. 203
153 Julius Posener – Werk und Wirkung, hrsg. vom Deutschen Werkbund e.V., Berlin 2005
154 Ebd., S. 97
155 Ebd., S. 98
156 Ebd., S. 95
157 Man muß Stellung nehmen. Reden zum Gedenken an Julius Posener 1904 bis 1996, hrsg. von der Akademie der Künste, Berlin 1996, S. 7
158 Posener, Julius: Heimliche Erinnerungen, Berlin 2004, S. 37
159 Ebd., S. 10
160 Ebd., S. 12
161 Ebd., S. 13
162 Ebd., S. 36
163 Ebd., S. 38
164 Ebd., S. 86
165 Ebd., S. 202
166 Ebd., S. 280
167 Julius Posener – Werk und Wirkung, a.a.O., S. 76
168 Posener, Julius: Fast so alt wie das Jahrhundert, Basel 1993, S. 253
169 Straßenbefragung am 6. Juni 2008 (auch folgende Zitate)
170 Rosenthal, Hans: Zwei Leben in Deutschland, Bergisch Gladbach 1982, S. 48
171 Ebd., S. 25 (auch folgendes Zitat)
172 Ebd., S. 51f. (auch folgendes Zitat)
173 Hans-Rosenthal-Stiftung Berlin, zit.: »Das Mündel« in: Der Tagesspiegel, vom 2.4.2000
174 Ebd.
175 Spiegel, vom Januar 1984 (auch folgende Zitate)
176 Rosenthal, Hans, a.a.O., S. 74 (auch folgendes Zitat)
177 Vers von Heinrich Seidel, Archiv im Heimatverein Steglitz e.V.
178 Ferber, Christian: Die Seidels. Geschichte einer bürgerlichen Familie 1811–1977, Stuttgart 1979, S. 61
179 Seidel, Heinrich: Von Perlin nach Berlin. Lebenserinnerungen, Berlin 1894, S. 7
180 Ebd., S. 79 (auch die beiden folgenden Zitate)
181 Ebd., S. 161
182 Ebd., S. 245
183 Ebd., S. 260
184 Volkmann, Herbert: Ina Seidel. Vortrag zum 10. Todestag, Heilbronn 1984
185 Gisevius, Hans Bernd: Bis zum bittern Ende, Bd. II, Zürich 1946, S. 381
186 Steinbach, Peter: Peter Graf Yorck von Wartenburg – Der Kopf der Kreisauer, in: Klemperer, Klemens von, Syring, Enrico, Zitelmann, Rainer: Für Deutschland. Die Männer des 20. Juli, Frankfurt am Main 1994, S. 344
187 Roon, Ger van: Der Kreisauer Kreis zwischen Widerstand und Umbruch, Gedenkstätte Deutscher Widerstand, (Aufsatz) Berlin 1988
188 Winterhager, Wilhelm Ernst: Der Kreisauer Kreis. Porträt einer Widerstandsgruppe, Begleitband zur Ausstellung der Stiftung Preußischer Kulturbesitz, Berlin 1985, S. 24
189 Steinbach, Peter, a.a.O., S. 359
190 Ebd., S. 371
191 Ebd.
192 Leber, Annedore: Das Gewissen steht auf. Widerstand 1933–1945, Berlin, Frankfurt am Main 1954, S. 136

Gräber von berühmten Persönlichkeiten in Lichterfelde

Friedhof Lichterfelde, Moltkestraße 41 a
Der Friedhof wurde 1876 angelegt.

Name	Beruf	Grabstelle
Dietrich, Eduard (1860 – 1947)	Mediziner, Professor	I-WR B-16/17
Kossinna, Gustav (1858 – 1931)	Historiker	Abt. VII - In der Pflanzung 2
Seidel, Heinrich (1842 – 1906)	Ingenieur, Schriftsteller	Westmauer 23
Tiburtius, Joachim (1889 – 1967)	Berliner Senator	V WR I 7/8

Kirchhof der Paulus-Gemeinde, Hindenburgdamm 101
Der ehemalige Dorfkirchhof Lichterfelde auf der Dorfaue wurde um 1350 angelegt.

Carstenn, Johann Anton Wilhelm von (1822 – 1896)	Kaufmann, Stadtplaner	Ehrengrab

Parkfriedhof Lichterfelde, Thuner Platz 2–4
1905 wurde der Friedhof durch den Gartenbaudirektor Otto Paul Eschenbach als Waldfriedhof angelegt und in den Jahren 1927 und 1938 erweitert.

Abraham, Karl (1877 – 1925)	Psychoanalytiker	Im Walde 283
Behrend, Horst (1913 – 1979)	Schriftsteller	Im Walde 303
Berson, Arthur (1859 – 1942)	Stratosphärenforscher	Abt. 5 Nr. 14
Bläske, Fritz (1858 – 1928)	Flieger	21-485
Böhme, Traugott (1884 – 1954)	Philologe, Pädagoge	Abt. 5 Nr. 11-13
Buhrow, Karl (1863 – 1939)	Bürgermeister	Abt. 27-328/329
Deutsch, Felix (1858 – 1928)	Unternehmer	Im Walde 305
Dibelius, Otto (1880 – 1967)	Landesbischof	Abt. 3c-87/88
Eschenbach, Otto Paul (1883 – 1947)	Gartenbaudirektor	Abt. Talwiese 3
Essig, Hermann (1878 – 1918)	Dramatiker	Abt. 3c-76/77
Grapow, Max von (1861 – 1924)	Admiral	Neuer Parkteil 87
Gruyter, Walter de (1862 – 1923)	Verlagsbuchhändler	Talweg 72

Haffner, Sebastian (1907 – 1999)	Publizist, Schriftsteller	Urnenhain I 49
Halperin-Ginsburg,		
Helene (1888 – 1922)	Medizinerin	Neuer Parkteil 91
Hergesell, Hugo (1859 – 1938)	Aerologe, Meteorologe	Im Walde 223
Heuser, Kurt (1901 – 1965)	Komponist, Dirigent	Im Walde 327
Karsch, Joachim (1897 – 1945)	Bildhauer, Kunstmäzen	Heideweg 34
König, Karl (1910 – 1978)	Kommunalpolitiker	2c-Urnengarten 1-3
Koldewey, Robert (1855 – 1925)	Archäologe	Abt. 19-566
Koppel, Leopolt (1834 – 1933)	Geheimer Kommerzienrat	Terrassenweg 53
Kruse, Georg Richard (1856 – 1944)	Musikschriftsteller	Urnenhain I 70
Leimbach, Louis (1867 – 1947)	Stadtrat	30-Urnengarten-809
Lilienthal, Gustav (1849 – 1933)	Architekt, Ingenieur	Abt. 18-94/95
Linde, Otto zur (1873 – 1938)	Schriftsteller	Abt. 23-294
Lohmann, Georg (1899 – 1980)	Komponist	Abt. 1b-51a
Meyer, Eduard (1855 – 1930)	Historiker	Urnenweg 15-218
Moeller van den Bruck,		
Arthur (1876 – 1925)	Schriftsteller	Im Walde 297
Müller, Renate (1906 – 1937)	Schauspielerin	F 3- 107 Im Walde
Otto, Berthold (1859 – 1933)	Pädagoge	Neuer Parkteil 88
Plüschow, Gunther (1886 – 1931)	Kapitänleutnant	Im Walde 255
Poss, Reinhold (1897 – 1933)	Flugkapitän	Im Walde 32
Pontonie, Henry (1857 – 1913)	Paläontologe	Terrassenweg 5
Pontonie, Robert (1889 – 1974)	Geologe	Terrassenweg 5
Rabinowitsch-Kempner,		
Lydia (1871 – 1935)	Medizinerin, Bakteriologin	Abt. 4a-2
Rubner, Max (1854 – 1932)	Physiologe	Abt. 15-424/425
Schleicher, Kurt von (1882 – 1934)	General, Reichskanzler	Im Walde 81
Sembritzki, Martin (1872 – 1934)	Bürgermeister	Im Walde 61
Stumpf, Carl (1848 – 1936)	Musikwissenschaftler	Urnenhain II-91
Werner, Arthur (1877 – 1967)	Ingenieur	Im Walde 300
Wille, Bruno (1860 – 1928)	Schriftsteller	Abt. 19-566
Wüllner, Ludwig (1858 – 1938)	Schauspieler, Sänger	Im Walde 227

Kirchhof der Lichterfelder Giesensdorf-Gemeinde, Ostpreußendamm 132

Ballasko, Viktoria von (1914 – 1976) Schauspielerin 1. Reihe

Landeseigener Friedhof Lichterfelde, Langestraße 8–9

Hobrecht, Arthur (1824 – 1912) Oberbürgermeister Abt. C I-WR-95-97
Lilienthal, Otto (1848 – 1896) Flugpionier Ia-WR 7-8
Pfleiderer, Otto (1839 – 1908) Theologe Abt. C I-WR-71/72

Wohnhaus Gustav Lilienthals, Marthastraße 5 heute.

Auf einen Blick – Prominente in Berlin-Lichterfelde

Abb, Gustav   1886 – 1945
Direktor der Berliner Universitätsbibliothek
Lorenzstraße 3
Vor seiner Ernennung zum Direktor der Berliner Universitätsbibliothek war der gelernte Bibliothekar u. a. Direktor für Benutzung der Preußischen Staatsbibliothek. Außerdem war er zwischen 1921 und 1925 Vorsitzender des Preußischen Beirates für Bibliotheksangelegenheiten. Bis zu seinem Tod führte er den Verein Deutscher Bibliothekare als Vorsitzender. Seine Schrift »Die Geschichte des Klosters Chorin« aus dem Jahre 1911 gehört noch heute zu den Standardwerken brandenburgischer Heimatforschung.

Ackermann, Curt   1905 – 1988
Schauspieler
Thuner Straße 15
Der erfolgreiche Theaterschauspieler gab 1933 sein Filmdebüt, jedoch blieben seine Ausflüge auf die Leinwand eher selten. Eine große Popularität erarbeitete er sich als Synchronsprecher. Er war die deutsche Stimme für Burt Lancaster (»Trapez«), Jeff Chandler (»Attila«), Vittorio de Sica (»Väter und Söhne«), David Niven (»Der rosarote Panther«), Robert Mitchum« (»Duell im Atlantik«) und Cary Grant (»Über den Dächern von Nizza«). Bis 1979 sprach er rund 500 Synchronrollen, darüber hinaus war er als Synchronregisseur und -autor (»Frühstück bei Tiffany«) tätig.

Adam, Irene Lisa   Geb. 1936
Schauspielerin
Berliner Straße 65 a (heute: Ostpreußendamm)
Nach der Oberschule besuchte sie die Schauspielakademie »Der Kreis« und stand im Theater am Kurfürstendamm auf der Bühne. Sie arbeitete beim RIAS und beim Sender Freies Berlin und wurde 1953 in der zweiten Verfilmung von Ralph Benatzkys Lustspiel »Bezauberndes Fräulein« (mit Georg Thomalla, Herta Staal, Hans Leibelt und Ernst Waldow) in einer Nebenrolle besetzt.

Aldini, Carlo   1894 – 1961
Schauspieler
Lilienstraße 3
In seiner italienischen Heimat war der ehemalige Bologneser Boxmeister im Mittelgewicht bereits seit den frühen Zwanzigerjahren auf die verwegenen Draufgängerrollen festgelegt. Schon sein Debütfilm »LA 63-71-57«, ein wilder Actionstreifen mit atemberaubenden Automobil-Stunts, machte ihn auch in Deutschland

bekannt. Seit 1923 für den deutschen Film tätig, gründete er 1926 eine eigene Firma und produzierte u. a. Filme mit Hans Albers und dem Komiker Siegfried Arno. 1945 kehrte Aldini nach Italien zurück.

Anker, Hanns   1873 – 1950
Maler, Grafiker, Bildhauer
Kantstraße 2 (heute: Lotzestraße)
Von 1930 bis 1945 wohnte der vielseitige Künstler in der Gartenstraße 14 in Zehlendorf, vorher lebte er u. a. in der Lichterfelder Kantstraße. Seine Ausbildung erfuhr er in Berlin und Paris, einen Namen machte er sich als Zeichner von Urkunden, Gedenkblättern und Plakaten. Er illustrierte Romane und Kinderbücher (»Der große Krieg«, 1915, und »Ein Kampf um Rom«, 1922) und schuf einen Musterkatalog mit Ornament-, Vignetten- und Figurenserien für die Schriftgießerei Berhold, die später als »Anker-Serien« Berühmtheit erlangten. Bereits 1900 veröffentlichte er die theoretische Schrift »Die Grotesklinie und ihre Spiegelvariation im modernen Ornament und in der Dekorationsmalerei«. Der Aufsatz wurde richtungweisend für den »dekorativen Jugendstil«.

Ardenne, Manfred von   1907 – 1997
Physiker, Forscher
Jungfernstieg 19
Der in Hamburg geborene Naturwissenschaftler forschte zeitlebens in der angewandten Physik und hielt rund 600 Patente in der Funk- und Fernsehtechnik, Elektronenmikroskopie, Nukleartechnik, Plasma- und Medizintechnik. Zur Berliner Funkausstellung 1931 führte er erstmals das vollelektronische Fernsehen vor. Von 1945 bis 1954 arbeitete er in Georgien an der Entwicklung der sowjetischen Atombombe, nach seiner Rückkehr nach Deutschland ließ er sich in Dresden nieder. Das nach ihm benannte Forschungsinstitut im Dresdener Stadtteil »Weißer Hirsch« entwickelte sich zum größten Institut seiner Art im gesamten Ostblock. Erst im September 1989, kurz vor der politischen Wende in der DDR, wurde der »klügste Kopf Deutschlands« auch zum Ehrenbürger Dresdens ernannt.

Arnauld de la Periere, Ritter Lothar von   1886 – 1941
Vizeadmiral, U-Boot-Kommandant
Finckensteinallee 63 (früher: Zehlendorfer Straße)
Mit 194 versenkten Schiffen (Gesamttonnage 453.716 Bruttoregistertonnen) ist der legendäre U-Bootfahrer des Ersten Weltkrieges und spätere Vizeadmiral bis heute der militärisch erfolgreichste U-Boot-Kommandant der gesamten Seekriegsgeschichte. Die Zahl der dabei getöteten Menschen taucht in seiner »Ruhmesstatistik« nicht auf. Nach 1918 diente er als Navigationsoffizier auf mehreren Linienschiffen, war Kapitän des Kreuzers »Emden« und lehrte bis 1938 an der türkischen

Militärakademie. Er starb als Marinebefehlshaber in Westfrankreich bei einem Flugzeugabsturz in Le Bourget.

Asen, Johannes   1882 – 1979
Philosoph
Weddigenweg 66 a
Nach einem Studium der Philosophie an den Universitäten Bonn und Berlin war er viele Jahre als Leiter der Berliner Universitätsbibliothek tätig. Er war der Verfasser des Professoren- und Dozentenkataloges »Gesamtverzeichnis des Lehrkörpers der Berliner Universität, Band I, 1810 bis 1945«.

Auen, Carl   1892 – 1972
Schauspieler
Mariannenstraße 26, Salzunger Pfad 37, Zerbster Straße 31 (früher: Hermannstraße)
Der bekennende Lichterfelder gehörte zu jenen Schauspielern, die den Übergang zum Tonfilm nicht geschafft haben. Nach 107 Stummfilmrollen, oft an der Seite von Asta Nielsen und Werner Krauß, vornehmlich als Aristokrat und Gentleman, blieben ihm Anfang der Dreißigerjahre nur noch wenige Leinwandauftritte. Nicht geahnte Hilfe wurde ihm 1933 aus dem Reichsministerium für Volksaufklärung und Propaganda zuteil. Der Minister selbst entpuppte sich als Auen-Fan und machte den verdutzten ehemaligen Leinwandstar zum Leiter der »Reichsfachschaft Film« der Reichsfilmkammer, eine Schlüsselposition in der Personalpolitik der nationalsozialistischen Filmindustrie. Im Nachschlagewerk »Wer ist's?« aus dem Jahre 1935 ist Auens Parteikarriere aufgelistet. Der »Organisator des deutschen Films« wird dort als »Hauptfachgruppenleiter der Nationalsozialistischen Betriebszellen-Organisation« ausgewiesen. In Richard Eichbergs Filmen »Der Tiger von Eschnapur« und »Das indische Grabmal« hatte Goebbels' rechte Hand 1936 zum letzten Mal einen kleinen Auftritt.

Barlog, Boleslaw   1906 – 1999
Intendant, Regisseur
Jägerndorfer Zeile 5, Spindelmühler Weg 7
Im »Tagesspiegel« vom 28. März 1986 erinnerte er sich an den Neuanfang nach dem Zweiten Weltkrieg: »Am 3. November 1945 begann die Nachkriegsgeschichte des Steglitzer Schloßparktheaters. Hildegard Knef, hinreißend anzusehen, sprach klug und begabt ihren Goethe-Prolog ›Der Anfang ist in allen Dingen schwer‹. Das gefiel schon. Und die folgende Vorstellung von Curt Goetz' ›Hokuspokus‹ traf ins Schwarze. Die Menschen waren so ausgehungert nach Fröhlichkeit und Humor, und die Schauspieler so glücklich, wieder Theater spielen zu können, daß es ein mehr als erfreulicher Anfang wurde, der uns wochenlang ausverkaufte Häuser bescherte und uns erster finanzieller Sorgen enthob.«

Bastanier, Hanns   1885 – 1966
Kleinplastiker, Maler
Hindenburgdamm 12
Richard Walther Darré, der Reichsbauernführer und spätere Chef des Rasse- und Siedlungshauptamtes war ein vehementer Verfechter einer »arteigenen Wappenkunst« im Nationalsozialismus. Gemeinsam mit bedeutenden deutschen Heraldikern, vor allem aber mit Bastanier, entwickelte er dafür die unterschiedlichsten, auch abenteuerlichsten Entwürfe. Ein Hauptsegment in den zahlreichen »Standeswappen« waren die Sig-Rune und die doppelte Sig-Rune. Letzteres Symbol ging als Zeichen der SS in das dunkelste Kapitel der deutschen Geschichte ein. Trotzdem, der Ruf Bastaniers als feinfühliger und technisch brillanter Maler und Plastiker ist noch heute ungebrochen. Seine zahlreichen Reliefs (»Klappaltar mit kniender Figur«, »Weiblicher Kopf auf Goldfolie« oder »Männlicher Akt«) weisen ihn als ausdrucksstarken und präzisen Beobachter aus.

Beck, Ludwig   1880 – 1944
Generaloberst, Vertreter des Widerstandes
Goethestraße 24 (früher: Nr. 9)
Nach seiner Entlassung aus der Wehrmacht im Oktober 1938 engagierte er sich im organisierten Widerstand gegen das Hitler-Regime. Nach einem geglückten Umsturz war er für das Amt des neuen Staatsoberhauptes vorgesehen. In der Nacht des 20. Juli 1944 wurde er gemeinsam mit den anderen Verschwörern im Bendlerblock festgenommen. General Friedrich Fromm, der die Erschießung von Claus Graf Schenk von Stauffenberg anordnete, gab ihm die Gelegenheit zum Selbstmord, der jedoch zweimal scheiterte. Mit den Worten »Helfen Sie dem alten Mann« forderte Fromm einen Feldwebel der Wehrmacht auf, Ludwig Beck zu töten.

Becker, Elisabeth   1861 – 1945
Malerin
Hindenburgdamm 109
Die aus Arensdorf im Kreis Sternberg stammende Genremalerin bezog nach dem Ersten Weltkrieg eine Atelierwohnung in der Schöneberger Nollendorfstraße 10. In diesem Haus lebten und wirkten auch ihre Malerkollegen Georg Schöbel, Leo Arndt, Bruno Dietze und Werner Scholz. Elisabeth Becker kam 1930 nach Lichterfelde. Über ihr künstlerisches Schaffen ist heute wenig bekannt.

Becker, Karl   1896 – 1940
Physiker
Ruthnerweg 29
Die Spezialgebiete des Mitglieds der Deutschen Chemischen Gesellschaft waren Röntgenphysik und Metallkunde. In den Dreißigerjahren des 20. Jahrhunderts

forschte er am Kaiser-Wilhelm-Institut für Faserstoffchemie. Er promovierte an der Technischen Hochschule Dresden und veröffentlichte zahlreiche Aufsätze über physikalische und angewandte Chemie. 1940 wurde er Dekan der wehrtechnischen Fakultät der Technischen Hochschule Berlin, wenige Wochen später, am 8. April 1940, nahm er sich in Berlin das Leben.

Beelitz, Anton Emil   1881 – 1941
Luftschiffkommandant, Korvettenkapitän
Finckensteinallee 63 (früher: Zehlendorfer Straße)
Nach seiner Ausbildung an der Lichterfelder Hauptkadettenanstalt trat er 1900 in die kaiserliche Marine ein und fuhr bis 1907 als Wachoffizier auf verschiedenen Linienschiffen der deutschen Handelsflotte. 1913 legte er eine Prüfung zum Luftschiffführer ab, im Ersten Weltkrieg war er jedoch wieder Offizier auf See. Bis zu seinem Tode arbeitete der inzwischen promovierte Doktor der Philosophie als Journalist und wissenschaftlicher Mitarbeiter im Reichsluftfahrtministerium. Sein Grabstein auf dem Friedhof in Stahnsdorf trägt die Inschrift »Wohlan, Schiff und Mann, seht, es bricht neues Licht ja schon an.« In seinen letzten Lebensjahren wohnte er mit seiner Familie in der Grunewalder Bismarckallee.

Behmer, Ernst   1875 – 1938
Schauspieler
Flotowstraße 15
Über die Theaterstationen Aachen, Altenburg, Kassel und Nürnberg kam der gelernte Drogist 1908 nach Berlin und spielte hier an allen großen Theatern. Seine Filmografie umfasst rund hundert Stumm- und Tonfilme, seine größten Leinwanderfolge fielen jedoch in seine letzten Lebensjahre. In »Der Mann, der Sherlock Holmes war« spielte er 1937 an der Seite von Hans Albers und Heinz Rühmann, in den Operettenfilmen »Der Bettelstudent« und »Gasparone« war er neben Marika Rökk und Johannes Heesters zu sehen.

Behmer, Eva-Maria   1892 – 1944
Schauspielerin
Flotowstraße 15
Die Ehefrau des Schauspielers Ernst Behmer stand mit ihm 1930 in dem Alfred-Zeisler-Film »Der Schuß im Tonfilmatelier« gemeinsam vor der Kamera. Er mimte einen Kamera-Assistenten, sie eine Schnittmeisterin. 1937 war sie Darstellerin in Wolfgang Liebeneiners Film »Der Mustergatte« (mit Heinz Rühmann, Heli Finkenzeller und Werner Fütterer) sowie 1939 in »Frau am Steuer« (mit Lilian Harvey, Willy Fritsch und Rudolf Platte).

Belling, Rudolf   1886 – 1972
Bildhauer
Der avantgardistische Künstler war mit beinahe allen Protagonisten der stürmischen Kunstentwicklung nach dem Ersten Weltkrieg bekannt. Er war Mitbegründer der Novembergruppe und erhielt noch als Atelierschüler von Peter Breuer die Gelegenheit zur Ausrichtung von Einzelausstellungen seiner Werke. 1919 erregte er mit seiner expressionistischen Skulptur »Dreiklang« große Aufmerksamkeit. Seine Werke wurden von den Nationalsozialisten als »entartete Kunst« diffamiert. Er emigrierte in die Türkei und kehrte erst 1966 nach Deutschland zurück.

Bernuth, Julius von   1897 – 1942
Generalmajor
Finckensteinallee 63 (früher: Zehlendorfer Straße)
Am 10. August 1914 verließ er die Hauptkadettenanstalt und trat dem 1. Großherzoglich-Hessischen Leibgarde-Infanterie-Regiment als Fahnenjunker bei. Den Ersten Weltkrieg beendete er als Leutnant. Bis 1940 war er Stabsoffizier und Taktiklehrer an verschiedenen Infanterieschulen und Akademien. Am 10. Januar 1942 wurde er als Generalmajor zum Chef des Stabes der 4. Armee ernannt. Bei einem Aufklärungsflug an der Front am 12. Juli 1942 nahmen sowjetische Bodentruppen seine Fieseler Storch unter massiven Beschuss und zwangen ihn zur Landung. Gemeinsam mit seinem Piloten Oberfeldwebel Linke wurde er durch Kopfschüsse getötet.

Bersch, Fritz   1873 – 1945
Maler, Illustrator
Hindenburgdamm 113 (früher: Chausseestraße), Ostpreußendamm 174
(früher: Berliner Straße)
Bei dem eher volkstümlichen Steglitzer Künstler, dem Pathos eigentlich fremd war, zeigte sich nach 1933 keine Sympathie für den Nationalsozialismus, auch in seiner Biografie gibt es keinerlei Hinweise auf eine besondere Nähe zum NS-Regime. Trotzdem ließ er sich zu einem Auftragswerk überreden, das in einer Schrift des Steglitz-Museums aus dem Jahr 2005 so beschrieben wird: »Zentralfigur des Bildes, mit der auffallenden Verknüpfung christlicher und antiker Elemente mit dem Hakenkreuz, ist der Erzengel Michael, übrigens Schutzpatron der Lichterfelder Kadettenanstalt. Er steht mit Rüstung und Schwert auf dem Haupt des Ungeheuers Medusa aus der antiken Mythologie, bei deren Anblick Menschen vor Schreck zu Stein erstarren. Aus dem Heiligenschein des Engels ragt das Hakenkreuz hervor.«

Berson, Arthur Josef Stanislaus   1859 – 1942
Stratosphärenforscher
Adolf-Martens-Straße 2b (früher: Fontanestraße)
Der leidenschaftliche Schmetterlingssammler arbeitete seit 1890 am Königlich-Preußischen Meteorologischen Institut, ab 1899 war er Hauptobservator am Aeronautischen Observatorium und gehört in die Reihe der Lichterfelder Flugpioniere. Neben zahlreichen Ballonflügen unternahm er auch Sportflüge und stellte mehrere Rekorde auf. Besondere wissenschaftliche Verdienste erwarb er sich beim Nachweis der Existenz der Stratosphäre. Dies gelang ihm bei einer Ballonfahrt am 31. Juli 1901, die ihn in 10.800 Meter Höhe führte. Sein schlichter Grabstein auf dem Parkfriedhof Lichterfelde trägt die Inschrift »Über allen Wipfeln ist Ruh«.

Beyfuß, Edgar   1893 – 1936
Filmproduzent, Regisseur
Hortensienstraße 26
Als knapp Dreißigjähriger wurde der im indonesischen Malang auf Java Geborene zum Ufa-Dramaturgen für Kulturfilme ernannt. Unter seiner Federführung entstanden vielbeachtete Kurzfilme wie »Siam, das Land der weißen Elefanten« (1928), »Wir parken, wo es uns gefällt« (1933), »Das rollende Rad. Ein Film von Wagen und Straßen« (1934) und »Wege in die Welt« (1935). Das 1936 entstandene, dreizehn-minütige Hauptstadtporträt »Kleine Weltreise durch Berlin«, das als »künstlerisch wertvoll« eingestuft wurde, war die letzte Arbeit des talentierten Dokumentarfilmers.

Beyschlag, Rudolf   1891 – 1961
Bergbauingenieur, Professor
Hochbaumstraße 1
Von 1927 bis 1945 war der Experte für Kohle und Energie als Privatdozent und Professor für Aufbereitung, Kohleveredelung und Tiefbohrtechnik an der Technischen Hochschule Berlin-Charlottenburg tätig. Er war Leiter des Institutes für Kohleaufbereitung und veröffentlichte mehrere Aufsätze zur Energiegewinnung.

Bierbrauer, Hans »Oskar«   1922 – 2006
Karikaturist
Goerzallee 5
Der ausgebildete Litograph und Absolvent der Berliner Hochschule für Bildende Künste begann während der Berlin-Blockade 1948 mit dem Zeichnen politischer Karikaturen, ab 1951 arbeitete er für den »Berliner Anzeiger« und die »Berliner Morgenpost«. Letztere veröffentlichte bis 1988 täglich eine »Oskar«-Karikatur. Bundesweit bekannt wurde er durch seine Auftritte als Schnellzeichner in Hans

Rosenthals TV-Show »Dalli Dalli«. Hans Bierbrauer, der sich seinen Künstlernamen Anfang der Sechzigerjahre in Anlehnung an Günter Grass' blechtrommelnden Oskar Matzerath gab, schuf über 20.000 Karikaturen.

Bläsing, Felix   1858 – 1929
Königlicher Musikdirektor
Stubenrauchstraße
Er leitete den Lichterfelder Chorverein und arbeitete am Musikkonservatorium in der Drakestraße 61. In seinem künstlerischen Nachlass fanden sich reizvolle Vertonungen von Texten des Dichters Heinrich Heine.

Blomberg, Werner von   1878 – 1946
Reichswehrminister, Generalfeldmarschall
Finckensteinallee 63 (früher: Zehlendorfer Straße)
Von 1933 bis 1938 war er Reichswehrminister bzw. Reichskriegsminister und wurde 1936 als erster General der neuen Deutschen Wehrmacht zum Feldmarschall ernannt. Am 2. August 1934, dem Todestag des Reichspräsidenten Paul von Hindenburg, veranlasste er die zukünftige Vereidigung der Reichswehrsoldaten auf Adolf Hitler. Dieser übertrug ihm als Dank dafür den Oberbefehl über alle Streitkräfte und zeichnete ihn mit dem Goldenen Parteiabzeichen der NSDAP aus. Seine Eheschließung mit der ehemaligen Prostituierten Erika Gruhn, an der auch Hitler als Trauzeuge teilnahm, führte 1938 unter aktiver Mithilfe des intrigierenden Hermann Göring zu Blombergs Sturz und zum Ausscheiden aus der Wehrmacht.

Bluhm, Agnes   1862 – 1943
Medizinerin, Eugenikerin
Unter den Eichen 54
Sie gehörte zu jener Generation deutscher Ärztinnen, die ihre Approbation noch im Ausland erwerben mussten. Sie studierte Medizin in Zürich, lernte dort Gerhart Hauptmann und Ricarda Huch kennen, die ihr ein Gedicht widmete. Ab 1890 arbeitete sie in Berlin als Gynäkologin und war ab 1919 Gastforscherin am Kaiser-Wilhelm-Institut für Biologie, wo sie die genetischen Auswirkungen des Alkoholismus an Mäusen erforschte. Sie war Mitglied des Bundes Deutscher Ärztinnen, eine der ersten Frauenorganisationen, die 1933 ihre jüdischen Mitglieder ausschlossen. Die Verleihung des Friedensnobelpreises an Carl von Ossietzky bezeichnete sie 1936 als »freche Provokation Deutschland gegenüber« und Ossietzky als »Hochverräter«.

Bock, Gustav   1813 – 1863
Verleger, Kunsthändler
Bahnhofstraße 38
Gemeinsam mit Eduard Bote gründete er am 27. Januar 1838 eine Musikalienhandlung mit Verlag unter dem Markennamen »Bote & Bock«. Bis in die Sechzigerjahre des 19. Jahrhunderts hatte er dieses kleine Unternehmen zu einem der wichtigsten deutschen Musikverlage entwickelt. Zu den Autoren gehörten unter anderen Jacques Offenbach, Giacomo Meyerbeer, Hector Berlioz, Bedrich Smetana und Giuseppe Verdi. Bei der umfangreichen Herstellung der Notenblätter kam Bock auf die Idee, diese von Strafgefangenen in Moabit und Spandau zeichnen zu lassen. Damit war ihm der Dank der Behörden gewiss, die »das Gute in der Beschäftigung der Gefangenen« erkannten. Für Bock war dieser Schachzug in erster Linie ein raffiniertes Mittel der Geldeinsparung.

Böhme, Traugott   1884 – 1954
Philologe, Pädagoge
Hochbaumstraße 4–6
Von 1919 bis 1927 leitete er die deutsche Schule in Mexiko-Stadt, die sich in dieser Zeit zu einem Zentrum deutscher und europäischer Kultur entwickelte. 1928 ging er nach Berlin zurück und übernahm als Legationsrat im Auswärtigen Amt die Verwaltung aller deutschen Schulen im Ausland. Er war »Meister vom Stuhl« in der Berliner Freimaurerloge »Großloge zu den drei Weltkugeln«, 1937 wurde er deswegen von den Nazis in den Ruhestand versetzt. Nach 1945 war er unter anderem Leiter des Ibero-Amerikanischen Instituts in Berlin.

Boehmer, Joachim   1895 – 1981
Verleger, Journalist
Tietzenweg 68
Von 1919 bis 1924 studierte er Ingenieurwissenschaften an der Technischen Hochschule Berlin und war bereits seit 1920 Redakteur bei der »Deutschen Allgemeinen Zeitung«. 1932 wechselte er zur »Vossischen Zeitung« und arbeitete von 1934 bis 1945 als Geschäftsführer und Hauptschriftleiter bei der »Hauswirtschaftlichen Ausstellung und Beratungsstelle« Berlin. 1945 erhielt er von der US-Militärregierung die Lizenz für die Gründung eines Verlages. Am 17. März 1967 meldete Joachim Boehmer bei der Baden-Badener Gewerbebehörde die Verlegung seines am 10. Juni 1946 in Berlin-Steglitz eingetragenen Buch- und Zeitungsverlages. Boehmer gab an, dass der Umzug nach Baden-Baden und die Geschäftsverlagerung bereits zum 20. Dezember 1964 erfolgt sei.

Bongardt, Eugen von   1903 – ?
Schauspieler, Autor, Regisseur
Baseler Straße 78
Nach einem Gesangsstudium bei Professor Stückgold machte er sich als Sänger und Schauspieler bei der Ufa, der Tobis und der Bavaria schnell einen guten Namen. 1937 übertrug ihm Regisseur Detlef Sierck die Rolle des englischen Majors Sutton in dem Ufa-Klassiker »Zu neuen Ufern« an der Seite von Zarah Leander und Willy Birgel. In Georg Jacobys Film »Kora Terry«, in dem dessen Ehefrau Marika Rökk 1940 die Doppel-Hauptrolle als Kora und Mara spielte, war er als Portier in einem nordafrikanischen Hotel zu sehen. Nach 1945 wurde er Inhaber der tradierten Berliner Herold-Film-Gesellschaft und produzierte zahlreiche Kulturfilme (u. a. »Ratten«, »Grün-Gelb-Rot« und »Stürzende Mauern«).

Bose, Herbert von   1893 – 1934
Oberregierungsrat
Neuchateller Straße 8
Der Hauptmann a. D. und Oberregierungsrat war 1933 Pressereferent des Vizekanzlers Franz von Papen und zählte zu jenen konservativen Beamten, die sich ab 1934 der Absicht Hitlers entgegenstellten, als Alleinherrscher in Deutschland zu regieren. Gemeinsam mit Edgar Jung, einem rechtskonservativen Intellektuellen, verfasste Herbert von Bose Papens Anklagerede vom 18. Juni 1934, in der dieser vor Studenten der Marburger Universität gegen »Terrormethoden in der Domäne des Rechts« sprach. Von den Verfassern war diese Rede als bewusste Provokation gedacht, hofften sie doch auf einen bewaffneten Zusammenstoß zwischen Reichswehr und SA. Während der Niederschlagung des angeblichen »Röhm-Putsches« wurde von Bose in seinem Büro in der Wilhelmstraße erschossen. Erst drei Jahre nach seinem Tod wurde der Witwe gestattet, einen Grabstein aufzustellen.

Boveri, Margret   1900 – 1975
Journalistin
Neuchateller Straße 19
Zum Freundes- und Bekanntenkreis der streitbaren Journalistin gehörten u. a. so unterschiedliche Persönlichkeiten wie Gottfried Benn, Theodor Heuss, Wilhelm Conrad Röntgen, Ernst von Weizsäcker, Ernst Jünger und Uwe Johnson. Einen engen Kontakt hatte sie zu dem Diplomaten und Widerstandskämpfer Adam von Trott zu Solz. Die »Süddeutsche Zeitung« schrieb über sie: »Margret Boveri war Pionierin in einem ehemaligen Männerberuf, doch ihre beachtliche Karriere war eng mit den nationalsozialistischen Machthabern verknüpft. Ihr Fall steht beispielhaft für viele Journalisten im Dritten Reich, die stärker an ihrer Karriere hingen als an der Wahrheit.« Überliefert sind ihre Zweifel: »Ich denke an Kündigung, verbunden mit Wechsel des Berufs, um Chauffeur zu werden.«

Boykow, Johann Maria   1879 – 1935
Ingenieur, Erfinder
Adolf-Martens-Straße 2a (früher: Fontanestraße)
Er galt als Pionier der Kreiseltechnik, die in Vorbereitung des Ersten Weltkrieges vor allem militärischen Zwecken diente. 1913 stellte er den sogenannten Nord-Drehfehler bei Kreiseln fest. 1914 erfand er ein selbsttätiges Bombenabwurfgerät für Flugzeuge, das er als Marineflieger selbst testete. 1923 entwickelte er den Sonnenkompass, mit dessen Hilfe Roald Amundsen der Rückflug vom Nordpol nach Spitzbergen gelang. Seine bedeutendste Erfindung war jedoch der »Autopilot«, mit dem sich noch heute Flugzeuge automatisch steuern lassen. Das Erfindergenie hatte aber auch schauspielerisches Talent. Seinen Ausgleich fand er als Statist an der Volksbühne und am Kleinen Theater in Berlin.

Brandes, Willy   1876 – 1946
Maler
Hindenburgdamm 75
Beeinflusst von seinen Eltern und Großeltern »zu eingehender Beobachtung und zu tieferem Verständnis der umgebenden Tierwelt« wurde aus dem gelernten Dekorationsmaler ein geachteter Tiermaler. Er fühlte sich »wie ein Bauer oder Schäfer als Kamerad des Tieres, der jedes Tier in seinem Wesen kennt«. Ihn interessierte »nicht nur die Sonnenwirkung auf eine Hammelherde«, sondern er strebte mit seiner impressionistischen Malerei »nach einer Einheit von Tier, Mensch und Landschaft«. Willy Brandes wird heute zu den wichtigsten Künstlern der Havelländischen Malkolonie gezählt.

Bresser, Klaus   Geb. 1936
TV-Journalist, Chefredakteur
Schillerstraße
Nach einem Volontariat beim »Kölner Stadtanzeiger« und der anschließenden Tätigkeit als Chefreporter ging der studierte Theaterwissenschaftler und Germanist 1965 zum Westdeutschen Rundfunk und übernahm dort 1971 die Redaktionsleitung des politischen Magazins »Monitor«. 1977 wechselte er zum Zweiten Deutschen Fernsehen (ZDF) und war maßgeblich an der Konzeption des »heute-Journals« beteiligt. Am 1. April 1988 trat er die Nachfolge von Reinhard Appel als Chefredakteur des ZDF an.

Brockmüller, Friedrich Franz   1880 – 1958
Bildhauer
Händelplatz 2
1901 ließ er sich in Lichterfelde nieder, nachdem er das Zeichenlehrerexamen an der Königlichen Kunstschule in Berlin abgeschlossen hatte. Ab 1906 arbeitete er

mit dem Tierbildhauer August Gaul zusammen, studierte die Kunst der japanischen Kleinplastik und war Zeichenlehrer am Berliner Luisengymnasium. Obwohl er im Ersten Weltkrieg eine schwere Handverletzung erlitten hatte, wurde er bald einer der künstlerisch einflussreichsten deutschen Bildhauer. Allerdings beschränkte sich sein Werk auf Statuetten, Büsten, Reliefs und Tierplastiken (»Hamster«, 1909, »Blaukehlchen«, 1922, »Haussperling«, 1925, und »Bullterrier«, 1927).

Buhrow, Karl Wilhelm Hermann   1863 – 1939
Jurist, Bürgermeister
Hindenburgdamm 131 (früher: Chausseestraße)
Am 15. Oktober 1901 wurde der aus Neustettin stammende Rechtswissenschaftler zum Bürgermeister von Steglitz gewählt. Während seiner Amtszeit widmete er sich besonders der Entwicklung und Verbesserung des Schulwesens. 1905 erfolgte die Einweihung der Oberrealschule (heute Hermann-Ehlers-Oberschule), die als erste Schule über ein eigenes astronomisches Observatorium verfügte. Unter seiner Verwaltung entstand 1908 das Stadtbad in der Bergstraße und das Elektrizitätswerk am Teltowkanal. Nach der Eingemeindung von Steglitz als zwölfter Bezirk Berlins schied er 1921 aus dem Amt und gründete 1923 auf Anregung seines Nachfolgers Martin Sembritzki den »Verein für die Ortsgeschichte von Steglitz e.V.«, heute »Heimatverein Steglitz«.

Bürgel, Bruno Hans   1875 – 1948
Schriftsteller, Astronom
Moltkestraße 19, Moltkestraße 43
Nachdem er Ausbildungen als Schuhmacher und Steindrucker erfolgreich abgeschlossen hatte, fand er im Alter von 18 Jahren eine Anstellung an der Urania-Sternwarte. Dort hörte er Vorträge über Astronomie und bildete sich, davon angeregt, autodidaktisch weiter. Erste Schritte als Schriftsteller unternahm er 1896 mit einer Veröffentlichung in einer russischen Zeitung, später folgten redaktionelle Arbeiten bei verschiedenen Verlagen und die Herausgabe des »Weltkalenders« und des »Kalenders der kritischen Tage«. Beeinflusst vom Astronomen Wilhelm Foerster, veröffentlichte er 1910 sein Hauptwerk »Aus fernen Welten – eine volkstümliche Himmelskunde.« Bereits 1919 gab er seine Lebenserinnerungen unter dem Titel »Vom Arbeiter zum Astronomen – der Aufstieg eines Lebenskämpfers« heraus. Sein 1925 erschienenes Buch »Weltall und Weltgefühl« wird bis heute als sein bestes Werk bezeichnet.

Busse, Luise Lilia   1897 – 1958
Malerin
Hortensienstraße 68, Hortensienstraße 14
1984 wurde auf dem Dachboden des Rathauses Steglitz eine überraschende Entdeckung gemacht. Gefunden wurden die Bilder der in Russland geborenen Malerin Lilia Busse, die sie bereits 1942 in ihrem Testament der Stadt Berlin überschrieben hatte, mit der Auflage, ein Säuglingsheim finanziell zu unterstützen und ihre Werke öffentlich auszustellen. Nach der Auffindung der Bilder urteilte der damalige Kultursenator Joachim Tiburtius: »Die Begutachtung ... hat ergeben, daß diese völlig ungeeignet zu einer öffentlichen Ausstellung ... sind.« Lilia Busse war Schülerin von Wilhelm Jaeckel und Lovis Corinth, lebte mehrere Jahre in Spanien und kam 1936 nach Lichterfelde. Hier schloss sie sich dem »Verein Steglitzer Künstler« an, hatte jedoch zu den anderen Mitgliedern kaum Kontakt.

Campbell of Breadalbane   William Alfred Hendry
1863 – 1941
Generalmajor
Finckensteinallee 114 (früher: Zehlendorfer Straße)
Der Sohn des britischen Konsuls in Helsingfors und Memel entstammte einem alten schottischen Adelsgeschlecht und erhielt 1879 von Kaiser Wilhelm I. die Sondergenehmigung, als Ausländer in das Kadettenkorps aufgenommen zu werden. Nach erfolgreicher Ausbildung an der Hauptkadettenanstalt wurde er 1882 in den aktiven Militärdienst übernommen, kehrte 1894 nach Lichterfelde zurück und wurde Militärlehrer an der Hauptkadettenanstalt. 1895 nahm er die deutsche Staatsbürgerschaft an. 1920 gründete er in Lichterfelde eine Privatschule, ab 1936 war er letzter Führer des »Reichsbundes ehemaliger Kadetten«.

Carlsen, Carla   1909 – 1971
Schauspielerin
Klingsorstraße 98
1933 entstand unter der Regie von Alfred Abel der Film »Glückliche Reise«, eine liebevoll inszenierte Verwechslungskomödie um zwei junge deutsche Männer, die in Südamerika auf einer Farm leben und Brieffreundinnen in der Heimat suchen und finden. Aus der ersten Begegnung der beiden frischgebackenen Paare in Hamburg entwickelt sich eine turbulente Handlung, die erst durch das Eingreifen der gütigen Tante Henriette, gespielt von Adele Sandrock, entwirrt werden kann. Ekkehardt Arendt und Max Hansen spielten die männlichen Hauptrollen, Magda Schneider und die blonde, kindfrauliche Carla Carlsen waren ihre Partnerinnen. Carla Carlsen war auch in den Filmen »Zimmermädchen ... dreimal klingeln«, »Frau Lehmanns Töchter« und »Keinen Tag ohne dich« zu sehen.

Carstenn, Johann Anton Wilhelm von 1822 – 1896
Stadtentwickler
Chausseestraße 29 (heute: Hindenburgdamm)
1865 erwarb der aus Holstein stammende Kaufmann und Unternehmer die bei Berlin gelegenen Güter Lichterfelde und Giesensdorf mit dem Ziel, dort ausgedehnte Villenkolonien anzulegen. 1871 schenkte er dem preußischen Militärfiskus zwanzig Hektar Land zum Bau der Hauptkadettenanstalt, die wegen Platzmangels aus Berlin ins Umland umgesiedelt werden musste. Für seine Verdienste um den Auf- und Ausbau Lichterfeldes wurde er von Kaiser Wilhelm I. geadelt und mit einem Ehrensold auf Lebenszeit geehrt. Der Gründer von Lichterfelde starb 1896 verarmt in einer Nervenheilanstalt in Schöneberg.

Ciliax, Otto 1891 – 1964
Admiral
Hortensienstraße 21 c
Im Ersten Weltkrieg fuhr er zunächst als Wachoffizier auf U-52, später befehligte er UC-27 und UB-96. Nach dem Ausscheiden aus dem aktiven Dienst arbeitete er als Referent im Reichskriegsministerium, bis ihm 1936 das Kommando auf dem Panzerschiff »Admiral Scheer«, für das der berühmte Architekt Fritz-August Breuhaus de Groot die Inneneinrichtung entwarf, übertragen wurde. Von Januar bis September 1939 befehligte er das Schlachtschiff »Scharnhorst«, anschließend wurde er Chef des Stabes des Marinegruppenkommandos West. Von 1941 bis 1942 war er Chef der deutschen Schlachtschiffe, erhielt das Ritterkreuz und wurde im März 1943 zum Oberbefehlshaber des Marineoberkommandos Norwegen ernannt. Am 25. April 1944 geriet er in britische Kriegsgefangenschaft, aus der er am 24. Februar 1946 entlassen wurde.

Cleinow, Georg (George) 1873 – 1936
Historiker, Publizist
Hortensienstraße 14
Der ausgewiesene Osteuropa-Experte nahm am Ersten Weltkrieg als Oberleutnant teil und war Chef der Presseverwaltung in Warschau und Łódz. Von 1909 bis 1920 gab er die Zeitschrift »Grenzbote« heraus. Nach dem Ersten Weltkrieg gründete er mehrere Zeitungen, unter anderem die »Deutsche Lodzer Zeitung«, die »Deutsche Post in Lodz«, die »Deutsche Warschauer Zeitung« und die »Deutschen Nachrichten Bromberg«. Als kritischer Beobachter analysierte er die Wirtschaftspolitik in der Sowjetunion. Mit seinen Werken »Neu-Sibirien«, »Die rote Wirtschaft« und »Der rote Imperialismus« verdiente er sich die Aufmerksamkeit und den Zorn Stalins.

Clewing, Carl   1884 – 1954
Schauspieler, Sänger
Berliner Straße 23/24 (heute: Ostpreußendamm)
In der Pionierzeit des deutschen Stummfilms war er ein gefragter Darsteller, bereits 1911 debütierte er in dem Kurzfilm »Der fremde Vogel«. Zu dieser Zeit hatte er bereits als Heldentenor große Erfolge aufzuweisen, obwohl er erst 1920 ein Gesangsstudium erfolgreich abschließen konnte. In diesem Jahr endete auch seine Leinwandkarriere mit dem Film »Das Floß der Toten«. Als Sänger hatte er Engagements an der Berliner Staatsoper, in Hamburg und Bremen. Seit 1928 wurde er nach mehreren Dozententätigkeiten Professor an der Staatlichen Hochschule für Musik in Wien, danach war er in der gleichen Funktion in Berlin tätig.

Cürlis, Hans   1889 – 1982
Kulturfilmregisseur
Morgensternstraße 26 (früher: Bismarckstraße)
1920 gründete er das Institut für Kulturforschung und war 1933 Leiter der Kulturfilm-Institut GmbH. Als Regisseur und Drehbuchautor schuf er ab 1923 87 Kurzfilme, in denen er Künstler wie Max Liebermann, Lovis Corinth, Max Slevogt, Käthe Kollwitz und viele andere porträtierte. In der Zeit des Nationalsozialismus hießen seine Themen dann »Mädel im Landjahr«, »Arbeitsdienst« und »Arno Breker – harte Zeiten, starke Kunst«. Für seinen Streifen »Drei Meister schneiden ins Holz« erhielt er 1952 den Bundesfilmpreis. Das Gesamtschaffen des promovierten Philosophen und Kunsthistorikers umfasst rund 400 Filme. Cürlis war Vorsitzender des Bundes deutscher Kulturfilmhersteller und Vorstandsmitglied des Gesamtverbandes der Berliner Filmwirtschaft.

Daluege, Kurt   1897 – 1946
SS-Obergruppenführer und Generaloberst der Polizei
Gardeschützenweg 28 a
Der SS-Obergruppenführer und Chef der Deutschen Schutzpolizei beerbte Reinhard Heydrich im Juni 1942 als stellvertretender Reichsprotektor von Böhmen und Mähren. In dieser Eigenschaft war Daluege persönlich verantwortlich für die Racheaktion der SS gegen das tschechische Dorf Lidice. Im Mai 1945 wurde er von britischen Truppen in Lübeck verhaftet und nach einem Auslieferungsantrag der tschechoslowakischen Regierung nach Prag überstellt. Am 23. Oktober 1946 verurteilte ihn das Prager Volksgericht zum Tode durch den Strang.

Deiters, Heinrich   1887 – 1966
Pädagoge, Schriftsteller
Moltkestraße 24
Über seinen Vater, der seit 1889 das staatliche Katasteramt in Siegen leitete, sagte er: »Eine solche Stellung unter den Menschen, wie er sie besaß, begründet auf Unabhängigkeit des Charakters und fachliches Können, ist mir immer als das Wertvollste erschienen, was ein Mensch innerhalb der Gesellschaft zu erreichen mag.« Heinrich Deiters erhielt eine humanistische Ausbildung, war Schüler von Ernst Troeltsch, Otto Hintze und Georg Simmel und arbeitete viele Jahre als Gymnasiallehrer und Oberschulrat in Berlin und Hannover. Im September 1933 bezog er das Haus in der Moltkestraße, das die Mutter seiner Frau bereits um 1900 erworben hatte, und betätigte sich fortan schriftstellerisch. Nach 1946 wurde er Mitglied der SED und lebte bis zu seinem Tod in Ost-Berlin.

Delbrück, Heinrich   1855 – 1922
Reichsgerichtspräsident
Sternstraße 15 (heute: Kadettenweg)
In seiner offiziellen Todesanzeige hieß es: »Mit dem Verewigten verliert das Reichsgericht einen Mann, der stets nur das Beste gewollt hat, einen Mann, der von einer unverbrüchlichen Zuverlässigkeit war, auf dessen Wort Jedermann sich unbedingt verlassen konnte.« Als Kaiserlicher Oberregierungsrat hatte er zwischen 1908 und 1910 als Gemeindeverordneter die Geschicke Lichterfeldes mitgelenkt, ab 1913 führte er die Geschäfte der Reichs-Justizverwaltung. Die Ausarbeitung der Reichsverfassung von 1919 war zum großen Teil sein Werk, im gleichen Jahr wurde er zum Reichsgerichtspräsidenten berufen. Er war zweimal verheiratet, zunächst mit Elisabeth Gropius, danach mit Bertha Gropius. Beide waren Töchter des Architekten Martin Gropius.

Dertinger, Georg   1902 – 1968
Politiker, Journalist
Finckensteinallee 63 (früher: Zehlendorfer Straße)
In der Zeit des Nationalsozialismus war der talentierte Journalist Mitglied des Freundeskreises um Jakob Kaiser, Heinrich Krone, Ernst Lemmer und Josef Wirmer, in dem »mit unbedingter Offenheit miteinander diskutiert wurde und keiner von denen Nationalsozialist war«. Nach Kriegsende war er Generalsekretär der Ost-CDU und wurde 1949 als Außenminister in die erste Regierung der DDR unter Ministerpräsident Otto Grotewohl berufen. Am 15. Januar 1953 meldete die DDR-Nachrichtenagentur ADN die Verhaftung Dertingers wegen »feindlicher Tätigkeit im Auftrage imperialistischer Spionagedienste«. Er wurde zu 15 Jahren Zuchthaus verurteilt. Nach seiner vorzeitigen Entlassung im Mai 1964 engagierte er sich in der katholischen Kirche und arbeitete als Verlagsleiter in Leipzig.

Dessau, Paul   1894 – 1979
Komponist
Curtiusstraße 73
Er gehört in die Reihe der bekanntesten, vielseitigsten und wichtigsten deutschen Komponisten des 20. Jahrhunderts. Von 1910 bis 1912 besuchte er die Geigenklasse des Klindworth-Scharwenka-Konservatorium, entschied sich dann aber für eine Dirigentenlaufbahn. Angezogen von dem neuen Medium Film, arbeitete er nach 1920 als musikalischer Leiter an mehreren Berliner Filmtheatern. Seine erste experimentelle Tonfilm-Musik wurde unter dem Namen »Episode« 1929 beim Kammermusikfest in Baden-Baden aufgeführt. Dort lernte er Bertolt Brecht kennen und schrieb mit ihm 1938 in der Emigration das Drama »Furcht und Elend des Dritten Reiches«. Ebenfalls nach Brecht-Texten entstand 1951 seine wohl bekannteste Oper, »Die Verurteilung des Lukullus«, auch »Der kaukasische Kreidekreis« war ein Dessau-Brecht-Gemeinschaftswerk.

Deutscher, Drafi   1946 – 2006
Sänger, Produzent
Blochmannstraße
Mit »Teeny«, »Shake hands« und »Cinderella Baby« konnte Drafi Richard Franz Deutscher, der lackschwarzhaarige Mädchenschwarm, Anfang der Sechzigerjahre einige Achtungserfolge in der Schlagerbranche erzielen. 1965 gelang ihm der ganz große Wurf mit »Marmor, Stein und Eisen bricht«, einem Song, der sich 21 Wochen in den deutschen Charts hielt und heute als der meistgesungene deutsche Schlager gilt. Drafi Deutscher war auch als Produzent und Komponist erfolgreich. Er schrieb Titel für Tina Rainford (»Silverbird«), Peggy March (»Fly away little Paraguayo«), Bino (»Mama Leone«) und Boney M. (»Belfast«).

Dibelius, Otto   1880 – 1967
Bischof der Evangelischen Kirche
Brüderstraße 5
Neben Martin Niemöller und Dietrich Bonhoeffer war er einer der Leitfiguren des kirchlichen Widerstandes gegen das NS-Regime, obwohl er am 21. März 1933, am »Tag von Potsdam« in der Potsdamer Paulskirche eine Predigt gehalten hatte, in der er den Segen Gottes für die neue, von Adolf Hitler geführte Regierung erfleht hat. »Dadurch glaubten Millionen gläubiger Protestanten, auch ihrerseits Frieden mit dem Nationalsozialismus schließen zu müssen«, beschrieb der Kolumnist Walter Menzel die Irritationen in der evangelischen Kirche. Dibelius wurde bald danach von den Nationalsozialisten mit Predigt- und Reiseverboten belegt und Anfang 1937 verhaftet. Am 7. September 1949 hielt er die evangelische Festpredigt zur Eröffnung des ersten Deutschen Bundestages.

Diestel, Max   1872 – 1949
Theologe, Generalsuperintendent
Tietzenweg 130
Der einstige kirchliche Vorgesetzte und Mentor Dietrich Bonhoeffers war ein Vorkämpfer des »Weltbundes für Freundschaftsarbeit der Kirchen (World Alliance)«, der ersten ökumenischen Organisation in der Kirchengeschichte. Er wollte seinen Schützling Bonhoeffer in die Arbeit dieses »geistlichen Völkerbundes« einbinden und ermöglichte ihm ein Vikariat in der deutschen Auslandsgemeinde in Barcelona, wo dieser praktische Erfahrungen in der Auslandsarbeit sammeln sollte. Obwohl sich Bonhoeffer schließlich für eine mögliche Dozentenlaufbahn entschied, blieben beide eng miteinander verbunden. Diestel wurde 1925 Pfarrer in Lichterfelde, während der Zeit des Nationalsozialismus waren die Kirchenräume der Paulus-Gemeinde ein Treffpunkt der innerkirchlichen Opposition. 1945 erfolgte seine Berufung zum Generalsuperintendenten von Berlin.

Dörpfeld, Wilhelm   1853 – 1940
Architekt, Archäologe
Hortensienstraße 49
Der Sohn des Pädagogen Friedrich Wilhelm Dörpfeld studierte nach dem Abitur 1872 Architektur an der Berliner Bauakademie. Nach dem Studium bekam er als Angestellter im Büro seines Lehrers und späteren Schwiegervaters Friedrich Adler die Möglichkeit, Erfahrungen in der archäologischen Bauforschung zu sammeln. 1877 war er an den Ausgrabungen in Olympia beteiligt, 1882 gehörte er zum Team Heinrich Schliemanns in Troja. Nach Schliemanns Tod führte Dörpfeld dort die Ausgrabungsarbeiten weiter, dabei gelang erst ihm die erste klare Deutung der zahlreichen trojanischen Siedlungsschichten. Für seine herausragenden Leistungen in der Archäologie erhielt er zahlreiche Ehrendoktorwürden sowie 1892 den Professorentitel.

Dorsch, Käthe   1890 – 1957
Schauspielerin
Drakestraße 81
Am 23. Oktober 1920 feierte Käthe Dorsch auf der Bühne des Berliner Lessingtheaters in der Uraufführung von Hans Müller-Einingens Schauspiel »Die Flamme« als Straßendirne ihren ersten großen Theatererfolg. Seither war sie ein »Berliner Begriff«, das Stück stand jeden Abend auf dem Spielplan. Ein Besucher aus der Provinz, der von der Theatersensation gehört hatte, kam nach Berlin, stieg in ein Taxi und rief dem Chauffeur zu: »Fahren Sie mich zu dem Theater, wo die Frau Hecht auftritt!« Er wurde richtig vor dem Lessingtheater abgesetzt.

Eckardt, Felix von   1903 – 1979
Journalist, Politiker
Finckensteinallee 63 (früher: Zehlendorfer Straße)
Der spätere Lokalreporter des »Hamburger Fremdenblattes« und der »Münchener Neuesten Nachrichten« studierte von 1916 bis 1918 an der Hauptkadettenanstalt, verließ jedoch die Soldatenlaufbahn und begann, Reportagen und Feuilletons für verschiedene Verlage zu schreiben. 1936 stieg er als Drehbuchautor ins Filmgeschäft ein und schrieb neben leichten Unterhaltungsfilmen auch die Drehbücher zu eindeutigen Propagandastreifen wie »Kopf hoch, Johannes«, »Menschen im Sturm« und »Die Entlassung«. 1952 wurde er als Leiter des Presse- und Informationsamtes zum Pressesprecher der Bundesregierung ernannt, von 1958 bis 1965 war er Staatssekretär im Bundeskanzleramt und ab 1962 Bevollmächtigter der Bundesregierung in Berlin.

Eggeling, Joachim Albrecht   1884 – 1945
SS-Obergruppenführer, Gauleiter der NSDAP
Finckensteinallee 63 (früher: Zehlendorfer Straße)
Von 1898 bis 1904 erhielt er seine militärische Ausbildung zunächst an der Kadettenanstalt Oranienstein, später an der Lichterfelder Hauptkadettenanstalt. Nach dem Ersten Weltkrieg arbeitete er als Landwirt, trat 1925 in die NSDAP ein und wurde Landesbauernführer der Provinzen Sachsen und Anhalt. In der Nachfolge von Wilhelm Friedrich Loeper übernahm er 1935 die Position des Gauleiters der NSDAP in Sachsen-Anhalt und wurde 1943 zum SS-Obergruppenführer befördert. Nachdem es ihm am 13. April 1945 in Berlin nicht gelungen war, Hitler von der Sinnlosigkeit der Verteidigung von Halle an der Saale zu überzeugen, nahm er sich zwei Tage später in den Gewölben der Moritzburg das Leben.

Eisenhart-Rothe, Johann Friedrich von   1862 – 1947
General der Infanterie
Dürerstraße 28 b
Der Vater von neun Kindern durchlief verschiedene militärische Stationen und war im Ersten Weltkrieg Kommandeur des Garde-Regiments »König Friedrich Wilhelm IV.«, dessen Soldaten erst 18 Kilometer vor Paris gestoppt werden konnten. Das Ende des Krieges erlebte er als General-Intendant des Feldheeres. Nach seinem Ausscheiden aus der Reichswehr arbeitete er als Inspekteur für das Erziehungs- und Bildungswesen in Berlin.

Elsas, Fritz   1890 – 1945
Bürgermeister, Vertreter des Widerstandes
Patschkauer Weg 41
Bereits seit 1934 hatte er enge Verbindungen zu einer liberalen Widerstandsgruppe um den Landgerichtsrat Ernst Strassmann sowie zu Carl Goerdeler. Nach dem Scheitern des Attentats vom 20. Juli 1944 versteckte er Goerdeler, wurde am 10. August 1944 von der Gestapo verhaftet und im Januar 1945 im KZ Sachsenhausen ermordet. Seine Familie wurde in Sippenhaft genommen und in den Konzentrationslagern Buchenwald und Ravensbrück interniert. Nach einem gelungenen Attentat hätte Elsas, der eng mit Theodor Heuss befreundet war, das Amt des Leiters der Reichskanzlei übernehmen sollen.

Erckert, Friedrich von   1869 – 1908
Offizier der kaiserlichen Schutztruppe
Finckensteinallee 63 (früher: Zehlendorfer Straße)
Der Offizier der Garde der Kaiserlichen Schutztruppe in Afrika galt nach der taktischen Einführung von Dromedaren in eine deutsche Militäreinheit als »Vater der Kamelreitertruppe«. Vor seinem Eintritt in das kaiserliche Heer erhielt er seine Ausbildung von 1886 bis 1889 an der Lichterfelder Hauptkadettenanstalt. Am 16. März 1908 wurde er in Betschuanaland, dem heutigen Botswana, in einem Gefecht mit Angehörigen der Völkergruppe der Nama durch einen Halsschuss getötet. Seinen Feldzug gegen die afrikanischen Aufständischen verarbeitete Hans Grimm in seinem Roman »Volk ohne Raum«.

Ernst, Karl   1904 – 1934
SA-Gruppenführer
Finckensteinallee (früher Zehlendorfer Straße)
Bereits 1923 trat er in die NSDAP und in die SA ein und war von 1927 bis 1931 Mitglied der Obersten SA-Führung in München. In der Tageszeitung »Münchener Post« wurde er als einer der »bekanntesten homosexuellen Freunde des SA-Stabschefs Ernst Röhm« bezeichnet. Nach einer Theorie zum Reichstagsbrand soll Karl Ernst mit einem SA-Trupp über die Dienstwohnung Hermann Görings durch einen unterirdischen Gang in den Reichstag eingedrungen sein, um den Brand zu legen. Am Abend des 30. Juni 1934 wurde er im Zuge der Niederschlagung des sogenannten »Röhm-Putsches« wenige Meter von seiner Wohnung entfernt in der Kaserne der SS-Leibstandarte, der ehemaligen Hauptkadettenanstalt in Lichterfelde, erschossen.

Eschenbach, Paul   1883 – 1947
Gartendirektor des Bezirkes Steglitz
Gerichtsstraße 12 (heute: Walter-Linse-Straße)
Seit Januar 1909 stand er im Dienst der Gemeinde Lichterfelde und war verantwortlich für die bauliche Umsetzung des preisgekrönten Bauerschen Entwurfes zur Anlegung des Parkfriedhofes. Diese Pläne verfolgte er über viele Jahre, bis zu seinem Tod oblag ihm die gärtnerische Gestaltung des Friedhofes. Sein Grabstein trägt die Inschrift »Schöpfer des Parkfriedhofs«.

Essig, Hermann   1878 – 1918
Dramatiker, Schriftsteller
Flotowstraße 3
Von Frank Wedekind beeinflusst, gehörte er zum Kreis der expressionistischen Schriftsteller, die in Herwarth Waldens Zeitschrift »Sturm« publizierten. Mit dem satirischen Roman »Taifun«, in dem er die »modernen Tendenzen« und mitunter grotesken Verhältnisse im »Sturm«-Kreis schilderte, setzte er Walden ein literarisches Denkmal. Von Kritikern wie Alfred Kerr und Franz Blei wurde er hoch geschätzt, für Paul Cassirer war er »einer der unbegreiflichsten Menschen«.

Etzin, Franz   1880 – 1933
Pädagoge
Berliner Straße 166 (heute: Ostpreußendamm)
»Die Lehrer werden leuchten wie des Himmels Glanz« hieß es in dem Nachruf auf den geachteten und beliebten Schulleiter, der von 1908 bis 1917 an der Wilmersdorfer Viktoria-Luise-Schule lehrte und 1920 nach einer dreijährigen Tätigkeit als Stadtschulinspektor für das Volksschulwesen als Schuldirektor an das Dürerlyzeum wechselte. Mit seiner Schrift »Luther als Erzieher zum Deutschtum« und anderen Veröffentlichungen engagierte er sich für die Erhaltung der christlichen Schule und leistete 1915 mit »Johann Gottlieb Schummels Pädagogik« einen wichtigen Beitrag zur Geschichte des deutschen Philantropinismus.

Faden, Eberhard   1889 – 1973
Historiker, Direktor des Stadtarchivs
Jungfernstieg 7
Nach seinem Studium der Geschichte, Germanistik und Geographie promovierte er im Juli 1914 bei Otto Hintze und Franz Delbrück mit dem Thema »Berlin und der Dreißigjährige Krieg«. Unmittelbar darauf sollte er als Soldat selbst Kriegserfahrungen machen. Bis zu seiner Ernennung zum Direktor des Stadtarchivs 1939 unterrichtete er am Lichterfelder Schillergymnasium. Seine Mitgliedschaft in der NSDAP und die Umstände, wie sein Vorgänger Ernst Kaeber, der mit einer jüdischen Frau verheiratet war, aus dem Amt getrieben wurde, bescherten Faden

nach 1945 eine langjährige Isolierung durch Freunde und Kollegen. Bis 1955 war er wieder im Schuldienst tätig und arbeitete aktiv in Berliner Geschichtsvereinen.

Feaux de la Croix, Ernst   1906 – 1995
Politiker, Ministerialrat
Tulpenstraße, Prausestraße 26
Die Journalistin und Autorin Inge Deutschkron, seit dem 15. September 1941 zum Tragen des »Judensterns« verpflichtet, beschrieb 1992 in ihrem Buch »Mein Leben nach dem Überleben« die »Unlust« des ersten Finanzministers der Bundesrepublik Deutschland, Fritz Schäffer (CDU), die überlebenden Opfer des NS-Regimes finanziell zu entschädigen. Nicht ohne Sarkasmus formulierte sie: »Er konnte insoweit volles Vertrauen in seine Mitarbeiter haben. Der Mann, der zu jener Zeit als oberster Beamter mit Wiedergutmachungsfragen betraut war, war der ehemalige Nazi Ernst Feaux de la Croix.« Dieser hatte ab 1934 im Reichsjustizministerium gearbeitet und sich 1938 an der Denkschrift »Rasse, Volk, Staat und Raum in der Begriffs- und Wortbildung« beteiligt. Seine braune Vergangenheit hinderte Feaux de la Croix nicht daran, nach Schäffer noch drei weiteren Bundesfinanzministern zu dienen.

Felmy, Hansjörg   1931 – 2007
Schauspieler
Theklastraße 11
Zwischen 1974 und 1980 verkörperte er in zwanzig Folgen der TV-Krimireihe »Tatort« den smarten, stets besonnenen Kommissar Heinz Haferkamp mit einer Aufklärungsrate von hundert Prozent. Bereits seit den Fünfzigerjahren stand er vor der Filmkamera, sein Kinodebüt hatte er 1956 als Robert Franke in dem Flieger-Epos »Der Stern von Afrika« an der Seite von Joachim Hansen, Horst Frank und Marianne Koch. Zehn Jahre später wurde Alfred Hitchcock auf den gutaussehenden Deutschen aufmerksam. In seinem Thriller »Der zerrissene Vorhang« ließ er Felmy die Rolle des Heinrich Gerhard spielen, seine Filmpartner hießen Julie Andrews und Paul Newman.

Fontane, George   1851 – 1887
Pädagoge
Knesebeckstraße 1
1862 befand sich Theodor Fontane, der bedeutende deutsche Schriftsteller, gemeinsam mit seiner Ehefrau Emilie auf ausgedehnten Fahrten durch die Mark Brandenburg. George, ihr ältester Sohn wurde in dieser Zeit in der Berliner Wohnung der Fontanes von dem Hausmädchen Mathilde betreut. Nach einem Potsdam-Besuch schrieb der damals Elfjährige am 13. Juni 1862 seiner Mutter: »Liebe Mama, ... Sonnabend fuhr ich nach Potsdam, wo es wunderhübsch war. Tante

Anna hat noch 2 Brüder, Carl und Ernst. Der erstere war die ganzen Tage lang etwas krank, war aber trotzdem mit auf dem Bahnhof. Ernst war sehr freundlich, schnitzte mir von Weiden einige Pfeifen, einen Flitzbogen mit Pfeil, ... außerdem noch eine Schalmei, eine höchst langweilige Arbeit ... In Sanssouci sind wir auch gewesen, wo mir hauptsächlich die Bildsäulen der alten Götter gefielen. Auch beim Pavillon sind wir gewesen und haben uns den Affen angesehen ...«

Forst, Werner   1892 – 1971
Generalleutnant, Inspekteur der Artillerie
Finckensteinallee 63 (früher: Zehlendorfer Straße)
Nach seiner Ausbildung an der Hauptkadettenanstalt diente er im Ersten Weltkrieg als Chef einer Batterie, wurde nach dem Krieg in die Reichswehr übernommen und führte das Artillerie-Regiment 76 bis zum 30. November 1940. 1943 übernahm er die 106. Infanterie-Division, die ein Jahr später als Bestandteil der Heeresgruppe Südukraine von sowjetischen Truppen vernichtet wurde.

Förster, Peter   1887 – 1948
Maler
Lortzingstraße 2 (heute: Undinestraße)
Der in Aachen geborene Schüler von Woldemar Friedrich und Georg Koch studierte an der Kunstgewerbeschule Berlin und war Mitglied der Novembergruppe. Stilistisch wurde er der Neuen Sachlichkeit zugeordnet. In Lichterfelde wohnte er um 1930, zwischen 1936 und 1937 lebte er als Träger des Rompreises in der römischen Villa Massimo. Von 1938 bis 1941 arbeitete er in einer Ateliergemeinschaft in der Berliner Klosterstraße, wo er sich ein Atelier zeitweise mit Heinz Fuchs teilte.

Frankenstein, Ernst   1871 – 1959
Rechtsanwalt, Rechtswissenschaftler
Goebenstraße 51 (heute: Patschkauer Weg)
Seine zwischen 1926 und 1935 erschienenen Werke über Grundlagen der Rechtswissenschaften brachten ihm den Ruf eines glänzenden Rechtstheoretikers ein. Das vierbändige Buch »Internationales Privatrecht (Grenzrecht)« über die Gesamtdarstellung des Privatrechtes zwischen den Weltkriegen wurde als die »originellste, vielleicht die bedeutendste Veröffentlichung zum Privatrecht des 20. Jahrhunderts angesehen.« Er schrieb »in einer klaren, zügig lesbaren Sprache, verliert sich nicht in allzu theoretischen Ableitungen und behält, ungeachtet seines nicht mangelnden Sebstbewußtseins ... stets die Angemessenheit seiner praktischen Ergebnisse im Auge.«

Frey, Barbara   Geb. 1941
Schauspielerin
Troppauer Straße 26
Die gelernte Schneiderin erhielt 1957 als kaum 16-Jährige die Hauptrolle in dem Film »Endstation Liebe« als unschuldiges, junges Mädchen Christa an der Seite von Horst Buchholz. 1959 war sie Mitwirkende in »Die Wahrheit über Rosemarie«, im gleichen Jahr folgte »… und noch frech dazu«, ein Film über aufmüpfige Jazzer und Rock'n'Roller mit Horst Janson und Klaus Löwitsch. Seit den späten Sechzigerjahren ist sie immer wieder in Fernsehproduktionen zu sehen (»Insel der Träume«, »Das Traumschiff«, »Wolffs Revier«, »Liebling Kreuzberg« und viele andere). Barbara Frey ist nicht verwandt mit der Schweizer Theaterregisseurin gleichen Namens.

Freyberg-Eisenberg-Allmendingen, Albrecht Freiherr von   1876 – 1943
Vizeadmiral
Hortensienstraße 20b
1899 wurde er nach erfolgreicher Ausbildung zum Leutnant ernannt und fuhr als Seeoffizier auf den Schiffen »Hohenzollern«, »Hansa« und »Kolberg«. Zwischen 1913 und 1919 war er als Marine-Attaché an der deutschen Botschaft in Wien im diplomatischen Dienst tätig. 1920 wurde er Chef der Marine-Personalabteilung im Reichswehrministerium. Nachdem er von 1922 bis 1923 Kommandeur des Kaiser-Wilhelm-Kanals, des heutigen Nord-Ostsee-Kanals war, übernahm er das Kommando über das Linienschiff »Hannover«.

Fritsch, Bruno   1842 – 1933
Mitbegründer des Weltpostvereins
Ringstraße 74/75
Am 9. Oktober 1874 wurde im »Rathaus zum Äußeren Stand« in Bern auf Vorschlag des deutschen Generalpostmeister Heinrich von Stephan der Weltpostverein gegründet. Bis heute regelt der Verein, dem mittlerweile rund 200 Mitgliedsländer angehören, die internationale Zusammenarbeit der Postbehörden sowie die Rahmenbedingungen des grenzüberschreitenden Postverkehrs. Zu den Mitbegründern des Weltpostvereins zählte auch der Initiator des Deutschen Beamtenwohnungsvereins Bruno Fritsch.

Fröhlich, Gustav   1902 – 1987
Schauspieler
Zietenstraße 3 (heute: Reichensteiner Weg)
Noch mit 79 Jahren stand der »Filmheld der Dreißigerjahre« 1981 für die zehnteilige ARD-Fernsehserie »Die Laurents« vor der Kamera, ein Jahr später übernahm er für das ZDF den Part von Curd Jürgens in dessen Sendung, in der regelmäßig

Leinwandstars wie Theo Lingen, Grethe Weiser und Hans Moser vorgestellt wurden. Seinen letzten großen Auftritt hatte »der Mann, der Goebbels ohrfeigte«, 1985 zusammen mit Giorgio Moroder, dem Produzenten und Komponisten des neu bearbeiteten »Metropolis«-Films, in der Joachim-Fuchsberger-TV-Show »Spiele, Spaß und Prominente«. Gustav »Gustl« Fröhlich starb am 22. Dezember 1987, zwei Wochen nach dem Tod seiner Ehefrau.

Frost, Martin   1875 – 1928
Maler, llustrator
Berliner Straße 130 (heute: Ostpreußendamm)
Der Erste Weltkrieg war der erste »moderne Krieg«, in dem neben der allerneuesten Waffentechnik auch die neuen Medien wie Fotografie und Film eine nicht unbedeutende Rolle als Mittel der Propaganda spielten. Martin Frost, ein akademisch ausgebildeter Maler, galt als einer der letzten großen Beobachter des Krieges mit Zeichenstift und Pinsel, er war »ein herausragender Reporter des Wirklichen auf dem Schlachtfeld. Deshalb haben seine Bilder auch heute noch ihren Wert«, schrieb das »Badische Tageblatt« am 11. April 2002. Das Wehrgeschichtliche Museum Schloss Rastatt widmete dem »Chronisten des Krieges« im Jahre 2002 eine Sonderausstellung mit rund 300 Arbeiten des Künstlers.

Fuchs, Heinz   1886 – 1961
Maler
Moltkestraße 24
1922 schuf er eines seiner bekanntesten Bilder, »Selbst mit Modell«, das den Maler mit einem liegenden Akt zeigt. Das unsignierte Bild blieb unvollendet und überdauerte die Jahrzehnte, zusammengerollt und beinahe vergessen, auf einem Zwischenboden in der Wohnung des Künstlers. 1944 wurde bei einem Bombenangriff der größte Teil seiner Bilder vernichtet. Einige der Werke des Schülers von Lovis Corinth und Mitgliedes der »Novembergruppe« sind in der Nationalgalerie und in der Berlinischen Galerie zu besichtigen.

Gabo, Naum   1890 – 1977
Bildhauer, Plastiker
Kaiserstraße 25–26
Der in Russland geborene Naum Borisowitsch Pevsner, der sich später Naum Gabo nannte, besuchte von 1910 bis 1914 das Münchener Polytechnikum und kehrte 1917, nach dem Sieg der Oktoberrevolution, in seine sibirische Heimatstadt Brjansk zurück. 1922 kam er zum Aufbau der »Ersten Russischen Kunstausstellung« wieder nach Deutschland und blieb hier bis zur Machtübernahme der Nationalsozialisten. Er schuf Kleinplastiken, entwarf Bühnenbilder und hielt Vorlesungen am Bauhaus. Nachdem die SS sein Atelier durchsucht hatte, emigrierte

er zunächst nach Paris, später nach England und in die USA. Das »Naum-Gabo-Archiv« der Berlinischen Galerie enthält heute Manuskripte, Skizzen, Notizen und Korrespondenzen des Künstlers.

Gary, Max   1859 – 1923
Bauingenieur, Geheimer Regierungsrat
Unter den Eichen 91
Er wurde im thüringischen Erfurt als Sohn eines ukrainischen Kaufmanns geboren, studierte zunächst Architektur und Ingenieurwissenschaften an der Technischen Hochschule Berlin und übernahm 1891 die Leitung der »Prüfstation für Baumaterialien«, aus der 1904 das Königliche Materialprüfungsamt hervorging. Er veröffentlichte richtungweisende wissenschaftliche Werke auf dem Gebiet der Baustoffkunde, besonders in der Mörtel- und Betontechnik. Sein Wohnhaus, das bereits 1902 vom Berliner Denkmalamt als schützenswert eingestuft wurde, ist erhalten geblieben und trägt noch heute die Giebelinschrift »Da pacem domine, in diebus nostris« (Gib Frieden, Herr, in unseren Tagen).

Genest-Arndt, Elsa   1882 – 1956
Malerin
Jungfernstieg 25, Berliner Straße 57 (heute: Ostpreußendamm)
Das künstlerische Schaffen der Berliner Landschaftsmalerin ist heute in der Öffentlichkeit beinahe vergessen. Auch auf Kunstauktionen werden ihre Bilder nicht mehr gehandelt. Eine Ausnahme bildete vor wenigen Jahren ihr 1912 entstandenes, 65 x 91 Zentimeter großes Öl-auf-Leinwand-Gemälde »Sommerliche Mittelgebirgslandschaft«.

Genzmer, Berthold   1858 – 1927
Maler
Holbeinstraße 49, Potsdamer Straße 7
Die Radierung »Netzflicker und Kinder auf einem Hinterhof« sowie die Ölgemälde »Dorfjugend« und »Drei Kinder beim Spiel« gehören zu den bekanntesten Bildern des Genremalers, der 1896 seinen Wohnsitz vom Schöneberger Nollendorfplatz 6a nach Lichterfelde verlegte, zunächst in der Holbeinstraße und zu Beginn des Ersten Weltkrieges in der Potsdamer Straße wohnte. Um 1921 bezog er eine Wohnung in der Albrechtstraße 21 in Berlin-Steglitz. Sein Gemälde »Späte Heimkehr« war nach 1918 das Motiv einer vor allem bei Weltkriegsveteranen beliebten Postkarte.

George, Stefan   1868 – 1933
Dichter
Holbeinstraße 34
Was Stefan George mit der von ihm gewählten Formulierung »Melodie des Gedichtes« meinte, erlebte Ludwig Thormaelen am 6. Februar 1909 anlässlich eines gemeinsamen Abends mit Friedrich Wolters und dem Ehepaar Vallentin in Lichterfelde. Es war Thormaelens zweite Begegnung mit George unter dem »Eindruck ... einer schlichten, einfachen, gemüthaften, schönen Menschlichkeit«. Danach »las George die traurigen Tänze aus dem ›Jahr der Seele‹ alle nacheinander uns vor und zeigte, daß die Schwierigkeit darin bestehe, die Melodie eines jeden Gedichtes zu finden, die zumeist für alle Verse die gleiche ist. Sein Lesen war so überzeugend, daß man die Melodie für jedes dieser Gedichte hätte grafisch aufzeichnen können.«

Gille, Herbert   1897 – 1966
SS-Obergruppenführer und Generalleutnant der Waffen-SS
Finckensteinallee 63 (früher: Zehlendorfer Straße)
Der Absolvent der Lichterfelder Hauptkadettenanstalt nahm als Oberleutnant und Batterieführer am Ersten Weltkrieg teil und wurde mit dem Eisernen Kreuz I. Klasse dekoriert. 1934 stieß er zur SS-Verfügungstruppe und war 1943 Chef der SS-Panzer-Division »Wiking«, die in der Schlacht um Charkow den sowjetischen Verteidigern schwerste Verluste zufügte. Gemeinsam mit Felix Steiner, Sepp Dietrich, Paul Hausser und Wilhelm Bittrich gehörte er zu denjenigen Befehlshabern der Waffen-SS, die selbst von ihren militärischen Gegnern respektiert und als »honorige Soldaten« bezeichnet wurden. 1927 hatte er sich mit Sophie Charlotte Mennecke verlobt, die Hochzeit fand am 4. Januar 1935 statt. Die Aufforderung des SS-Sippenamtes, einen Ahnennachweis bis ins Jahr 1750 zu erbringen, missachtete Gille, somit war er einer der wenigen SS-Führer, die keinen »Ariernachweis« vorlegen wollten. Im April 1949 wurde er in seinem Entnazifizierungsverfahren in die Kategorie V als »entlastet« eingestuft.

Gillern, Arthur Robert Ludwig Alexander Freiherr von   1855 – 1916
Generalleutnant
Finckensteinallee 53 (früher: Zehlendorfer Straße)
1907 wurde der aus dem niederschlesischen Altwasser im Kreis Glogau stammende Hauptmann des in Berlin stationierten I. Garde-Feldartillerie-Regiments zum Oberst befördert und nach Magdeburg versetzt. Dort nahm er 1913 als Generalleutnant seinen Abschied und zog nach Lichterfelde. Zeitlebens war er in das gesellschaftliche Leben Lichterfeldes eingebunden. Er war Rechtsritter des Johanniterordens und verlebte wie viele andere pensionierte Offiziere seine letzten Jahre »in dem ruhigen, durch die Hauptkadettenanstalt stark militärisch geprägten Vorort«.

Goltz, Emmy Gräfin von der 1859 – 1942
Vorsteherin der Morgenländischen Frauenmission
Finckensteinallee 21–27 (früher Zehlendorfer Straße)
1842 wurde die »Morgenländische Frauenmission« nach englischem Vorbild als »Frauenverein für christliche Bildung des weiblichen Geschlechts im Morgenlande« gegründet. Er war einer der ersten deutschen Frauenvereine und bildete Missionarinnen für Indien, Indonesien und den afrikanischen Kontinent aus. Um 1900 bezog der Verein ein eigenes, von Karl Sierbold erbautes Gebäude in der Lichterfelder Finckensteinallee. Emmy Gräfin von der Goltz war eine der Vorsteherinnen der Mission, die seit 1984 zum Berliner Missionswerk gehört.

Goltz, Colmar Freiherr von der 1843 – 1916
Generalfeldmarschall
Finckensteinallee 63 (früher: Zehlendorfer Straße)
Am 7. Juli 1909 hätte die politische Karriere des preußischen Generalfeldmarschalls, Militärhistorikers und Schriftstellers beinahe ihren Höhepunkt erreicht. An diesem Tag gab es eine Beratung zwischen Kaiser Wilhelm II. und Rudolf von Valentini, dem Chef des Zivilkabinetts, über die Neubesetzung des Reichskanzlerpostens. Als zweiter Kandidat neben Colmar Freiherr von der Goltz war Theobald von Bethmann-Hollweg in die engere Auswahl gekommen. Der Kaiser war nicht abgeneigt, Goltz zu berufen, aber dessen Aufgaben in der Türkei hinderten ihn, nach Berlin zu kommen. So wurde Bethmann-Hollweg als Nachfolger von Bernhard Fürst von Bülow Reichskanzler des Deutschen Reiches. Colmar Freiherr von der Goltz, genannt »Goltz-Pascha«, hatte sich als Militärreformer mit der Reorganisation des Osmanischen Reiches hervorgetan und damit für Deutschland eine Monopolstellung bei den Rüstungsexporten in die Türkei geschaffen.

Göring, Hermann 1893 – 1946
Reichsmarschall, Reichstagspräsident
Finckensteinallee 63 (früher: Zehlendorfer Straße)
Staatssekretär Wilhelm Keppler, der »Generalbevollmächtigte für deutsche Roh- und Werkstoffe« und »Beauftragter für Fette und Öle im Vierjahresplan« schrieb am 18. Juni 1937 in einem Brief an Hermann Göring, der Haupterfinder auf dem Gebiet der Fettsäure und des Speisefettes, Artur Imhausen, sei »teilweise nicht-arischer Abstammung«. Nach Görings Rücksprache mit Hitler gab dieser selbst die Richtung vor: »Wenn der Mann das Zeug wirklich erfunden hat, dann machen wir ihn eben zum Arier!« In Görings Brief an Imhausen vom 23. Juli 1937 heißt es dann auch: »... der Führer auf meinen Vorschlag Ihre Anerkennung als Vollarier ... in Würdigung Ihrer verdienstvollen Arbeit ... gutgeheißen.«

Götze, Alfred   1865 – 1948
Prähistoriker
Gardeschützenweg 42
Er war der erste deutsche Wissenschaftler, der 1920 nach seinem Kunstgeschichtsstudium im Fach »Ur- und Frühgeschichte« promovierte. Lange Jahre war er in der Bodendenkmalpflege in Berlin und Brandenburg tätig, wurde 1920 zum Kustos des Berliner Museums sowie zum Professor an der Berliner Universität ernannt. Nach dem Tod seines Kollegen Gustaf Kossina war er dessen Nachfolger als Vorsitzender der Gesellschaft für Deutsche Vorgeschichte. Bereits 1894 war er an den Ausgrabungen in Troja beteiligt. 1929 eröffnete er im südthüringischen Römhild das Steinsburg-Museum, das er bis zu seinem Tode leitete.

Graebner, Paul   1871 – 1933
Botaniker, Philosoph
Viktoriastraße 8
Beim Aufbau und der Einrichtung des Botanischen Gartens in Dahlem war er »ab 1899 wegen seiner praktischen Kenntnisse ein unverzichtbarer Mitarbeiter«. Der gelernte Gärtner und spätere Assistent am Botanischen Museum veröffentlichte rund 170 Bücher und Schriften, bekannt wurden vor allem »Die Heide Norddeutschlands und die sich anschließenden Formationen« (1901) und das »Taschenbuch der Pflanzenkunde« (1911). In der Folgezeit entwickelte sich der inzwischen zum Professor ernannte Graebner in seiner urwüchsigen Art »zu einem Original, das leider dem Gerstensaft und auch härteren Sachen nicht abhold war«.

Gräser, Fritz-Hubert   1888 – 1960
General der Panzertruppe
Finckensteinallee 63 (früher: Zehlendorfer Straße)
Der Absolvent der Lichterfelder Hauptkadettenanstalt kehrte 1907 in seine Heimatstadt Frankfurt an der Oder zurück und trat in das Grenadierregiment »Prinz Carl von Preußen« ein. Im Ersten Weltkrieg kämpfte er in Frankreich, im Zweiten Weltkrieg war er als Chef eines Panzerkorps an der Ostfront eingesetzt. Am 1. September 1944 wurde der Beinamputierte zum General der Panzertruppe befördert und mit der Führung der 4. Panzerarmee betraut. 1945 geriet er in amerikanische Kriegsgefangenschaft, aus der er 1947 entlassen wurde.

Graevenitz, Luise von   1877 – 1921
Naturwissenschaftlerin, Philosophin
Margaretenstraße
Sie studierte in Zürich, Tübingen und Jena, promovierte 1913 mit der Arbeit »Über die Wurzelbildung an Steckholz« und war anschließend Assistentin am Institut für Vererbungsforschung der Landwirtschaftlichen Hochschule, die 1806 als

»Königliche akademische Lehranstalt des Ackerbaus zu Möglin« von Albrecht Thaer gegründet wurde. Luise von Graevenitz wurde auf dem Parkfriedhof Lichterfelde beigesetzt, das üppige Relief auf der Urnenstelle schuf der Bildhauer Wilhelm Gerstel, zu dessen Schülern Fritz Cremer, Waldemar Grzimek und Gustav Seitz gehörten.

Grapow, Max von   1861 – 1924
Admiral
Dahlemer Straße 14 (heute: Tietzenweg)
Am 22. Oktober 1907 verlieh Kaiser Wilhelm II. dem damaligen Kapitän zur See die »Südwestafrika-Denkmünze« für seine »Verdienste« um die Erhaltung der deutschen Kolonialherrschaft. Die Urkunde zu dieser Auszeichnung befindet sich im Deutschen Historischen Museum. 1906 hatte Max von Grapow das Kommando über das Linienschiff »Lothringen« mit 35 Offizieren und 708 Matrosen erhalten. Der 1902 auf der Danziger Schichau-Werft gebaute Dampfer mit 7.913 Bruttoregistertonnen, der im Ersten Weltkrieg mit Kanonen ausgestattet war, wurde bereits 1920 wieder »außer Dienst« gestellt. Grapows Ernennung zum Admiral erfolgte am 22. März 1915.

Grimm, Herman Friedrich   1828 – 1901
Schriftsteller, Kunsthistoriker
Drakestraße 80
Der Sohn des deutschen Märchendichters Wilhelm Grimm lebte zeitlebens als Buddhist und wird heute als einer der bedeutendsten Schriftsteller des 19. Jahrhunderts angesehen. Er war Schüler des Historikers Leopold von Ranke und Mitglied des Freundeskreises um Bettina von Arnim, deren Tochter Gisela er 1859 heiratete. 1873 wurde er als Professor für Neue Kunstgeschichte an die Berliner Universität berufen und war Mitbegründer der Goethe-Gesellschaft. Zu seinen bekanntesten Manuskripten gehören »Raffael«, »Aufsätze zur Literatur«, »Vom Geist der Deutschen« und »Goethes Freundschaftsbund mit Schiller«, die in einem »lebendigen Stil« geschrieben wurden und den Leser »aus eingefahrenen Denkbahnen« hinausführten. Grimm legte großen Wert darauf, seinen Vornamen Herman mit nur einem »n« zu schreiben.

Grothum, Brigitte   Geb. 1935
Schauspielerin, Regisseurin
Schillerstraße
Anlässlich ihrer Auszeichnung mit dem »Blauen Berliner Herzen« am 18. Oktober 2006, während der »Jedermann«-Aufführung im Berliner Dom, enthüllte Laudator Horst Pillau ein Geheimnis: Brigitte Grothum, eine der legendären »Drei Damen vom Grill«, war vor vielen Jahren das Maskottchen von Hertha BSC. Als sie nach der

Geburt ihres ersten Kindes im Krankenhaus aufwachte, war ihre erste Frage nicht: »Ist es ein Junge oder ein Mädchen?«, sondern: »Wie hat Hertha gespielt?«

Grunwaldt, Paul   1891 – 1962
Maler
Hindenburgdamm 64 d
Der anerkannte Bildnis- und Landschaftsmaler war Mitglied der Novembergruppe und wohnte um 1930 am Lichterfelder Hindenburgdamm. In einer Ausstellung der »Moderne« wurden 1923 seine Werke gemeinsam mit den Bildern von Paul Klee, Wassili Kandinsky, Alexander Archipenko und Emil Nolde gezeigt. Heute werden Grunwaldts Arbeiten hin und wieder bei Kunstauktionen angeboten. Ein fünfstelliges Erstgebot ist dabei keine Seltenheit.

Gruson, Paul   1895 – 1960
Bildhauer
Troppauer Straße 11 (früher: Reuterweg)
Zu seinen bekanntesten Werken gehört die Skulptur »Wilder Eber« am gleichnamigen Platz in Berlin-Dahlem. Wie viele andere Bronzeplastiken hatte auch der »Wilde Eber« den Zweiten Weltkrieg nicht überstanden. Der auf einem Waschbetonsockel stehende Neuguss wurde 1961 der Öffentlichkeit übergeben. In der Zeit des Nationalsozialismus tat sich Gruson als Schöpfer eines »Horst-Wessel-Denkmals« hervor, welches ihm einen hochdotierten Kunstpreis einbrachte. Grusons Karriere im »Dritten Reich« endete, als die SS in seiner Ahnentafel eine jüdische Großmutter entdeckte. Nach dem Zweiten Weltkrieg schuf er zahlreiche Porträtplastiken, seine Bronzebüste von Walther Schreiber steht heute im Berliner Abgeordnetenhaus.

Gruyter, Walter de   1862 – 1923
Verlagsbuchhändler
Wilhelmstraße 19/20 (heute: Königsberger Straße)
Er war der Gründer des renommierten Wissenschaftsverlages Walter de Gruyter & Co., galt als integre Persönlichkeit und trat in der Weimarer Republik, angewidert von der zunehmenden Feindlichkeit gegenüber jüdischen Mitbürgern, dem »Verein zur Abwehr des Antisemitismus« bei. Die Institution hatte sich »aus sittlicher Verpflichtung« dem Kampf gegen die These von der »jüdischen Weltverschwörung« verschrieben. Walter de Gruyters Grab befindet sich auf dem Lichterfelder Parkfriedhof, in seinem Grabspruch wurde Lessings »Nathan der Weise« zitiert: »Es eifre jeder seiner unbestochenen von Vorurteilen freien Liebe nach.«

Haberlandt, Ernst   1881 – 1934
Major, Abteilungsleiter im Reichswehrministerium
Kadettenweg 4
Von 1909 bis 1912 wirkte der damalige Oberleutnant als Erzieher an der Hauptkadettenanstalt, im Ersten Weltkrieg kämpfte er in Frankreich, erlitt schwerste Verwundungen und verlor ein Bein. Bis Kriegsende arbeitete er als Generalstabsoffizier sowie im Kriegspresseamt. Ab November 1918 kam er als Chef der 5. Kompanie an die Hauptkadettenanstalt zurück. 1934 wurde er Abteilungsleiter im Reichswehrministerium, kurze Zeit später starb er an den Spätfolgen seiner Kriegsverletzungen.

Habermann, Max   1885 – 1944
Gewerkschaftsführer
Ostpreußendamm 51
1935 einigten sich die christlichen, konservativen und sozialistischen Gewerkschaftsführer Jakob Kaiser, Max Habermann und Wilhelm Leuschner auf das Ziel einer einheitlichen Gewerkschaftsbewegung. Ihre Überzeugung war es, dass Adolf Hitler vermutlich niemals an die Macht gekommen wäre, wenn er eine geschlossene Arbeiterschaft gegen sich gehabt hätte. Nachdem Habermann eine enge Verbindung zu den Verschwörern des 20. Juli 1944 nachgewiesen wurde, verließ er Berlin und versteckte sich bei Freunden in Bielefeld. Dennoch wurde er von der Gestapo verhaftet. Um seine Bielefelder Freunde unter der Folter nicht zu verraten, nahm er sich am 30. Oktober 1944 in der Haft das Leben.

Hachfeld, Eckart   1910 – 1994
Schriftsteller, Drehbuchautor
Kadettenweg 45
1935 in Marburg zum Dr. jur. promoviert, war er viele Jahre als Anzeigen- und Werbeleiter im Verlag Waldkirch sowie als Direktionssekretär der Chemischen Werke in Ludwigshafen tätig. Nach 1945 wurde er freier Schriftsteller und erarbeitete hauptsächlich Kabarettprogramme, u. a. als »Hausautor« für das Düsseldorfer »Kom(m)ödchen« und für die Berliner »Stachelschweine«. Er schrieb u. a. die Drehbücher zu den Heinz-Erhardt-Filmen »Der letzte Fußgänger« und »Was ist denn heut' mit Willi los?«, auch »Der Pauker« mit Heinz Rühmann stammt aus seiner Feder. Beinahe vergessen sind seine Textarbeiten für Udo Jürgens, obwohl dessen Lieder »Zeig mir den Platz an der Sonne« und »Aber bitte mit Sahne« heute zu den Schlagerklassikern zählen.

Hackenberg, Siegrid   1936 – 1980
Schauspielerin, Kabarettistin
Marschnerstraße 48
Die Ehefrau von Alexander Welbat, selbst Schauspieler und Kabarettist, war 1956 am Hebbel-Theater engagiert, später spielte sie am Theater im British Center sowie auf der Freilichtbühne Rehberge. Kleinere Filmrollen hatte sie 1956 in dem Märchenfilm »Tischlein deck dich« (Regie: Jürgen von Alten) sowie 1958 in »Gestehen Sie, Dr. Corda« an der Seite von Hardy Krüger, Siegfried Lowitz und Rudolf Fernau. 1975 war sie in Walter Kempowskis Zweiteiler »Tadellöser und Wolff« zu sehen.

Hädler, Christian F.   Geb. 1934
Medienberater, Journalist
Grabenstraße 31 a
Der promovierte Wirtschaftswissenschaftler und studierte Journalist war Handelsrichter am Landgericht Berlin und wurde 1995 zum Vorsitzenden der Vereinigung Berliner Handelsrichter gewählt. Von 1968 bis 1992 war er Geschäftsführer der Berliner Zeitung »Der Tagesspiegel«, ab 1984 auch deren Herausgeber. Seinen Ruhestand kommentierte er mit »ein Privatier ist ein Mensch ohne Arbeit, aber mit viel Beschäftigung«.

Haeften, Werner von   1908 – 1944
Vertreter des Widerstandes
Margaretenstraße 19 a
Für die Verschwörer des 20. Juli 1944 war der »Tyrannenmord« eine schwere ethische Entscheidung, vor allem für Stauffenbergs Adjutanten Werner von Haeften. Als die Pläne reiften, Hitler in seinem Hauptquartier Wolfsschanze zu töten, verweigerte er sich nach vielen Gesprächen mit seinem Bruder, dem überzeugten Humanisten und Christen Hans-Bernd von Haeften. »Dann hat er sich aber doch dafür entschieden«, erinnerte sich seine damalige Verlobte Reinhild Gräfin von Hardenberg. Die Brüder von Haeften ereilte das gleiche Schicksal. Nach dem gescheiterten Attentat wurden beide ermordet.

Haekel, Gotthold   1876 – 1952
Jurist
Paulinenstraße 20
Nach seiner Promotion arbeitete er ab 1919 als Geschäftsführer und Syndikus des Reichsstädtebundes, zu dessen Präsidenten er 1935 berufen wurde.

Haffner, Sebastian (eigentlich: Raimund Pretzel)   1907 – 1999
Publizist, Schriftsteller
Finckensteinallee 63–87 (früher: Zehlendorfer Straße)
Raimund Pretzel besuchte das Königsstädtische Gymnasium am Berliner Alexanderplatz und war mit dem späteren SA-Sturmführer Horst Wessel, den die NS-Propaganda zum Märtyrer verklärte, in einer Klasse. Ab 1936 arbeitete er als Journalist, zwei Jahre später emigrierte er nach England. Um seine in Deutschland gebliebene Familie nicht zu gefährden, legte er sich das Pseudonym Sebastian Haffner zu, abgeleitet von Johann Sebastian Bach und der Haffner-Sinfonie von Wolfgang Amadeus Mozart. Er wurde einer der bedeutendsten deutschen Publizisten der Nachkriegszeit. Der Journalist Sven-Felix Kellerhoff schrieb über ihn: »Wie kein zweiter konnte Sebastian Haffner die verwickelte deutsche Geschichte des 19. und 20. Jahrhunderts in einfache und dennoch meist treffende Formeln fassen.«

Hahn, Kurt   1901 – 1944
Oberst, Vertreter des Widerstandes
Lorenzstraße 8
Gemeinsam mit seinem Chef, dem General der Nachrichtentruppen Erich Fellgiebel, war Kurt Hahn in die Verschwörung vom 20. Juli 1944 eingebunden. Er hatte die Aufgabe, nach dem Attentat alle Nachrichtenkanäle zu sperren. Nach seiner Verhaftung schützte Fellgiebel seine engsten Vertrauten und gab selbst unter der Folter ihre Namen nicht preis. Dennoch wurde Kurt Hahn am 12. August 1944 festgenommen und am 4. September 1944 gemeinsam mit General Erich Fellgiebel und Generalleutnant Fritz Thiele in Berlin-Plötzensee ermordet.

Haim-Wentscher, Tina   1887 – 1974
Bildhauerin
Kamillenstraße 3 (früher: Bastianstraße)
Die im türkischen Konstantinopel geborene Schülerin von Arthur Lewin-Funcke wuchs in Wien auf und lebte nach mehreren Studienreisen bis 1931 in Berlin. Hier heiratete sie den Maler Julius Wentscher und pflegte eine enge Freundschaft zu Käthe Kollwitz. Nach einem zweijährigen Aufenthalt in Indonesien verzichtete sie 1933 auf eine Rückkehr in das nationalsozialistische Deutschland und fand ihren Lebens- und Schaffensraum in China, Kambodscha und Siam, dem heutigen Thailand. In ihr Haus in der Kamillenstraße zog Theodor Heuss mit seiner Frau Elly Heuss-Knapp. Für den malayischen Pavillon auf der Empire-Ausstellung in Glasgow schuf Tina Haim-Wentscher 1940 die »Zehn lebensgroßen Kunststeinfiguren vor Landschaftsbildern«. 1946 nahm sie die australische Staatsbürgerschaft an.

Haldenwang, Maximilian von   1870 – 1939
Militärhistoriker
Finckensteinallee 63 (früher: Zehlendorfer Straße)
Als jüngster Sohn des Generals der Infanterie Otto von Haldenwang in Stuttgart geboren, erhielt er seine militärische Ausbildung bis 1891 an der Lichterfelder Hauptkadettenanstalt. Mit dem Grenadierregiment »Königin Olga« nahm er am Ersten Weltkrieg teil, noch während des Krieges wurde er mit dem Ritterkreuz des Ordens der Württembergischen Krone mit Schwertern und dem Militärverdienstorden geehrt. In der Weimarer Republik arbeitete er als Leiter der Stuttgarter Nebenstelle des Reichsarchivs. 1932 wurde er zum Oberarchivrat befördert. Bei seinem Ausscheiden aus dem aktiven Dienst nahm er den persönlichen Dank Hitlers entgegen. Vornehmlich hatte sich Haldenwang um die Erforschung der württembergischen Militärgeschichte bemüht.

Halle, Gerhard   1893 – 1966
Vertreter des Widerstandes
Marthastraße 5
Der überzeugte Pazifist war Mitglied des »Internationalen Versöhnungsbundes« und stellte während der Zeit des Nationalsozialismus seine Ablehnung gegen die Gewaltherrschaft und den Antisemitismus ständig unter Beweis. Während der Pogromnacht 1938 riss er demonstrativ ein antijüdisches Hetzplakat am Lichterfelder Textilgeschäft Kirschbaum ab, worauf er sofort von der Gestapo verhaftet wurde. Halles Aufrichtigkeit und Hilfsbereitschaft waren allgemein geachtet. Er war Mitglied der »Quäker«, die für ihre absolute Gewaltlosigkeit bekannt waren.

Halle, Olga   1893 – 1983
Vertreterin des Widerstandes
Marthastraße 5
Die Ehefrau von Gerhard Halle und Tochter des Lichterfelder Architekten Gustav Lilienthal arbeitete im Internationalen Sekretariat der »Quäker« in der Hilfe für politisch und rassisch Verfolgte. 1937 wurde sie von der Gestapo verhört. Es gelang ihr mehrfach, in Verhandlungen mit der Gestapo KZ-Häftlinge freizubekommen. Zu ihnen zählte auch der spätere Regierende Bürgermeister von Berlin Ernst Reuter. Das Internationale Sekretariat konnte mehr als tausend Menschen die Auswanderung ermöglichen, während des Zweiten Weltkrieges organisierte Olga Halle Paketsendungen für Lager und Ghettos sowie Hilfsaktionen für Kriegsgefangenenlager.

Halperin-Ginsburg, Helene   1883 – 1922
Schriftstellerin
Murtener Straße 5
Sie war das fünfte Kind einer reichen jüdischen Familie aus dem ukrainischen Gouvernement Melitopol und engagierte sich in ihrer Heimat für den Schutz von Kindern, die Gleichberechtigung der Frauen und für die Wahrung der Rechte Gefangener. Sie publizierte in Fachzeitschriften und schrieb Bücher über das Völkerrecht und die Friedenschancen nach dem Ersten Weltkrieg. Obwohl überzeugte Marxistin, bemühte sie sich nach der russischen Oktoberrevolution um die Ausreise, aber erst 1921 kam sie mit ihrem Ehemann Arnold Halperin nach Berlin. Hier schloss sie sich einer Hilfsorganisation für russische Intellektuelle an.

Hammerstein-Equord, Kurt Freiherr von   1878 – 1943
Generaloberst
Finckensteinallee 63 (früher: Zehlendorfer Straße)
»In München ist ein Gefreiter Hitler verrückt geworden«, sagte er im November 1923, und zehn Jahre später bezeichnete er die neuen Machthaber während eines Herbstmanövers als »Verbrecherbande und Schweinigels«. Er gehörte zu den ersten Vertretern des militärischen Widerstands gegen das NS-Regime und hätte bereits Mitte der Dreißigerjahre ein Gegengewicht zur Pro-Nazi-Wehrmachtsspitze (Werner von Blomberg, Walther von Reichenau, Wilhelm Keitel) bilden können. Allein seine »Bequemlichkeit« und sein »mangelndes Interesse an organisatorischer Tätigkeit«, so urteilen Historiker, ließen ihn passiv bleiben.

Hampe, Erich   1889 – 1978
Präsident der Bundesanstalt für zivilen Luftschutz
Berner Straße 33
In der Weimarer Republik war er Chef der Technischen Nothilfe und in dieser Eigenschaft – ein Kuriosum – 1923 auch verantwortlich für den Druck der neuen Reichsbanknoten nach der Inflation. Während des Zweiten Weltkrieges befehligte er mit seinen Technischen Truppen »eine unbekannte Armee«, die u. a. für die Wiederherstellung von unterbrochenen Bahnlinien, Elektrizitäts- und Wasserwerken sowie für den Wiederaufbau nach den alliierten Bombenangriffen auf Deutschland zuständig war. Aufgrund seiner großen Erfahrungen in der Zivilverteidigung wurde er in der Bundesrepublik mit der Leitung des zivilen Luftschutzes betraut.

Hapig, Marianne   1894 – 1973
Fürsorgerin
Marienstraße 15
Die »beiden Mariannen«, die Juristin Marianne Pünder und die Fürsorgerin Marianne Hapig, standen in der Zeit des Nationalsozialismus vielen verfolgten Menschen bei und leisteten aktive Hilfe. Die beiden engagierten Katholikinnen besuchten zahlreiche Gerichtsverhandlungen gegen Priester und Ordensleute und bemühten sich um einen geeigneten rechtlichen Beistand. Nach dem 20. Juli 1944 widmeten sich die beiden Frauen der Hilfe für die Inhaftierten, brachten ihnen Lebensmittel, versteckte Nachrichten und geistliche Literatur. Nach dem Zweiten Weltkrieg baute Marianne Hapig viele Kontakte zwischen den katholischen Fürsorgerinnen in West und Ost auf.

Härtling, Peter   Geb. 1933
Schriftsteller
Goethestraße 31
Der aus dem sächsischen Chemnitz stammende Sohn eines Rechtsanwaltes begann seine journalistische und schriftstellerische Laufbahn 1952 als Mitarbeiter verschiedener Provinzblätter und als Feuilleton-Redakteur der »Deutschen Zeitung«. In diesen Jahren veröffentlichte er Lyrikbände, Essays und seinen ersten Roman. Er war Mitherausgeber der Zeitschrift »Der Monat«, erarbeitete gemeinsam mit anderen Autoren Entwürfe für Wahlkampfreden von SPD-Politikern und trat auch selbst auf Parteiveranstaltungen auf. Von 1968 bis 1973 war er Geschäftsführer des Frankfurter S. Fischer Verlages. Für seinen Roman »Oma«, eine Erlebnis- und Erfahrungssammlung aus seiner Kindheit, erhielt er 1976 den Deutschen Jugendbuchpreis und 1978 den Wilhelmine-Lübke-Preis.

Hardt, Ernst   1876 – 1947
Schriftsteller, Übersetzer, Theaterintendant
Finckensteinallee 63 (früher: Zehlendorfer Straße)
Auf Wunsch seines Vaters besuchte er zunächst die Kadettenanstalt in Potsdam, bevor er bis 1893 an der Hauptkadettenanstalt in Lichterfelde studierte. Nachdem er die militärische Ausbildung abgebrochen hatte, unternahm er als Siebzehnjähriger eine mehrjährige Studienreise nach Spanien, Portugal, Marokko, Italien und Griechenland. In diese Zeit fallen auch seine ersten schriftstellerischen Arbeiten. Bis 1907 lebte Hardt als freier Schriftsteller in Berlin, zog dann nach Weimar und wurde 1919 Generalintendant des dortigen Hoftheaters, das wenige Wochen später in Deutsches Nationaltheater umbenannt wurde. Ende der Zwanzigerjahre übernahm er auf Empfehlung des Kölner Oberbürgermeisters Konrad Adenauer die Leitung des Westdeutschen Rundfunks, nach 1933 wurde er von den Nationalsozialisten aus diesem Amt entfernt.

Hartmann, Augusta   1862 – 1936
Sängerin
Unter den Eichen
»Sie ist keine Sängerin, sie ist eine Singende«, sagte der Kritiker Karl Wolfskehl nach Augusta Hartmanns Münchener Liederabend im Kriegswinter 1917/18. Und ihre Freundin Hertha Koenig schwärmte gar: »Was sie sang, war erlebt, war in ihrem Herzen, in ihrem Wesen gestaltet. Ob es, von ihr selbst in Bibliotheken ausgegrabene, glutvolle religiöse Renaissance- und Barocklieder waren, oder ganz modern vertonte Momberttexte, Lieder von Gustav Mahler und anderen. Die Gestaltung, die Eindringlichkeit war ungewöhnlich. Denn das starke Erleben ist ein Göttergeschenk, ein dornenvolles. Liebelei kann den Menschen nicht umbringen, zehrt nicht am Lebensmark; wohl aber wahrhafte Liebe. Augusta Hartmann war eine der großen Liebenden.« Zu ihren engsten Freunden gehörten Rainer Maria Rilke und Arno Holz.

Hartmann, Karl Robert Eduard von   1842 – 1906
Philosoph, Privatgelehrter
Wilhelmplatz 9 (heute: Oberhofer Platz)
Mit 22 Jahren erkannte er den »Gedanken als seinen Beruf« und begann um 1864 »ohne Plan« an einem Werk zu schreiben, dem er den Namen »Philosophie des Unbewußten« gab. Heute zählt diese Schrift, die 1869 erschien und viel Aufsehen erregte, als unumstrittenes Hauptwerk Hartmanns. In seinen Büchern beschäftigte er sich hauptsächlich mit den Lehren seiner Philosophenkollegen und scheute dabei auch keine Auseinandersetzung. So versuchte er zu beweisen, dass Friedrich Nietzsches »Neue Moral« ein Plagiat Max Stirners sei. Diese in heftigster Polemik geführte Debatte war allerdings nur von kurzer Dauer, da der sehr erfolgreiche und schnell zu Ruhm gekommene Nietzsche das »Modephilosöphchen« Hartmann weder als Partner noch als ernsthaften Konkurrenten ansehen wollte.

Hartmann, Werner   1902 – 1963
Korvettenkapitän, U-Boot-Kommandant
Finckensteinallee 63 (früher: Zehlendorfer Straße)
Bereits mit zwölf Jahren trat er in das Vorkorps des Königlich Preußischen Kadettenkorps in Oranienstein ein, mit 15 Jahren wurde er an die Lichterfelder Hauptkadettenanstalt versetzt. Am Ende des Ersten Weltkrieges war er der letzte Führer der 4. Kompanie der Hauptkadettenanstalt. 1921 trat er in die Reichsmarine ein. Im Zweiten Weltkrieg war der hoch dekorierte Marineoffizier einer der populärsten deutschen U-Boot-Kommandanten. Er befehligte U 26, U 37 sowie U 198 und versenkte 26 Schiffe mit insgesamt 115.332 Bruttoregistertonnen. Am 10. Juli 1956 stellte er sich als Kapitän der neuen Bundesmarine zur Verfügung und befehligte das 1. Schiffsstammregiment in Glückstadt.

Hasselmann, Karl   1883 – 1966
Kameramann
Prinzenstraße 2
Nach seiner Ausbildung zum Mechaniker arbeitete er 1906 zunächst in einer Werkstatt für Kinogeräte und Grammophone in Hannover und drehte im gleichen Jahr seinen ersten Film über den »Hauptmann von Köpenick«. 1908 ging er nach Berlin und stieg dort zu einem der gefragtesten Kameramänner auf. Von ihm stammen die Bilder zu den Stummfilmen »Geierwally« (1920), »Hintertreppe« (1921) und »Die Verrufenen« (1927). Im Tonfilm stand Hasselmann vor allem bei Unterhaltungsfilmen hinter der Kamera. Sein Meisterstück war dabei Harry Piels »Menschen, Tiere, Sensationen« (1938). Nach 1945 beschränkte er sich auf die Produktion von Kurz- und Dokumentarfilmen.

Hassenstein, Wolfgang   1899 – 1945
Oberst im Generalstab
Finckensteinallee 63 (früher: Zehlendorfer Straße)
Im Januar 1945 fingierte er einen Rückzugsbefehl für das V. SS-Gebirgskorps, das im Raum Frankfurt an der Oder in schwere Kämpfe mit der Roten Armee verwickelt war. Der Plan misslang, die SS-Stabsoffiziere misstrauten dem Befehl, die deutschen Truppen nahmen ihre Stellungen wieder ein. Oberst Hassenstein wurde »kriegsgerichtlich zum Tode« verurteilt, das Urteil sollte binnen einer Stunde durch drei Offiziere seines eigenen Stabes vollstreckt werden. Hassenstein wollte dies seinen Offizieren ersparen und erschoss sich selbst. Er hinterließ eine Frau und fünf Kinder.

Hauptmann, Gerhart   1862 – 1946
Dramatiker
Humboldtstraße 9 (heute: Gräfenberger Weg)
Ab 1926 war der bedeutende deutsche Dramatiker Sommergast im Haus »Seedorn« auf der Ostseeinsel Hiddensee, 1930 konnte er das Haus schließlich kaufen und um einen Anbau mit einem großzügigen Arbeitszimmer und dem sogenannten Abendzimmer, in dem die Geselligkeiten mit vielen prominenten Gästen und Freunden gepflegt wurden, erweitern. Bis 1943 verbrachte er hier mit seiner zweiten Frau, der Geigerin und Schauspielerin Margarete Marschalk, die Sommermonate. Schon am 29. Juli 1885 war er erstmals zu einem Kurzbesuch auf die Insel gekommen, beeindruckt von der Schönheit des Eilandes schrieb er das Gedicht »Mondscheinlerche«.

Hausser, Paul 1880 – 1972
SS-Oberstgruppenführer und Generaloberst der Waffen-SS
Finckensteinallee 63 (früher: Zehlendorfer Straße)
Der ehemalige Generalleutnant der Reichswehr kam im Alter von zwölf Jahren an die Hauptkadettenanstalt, wurde 1898 in die kaiserliche Armee übernommen, war im Ersten Weltkrieg als Generalstabsoffizier tätig und schied 1932 aus dem aktiven Reichwehrdienst aus. Ab 1934 war er zuständig für den Aufbau der »SS-Verfügungstruppe«, aus der später die Waffen-SS hervorging. Während des Zweiten Weltkrieges befehligte er das II. SS-Panzerkorps. Nachdem er sich mehrfach Hitlers Befehlen widersetzt hatte und öffentlich dessen militärisches Talent anzweifelte, sollte er vor ein Kriegsgericht gestellt werden. Generalfeldmarschall Erich von Manstein konnte dies verhindern. Noch während der letzten Schlachten des Zweiten Weltkrieges äußerte der bei Freund und Feind gleichermaßen geachtete »Papa« Hausser, es sei »ein Verbrechen gewesen, ausgerechnet Heinrich Himmler den Oberbefehl über eine Heeresgruppe zu geben«.

Heddenhausen, Friedel-Heinz 1910 – 1992
Komponist, Dirigent
Briloner Weg 3
Als 22-Jähriger hatte es der talentierte Komponist und Dirigent schon bis zum Theater-Kapellmeister in Hannover gebracht. 1933 wurde der Rundfunk auf ihn aufmerksam, in den kommenden Jahren entstanden Kompositionen für rund fünfzig Hörspiele. Von 1945 bis 1950 leitete er als Chefdirigent das Berliner Sinfonieorchester. Aus seiner Feder stammte 1957 auch die Musik für den DEFA-Märchenfilm »Das singende klingende Bäumchen«, in dem ein schwer verliebter, geduldiger, zum Bären verzauberter Prinz eine egoistische und zickige Königstochter zu einem freundlichen und tierliebenden Mädchen umpolt.

Heiligenstaedt, Kurt 1890 – 1964
Maler, Grafiker
Nelkenstraße 1, Spindelmühler Weg 8
1930 zog der Künstler und Autodidakt nach Lichterfelde. Er gehörte zu den einfallsreichen, zeichnerisch schwungvollen Illustratoren der Berliner Presse. Der Kritiker Heinz Ohff schrieb, in der Nazizeit seien seine leicht erotischen Zeichnungen »eine Erlösung von all der NS-Prüderie« gewesen. Seine letzten Lebensjahre verbrachte er im Spindelmühler Weg in direkter Nachbarschaft zum Theatermann Boleslaw Barlog.

Heisterman von Ziehlberg, Gustav   1898 – 1945
Generalleutnant, Vertreter des Widerstandes
Goethestraße 7 (heute: Nr. 26)
Nach dem Ersten Weltkrieg wurde er als Oberleutnant in die Reichswehr übernommen, war Kompaniechef eines Infanterieregiments und arbeitete seit dem 1. Januar 1936 in der Zentralabteilung des Generalstabs des Heeres. 1943 wurde ihm das Kommando über das Infanterieregiment 48 übertragen, ein Jahr später war er für kurze Zeit Befehlshaber des XXVII. Armeekorps. Am 19. November 1944 wurde er wegen seiner Verwicklung in das Attentat vom 20. Juli 1944 von der Gestapo verhaftet und auf persönlichen Befehl Hitlers am 22. Februar 1945 in Berlin-Spandau hingerichtet.

Hermes, Andreas   1878 – 1964
Reichsminister, Präsident des Bauernverbandes
Herwarthstraße 16
Während des Zweiten Weltkrieges nahm der promovierte Staats- und Agrarwissenschaftler Kontakt zur Widerstandsgruppe um Carl Goerdeler sowie zum Kreisauer Kreis auf. Aufgrund seiner Nennung als zukünftiger Reichslandwirtschaftsminister auf Goerdelers Kabinettsliste wurde er nach dem Attentat vom 20. Juli 1944 verhaftet und am 11. Januar 1945 zum Tode verurteilt. Die Eroberung Berlins durch sowjetische Truppen verhinderte die Vollstreckung des Urteils. Hermes war nach 1945 Mitbegründer der CDU, Berliner Stadtrat für Ernährung und wurde später Präsident des Bauernverbandes. Allein persönliche Differenzen mit Konrad Adenauer führten dazu, dass er nicht der erste Landwirtschaftsminister der Bundesrepublik Deutschland wurde.

Herwarth, Wilhelm   1853 – 1916
Maler
Holbeinstraße 51
Er war Schüler des Landschaftsmalers Christian Wilberg in Berlin und arbeitete seit den Achtzigerjahren des 19. Jahrhunderts selbst als Lehrer an der Akademie der Künste sowie an der Technischen Hochschule Charlottenburg.

Heuser, Kurt   1901 – 1965
Komponist
Jungfernstieg 20
Der Schüler von Leonid Kreutzer an der Hochschule für Musik Berlin war von 1928 bis 1952 Musikalischer Leiter am Deutschen Theater, an der Volksbühne, am Hebbel-, Schiller- sowie am Schlossparktheater. Er schuf die Bühnenmusik für rund 200 Inszenierungen, schrieb Hörspielmusik für den Nordwestdeutschen Rundfunk und den RIAS Berlin und komponierte zwischen 1953 und 1955 die

Musik für dreißig amerikanische Fernsehfilme. Er ist nicht zu verwechseln mit dem Schriftsteller gleichen Namens.

Heusinger von Waldegg, Emil   1880 – 1966
Vizeadmiral
Gartenstraße 1
Von 1910 bis 1912 besuchte der im thüringischen Themar geborene Absolvent eines Humanistischen Gymnasiums die Marineakademie Kiel und war danach als Admiralstabsoffizier der deutschen Hochseeflotte tätig. 1927 erhielt er das Kommando über das Linienschiff »Hessen« und wurde 1930 bei gleichzeitiger Ernennung zum Konteradmiral Chef des Stabes beim Chef der Marineleitung. 1933 erfolgte seine Beförderung zum Vizeadmiral. 1935 wurde er aus dem Dienst entlassen, 1939 zur Verfügung der Kriegsmarine gestellt, jedoch nicht mehr zum aktiven Wehrdienst herangezogen. 1941 war er u. a. Aufsichtsratsvorsitzender der Danziger Werft AG und der Hamburger Howaldtswerke AG.

Heuss, Theodor   1884 – 1963
Bundespräsident
Kamillenstraße 3
Der erste Präsident der Bundesrepublik Deutschland war zeitlebens der Natur, besonders dem Wald, verbunden. Am 6. Februar 1952 übernahm er das Protektorat über die »Schutzgemeinschaft Deutscher Wald«, wenige Wochen später pflanzte er zum ersten »Tag des Baumes«, am 25. April 1952, gemeinsam mit dem damaligen Bundesinnenminister Dr. Robert Lehr im Bonner Hofgarten einen Ahorn. Heuss war Besitzer eines Wappens mit der Inschrift »In silva salus« – im Wald liegt das Heil – das aus der Familie seiner Mutter Elisabeth Gümbel, einer Förstertochter, stammte.

Heuss-Knapp, Elly   1881 – 1952
Nationalökonomin, Politikerin
Kamillenstraße 3
Die Mitbegründerin des später nach ihr benannten Deutschen Müttergenesungswerkes hatte 1908 den jungen Theodor Heuss geheiratet, einen engen Mitarbeiter des evangelischen Theologen und Politikers Friedrich Naumann. Ab 1922 engagierte sie sich in der praktischen Kirchenarbeit und arbeitete in der Gemeinde von Pfarrer Otto Dibelius in Berlin-Schöneberg. Während der Zeit des Nationalsozialismus war sie schriftstellerisch tätig, ihre Autobiografie »Ausblick vom Münsterturm« erschien bereits 1934. Elly Heuss-Knapp starb 1952 in der Bonner Universitätsklinik und wurde auf dem Waldfriedhof Stuttgart beigesetzt.

Heye, Wilhelm   1869 – 1947
General der Infanterie
Ringstraße 90
Reichswehrminister Otto Geßler ernannte ihn 1926 in der Nachfolge von General Hans von Seeckt zum Chef der Heeresleitung der Reichswehr, bereits 1930 wurde er jedoch in den Ruhestand versetzt. Der Abschied wurde mit der Beförderung zum Generaloberst verbunden. Erstmals in die militärischen Schlagzeilen geriet Heye am 26. Oktober 1918: Generalfeldmarschall Erich Ludendorff wurde von seiner Funktion als Generalquartiermeister entlassen, der im Dienstgrad mehrere Stufen unter Ludendorff stehende Oberst Wilhelm Heye übernahm seinen Posten, bis Ludendorffs eigentlicher Nachfolger Wilhelm Groener sein Amt antreten konnte.

Heymann, Ernst   1870 – 1946
Rechtswissenschaftler
Oberhofer Platz 2
Seit 1918 war er ordentliches Mitglied der Preußischen Akademie der Wissenschaften und langjähriger Vorsitzender der Akademie-Kommissionen »Deutsches Rechtswörterbuch«, »Deutsche Kommission« und »Vocabularium Iurisprudentiae Romanae«. Er veröffentlichte zahlreiche theoretische Werke wie »Das Verschulden bei Erfüllungsverzug«, »Rechtsform der militärischen Kriegswirtschaft« und »Englisches Privatrecht«. 1937 wurde er zum Direktor des Kaiser-Wilhelm-Instituts für ausländisches und internationales Privatrecht berufen. Im Zuge der Evakuierung Berlins wurde das Institut 1944 nach Tübingen verlagert.

Hidding, Hermann   1863 – 1925
Bildhauer
Unter den Eichen 63 (früher: Potsdamer Chaussee)
Seine Skulpturen zierten viele Jahrzehnte das öffentliche Straßenbild Berlins. In der Schrift »Kunstspaziergänge in Prenzlauer Berg« wird auf eines seiner Hauptwerke hingewiesen: »Die ältesten Kunstwerke des Bezirkes Prenzlauer Berg stammen noch aus dem vergangenen Jahrhundert: … das Wandbrunnenrelief ›Spinnerin‹ von Hermann Hidding, entstanden 1897.« 1901 gewann Gustav Eberlein, der bedeutendste Vertreter der wilhelminischen Staatskunst, die Konkurrenz um die Schaffung des Richard-Wagner-Denkmals im Berliner Tiergarten. Hidding konnte sich mit seinem Entwurf nicht durchsetzen.

Hillmann, Georg 1903 – 1983
Bäckermeister, Vertreter des Widerstandes
Hindenburgdamm 93 a
Der bekannte Lichterfelder Bäckermeister unterstützte während der Zeit des Nationalsozialismus selbstlos viele bedrohte und hungernde Menschen. Er versteckte 1942 die jüdische Familie Wolf im Kohlenkeller seiner Bäckerei und sorgte für Kleidung und Verpflegung. Die Familie hat die Nazi-Diktatur überlebt. Nach dem Krieg war Hillmanns Bäckerei während der schweren Hungersnot für viele Menschen »ein Überlebenszentrum«. In Würdigung seiner aufopferungsvollen Hilfe wurde Georg Hillmann 1983 mit dem Bundesverdienstkreuz ausgezeichnet.

Hindenburg, Paul von Beneckendorf und von 1847 – 1934
Generalfeldmarschall, Reichspräsident
Finckensteinallee 63 (früher: Zehlendorfer Straße)
Seine militärische Ausbildung begann er 1859 in der Kadettenschule im schlesischen Wahlstatt, Ostern 1863 wechselte er auf die Hauptkadettenanstalt in Lichterfelde. Er nahm am deutsch-französischen Krieg 1870/71 teil, war später Generalstabsoffizier und nahm bereits 1911 mit 64 Jahren seinen Abschied vom aktiven Dienst. Seine »Wiederverwendung für den Kriegsfall« war zunächst nicht vorgesehen. Doch seine militärische und politische Karriere sollte erst noch beginnen. Als »Sieger von Tannenberg« war der reaktivierte Hindenburg der legendärste Generalfeldmarschall des Ersten Weltkrieges, 1925 wurde er zum Reichspräsidenten gewählt, 1933 ernannte er den von ihm abfällig als »böhmischen Gefreiten« bezeichneten Adolf Hitler zum deutschen Reichskanzler.

Hörbiger, Paul 1894 – 1981
Schauspieler
Am Pfarracker 37
Der beliebte österreichische Mime und »Stammvater einer Schauspielerdynastie« lebte von 1928 bis 1932 in Lichterfelde. Sein jüngerer Bruder Attila gehörte seit den Dreißigerjahren ebenfalls zu den populärsten Film- und Bühnendarstellern, Christiane Hörbiger, Maresa Hörbiger und Elisabeth Orth sind seine Nichten. Sein Sohn Thomas Hörbiger wurde ebenfalls Schauspieler, seine Tochter Monika ist die Mutter von Christian Tramitz, dem »Captain Kork« aus dem Bully-Herbig-Film »Traumschiff surprise«. Paul Hörbiger wirkte in rund 250 Filmen mit und erhielt 1969 für sein »langjähriges und hervorragendes Wirken für den deutschen Film« das »Filmband in Gold«.

Hobrecht, Arthur   1824 – 1912
Oberbürgermeister von Berlin, Staatsminister
Bahnhofstraße 12
Über die Stationen Naumburg, Rynnick, Grottkau, Posen, Gleiwitz und Marienwerder, wo der Rechtswissenschaftler und Regierungsassessor maßgeblich in der kommunalen Verwaltung wirkte, kam er 1863 nach Breslau und wurde dort zum Oberbürgermeister gewählt. 1872, ein Jahr nach der Gründung des Deutschen Reiches, übertrug ihm die Berliner Stadtverordnetenversammlung das Oberbürgermeisteramt der neuen deutschen Hauptstadt. Sein Ziel war es, Berlin zur »saubersten Stadt« Europas zu machen. Unter seiner Leitung wurde mit dem Bau der Kanalisation zur Entwässerung begonnen. Tatkräftige Unterstützung bei diesen ehrgeizigen Projekten erhielt er von Rudolf Virchow, dem bedeutenden Mediziner und Hygieniker.

Höflich, Lucie   1883 – 1956
Schauspielerin
Drakestraße 1
Ihre Leinwandkarriere begann bereits 1913 mit einer kleinen Rolle in dem Stummfilm »Gendarm Möbius«. Obwohl sie bis zu ihrem Tod in Dutzenden Filmen mitwirkte, blieb die Theaterbühne zeitlebens ihr Schaffensmittelpunkt. Bis 1932 war sie am Deutschen Theater in Berlin engagiert, ab 1933 übernahm sie die Direktion der Staatlichen Schauspielschule. Drei Jahre später richtete sie ihr eigenes Studio für Schauspielnachwuchs an der Berliner Volksbühne ein und gab bis 1940 Gastspiele am Schillertheater. Sie war mit ihrem Schauspielerkollegen Emil Jannings verheiratet. Im Film war sie u. a. in »Anastasia, die letzte Zarentochter«, »Lache, Bajazzo« und »Der Berg ruft« zu sehen.

Holleck-Weithmann, Karl   1872 – 1952
Maler
Jägerstraße 6, Jägerstraße 13
Der vielseitige Künstler, als Genre-, Porträt- und Landschaftsmaler gleichermaßen geschätzt, wohnte seit 1905 in Lichterfelde. Vorher wirkte er unter anderem mit Kurt Frahm-Pauli in der Künstlerkolonie Sachsenhof im norddeutschen Brauel bei Zeven, wo er Nachwuchskünstler, von ihm »Malhühner« genannt, ausbildete. Zu seinen bekanntesten Arbeiten zählt seine Mappe mit Bildern aus Alt-Berlin sowie ein hoch gehandeltes Beethovenporträt. Einige seiner Bilder sind heute im Besitz des Märkischen Museums Berlin, dem schleswig-holsteinischen Museumsverbund Rendsburg gehört das Bildnis »Märkischer Bauer«. Für das Rathaus Lichterfelde schuf er das Gemälde »Zuversicht«.

Hopfen, Hans Ritter von   1835 – 1904
Schriftsteller
Promenadenstraße 15 a
Der in München geborene spätere Vorsitzende des »Verbandes Alter Corpsstudenten« Hans Mayer, der nach einer Adoption 1845 den Namen »Hopfen« erhielt, veröffentlichte erste schriftstellerische Werke 1862 in dem von Emanuel Geibel herausgegebenen »Münchener Dichterbuch«. 1865 wurde er zum Generalsekretär der Deutschen Schillerstiftung in Wien ernannt, ein Jahr später kam er nach Lichterfelde, wo er bis zu seinem Tode wohnte. Zu seinen bekanntesten Werken zählen der historische Roman »Mein Onkel Don Juan« (1881) und die zweiteilige Novelle »Die Einsame« (1882). 1888 wurde er in den Adelsstand erhoben. Obwohl er als talentierter »Vielschreiber« galt, wird er heute zu den »wenig bedeutsamen« Unterhaltungsschriftstellern des 19. Jahrhunderts gezählt.

Höppener, Hugo »Fidus«   1868 – 1948
Jugendstilmaler
Drakestraße 64 a
Seinen Künstlernamen »Fidus« (Der Getreue) erhielt er von Karl-Wilhelm Diefenbach, dem Maler und »Naturapostel«, der ihn auch in seiner stilistischen Prägung nachhaltig beeinflusste. Seit 1900 zählte er zu den bedeutendsten deutschen Malern und hatte enge Kontakte zum intellektuellen Umfeld jener Zeit (Friedrichshagener Dichterkreis, Gartenstadt-Bewegung, Bodenreform-Bewegung und Wandervogel). 1932 wurde er Mitglied der NSDAP, fiel jedoch wenig später in Ungnade. Seine Werke wurden beschlagnahmt, Hitler ließ persönlich seine von Fidus gemalten Porträtpostkarten aus dem Verkehr ziehen. Nach 1945 bekam er von der Sowjetischen Militärkommandantur den Auftrag zum Malen von Lenin- und Stalinbildern.

Hoßbach, Friedrich   1894 – 1980
General der Infanterie
Finckensteinallee 63 (früher: Zehlendorfer Straße)
Im Rang eines Majors wurde er am 4. August 1934 zum Adjutanten der Wehrmacht bei Adolf Hitler ernannt. Drei Jahre später verfasste er die berühmte »Hoßbach-Niederschrift«, als er einen geheimen Vortrag Hitlers vor den obersten Militärs notierte, in dem dieser erstmals seine Kriegsziele darlegte. Im Zweiten Weltkrieg befehligte er verschiedene Regimenter und leitete ab 18. Juni 1944 als General der Infanterie die neu aufgestellte 4. Armee. Während der Schlacht um Ostpreußen im Januar 1945 wurde er nach dem Rückzug seiner Truppen wegen »Feigheit vor dem Feind« von Hitler persönlich entlassen.

Hübner, Arthur   1887 – 1937
Philosoph, Germanist
Karlstraße 81 (heute: Baseler Straße)
Er studierte in Graz klassische Philosophie und promovierte 1910 in Berlin. Zu seinen bekanntesten Veröffentlichungen zählen die Werke »Mundart der Heimat«, »Arndt und der deutsche Gedanke«, »Goethe und die deutsche Sprache« sowie »Deutsche Texte des Mittelalters«. Er wirkte als Professor für Philosophie an den Universitäten Münster und Berlin und war Mitglied der Preußischen Akademie der Wissenschaften. Außerdem war er Mitarbeiter an »Grimm`s Deutschem Wörterbuch« und gab den »Deutschen Volkskundeatlas« heraus.

Hübner, Max   1866 – 1946
Blumenhändler
Lindenstraße
1908 hatte der Inhaber eines Berliner Blumenladens die »Blumenspenden-Vermittlungsvereinigung« gegründet und damit den Grundstein zum heute bekannten »Fleurop«-System gelegt. Hübners Vereinigung hatte zunächst 98 andere Blumenläden als Mitglieder, 1921 waren es bereits über 1.300. Ihren Namen »Fleurop Interflora« erhielt die europaweit operierende Firma 1927. Heute sind dem »Fleurop«-Dienst rund 50.000 Partner in 150 Ländern angeschlossen. Das Prinzip seiner genialen Geschäftsidee beschrieb Hübner mit einem Satz: »Es reist der Auftrag, nicht das empfindliche Naturprodukt Blume.«

Huchel, Peter   1903 – 1981
Schriftsteller
Chausseestraße 32 (heute: Hindenburgdamm)
In der Wahrnehmung des Literaturkritikers Willy Haas ist Peter Huchel »schön und muskulös und hat die Augen eines Dichters«. Seit 1925 war Huchel schriftstellerisch tätig und verfasste Beiträge für die Zeitschriften »Die literarische Welt«, »Die Kolonne« und »Das innere Reich«. Aus Protest gegen das nationalsozialistische Regime veröffentlichte er ab 1938 keine Gedichte mehr. Nach dem Zweiten Weltkrieg ließ er sich in der Sowjetischen Besatzungszone nieder, war Chefdramaturg und künstlerischer Direktor des Berliner Rundfunks und wurde in der DDR Chefredakteur der Zeitschrift »Sinn und Form«. Nach Zerwürfnissen mit der DDR-Führung verbrachte er 1971 ein Jahr in der Villa Massimo in Rom und siedelte 1972 nach Staufen bei Freiburg im Breisgau über. Seine populärsten Werke sind die Gedichtsammlungen »Sternendeuter«, »Der Knabenteich«, »Die Herbstkantate« und »Die neunte Stunde«.

Ilgner, Max   1899 – 1966
Chemiker, Vorstandsmitglied der I.G. Farben
Finckensteinallee 63 (früher: Zehlendorfer Straße)
Nach dem Schulbesuch in Düsseldorf kam er 1913 zur Lichterfelder Hauptkadettenanstalt und wurde kurz vor Ende des Ersten Weltkrieges an die Front kommandiert. Ab 1919 studierte er Hüttenkunde, Chemie, Rechtswissenschaft und Nationalökonomie in Frankfurt am Main und Charlottenburg und arbeitete seit 1926 als Prokurist beim I.G.-Farben-Konzern. Er war Mitglied der NSDAP, Vorstandsmitglied der Deutschen Arbeitsfront und ab 1939 Geschäftsführer der Buna-Werke in Schkopau. 1948 wurde er im Nürnberger I.G.-Farben-Prozeß zu einer zweijährigen Haftstrafe verurteilt, nach seiner Entlassung war er im Auftrag der evangelischen Kirche tätig, leitete ein Flüchtlingslager und gründete 1952 die »Internationale Gesellschaft für Christlichen Aufbau«.

Janowsky, Karl   1903 – 1978
Reichsoberrevisor
Pfleidererstraße 4
Er besuchte die Handelsschule und absolvierte eine kaufmännische Ausbildung im Pelzhandel und in der Pelzveredelung. Schon früh schloss er sich der nationalsozialistischen Bewegung an, war Mitglied des »Freikorps Oberland« und fungierte seit 1931 als »Reichsrevisor der NSDAP«. Von 1933 bis zum 12. Januar 1943 war er für den Wahlkreis 10 (Magdeburg) Mitglied des Reichstages.

Jessen, Jens   1895 – 1944
Finanzwissenschaftler, Vertreter des Widerstandes
Limonenstraße 26
Anfangs ein überzeugter Nationalsozialist, gehörte er ab 1939 zu den führenden Vertretern der aktiven bürgerlichen Opposition gegen das Nazi-Regime. Gemeinsam mit dem preußischen Finanzminister Johannes Popitz sowie mit Ullrich von Hassell und Ludwig Beck erarbeitete er 1940 den Entwurf eines »Vorläufigen Staatsgrundgesetzes« für ein neues, demokratisches Deutschland. Am 7. November 1944 wurde er vom Volksgerichtshof wegen »Nichtanzeige eines hochverräterischen Unternehmens« zum Tode verurteilt und am 30. November 1944 in Berlin-Plötzensee hingerichtet.

Joachim, Joseph   1831 – 1907
Violinist
Drakestraße
Die »Steglitzer Heimat« bezeichnete den ungarischen Virtuosen als »berühmtesten Geiger seiner Zeit«. Schon als Siebenjähriger galt er als »Wunderkind«, dessen Talent frühzeitig von Felix Mendelssohn-Bartholdy erkannt und gefördert wurde.

1863 heiratete er die Opernsängerin Amalie Schneeweiß, 1868 zog das Paar nach Berlin, wo er im Auftrag von König Wilhelm I. Gründungsrektor der Akademischen Hochschule für Musik wurde. Als Hauptinstrument spielte Joachim eine Stradivari aus dem Jahre 1714. General Klemens Wilhelm Jacob Meckel gehörte zu seinen glühendsten Bewunderern.

Jungnickel, Max   1890 – 1945
Schriftsteller, Lyriker
Marschnerstraße 18, Zietenstraße 9
1907 kam der gebürtige Sachse nach Berlin, »mit 12 Mark 60 in der Tasche«. Er bewohnte zunächst eine Dachkammer im Berliner Norden und schlug sich »vereinsamt, hungernd und frierend« als freier Schriftsteller durch. »In drei Monaten war ich soweit, daß ich meine Bücher auf einem Bücherkarren verhökern mußte. Sonst lebte ich nur noch von Maggiwürfeln und Brötchen.« Im Ersten Weltkrieg kämpfte Jungnickel in Russland und wurde dort schwer verwundet, nach Kriegsende ließ er sich als freier Schriftsteller wieder in Berlin nieder. Kritiker schätzten besonders seinen Feinsinn und sein Stilgefühl: »Wer in Max Jungnickel sich versenkt, der fragt sich wohl: Wie ist es möglich in unserer eisernen Zeit, daß es noch so reine, feine, idyllische, echt märchenhafte Poesie gibt?« Jungnickels Nähe zum Nationalsozialismus ließ ihn nach dem Zweiten Weltkrieg beinahe in Vergessenheit geraten.

Kahle, Hans   1899 – 1947
Journalist, Polizeichef
Finckensteinallee 63 (früher: Zehlendorfer Straße)
Anfang der Zwanzigerjahre wurde der Absolvent der Hauptkadettenanstalt Mitglied der Kommunistischen Partei Deutschlands. Im spanischen Bürgerkrieg von 1936 bis 1939 kämpfte er auf Seiten der Republikaner als Truppenkommandeur in den Internationalen Brigaden. Zu seinen ständigen Begleitern gehörten die Kriegsberichterstatter Joris Ivens und Ernest Hemingway. 1946 wurde er in der Sowjetischen Besatzungszone Chef der Deutschen Volkspolizei im Land Mecklenburg. Ein Gedenkstein für den bereits 1947 verstorbenen Antifaschisten in der Kleinstadt Karstädt sollte im Jahr 2004 aus »politischen Gründen« entfernt werden. Die Pläne scheiterten, da der Stein unter Denkmalschutz stand.

Kahrstedt, Albrecht   1897 – 1971
Astronom, Hauptobservator
Potsdamer Straße 43
Am 25. März 1933 ortete der Heidelberger Astronom Karl Wilhelm Reinmuth einen bislang unentdeckten Steinklumpen im Asteroidenhauptgürtel, dem er den Namen »Kahrstedt« gab. Bereits zehn Jahre zuvor hatte Reinmuth ähnliches Ent-

deckerglück: 1923 benannte er die damals gefundene Weltraumklamotte nach Kahrstedts Nichte Ingrid. Professor Albrecht Kahrstedt tat sich besonders in der Bearbeitung und Erforschung der Kleinen Planeten hervor, veröffentlichte zahlreiche theoretische Artikel in den »Astronomischen Nachrichten« und wurde 1945 Leiter des Astronomischen Recheninstitutes der Deutschen Akademie der Wissenschaften.

Kaiser, Roland   1943 – 1998
Schauspieler
Krumme Straße 3
Seine Filmkarriere endete, bevor er erwachsen wurde. In den Fünfzigerjahren war er einer der gefragtesten Kinderdarsteller, debütierte 1954 in »Der treue Husar« und war wenig später in der Erich-Kästner-Neuverfilmung »Emil und die Detektive« zu sehen. 1957 stand der Vierzehnjährige gleich in sieben Filmen vor der Kamera (u. a. »Robinson soll nicht sterben«, »Die Zürcher Verlobung« und »Ferien auf Immenhof«). In seiner Filmografie sind rund zwanzig Filme verzeichnet, nach 1961 war er noch einige Male als Synchronsprecher zu hören.

Kamptz, Fritz von   1866 – 1938
Maler
Finckensteinallee 63 (früher: Zehlendorfer Straße)
Seine »militärische und damit verbundene humanistische gymnasiale Ausbildung« erhielt er auf der Lichterfelder Hauptkadettenanstalt, sein künstlerisches Rüstzeug als Schüler von Hugo Crola und Peter Jansen in Düsseldorf. Während seines Englandaufenthaltes von 1896 bis 1918 schuf er für das Rathaus von Bristol das Monumentalgemälde »Ritterschlag des Lordmayors durch König Georg V.«, auf dem über hundert Porträts der bei der Zeremonie Anwesenden abgebildet sind. Er galt als »technisch trefflicher Porträtist«, aber auch als gefragter Maler religiöser Motive. 1929 malte er sein berühmtes »Christusbild«, für die Apsis der Adventskirche in Berlin-Friedrichshain schuf er das 9 x 15 Meter große Fresko »Himmelfahrt«, im Gemeindehaus der Liebfrauenkirche in Bremen ist sein bekanntes Werk »Friede sei mit Euch« zu besichtigen.

Kanoldt, Alexander   1881 – 1939
Maler, Lithograf
Ringstraße 96
Gemeinsam mit Adolf Erbslöh, Wassili Kandinsky, Alexej von Jawlensky und anderen gründete er 1909 die »Neue Künstlervereinigung München«, aus der 1911 der »Blaue Reiter« hervorging. Er gehörte stilistisch zur Neuen Sachlichkeit und »entwickelte multiperspektivische Architekturlandschaften, magisch starr in der Form gestaltet«. Obwohl er 1933 als Professor an die Berliner Kunstakademie berufen wurde, galten seine Bilder bei den Nationalsozialisten als »entartet«.

Kapler, Hermann   1867 – 1941
Theologe, Jurist
Enzianstraße 3
Nach seinem Studium der Staats- und Rechtswissenschaften in Berlin promovierte er 1889 zum Dr. jur. und war seitdem in der preußischen Kirchenverwaltung, u. a. als Justitiar, tätig. Er wurde Präsident des Preußischen Evangelischen Oberkirchenrates und leitete 1925 in dieser Funktion die deutsche Delegation bei der Stockholmer Weltkirchenkonferenz. 1933 war er Präsident des Deutschen Evangelischen Kirchenausschusses, im gleichen Jahr ging er in den Ruhestand. Seine letzte Aufgabe war die Vorbereitung der Verhandlungen zur Umgestaltung des »Kirchenbundes« in die »Deutsche Evangelische Kirche«. Dazu rief er alle Landeskirchen auf, eine »wahrhaft bündische deutsche Kirche« zu schaffen.

Kaskeline, Horst   Geb. 1919
Kameramann, Produzent
Hartmannstraße 23
Der Sohn des Filmproduzenten Wolfgang Kaskeline begann seine Karriere als Volontär in einer Kopieranstalt, wurde dann Kameraassistent und arbeitete in der Folgezeit als Kameramann bei der Korporation-Film, der Bavaria und der Wien-Film. Nach einem dreijährigen Intermezzo als Bildreporter gründete er 1949 seine eigene Filmfirma, die sich auf Kurz- und Dokumentarfilme (»Kennen Sie Berlin?«) spezialisierte. 1962 übernahm er gemeinsam mit seinem Bruder Heinz die väterliche »Kaskeline Filmproduktion«. Im Dezember 2004 gratulierte die evangelische Paulusgemeinde dem treuen Lichterfelder in ihrem »Paulus-Brief« mit herzlichen Segenswünschen zum 85. Geburtstag.

Kaus, Max   1891 – 1977
Maler, Grafiker
Potsdamer Straße 44
1917 zog er freiwillig in den Ersten Weltkrieg und kam als Krankenpfleger in die Kompanie von Erich Heckel, wo er »einige sehr interessante Menschen« traf, darunter die Maler Otto Herbig und Anton Kerschbaumer. Für Max Kaus war dieser Dienst »eine gute Schule des Lebens schlechthin, und ich denke dankbar an diese Oase inmitten eines immer schrecklicher und aussichtsloser werdenden Krieges zurück. Ich sah viele wichtige Werke Heckels entstehen, und wir Jüngeren bekamen von unserem Vorgesetzten Heckel Zeit zu eigener Arbeit.« Nach dem Ersten Weltkrieg kam er mit anderen expressionistischen Malern in Verbindung und etablierte sich als Grafiker und Maler mit zunehmend zur Abstraktion neigender künstlerischer Eigenheit.

Kayssler, Friedrich   1874 – 1945
Schauspieler
Limonenstraße 15
Berühmt wurde der enge Freund von Max Reinhardt, Christian Morgenstern und Otto Brahm als Bühnenschauspieler in Breslau, Görlitz und Berlin, weniger bekannt war seine zweite künstlerische Leidenschaft: Er betätigte sich auch als Schriftsteller, verfasste vorwiegend impressionistische Märchendramen und Lustspiele sowie Gedichte, Essays und Aphorismen. Seiner verstorbenen Ehefrau, der Schauspielerin und Bildhauerin Helene Fehdmer, widmete er 1942 ein Buch, in dem er »das innere Bild ihrer Darstellungen und Gestalten« aufzeigte. Friedrich Kayssler wurde am 24. April 1945 von sowjetischen Soldaten in Kleinmachnow bei Berlin erschossen.

Kazantzakis, Nikos   1883 – 1957
Schriftsteller
Unter den Eichen 63 (früher Potsdamer Chaussee)
Aus der Feder des wohl bedeutendsten griechischen Schriftstellers des 20. Jahrhunderts stammt der 1946 erschienene Roman »Alexis Sorbas«. Der darauf basierende Film von Michael Cacoyannis aus dem Jahre 1964 mit Anthony Quinn und Alan Bates in den Hauptrollen erhielt 1965 drei »Oscars« und wurde in fünf Kategorien für den »Golden Globe« nominiert. Nikos Kazantzakis lebte von 1920 bis 1923 in Lichterfelde. Sein Wohnhaus musste inzwischen einem Neubau weichen, dort erinnert heute eine Gedenktafel an den Romancier, dessen Hauptthemen »die Türkenherrschaft auf Kreta, Religion und Heuchelei ... und die Frage nach dem Sinn des Lebens« waren.

Kekule von Stradonitz, Stephan   1863 – 1933
Genealoge, Heraldiker
Marienstraße 16–19
Nachdem er sich eingehend mit der Geschichte seiner Familie beschäftigt hatte, widmete er sich neben der Wappenkunde vor allem der Genealogie. Er warnte davor, diese Wissenschaft der Geschlechterkunde als »noblen Sport« zu betreiben, vielmehr gehe es »angesichts der zunehmenden Zerstörung der Ideale in einer Welt des Materialismus um die Rettung des Familiensinns, ohne den niemand ein nützliches Glied der Gesellschaft« sein könne. 1904 wurde der bekennende Freimaurer in die »Loge zu den drei Lichtern im Felde« aufgenommen, der Logenkalender von 1928 weist ihn als »Meister vom Stuhl« aus. Das Logenhaus befand sich in der Lichterfelder Wilhelmstraße 36, der heutigen Königsberger Straße.

Kempner, Robert   1899 – 1993
Rechtsanwalt
Potsdamer Straße 58a
Als stellvertretender amerikanischer Hauptankläger im Nürnberger Hauptkriegsverbrecherprozess wurde der 1938 vom NS-Regime ausgebürgerte Jurist zum »Ankläger einer Epoche«. Schon 1931, als Justitiar in der Polizeiabteilung des preußischen Innenministeriums, bewies er seine konsequente Ablehnung des aufstrebenden Nationalsozialismus, als er verlangte, Adolf Hitler wegen Meineides und Vorbereitung zum Hochverrat unter Anklage zu stellen, ihn aus Deutschland auszuweisen und die NSDAP zu verbieten und aufzulösen. Nach den Nürnberger Prozessen ließ er sich als Anwalt in Frankfurt am Main nieder und vertrat NS-Opfer in zahlreichen Zivilprozessen. Für sein Lebenswerk wurde er 1984 mit dem Bundesverdienstkreuz geehrt.

Kempner, Walter   1869 – 1920
Mediziner
Potsdamer Straße 58a
Der Ehemann von Lydia Rabinowitsch-Kempner und Vater von Robert, Nadja und Walter Kempner jr. war der Assistent von Robert Koch und beschäftigte sich wissenschaftlich mit Hygiene und Mikrobiologie. Besondere Verdienste erwarb er sich mit seinen Arbeiten zur Thematik der Säuglingstuberkulose.

Kempner, Walter jr.   1903 – 1997
Mediziner
Potsdamer Straße 58a
Auf Vorschlag des Bundesministers des Auswärtigen wurde ihm am 22. Dezember 1982 das Große Verdienstkreuz des Verdienstordens der Bundesrepublik Deutschland verliehen. In der damaligen Begründung hieß es u.a.: »Professor Dr. med.

Walter Kempner zählt zu den bekannten und erfolgreichen Spezialisten auf dem Gebiet der Inneren Medizin ... Zahllose Patienten verdanken Professor Dr. Kempner Hilfe, insbesondere durch die von ihm entwickelte und weltweit anerkannte sogenannte salzlose Kempner'sche Reisdiät, der ersten erfolgreichen Methode überhaupt zur Behandlung der Bluthochdruck-Krankheit ... Professor Dr. Kempner, der Deutschland 1934 verlassen musste, hat nie seine deutsche Herkunft in fachlicher und kultureller Hinsicht verhehlt.

Kiehnapfel, Hans   1884 – 1942
Architekt
Wilhelmstraße 6–7 (heute: Königsberger Straße)
Der aus Königsberg stammende Architekt gehörte zu den Baumeistern, die mit ihren Villenbauten das äußere Bild des ehemaligen Domänendorfes Dahlem in der ersten Hälfte des 20. Jahrhunderts entscheidend prägten. Er entwarf mehrere Häuser in der Thielallee und beschäftigte sich nebenbei mit der Bildhauerei. Kiehnapfel besaß eine umfangreiche Sammlung von Groß- und Kleinplastiken und hatte während des Ersten Weltkrieges selbst ein Denkmal geschaffen. Es wurde als »Kurlanddenkmal« bekannt und stand in Dünaburg, dem heutigen Daugavpils in Lettland.

Kinz, Franziska   1897 – 1980
Schauspielerin
Paulinenstraße 2
Seit Anfang der Dreißigerjahre war die Schauspielerin des Berliner Staatstheaters auch im Film zu sehen, mit der Verkörperung meist »bodenständiger, unerschütterlicher Frauenfiguren« spielte sie sich nicht nur in die Herzen der Zuschauer, sondern auch in das Notizbuch von Joseph Goebbels. Bereits 1933 tauchte sie in den Propagandafilmen »Flüchtlinge« und »Hitlerjunge Quex« auf, löste ihre Beziehung zu dem regimekritischen Politiker Carlo Mierendorff und heiratete einen linientreuen NS-Funktionär. Jedoch nutzte sie ihre besondere Nähe zum Reichspropagandaminister, um 1938 die Freilassung des inzwischen verhafteten Mierendorff aus dem Konzentrationslager Buchenwald zu erwirken.

Kirchbach, Wolfgang   1857 – 1906
Schriftsteller, Dichter
Steinäckerstraße 32 (in anderen Quellen: Nr. 23)
1889 nahm der in London geborene Schriftsteller eine Stellung als Feuilletonredakteur am »Neuen Dresdner Tageblatt« an, ein Jahr später wechselte er zu den »Dresdner Nachrichten« In dieser Zeit schrieb er seine bekanntesten Romane »Die Weltfahrer« und »Leben auf der Walze«. Kirchbach, dessen Schaffen auf den Ideen des »Welträtsel«-Autors Haeckel beruhte, bezog 1896 das Haus in der Lich-

terfelder Steinäckerstraße. Mit seinen Werken zählte er zu den bedeutendsten Naturalisten seiner Zeit.

Klaffenbach, Günther   1890 – 1972
Philosoph, Epigraphiker
Prausestraße 26
Seine Lehrer Johannes Kirchner und Hans Pomtow weckten am Berliner Friedrich-Wilhelm-Gymnasium schon früh sein Interesse für die griechische Epigraphik, eine historische Hilfswissenschaft für Schriften, Inschriften und Aufschriften. Klaffenbach studierte klassische Philologie, Archäologie, Geschichte und Philosophie in Berlin und Heidelberg, einer seiner Lehrer war Ulrich von Wilamowitz-Moellendorff. Von 1920 bis 1929 arbeitete er als Studienrat am Heinrich-von-Kleist-Gymnasium in Berlin-Schmargendorf, es folgte seine Berufung zum Professor an die Preußische Akademie der Wissenschaften. 1953 wurde er dort Leiter der Inschriftenedition. Er war ordentliches Mitglied des Deutschen Archäologischen Institutes sowie Ehrendoktor der französischen Universitäten Rennes und Besancon.

Kleffel, Arno   1840 – 1913
Dirigent, Komponist
Heinersdorfer Straße 5
Der bedeutende deutsche Musikpädagoge, Komponist und Dirigent Heinz Tiessen war am Stern'schen Konservatorium Schüler von Arno Kleffel, der ebenso den Dirigenten und Pianisten Fritz Brun in Musiktheorie unterrichtete. Der aus dem thüringischen Pößneck stammende Kleffel wirkte u.a. in Hildburghausen, Berlin und Meiningen und gehörte zu den bekanntesten deutschen Liedkomponisten des 19. Jahrhunderts. In seinen letzten Lebensjahren ließ er sich von dem Architekten Fritz Schirmer das »Landhaus Kleffel« im Ortsteil Berlin-Nikolassee als Alterswohnsitz bauen.

Klose, Hans   1880 – 1963
Naturwissenschaftler, Pädagoge
Undinestraße 35
Allgemein gilt er als Nestor des deutschen Naturschutzes, war Vorsitzender des Volksbundes Naturschutz und Leiter des Naturschutzringes Berlin-Brandenburg. Er veröffentlichte zahlreiche Arbeiten (u.a. »Die alten Stromtäler Vorpommerns« und »Die westfälischen Industriegebiete und die Erhaltung der Natur«). Als Fachstellenleiter im Reichsbund Volkstum und Heimat war er Mitschöpfer des noch heute gültigen »Reichsnaturschutzgesetzes«. Einer seiner wichtigsten Erfolge war nach eigener Auffassung die Aufnahme des Naturschutzgedankens in das Grundgesetz der Bundesrepublik Deutschland.

Knoblauch, Arnold Paul   1878 – 1963
Architekt, Regierungsbaumeister
Unter den Eichen 78/79
Nach dem gescheiterten Attentat vom 20. Juli 1944 stellte er seine Wohnung als Versteck für die untergetauchten Gewerkschaftsführer Josef Wirmer, Max Habermann und Jakob Kaiser zur Verfügung. Aus dieser Dreiergruppe konnte sich letztlich nur Jakob Kaiser retten, seine beiden Kollegen wurden entdeckt, verhaftet und ermordet. Knoblauch war seit 1924 Vorstandsvorsitzender der Wohnungsbaugesellschaft Gagfah und maßgeblich am Bau der Siedlung am Fischtalgrund in Berlin-Zehlendorf beteiligt.

Knuth, Hans   1875 – 1945
General
Marthastraße 4a
Im deutschen Heer diente er bis 1929, nach seiner aktiven Zeit war er Präsident der deutschen Gesellschaft für Jagd- und Sportschießen sowie Präsident der deutschen Versuchsanstalt für Handfeuerwaffen. Außerdem hatte er den Vorsitz über den Landesverband Berlin des Allgemeinen Deutschen Jagdschützenvereins. Seit 1933 gehörte er der NSDAP an.

Koeppel, Matthias   Geb. 1937
Maler
Auguststraße 18
Der Mitbegründer der »Schule der neuen Prächtigkeit« und Sprachkünstler, wie er sich selbst bezeichnet, wurde als Maler und Dichter gleichermaßen populär. Seine Gedichte in der von ihm erfundenen Kunstsprache »Starckdeutsch«, erstmals 1976 veröffentlicht, ließen ihn beinahe Kultstatus erreichen. »Starckdeutsch« wurde später von den Autoren der »Neuen Frankfurter Schule« übernommen, auch die Vokalgruppe »Berliner Hymnentafel« bediente sich dieser vom Nieder- und Mittelhochdeutschen beeinflussten Sprachform. Koeppel war von 1981 bis 2003 Professor für freies Malen und Zeichnen an der Fakultät für Architektur der Technischen Universität Berlin.

Kohlenegg, Viktor von   1872 – 1940
Schriftsteller
Bismarckstraße 11 a (heute: Morgensternstraße)
Der Sohn des österreichischen Schauspielers und Schriftstellers Leopold Kohl von Kohlenegg war verheiratet mit Gertrud Triepel, einer ebenfalls bekannten Schriftstellerin. Kohleneggs Erzählungen und Novellen spiegelten das Leben des deutschen Mittelstandes und des Kleinbürgertums. Zu seinen bekanntesten Werken zählen »Bille Brandt«, »Ehe im Schatten«, »Eifersucht«, »Die schöne Melusine«,

»Der Katzentisch«, »Herrn Immelmanns Krähe« und »Die drei Lieben der Dete Voß«.

Koller, Christine   Geb. 1925
Hörspielautorin, Texterin
Schillerstraße 14
Die Tochter des Fabrikanten Max Koller und seiner Ehefrau Margarete, einer Pianistin, arbeitete zunächst als Dramaturgin bei den Filmgesellschaften »Mosaik« und »Jupiter«, ehe sie 1948 in die Literaturabteilung des RIAS wechselte. In der Folgezeit tat sie sich als Hörspielautorin (»Die Dschungelkantate«) sowie als Synchrontexterin (»Nasreddin in Buchara«) hervor.

Korodi, Lutz   1867 – 1954
Schriftsteller, Politiker
Reichensteiner Weg 9
Der aus dem rumänischen Siebenbürgen stammende Journalist und Gymnasiallehrer war von 1886 bis 1891 Redakteur der »Kronstädter Zeitung« und musste seine Heimat nach einem politischen Prozess verlassen. Seither lebte er als Lehrer in Berlin und bemühte sich im deutschen Auswärtigen Amt um die Gewinnung Rumäniens für die Mittelmeermächte. Nach dem Ersten Weltkrieg kehrte er nach Rumänien zurück und wurde Staatssekretär im dortigen Kultusministerium. Nach seiner Pensionierung ging er wieder nach Deutschland, trat in den höheren preußischen Schuldienst ein und veröffentlichte mehrere Bücher (u. a. »Auf deutscher Fährte in Südosteuropa«, »Deutsche Vorposten im Karpathenland« und »Siebenbürgen – Land und Leute«).

Kossatz, Hans   1901 – 1985
Zeichner, Karikaturist
Hochbaumstraße 19 (in anderen Quellen: Nr. 9)
Seine witzigen und pointierten Karikaturen erschienen in »Lustige Blätter«, »Ulk«, »Lachen links«, »Berliner Leben« und anderen Zeitschriften. Den Weg zur politischen Karikatur fand er jedoch erst um 1946 mit seinen Arbeiten für den »Tagesspiegel«. Er illustrierte Kinder- und Jugendbücher und lieferte die Karikaturen zum 1956 erschienenen Ulrich-Herbst-Buch »Die Stachelschweine«. Für die deutsche Comic-Forschung hat Kossatz größte Bedeutung bei der Entwicklung dieses Genres.

Kossinna, Gustaf 1858 – 1931
Archäologe, Philologe
Baseler Straße 10
Beeinflusst durch seinen Berliner Lehrer Karl Müller interessierte sich der gelernte Bibliothekar immer mehr für deutsche Stammeskunde und Archäologie, hielt zahlreiche Vorträge und wurde 1902 zum Professor ernannt. 1911 veröffentlichte er das Buch »Die Herkunft der Germanen«, eine Untersuchung über die Siedlungsarchäologie. Weitere wichtige Werke sind »Verzierte Lanzenspitzen als Kennzeichen der Ostgermanen«, »Die deutsche Vorgeschichte, eine hervorragend nationale Wissenschaft« und »Der germanische Goldreichtum in der Bronzezeit«. Er konnte sich jedoch mit seinen Büchern nicht durchsetzen, da er, wie seine Kritiker behaupteten, »mit unscharfen Begriffen operiert und seine Behauptungen nicht beweist«. Dennoch gehörte er als Schöpfer der »Siedlungsarchäologischen Methode« neben Carl Schuchhardt zu den wichtigsten Prähistorikern seiner Zeit und gilt als ein Wegbereiter der nationalsozialistischen »Propaganda-Archäologie«.

Koven, Ludolf 1900 – 1984
Chefredakteur
Tulpenstraße 17
Nach dem Besuch eines humanistischen Gymnasiums absolvierte der aus Steimke bei Salzwedel stammende spätere Vorsitzende des Verlegerausschusses im Börsenverein eine Buchhändlerlehre, arbeitete anschließend als Buchhändler und war 1948 Chefredakteur des »Börsenblattes für den Deutschen Buchhandel«. In den Fünfzigerjahren leitete er den Ost-Berliner Akademieverlag, den größten Wissenschaftsverlag der DDR.

Krahmer, Adelheid 1841 – 1929
Pädagogin
Berliner Straße 166 (heute: Ostpreußendamm), Teltower Straße 146 (heute: Goerzallee)
Am 8. April 1972 wurde in der Villa Hildesheim in der Berliner Straße, dem heutigen Ostpreußendamm, die »Krahmersche höhere Mädchenschule« gegründet. Zunächst sollten sechs Schülerinnen unterrichtet werden, dazu kam ein Junge, der aufgrund schlechter Verkehrsverbindungen und zu hohen Schulgeldes die »Knabenschule« nicht besuchen konnte. 1874, nach stets steigenden Schülerinnenzahlen, zog das Institut in die Chausseestraße 29 um, 1878 wurde die Schule in das Gebäude der heutigen Willi-Graf-Oberschule am Ostpreußendamm verlegt. Das Grab der verdienstvollen Pädagogin befindet sich auf dem Lichterfelder Parkfriedhof, ihr zu Ehren wurde 1925 die Parkstraße am Hindenburgdamm in »Krahmerstraße« umbenannt.

Krauß, Werner   1884 – 1959
Schauspieler
Unter den Eichen 88
Als einem der bedeutendsten Schauspieler seiner Zeit geriet ihm nach 1945 seine Mitwirkung in dem Propagandafilm »Jud Süß« sowie seine exponierte Stellung als stellvertretender Präsident der Reichstheaterkammer zum politischen, menschlichen und künstlerischen Verhängnis. 1948 wurde er in einem Spruchkammerverfahren als »minderbelastet« eingestuft und das gegen ihn erlassene Berufsverbot aufgehoben. Sein Schauspielerkollege Hans Söhnker urteilte über ihn: »Über den einsamen Rang des Künstlers Krauß gibt es keine Diskussion. Nur an dem Menschen scheiden sich die Geister.«

Kreßner, Paula
Pädagogin
Holbeinstraße 36
1896 regte der Steglitzer Geographielehrer Hermann Hoffmann seine Schüler zu Wanderungen an. Einer von ihnen, Karl Fischer, beschloss nach den ersten Erfahrungen, eine Wanderorganisation für Jugendliche aufzubauen. Dies geschah am 4. November 1901 im Ratskeller des Rathauses Steglitz. Der Verein erhielt den Namen »Wandervogel-Ausschuß für Schülerfahrten e. V.«. Der »Wandervogel« gilt heute allgemein als Ausgangspunkt der deutschen Jugendbewegung, ein erster Meilenstein war der »Freideutsche Jugendtag« im Oktober 1913 auf dem Hohen Meissner bei Kassel. Erste Führerin des »Mädchenwandervogels« war die Lichterfelderin Paula Kreßner.

Kronström, Fred   1899 – 1993
Schauspieler, Regieassistent
Drakestraße 44
An der Seite von Kurt Schmittchen, Christel Bodenstein, Gisela Kretzschmar und Horst Drinda war er 1956 in der DEFA-Märchenverfilmung »Das tapfere Schneiderlein« als König Griesgram zu sehen. Sein Leinwanddebüt gab er bereits 1920 mit einer Hauptrolle in dem Stummfilm »Der Riesenschmuggel«. Er war nicht nur Darsteller, sondern auch Aufnahmeleiter und Regieassistent und arbeitete in den Produktionsstäben der Regisseure Franz Hofer und Bruno Rahn an erfolgreichen Filmen mit (»Gern hab' ich die Frau'n geküßt«, »Elternlos«, »Das rote Pantöffelchen«, »Notschrei hinter Gittern« und andere).

Krüger, Franz-Otto   1917 – 1988
Schauspieler
Holbeinstraße 39
Vor 1945 spielte er auf beinahe allen großen Berliner Schauspielbühnen und war auch als Conferencier an verschiedenen Kabaretts tätig. Nach dem Zweiten Weltkrieg wurde er zunächst Regisseur, dann Leiter der Abteilung Unterhaltung des Nordwestdeutschen Rundfunks. Immer wieder war er in reizvollen Nebenrollen auf der Leinwand zu sehen (»Es begann um Mitternacht«, »Die Rose von Stambul«, »Der Mustergatte«). Unvergessen bleibt sein Sketch »Auf der Pferderennbahn« als genervter Pferdefachmann an der Seite des hoffnungslos überforderten Wilhelm Bendow (»Ja wo laufen sie denn?«), den Loriot in den Siebzigerjahren als Comic zeichnete.

Kruse, Georg Richard   1856 – 1944
Schriftsteller, Musikforscher
Troppauer Straße 27 (früher: Reuterstraße)
Der spätere Begründer und Direktor des Berliner Lessingmuseums hatte von Carl Moritz Weber Geigenunterricht erhalten und bekam mit erst fünfzehn Jahren am Magdeburger Sommertheater die Gelegenheit, in Vertretung des dortigen Kapellmeisters erste Erfahrungen als Dirigent zu sammeln. Seit dieser Zeit widmete sich Kruse besonders der Erforschung und Wiederbelebung der Werke Albert Lortzings und wuchs später als Musikschriftsteller zum führenden Lortzing-Biografen. Von 1891 bis 1894 lebte er in den USA. Zur Eröffnung des deutschen Schiller-Theaters in Chicago schrieb er das Bühnenstück »Die Pioniere«. Seit 1903 arbeitete er als Redakteur und Schriftleiter des Reclam-Verlages und veröffentlichte zahlreiche Operntexthefte. Der von ihm verfasste »Reclams Opernführer« war das am weitesten verbreitete Musiktheater-Lexikon.

Kück, Eduard   1867 – 1937
Philosoph, Volkskundler
Holbeinstraße 56
In Leipzig, Göttingen und Berlin hatte er klassische Philosophie und Germanistik studiert, später spezialisierte er sich auf die niederdeutsche Philologie und machte sich um die Verbreitung norddeutschen Brauchtums verdient. Seine bekanntesten Veröffentlichungen waren das »Wörterbuch der Lüneburger Heide«, »Das alte Bauernleben in der Lüneburger Heide« sowie »Der Wetterglaube in der Lüneburger Heide«. Seine Schrift »Feste und Spiele des deutschen Landvolkes« gilt noch immer als Meisterwerk volkskundlicher Wissenschaftsarbeit.

Kühl, Ferdinand Max   1853 – 1930
Kaufmann, Unternehmer
Promenadenstraße 18
Mit dem Werbeslogan »Erwärm dich für Kühl« trat das Wäsche- und Leinenhaus Max Kühl in den Achtzigerjahren des 19. Jahrhunderts erstmals an die Öffentlichkeit. Das Warenangebot umfasste damals »Strümpfe, Directoire-Beinkleider, Trikotagen, Wollenwaren, Strickkleidung, Herrenwäsche, Decken und gesundheitliche Kleidung«. Die Firma hatte ihren Sitz zunächst in der Jerusalemer Straße 59, später in der Leipziger Straße 81. Nach dem Tod des Firmengründers führte sein Sohn Walther Kühl die Geschäfte weiter.

Kurth, Ferdinand   1879 – 1937
Theaterdirektor, Schauspieler
Goethestraße 6
Von 1912 bis 1920 war er Direktor des Memeler Stadttheaters und strebte die flächendeckende Einrichtung des Kunsttheaters in ganz Deutschland an. Im dritten Jahrgang der Homosexuellenzeitschrift »Der Eigene«, die weltweit als eine der ersten ihrer Art galt, veröffentlichte er 1899 einen umfangreichen Artikel zur »Geschichte der Totentänze«. Diese Arbeit nahm die niederländische Literaturwissenschaftlerin Dr. Marita Keilson-Lauritz zum Anlass, sich mit den »Bezügen zur morbiden Männererotik« des Verfassers auseinanderzusetzen.

Kutschmann, Max   1871 – 1943
NS-Kulturfunktionär
Holbeinstraße 6
Zusammen mit Max Pechstein, Karl Schmidt-Rottluff, Hans Baluscheck und Karl Hofer wurde Kutschmann, der sich als Wandmaler hervorgetan hatte, 1922 zur Aufnahme in die Akademie der Künste vorgeschlagen, jedoch nicht gewählt. 1927 trat er in die NSDAP ein und sorgte ab 1933 als kommissarischer Direktor der Vereinigten Staatsschulen, dass »dieser Saustall gründlich ausgemistet« wurde. Hans Poelzig, Käthe Kollwitz, Bruno Paul, Heinrich Tessenow und viele andere wurden Opfer von Kutschmanns Säuberungen. Er war Verfechter der »Blut und Boden«-Theorie und forderte die Jugend auf, »das Erbgut des Blutes zur Grundlage einer neuen Kultur zu machen«.

Ladewig, Carl   1859 – 1920
Botaniker
Paulinenstraße 30
Als Direktor der »Moliwe«-Pflanzungsgesellschaft und Gründer des »Verbandes der Kamerun- und Togo-Pflanzungen« war er aktiv in die deutsche Kolonialpolitik eingebunden. Unter seiner Leitung wurden im Berliner Botanischen Garten tro-

pische Pflanzen und Früchte (»Die deutsche Banane«) gezüchtet und später in den deutschen Kolonien angebaut. Das Vorhaben diente in erster Linie wirtschafts- und kolonialpolitischen Zwecken und wurde von Kaiser Wilhelm II. unterstützt und gefördert.

Lange, Hellmut   Geb. 1923
Schauspieler
Kyllmannstraße
Sein Spielfilmdebüt gab er 1958, bereits drei Jahre später spielte er die Hauptrolle als Millionenerbe Peter Clifton in der Edgar-Wallace-Verfilmung »Der Fälscher von London«. Es folgten zahlreiche Film- und TV-Rollen, in denen er meist als Polizist, Privatdetektiv und Kriminalkommissar zu sehen war (»Hafendetektiv«, »Stahlnetz«, »John Klings Abenteuer« und andere). In dem amerikanischen Kultfilm »Blue Thunder« (»Das fliegende Auge«) war er die deutsche Stimme des aufmüpfigen Helikopterpiloten Frank Murphy, gespielt von Roy Scheider. Zehn Jahre lang moderierte Hellmut Lange die ARD-Ratesendung »Kennen Sie Kino?«.

Langenscheidt, Carl   1870 – 1952
Verlagsbuchhändler
Bahnhofstraße 34
Nach dem Tod seines Vaters Gustav übernahm Carl Langenscheidt 1895 die Leitung des Langenscheidt-Verlagsimperiums. 1901 bezog er mit seiner Familie eine vom kaiserlichen Bau- und Burgenbaumeister Bodo Ebhardt entworfene Villa in der Colomierstraße am Wannsee. Zu seinem unmittelbaren Nachbarn Max Liebermann hatte er ein eher distanziertes Verhältnis, besser verstand er sich mit dem Schokoladenfabrikanten Nelson Faßbender und dem Unternehmer Ernst Marlier, damals Besitzer der Villa Am Großen Wannsee 56-58, in der am 20. Januar 1942 die berüchtigte »Wannsee-Konferenz« stattfand.

Langenscheidt, Gustav   1832 – 1895
Philologe, Verlagsbuchhändler
Bahnhofstraße 34
Am 1. Oktober 1856 gründete der damals 24-Jährige die »Expedition der Unterrichtswerke nach der Methode Toussaint-Langenscheidt«. Das erste Verlagsprodukt war ein mit dem Französischlehrer Charles Toussaint entwickelter Französisch-Kurs unter dem Titel »Brieflicher Sprach- und Sprechunterricht für das Selbststudium der französischen Sprache«. Zwölf Jahre später ging aus der »Expedition« die »G. Langenscheidtsche Verlangsbuchhandlung« hervor. Im Jahr der Verlagsgründung entwickelte Gustav Langenscheidt sein Firmenlogo, ein blaues »L« auf gelbem Grund, das noch heute als Markenzeichen des führenden deutschen Wörterbuch-Verlages ist.

Langenscheidt, Paul   1865 – 1926
Schriftsteller, Verleger
Bahnhofstraße 34
Der Schriftsteller und Bühnenautor hatte 1888 einen eigenen, den »Paul-Langenscheidt-Verlag« gegründet, der auf Belletristik, Kriminalliteratur und Kulturgeschichte spezialisiert war. Rechte und Reste seines Verlages wurden nach 1945 von der Verlagsbuchhandlung seines weitaus erfolgreicheren Vaters Gustav und auch seines Bruders Carl übernommen.

Lauenstein, Tilly   1916 – 2002
Schauspielerin
Kadettenweg 57
Die »Tante Mania« in 73 »Bibi Blocksberg«-Hörspielen war jahrzehntelang auch die deutsche Synchronstimme von Ingrid Bergman und Katherine Hepburn, Simone Signoret, Deborah Kerr und Barbara Stanwyck. Arthur Maria Rabenalt hatte die wandlungsfähige Schauspielerin 1948 für den Film entdeckt. Meist wurde sie in der Folgezeit in Dramen, Horror- und Kriminalfilmen besetzt. 1985 musste sie sich in »Otto – Der Film« in einer zauberhaften Nebenrolle als Beamtengattin Otto Waalkes' Frage »Halten Sie Sklaven?« gefallen lassen.

Lenski, Arno von   1893 – 1986
Generalleutnant
Finckensteinallee 63 (früher: Zehlendorfer Straße)
Vom 12. September 1942 bis 28. Februar 1943 war er Kommandeur der 24. Panzerdivision und geriet nach der Schlacht um Stalingrad in sowjetische Kriegsgefangenschaft. Er trat dem »Nationalkomitee Freies Deutschland« und dem »Bund Deutscher Offiziere bei«, kehrte 1949 nach Deutschland zurück und war ab 1952 bei der Kasernierten Volkspolizei der DDR für den Aufbau der Panzertruppen zuständig. Bis zu seiner Pensionierung 1958 leitete er im Strausberger Ministerium für Nationale Verteidigung die Panzertruppen der Volksarmee und saß als Abgeordneter in der DDR-Volkskammer. Von 1940 bis 1942 war er Beisitzer an Roland Freislers Volksgerichtshof und in dieser Funktion an mindestens acht Todes- und Zuchthausstrafen beteiligt.

Liebau, Arno   1866 – 1936
Komponist
Hindenburgdamm 93 a
1919 kam der in Leipzig geborene Pianist nach Lichterfelde und schuf in der Folgezeit rund 80 Konzertlieder, in denen er moderne Dichtungen, u. a. von Detlef von Liliencron und Karl Berlepsch, vertonte. Aus seiner Feder stammen zahlreiche Klavierstudien sowie experimentelle Orchesterwerke.

Liebknecht, Karl   1871 – 1919
Politiker, Rechtsanwalt
Hortensienstraße 14
Zu Beginn des Ersten Weltkrieges lehnte der SPD-Politiker im deutschen Parlament die Bewilligung der Kriegskredite ab, konnte sich damit aber nicht in seiner Partei durchsetzen. 1916 wurde er während einer Friedensdemonstration auf dem Potsdamer Platz verhaftet und zu vier Jahren Gefängnis verurteilt. In seinem ersten Vernehmungsprotokoll vom 2. Mai 1916 heißt es: »Ich gebe ... zu, daß die bei mir vorgefundenen 120 Handzettel und 1340 Flugblätter zur Verbreitung bestimmt waren.« Nach seiner vorzeitigen Entlassung führte er gemeinsam mit Rosa Luxemburg den kommunistischen »Spartakusbund« und rief 1918 vor dem Berliner Schloss die »Freie Sozialistische Republik Deutschland« aus. Am 13. Januar 1919 wurde Liebknecht ermordet.

Liedtke, Harry   1881 – 1945
Schauspieler
Drakestraße 81
»Liedtke ist ein Mensch der Kontraste«, beschrieb Georg Lichtenberg 1987 rückblickend den beliebten Schauspieler. »Er spielt den Bonvivant, ist aber menschenscheu. Privat lebt er in einem Haus mit großem Garten, in dem er alles selbst angelegt hat. Von ihm wird gesagt, er sei so etwas wie ein Philosoph. Er sagt von sich selbst, daß er kein Objekt für Ausfrager und Artikelschreiber sei. Er möchte auf die Leute privat lieber langweilig als interessant wirken, damit er in Ruhe gelassen wird.«

Lienau, Robert Heinrich   1866 – 1949
Musikverleger
Marienstraße 1
Der seit 1990 in Frankfurt am Main ansässige »Robert Lienau Musikverlag« wurde 1810 von Adolph Martin Schlesinger in Berlin gegründet, Robert Heinrich Lienau übernahm die Geschäftsführung des Verlages 1898. Der Firmensitz war in der Lankwitzer Straße 9 in Lichterfelde. 1905 konnte Lienau mit dem finnischen Nationalkomponisten Jean Sibelius einen Vertrag schließen, in dem dieser dem Verlag seine Werke op. 46 bis 56 überließ.

Lilienthal, Gustav   1849 – 1933
Architekt
Sophienstraße 9, Dahlemer Straße 22 (heute: Tietzenweg), Marthastraße 5
Gustav Lilienthal beteiligte sich lange Zeit an den Flugexperimenten seines Bruders Otto, tat sich später jedoch als Architekt, Baumeister und Sozialreformer hervor. Er war der Erfinder des Steinbaukastens für Kinder, entwickelte erstmals die Bauweise

mit Großblock-Hohlsteinen und Fertigdecken und schuf das Bauprinzip der »zerlegbaren Häuser«. Seine im Englischen Landhausstil gebauten, fantasievoll gestalteten und gut erhaltenen Villen zieren noch heute das Lichterfelder Stadtbild.

Lilienthal, Otto   1848 – 1896
Ingenieur, Flugpionier
Boothstraße 17
Er gilt als der erste Mensch, der erfolgreich und wiederholbar Gleitflüge mit einem Flugapparat, dem Hängegleiter, absolvierte und dem Flugprinzip »Schwerer als Luft« zum Durchbruch verhalf. Seine Liebe zur Fliegerei wurde von dem Astronomen Gustav Spörer geweckt, der ihn 1856 am Gymnasium im pommerschen Anklam unterrichtet hatte. Nach Lilienthals Tod entwickelten die Gebrüder Wright Lilienthals Flugprinzip beim Bau der ersten Flugzeuge weiter.

Lilje, Hanns   1899 – 1977
Theologe, Vertreter des Widerstandes
Hortensienstraße 34
Der Generalsekretär des lutherischen Weltkonvents geriet nach dem 20. Juli 1944 in Gestapohaft. Am 18. Januar 1945 wurde er vom Volksgerichtshof zu vier Jahren Gefängnis verurteilt, weil er nach dem gescheiterten Attentat den Aufenthaltsort von Carl Goerdeler nicht preisgegeben hatte. In der Folgezeit musste er immer wieder, stets an den Händen gefesselt, als Zeuge vor dem Volksgerichtshof gegen andere Oppositionelle aussagen. Lilje wurde kurz vor Kriegsende aus der Haft entlassen und wirkte nach 1945 als Landesbischof in Hannover.

Limburg, Joseph   1874 – 1955
Bildhauer
Bahnhofstraße 6
Der »Rom-Preisträger der Michael Beerschen Stiftung« richtete sich 1904 in Lichterfelde sein erstes eigenes Atelier ein. Während seiner Italienaufenthalte entstanden unter anderem das Marmordenkmal für Papst Gregor XIII., die Porträthalbfigur von Pius X. sowie eine Büste von Pius XI., die er im Auftrag des Vatikans schuf. Außerdem zählen die Madonna für die Zehlendorfer Kirche sowie eine Porträtbüste von Generalfeldmarschall August von Mackensen zu seinen bedeutendsten Arbeiten. Den Eingang zum Alten Domfriedhof der St.-Hedwigs-Gemeinde in der Berliner Liesenstraße, gelegen zwischen den Stadtbezirken Wedding und Mitte, zieren seine berühmten Marmorskulpturen »Kniende Engel«.

Linde, Otto zur   1873 – 1938
Lyriker, Essayist, Philosoph
Wilhelmstraße 2a (heute: Königsberger Straße)
1904 gründete Otto zur Linde, der sich nach mehrjähriger Korrespondententätigkeit für die »Vossische Zeitung« in London als freier Schriftsteller in Lichterfelde niedergelassen hatte, gemeinsam mit dem Philosophen Rudolf Pannwitz die Monatszeitschrift »Charon«. Zum »Charonkreis«, für den »nur die unverfälschte Sprache als literaturfähig« galt, gehörten auch Rudolf Paulsen, Salomon Friedländer und Karl Röttger. Lindes Hauptwerk »Die Kugel. Eine Philosophie in Versen« erschien 1906 und ist stark an Nietzsche orientiert.

Linde, Verena zur   1870 – 1962
Märchendichterin
Knesebeckstraße 1, Drakestraße 9a
Zu Beginn des 20. Jahrhunderts hatte die Ehefrau von Otto zur Linde einen guten Ruf als Märchendichterin, verfolgte jedoch eigene berufliche Ziele nicht weiter und ergab sich in ihre Funktion als Dichtergattin. Rudolf Paulsen schrieb über sie: »Otto zur Linde war ihr Glück. Verena hat es trefflich verstanden zu reden, wenn sie von ihm gefragt wurde, aber sonst zu schweigen. Mit rührender Hingabe und Anspruchslosigkeit hat sie die langen Zeiten der niemals endenden materiellen Not mit dem Einsamen geteilt.«

Lindenberg, Paul   1859 – 1943
Schriftsteller
Ringstraße 73
Bevor er sich in Lichterfelde niederließ, bereiste er zahlreiche Länder, lebte viele Jahre in Paris und London und hielt sich von 1899 bis 1900 in Amerika, Asien und Afrika auf. Er arbeitete seit 1912 als Redakteur der »Deutschen Rundschau« und war im Ersten Weltkrieg als Frontberichterstatter für mehrere europäische Zeitungen tätig. Seine Romanfigur »Fritz Vogelsang« ließ er als deutschen Schiffsjungen in mehreren Jugendbüchern Kriegsabenteuer in China erleben, ein anderer Romanheld mit Namen »Kurt Nettelbeck« bestand 1903 seine Abenteuer in Siam. In diesen Büchern beschrieb Lindenberg die einheimische Bevölkerung als »kulturlose, korrupte und mordende« Menschen, die erst durch den »Heldenmut« junger deutscher Patrioten auf den Weg zu »Sitte, Anstand und Kultur« gelenkt wurden. Seine eindeutige Rechtfertigung deutschen Kolonialbesitzes in China fand im kaiserlichen Deutschland allerhöchste Anerkennung.

Linse, Walter   1903 – 1953
Rechtsanwalt
Gerichtsstraße 12 (heute: Walter-Linse-Straße)
1952 wurde der Rechtsanwalt vor seinem Haus in der Gerichtsstraße von Angehörigen des Ministeriums für Staatssicherheit entführt, nach Ost-Berlin verschleppt und am 15. Dezember 1953 im Moskauer Butyrka-Gefängnis hingerichtet. Er hatte für den West-Berliner »Untersuchungsausschuß Freiheitlicher Juristen« gearbeitet und dabei Menschenrechtsverletzungen in der DDR dokumentiert. 1996 wurde er durch den russischen Generalstaatsanwalt rehabilitiert, zehn Jahre später nahm die Erinnerung an Linse schweren Schaden, als die Öffentlichkeit erfuhr, dass er in der Zeit des Nationalsozialismus Beauftragter für die »Arisierung« jüdischer Unternehmen bei der Deutschen Industrie- und Handelskammer war.

Loeb, Karl   1910 – 1983
Kameramann
Ringstraße 100
Im Zweiten Weltkrieg gehörte er zur Propagandakompanie der Wehrmacht und lieferte u. a. Filmbeiträge für die »Deutsche Wochenschau«. Nach Kriegsende unterhielt er mit seinem Kollegen Leo Weisse zunächst ein Fotoatelier, später arbeitete er als Fotograf am Steglitzer Schloßparktheater. Nachdem ihn der Kameramann Fritz Arno Wagner zum Film zurückgeholt hatte, begann seine große Zeit Anfang der Sechzigerjahre. Er führte die Kamera in den »Dr. Mabuse«-Verfilmungen und in einigen Karl-May-Filmen. Untrennbar mit Loebs Namen ist die Edgar-Wallace-Reihe verbunden. Er lieferte u. a. die Bilder für »Der Hexer«, »Der Zinker«, »Neues vom Hexer«, »Die toten Augen von London« und »Der Mönch mit der Peitsche«.

Loew, C. B. Oscar   1844 – 1941
Agrikultur-Chemiker, Pflanzenphysiologe
Zietenstraße 1 (heute: Reichensteiner Weg)
Der Erfinder des Kalkfaktors und Analytiker des »Kalkbedarfs des Menschen« war der letzte Schüler des deutschen Chemikers Justus von Liebig. 1867 ging Loew nach New York und arbeitete viele Jahre als Assistent am City College. Nach mehreren Expeditionen in die amerikanischen Südwest-Staaten kehrte er 1888 nach Deutschland zurück und ließ sich in München als Privatdozent nieder. Zwischen 1892 und 1898 lehrte er in Tokio und Washington. In seiner fränkischen Heimatstadt Marktredwitz erinnert heute eine »Oscar-Loew-Straße« sowie eine Gedenktafel an den berühmten Forscher und Chemiker.

Lorey, Hermann   1877 – 1954
Konteradmiral
Schillerstraße 21
1934 wurde der Kunsthistoriker Moritz Julius Binder durch die Nationalsozialisten als Direktor des Zeughauses Berlin, eines der bedeutendsten deutschen Museen, aufgrund zahlreicher Kritiken nationaler und militärischer Kreise abgesetzt. Als sein Nachfolger wurde Konteradmiral Hermann Lorey berufen, der nach seinem Abschied aus der Marine viele Jahre im Museum für Meereskunde gearbeitet hatte. Unter seiner Leitung entwickelte sich das Zeughaus zu einem heeresgeschichtlichen Museum mit einer neu geschaffenen »Weltkriegssammlung«. Generalfeldmarschall Paul von Hindenburg sowie Generaloberst Hans von Seeckt stellten ihm dafür Objekte aus ihrem persönlichen Besitz zur Verfügung.

Lotz, Ernst Wilhelm   1890 – 1914
Lyriker
Finckensteinallee 63 (früher: Zehlendorfer Straße)
1906 begann er seine militärische Ausbildung an der Lichterfelder Hauptkadettenanstalt und wurde als Siebzehnjähriger zum Leutnant ernannt. 1911 nahm er seinen vorläufigen Abschied vom kaiserlichen Heer, begann Gedichte zu schreiben und galt schnell als bedeutender Lyriker des Expressionismus. Gefördert wurde er von dem Maler und Dichter Ludwig Meidner, mit dem er zeitweise in einem gemeinsamen Atelier wohnte und arbeitete. Nachdem sich Lotz im August 1914 als Freiwilliger für den Kriegsdienst gemeldet hatte, wurde er an der Westfront eingesetzt und am 7. September 1914 mit dem Eisernen Kreuz ausgezeichnet. Drei Wochen später starb er bei einem französischen Angriff auf seinen Schützengraben.

Luck, Hans von   1870 – 1937
Führer des »Stahlhelm«-Landesverbandes Berlin-Brandenburg
Finckensteinallee 86 (früher: Zehlendorfer Straße)
Im März 1923 übernahm der ehemalige Hauptmann des Infanterie-Regiments 13 in Königsberg die Führung des »Olympia-Vereins für Leibesübungen – Bund Wiking«. Bereits drei Jahre später wurde der als stärkster Berliner Wehrverband geltende Verein wegen »Putschvorbereitungen« verboten. Hans von Luck schloss sich dem national-konservativen »Stahlhelm« an und übernahm die Führung des Landesverbandes Berlin-Brandenburg.

Lüdeke, Hedwig   1879 – 1961
Dichterin, Übersetzerin
Holbeinstraße, Ringstraße
Die Volksliedforscherin und Übersetzerin griechischer und ungarischer Verse und Lieder bewohnte um 1936 ein eigenes Haus in der Ringstraße. Drei Jahre nach ihrem Tod erschien im Auftrag der Akademie Athen ihre Sammlung neugriechischer Volkslieder.

Ludendorff, Erich   1865 – 1937
General
Finckensteinallee 63 (früher: Zehlendorfer Straße)
1882 absolvierte er die Hauptkadettenanstalt und durchlief anschließend mehrere Ausbildungen zum Generalstabsoffizier. Am 1. November 1914 erhielt er mit Paul von Hindenburg das gemeinsame Kommando über alle deutschen Truppen an der Ostfront. Nach dem Ersten Weltkrieg wurde er in der Funktion des »Generalquartiermeisters« aus dem Heer entlassen, suchte Verbindungen zu den rechtskonservativen Kreisen um den späteren Putschisten Wolfgang Kapp und sympathisierte mit Adolf Hitler. Er nahm am 9. November 1923 aktiv am Münchener Putschversuch teil, der anschließende Prozess gegen die Verschwörer endete mit einem Freispruch für Ludendorff.

Lüders, Hermann   1836 – 1908
Maler, Illustrator
Ritterstraße 3
In den letzten Jahren seines Lebens galt er als bedeutender Genremaler, jedoch war er in erster Linie Illustrator, der »die Ereignisse um das preußische Herrscherhaus wie ein Reporter zeichnete und auch schriftstellerisch begleitete«.

Maack, Alfred   1882 – 1961
Schauspieler
Manteuffelstraße 1
Obwohl er sein Filmdebüt bereits 1922 gab (»Opfer der Leidenschaft«), dauerte es bis zum Ende der Dreißigerjahre, ehe er sich als anspruchsvoller und populärer Leinwanddarsteller durchsetzen konnte. Nach dem Ende des Zweiten Weltkrieges arbeitete er vornehmlich für die Babelsberger DEFA (»Ehe im Schatten«, »Rotation«, »Der Kahn der fröhlichen Leute«). 1955 spielte er in der von Hans Heinrich inszenierten Filmkomödie »Alter Kahn und junge Liebe« als Schiffer Borchert die männliche Hauptrolle. Neben ihm überzeugten Erika Dunkelmann als Marie Borchert sowie der damals 18-jährige Götz George als Borchert-Sohn Karl. In der ebenfalls 1955 entstandenen DEFA-Märchenverfilmung »Der Teufel vom Mühlenberg« war Alfred Maack als der graue Köhler zu sehen, drei Jahre später hatte er

in »Meine Frau macht Musik« mit Lore Frisch und Günther Simon eine kleine Rolle als alter Pförtner.

Mahr, Curt   1907 – 1978
Komponist
Mariannenstraße 29
Der Meisterschüler der Musikhochschule in Leipzig in den Fächern Klavier und Horn war seit 1935 als Akkordeonvirtuose in vielen Konzerten an verschiedenen Rundfunksendern zu hören. Lange Jahre war er Mitarbeiter des Mitteldeutschen und des Nordwestdeutschen Rundfunks. 1950 ließ er sich als freier Komponist und Musikpädagoge in Wiesbaden nieder und schuf rund 300 Akkordeon-Werke sowie viele Kompositionen für Frauen-, Männer- und gemischte Chöre. 1959 wurde ihm die Ehrennadel in Gold des Deutschen Harmonikaverbandes verliehen. Mit zahlreichen kleinen Übungsstücken sowie Akkordeon-Bearbeitungen von Klassikern der U- und E-Musik machte er sich besonders um die Schulmusik verdient.

Mampe, Carl Eugen   1847 – 1909
Spirituosenfabrikant
Theklastraße 6
1852 wurde im pommerschen Köslin eine Likörfabrik und Weinbrennerei gegründet, die ihren Firmensitz 1877 in die Berliner Veteranenstraße verlegte und noch heute mit ihrem Erfolgsschnaps »Mampe halb und halb«, einem Likör aus »feinsten Kräutern und ausgesuchten Bitterorangen« auf dem Spirituosenmarkt zu finden ist. Im Zuge einer millionenschweren Werbekampagne stiftete die Carl Mampe AG, deren Markenzeichen ein Elefant ist, in den Zwanzigerjahren dem Berliner Zoo zwei afrikanische Elefanten. Der Firmenname Mampe war so populär, dass er sogar mehrere Erwähnungen im »Großen Brockhaus« erfuhr. Die Produkte der Firma konnten in den eigens dafür eingerichteten »Mampes Gute Stuben« verkostet werden.

Manstein, Erich von   1887 – 1973
Generalfeldmarschall
Finckensteinallee 63 (früher: Zehlendorfer Straße)
Den Zweiten Weltkrieg begann er als Generalleutnant und Chef des Generalstabs der Heeresgruppe Süd und war maßgeblich an der Besetzung Polens beteiligt. 1942 wurde »der Mann, der lieber Käppi als Stahlhelm und Schirmmütze« trug, nach der Eroberung der Halbinsel Krim und der Festung Sewastopol im Süden Russlands zum Generalfeldmarschall befördert. Nachdem die deutsche Wehrmacht 1943 im Kursker Bogen mit dem Scheitern des »Unternehmens Zitadelle« eine vernichtende Niederlage hinnehmen musste, kam es zu immer schwereren Zerwürfnissen zwischen ihm und Adolf Hitler in Fragen der taktischen Kriegsfüh-

rung. Am 30. März 1944 entzog ihm Hitler den Oberbefehl über die Heeresgruppe Süd. Nach 1945 wurde er von britischen Truppen interniert und zu 18 Jahren Haft verurteilt, aus der er bereits 1953 wieder entlassen wurde. Bis 1960 beriet er die Bundesregierung beim Aufbau der Bundeswehr in Gliederung und Organisationsform.

Manteuffel, Hasso von   1897 – 1978
General der Panzertruppe
Finckensteinallee 63 (früher: Zehlendorfer Straße)
In die Geschichte des Zweiten Weltkrieges ging er als Chef der »Kampfgruppe Manteuffel« ein, die Ende November 1941 bis an den Stadtrand von Moskau vordrang. Das Ende des Krieges erlebte er als Oberbefehlshaber der 3. Panzerarmee. Nach britischer Kriegsgefangenschaft wurde er Mitglied der FDP und war bis 1957 Abgeordneter des Deutschen Bundestages. Von ihm stammte die Idee, die neue deutsche Armee »Bundeswehr« zu nennen. Auf Einladung des ehemaligen Präsidenten Dwight D. Eisenhower und des Generalstabschefs William Westmoreland besuchte er die USA, besichtigte u. a. die Militärakademie in West Point und war ab 1968 als militärischer Berater für amerikanische Kriegsfilme tätig.

Marschner, Eugen   1889 – 1966
Unternehmer
Drakestraße 64a
Für seine Großzügigkeit bekannt, »groß, schlank und von freundlichem Wesen«, hatte er das 1903 erbaute Haus in der Drakestraße nach dem Zweiten Weltkrieg erworben und bereits Anfang der Sechzigerjahre seine Absicht signalisiert, das Haus dem »Heimatverein Steglitz e. V.« zu vererben. 1964 wurde er selbst Mitglied des Vereins, wie versprochen ging das heute unter Denkmalschutz stehende Haus 1966 in den Besitz des Heimatvereins über.

Meckel, Klemens Wilhelm Jacob   1842 – 1906
General
Teltower Straße (heute: Goerzallee 6)
Bis 1888 lehrte er an der japanischen Militärakademie und reformierte die japanische Armee nach preußischem Stil. Noch lange nach seiner Rückkehr nach Deutschland gehörten seine Vorlesungen an der Tokioter Heereshochschule zur Grundlage der militärischen Ausbildung in Japan. Meckel galt auch in Deutschland als hervorragender Theoretiker und Taktiker, seine »Studien über das Kriegsspiel« (1873), die »Anleitung zum Kriegsspiel« (1875), das »Lehrbuch der Taktik« (1876) und die »Elemente der Taktik« (1877) gehörten zur Pflichtlektüre für jeden angehenden Generalstabsoffizier.

Meitner, Lise   1878 – 1968
Physikerin
Zietenstraße 15 (heute: Reichensteiner Weg)
Die in Wien geborene Physikerin kam 1907 nach Berlin, besuchte Vorlesungen von Max Planck und lernte Otto Hahn kennen, mit dem sie eine über dreißigjährige Zusammenarbeit verband. Nachdem ihr 1933 aufgrund ihrer jüdischen Herkunft die Lehrbefugnis entzogen worden war, emigrierte sie 1938 nach Schweden. Ein Jahr später lieferte sie zusammen mit Otto Robert Frisch die erste physikalisch-theoretische Erklärung der Kernspaltung, die wenige Monate zuvor in Berlin-Dahlem von Otto Hahn und dessen Assistenten Fritz Straßmann mit radiochemischen Methoden nachgewiesen werden konnte. Dreimal wurde sie, von den Amerikanern als »Mutter der Atombombe« bezeichnet, für den Physik-Nobelpreis nominiert. Diese Ehrung blieb ihr jedoch versagt.

Menadier, Julius   1854 – 1939
Direktor des Berliner Münzkabinetts
Mommsenstraße 2
Der im niedersächsischen Sole-Bad Gandersheim geborene Kunsthistoriker und Numismatiker leitete das Berliner Münzkabinett von 1891 bis 1923 und gründete im Dezember 1915 mit den »Freunden der deutschen Schaumünze« die erste deutsche Medaillengesellschaft. Deren Ziel war es, die »Gußmedaille im Jugendstil« wiederzubeleben. Erste Sporen verdiente er sich bereits 1884, als er nach Ausgrabungen im Osnabrücker Land im Auftrag der Königlichen Akademie der Wissenschaften zu Berlin einen römischen Münzschatz aus der Zeit der Varusschlacht begutachten und katalogisieren sollte. Ein Chronist beobachtete Menadiers Arbeit: »Er nahm insgesamt 227 Münzen auf, darunter 131 Denare der Römischen Republik und 47 Silbermünzen aus der Zeit des Kaisers Augustus. Ihm fiel auf, daß viele Münzen aussahen, als seien sie frisch geprägt und kaum Spuren von Abnutzung aufwiesen.«

Menzel, Gerhard   1894 – 1966
Schriftsteller, Drehbuchautor
Weddigenweg 61
Nach seiner Teilnahme am Ersten Weltkrieg arbeitete er zunächst als Bankkaufmann und erwarb 1925 ein Kino, wo er die aufgeführten Stummfilme selbst auf dem Harmonium musikalisch begleitete. Nebenbei versuchte er sich als Schriftsteller und erhielt völlig überraschend für seinen Erstlingsroman »Toboggan«, ein Kriegsdrama, den Kleistpreis. 1927 kam Menzel nach Lichterfelde und begann, Filmdrehbücher zu schreiben. Mit »Morgenrot« heroisierte er den deutschen U-Boot-Krieg, mit »Heimkehr« schuf er einen der berüchtigtsten NS-Propagandafilme, mit »Barcarole« entstand 1935 der Debütfilm von Lida Baarova. Inzwischen

nach Wien übergesiedelt, schrieb er 1939 auch das Szenarium für die Puschkin-Literaturverfilmung »Der Postmeister« mit Hilde Krahl und Heinrich George sowie 1950 gemeinsam mit Georg Marischka »Die Sünderin« mit Hildegard Knef und Gustav Fröhlich in den Hauptrollen.

Meyer, Eduard   1855 – 1930
Althistoriker, Philosoph
Mommsenstraße 7–8
Seine Doktorarbeit über den ägyptischen Gott Seth schrieb er im Alter von zwanzig Jahren, bereits vier Jahre später habilitierte er sich in Leipzig, lehrte in Breslau und Halle und kam 1900 nach Berlin. Während seiner Professur schrieb er sein fünfbändiges Hauptwerk »Die Geschichte des Altertums«. Das Werk führt bis zur Mitte des 4. Jahrhunderts nach Christus und enthält zahlreiche Spezialuntersuchungen, die noch heute für die Altertumsforschung von größtem Wert sind. Eduard Meyer lebte von 1901 bis zu seinem Tode in der Lichterfelder Mommsenstraße. Dort erinnert heute eine Gedenktafel an den bedeutenden Wissenschaftler.

Meyer, Horst   Geb. 1930
Journalist, Verleger
Weißwasserweg 9
Der ehemalige Journalist des West-Berliner »Telegraf« wechselte in den Sechzigerjahren ins Verlegergeschäft, arbeitete für die Haude & Spener Verlagsbuchhandlung, den ältesten Berliner Verlag, und übernahm 1978 als Alleiniger Gesellschafter den Erika Klopp Verlag mit einem bedeutsamen Kinder- und Jugendliteraturprogramm. Im geteilten Berlin setzte er sich immer wieder für eine enge Zusammenarbeit von West- und Ost-Berliner Verlagen ein. 1981 erschien im Arani Verlag unter dem Titel »Lieber'n bißken mehr, aber dafür wat Jutet« eine Sammlung Berliner Sprüche, zusammengestellt von Luise Lemke. Horst Meyer war der Vater dieser Idee (»aber nur der guten«).

Mielenz, Hans   1909 – 1996
Komponist, Kapellmeister
Ringstraße 14 a
Gern wurde er als »Grandseigneur der Blasmusik« bezeichnet, tatsächlich wirkte er auf allen musikalischen Ebenen, vom Jazz über die große Sinfonik bis zur Volksmusik. 1934 hatte er sein Kapellmeisterdiplom erhalten, 1950 war er Leiter des Berliner Rundfunkorchesters. 1956 siedelte er nach Aschau in Oberbayern um und entdeckte dort die »volkstümliche Blasmusik«, deren »großes Potenzial er wegbereitend erkannte.« Mielenz hat den »Blaskapellen mit seinen Klangschöpfungen neue harmonische Welten eröffnet, die bis heute Bestand haben«.

Mira, Brigitte   1910 – 2005
Schauspielerin
Ringstraße 51
Für die ausgebildete Soubrette war es ab 1930 auf den Operettenbühnen zwischen Kiel und Graz »das Schönste, dass ich neben all den Stars der damaligen Zeit, Fritzi Massari, Richard Tauber, Leo Slezak und Lizzi Waldmüller – meinen Göttern – auftreten durfte«. Nachdem in den Fünfzigerjahren der Spielfilm »die kleine, zierliche Frau mit den vielen Talenten« entdeckt hatte, kam 1972 die große Wende in ihrem künstlerischen Leben. Am Bochumer Schauspielhaus lernte sie Rainer Werner Fassbinder kennen, der sie in seinem sozialkritischen Film »Angst essen Seele auf« mit der Hauptrolle der verwitweten Putzfrau Emmi Kurowski, die einen viel jüngeren arabischen Gastarbeiter heiratet, betraute.

Mladeck, Kyra   Geb. 1935
Schauspielerin
Curtiusstraße 27
Ihr Debüt hatte sie 1953 an den Berliner Kammerspielen, es folgten Engagements an den Schauspielhäusern Hamburg und Bochum sowie am Berliner Schillertheater. Seit 1972 war sie in mehreren Episoden der »Tatort«-Krimi-Reihe zu sehen (unter anderem »Schlussverkauf«, »Mordgedanken«, »Rechnen Sie mit dem Schlimmsten« und »Programmiert auf Mord«), auch in anderen TV-Produktionen war sie eine gefragte Nebenrollen-Darstellerin (»Großstadtrevier«, »Rosamunde Pilcher«, »Soko 5113«, »Broti und Pacek« und viele andere).

Moeller van den Bruck, Arthur   1876 – 1925
Schriftsteller, Kunsthistoriker
Unter den Eichen 127
Der Herausgeber der Werke von Fjodor Dostojewski galt in den frühen Zwanzigerjahren als »Vordenker der Jungkonservativen«, entwickelte eigene Theorien von einem »deutschen Sozialismus«, in dem die Macht, entsprechend des mittelalterlichen Reichsgedankens, auf eine kleine Elite konzentriert werden sollte. Seine Vorstellungen richteten sich gegen die Demokratie, den Liberalismus und den Kommunismus, ein Mehrparteiensystem war bei ihm nicht vorgesehen. 1923 erschien sein Hauptwerk »Das Dritte Reich«. Dieser Begriff wurde nach seinem Tod von den Nationalsozialisten übernommen.

Mohnke, Wilhelm   1911 – 2001
SS-Brigadeführer und General der Waffen-SS
Undinestraße 22
Als Chef der 5. Kompanie der SS-Leibstandarte »Adolf Hitler« nahm er im September 1939 am Überfall auf Polen teil und war am 28. Mai 1940 mitverantwortlich für

das Massaker in der französischen Stadt Wormhout, bei dem 97 britische Kriegsgefangene ermordet wurden. Im April 1945 wurde er in die Reichskanzlei abkommandiert und von Hitler zum Befehlshaber über die Verteidigungsstreitkräfte des Berliner Regierungsviertels ernannt. Am 2. Mai 1945 geriet er in sowjetische Kriegsgefangenschaft, kam 1955 nach Deutschland zurück und arbeitete in Hamburg als Autoverkäufer.

Moik, Lutz   1930 – 2002
Schauspieler
Gardeschützenweg 30
Obwohl er in den Fünfziger- und Sechzigerjahren viele anspruchsvolle Filmrollen spielte (u. a. in »Der eiserne Gustav« mit Heinz Rühmann und »Fabrik der Offiziere« mit Helmut Griem und Horst Frank), ist sein Name für ewig mit seiner Darstellung des Peter Munk in dem DEFA-Märchenfilm »Das kalte Herz« (an der Seite von Erwin Geschonneck als Holländer-Michel) verbunden. 1993 erkrankte der Ex-Ehemann der Schauspielerin Edith Hancke an Multipler Sklerose. Der »hellgesichtige Naturbursche mit der großen persönlichen Ausstrahlung und mehr künstlerischen Mitteln als nur denen des fröhlichen Jungenlachens« war in seinen letzten Lebensjahren an den Rollstuhl gefesselt.

Moltke, Helmuth James Graf von   1907 – 1945
Vertreter des Widerstandes
Hortensienstraße 50
Der Urgroßneffe von Helmuth Karl Bernhard Graf von Moltke, dem siegreichen Feldherrn der deutschen Einigungskriege, war der Begründer der Widerstandsgruppe Kreisauer Kreis und wohnte ab 1943 im Haus seines Mitstreiters Peter Graf Yorck von Wartenburg in der Hortensienstraße. Noch vor dem Attentat vom 20. Juli 1944 wurde er von der Gestapo verhaftet und im Januar 1945 vom Volksgerichtshof zum Tode verurteilt. In seiner Verteidigungsrede sagte er: »Ich habe mein ganzes Leben lang … gegen einen Geist der Enge, der Überheblichkeit, der Intoleranz und des Absoluten … angekämpft, der in den Deutschen steckt und der seinen Ausdruck in dem nationalsozialistischen Staat gefunden hat.«

Monk, Egon   1927 – 2007
Schauspieler, Regisseur
Heinersdorfer Straße 42
1953 verließ er die DDR, bis dahin war er als Mitglied des Berliner Ensembles Nachwuchsregisseur und Assistent bei Bertolt Brecht. Nach einer mehrjährigen Tätigkeit beim RIAS Berlin übernahm er 1960 die Leitung der Fernsehspielabteilung des Norddeutschen Rundfunks. Während dieser Zeit entstand auch der mehrteilige TV-Klassiker »Die Gentlemen bitten zur Kasse« mit Horst Tappert. 1968 war Monk für

kurze Zeit Intendant des Deutschen Schauspielhauses in Hamburg und sorgte mit einer allzu modernistischen Inszenierung von Schillers »Die Räuber« (mit Gert Haucke und Heinz Schubert) für einen handfesten Theaterskandal.

Morgenstern, Otto   1860 – 1942
Pädagoge
Söhtstraße 2
Der Sohn jüdischer, zum Protestantismus konvertierter Eltern, verließ 1878 nach dem Abitur das Friedrichswerdersche Gymnasium in Berlin und studierte anschließend Philologie. Nachdem er an mehreren Berliner Gymnasien Latein und Griechisch gelehrt hatte, kam er 1888 an das Lichterfelder Schillergymnasium. Hier unterrichtete er 37 Jahre bis zu seiner Pensionierung. Einer seiner Schüler war Robert Kempner. Neben seiner pädagogischen Tätigkeit widmete er sich auch kommunalpolitischen Aufgaben. Er war Vorsitzender des »Lichterfelder Vereins«, ließ die Lichterfelder Volksbücherei einrichten und war maßgeblich an der Gründung des Schlossparktheaters beteiligt. Nach 1933 wurde sein Wirken zunehmend behindert und eingeschränkt, die Nationalsozialisten zwangen ihn, als Straßenkehrer zu arbeiten. 1942 wurde er nach Theresienstadt deportiert. Dort starb er im Alter von 82 Jahren.

Muhs, Ulrich   1868 – 1942
Pfarrer und Lichterfelder Heimatkundler
Wilhelmsplatz 14 (heute: Oberhofer Platz)
Der verdienstvolle Heimatforscher und erste Pfarrer der Petrusgemeinde veröffentlichte 1918 sein Hauptwerk »Lichterfelde einst und jetzt – ein Heimatbuch«, in dessen Nachwort er schrieb: »Das Buch erscheint in dunkler Zeit. Aber es kann und will ein Buch der Aufrichtung sein. Die Geschichte ist dazu da, daß wir an ihr lernen. … So wäre es mir noch eine besondere Freude, wenn auch die Vertiefung in dieses Büchlein manchem in der Gemeinde Mut machen würde, mit aller Kraft weiter zu schaffen unter der Losung: Über Gräber vorwärts einer neuen, großen, lichten Zukunft entgegen!«

Mühlen, Theodor   Geb. 1907
Schauspieler, Regisseur
Marienstraße 27
»Ich war Mitarbeiter des Berliner Rundfunks, aber schon 1947 hatte ich erste Kontakte zum RIAS«, erinnerte sich Hans Rosenthal, später einer der großen Stars des Senders. »In der Abteilung, in der ich in der Masurenallee arbeitete, war Theodor Mühlen nicht nur mein Chef, sondern auch mein Freund.« Als Mühlen Regisseur beim RIAS wurde, folgte ihm Hans Rosenthal. Auch Jürgen Graf wurde von ihm, eher zufällig, entdeckt. Mühlens beinahe unverbindliches »Junger Mann, kommen

Sie mal her, machen Sie hier eine Mikrophonprobe, wir können Sie vielleicht gebrauchen« war der Beginn von Jürgen Grafs beispielloser Radiokarriere als Reporter, Autor und Moderator.

Müller-Bergen, Henning   Geb. 1929
Schauspieler, Sänger
Baseler Straße 88
Der Absolvent der Schauspielakademie arbeitete zunächst als Dolmetscher, ab 1950 war er ein gefragter Schauspieler und Sänger auf der Theaterbühne und vor der Kamera. Erste Filmrollen hatte er unter anderem 1951 in »Es geht nicht ohne Gisela« mit Hilde Sessak und 1953 in »Das tanzende Herz« an der Seite von Gertrud Kückelmann, Herta Staal, Paul Hörbiger, Paul Henckels und Harald Juhnke.

Müller-Kurzwelly, Konrad Alexander   1855 – 1914
Maler, Philosoph
Gärtnerstraße 3
Der renommierte Landschaftsmaler besaß einen guten Ruf und wurde mit seinen Gemälden »Fallende Blätter«, »Herbststimmung« oder »See im Buchenwald« auch der »Maler des Herbstes« genannt. Neben Max Liebermann und Walter Leistikow gehörte er der 1892 gegründeten »Freien Vereinigung zur Veranstaltung von künstlerischen Ausstellungen« an. Mit seinen »in prickelnder Technik gemalten, sonnendurchfluteten, Leben und Natur atmenden Bildern« gehörte er in den Achtzigerjahren des 19. Jahrhunderts zu den Wegbereitern des Naturalismus in Deutschland.

Neuhaus, Richard   1855 – 1915
Arzt, Fotograf
Boothstraße 17, Marienstraße 31
Er galt als einer der Pioniere der frühen Fotografie, von ihm stammt eine Vielzahl von Aufnahmen, die die ersten Flugversuche seines Lichterfelder Nachbarn Otto Lilienthal dokumentierten. Am 28. Juni 1885 gelang ihm während einer Exkursion der Berliner Anthropologischen Gesellschaft in Weisdin bei Neustrelitz ein seltenes Gruppenbild, auf dem der Mediziner Rudolf Virchow, der Chemiker Otto Olshausen, der Schriftsteller Oskar Cordel, der Völkerkundler Eduard Seler, der Historiker Paul Telge und der Philosoph Hermann Sauer gemeinsam zu erkennen sind.

Neumann, Klaus-Günter   1920 – 1995
Kabarettist, Komponist
Friedrichstraße 14
Der Kabarettist wurde 1956 als Schlagerkomponist schlagartig berühmt, als ihm mit »Tulpen aus Amsterdam« ein Hit gelang, der noch heute von zahlreichen Interpreten gesungen wird. In den Sechzigerjahren machte das Orchester Bert Kaempfert mit dem Trompeter Charly Tabor sein »Wunderland bei Nacht« gar zur Nr. 1 der amerikanischen Billboard-Charts. Über Klaus-Günter Neumann urteilte der deutsche Bundeskanzler Konrad Adenauer: »Dat is aber mal ne janz charmante Berliner.«

Niesel, Wilhelm   1903 – 1988
Theologe
Gardeschützenweg 126
Als Mitglied der Bekennenden Kirche wurde er insgesamt achtmal verhaftet und am 3. Mai 1940 aus Berlin ausgewiesen. Dadurch war die Spitze der preußischen Bekennenden Kirche um Otto Dibelius und Hermann Ehlers gezwungen, ihre Zusammenkünfte außerhalb der Hauptstadt abzuhalten. Vom 12. bis 22. Dezember 1941 verhandelte das Berliner Sondergericht gegen 23 Theologen wegen der »Einrichtung einer illegalen kirchlichen Hochschule«. Der von der Gestapo nach Berlin zurückgebrachte Wilhelm Niesel war einer der Angeklagten und wurde wiederholt zu einer Gefängnisstrafe verurteilt.

Norden, Eduard   1868 – 1941
Philologe
Karlstraße 26 (heute: Baseler Straße 64)
Der renommierte Altphilologe und Griechenland-Forscher veröffentlichte 1898 sein Buch »Antike Kunstprosa«, mit dem er sein besonderes Interesse an Rhetorik, rhetorischen Stilmitteln und an der Verwendung rhetorischer Elemente in der Prosa griechischer und lateinischer Autoren dokumentierte. Der aus einer assimilierten jüdischen Familie stammende Norden mutierte nach 1933 zum begeisterten Nationalsozialisten (»Den Steuermann Hitler liebe ich.«), wurde jedoch nach der Verabschiedung der »Nürnberger Rassegesetze« aus der Preußischen Akademie der Wissenschaften ausgeschlossen. 1939 emigrierte er in die Schweiz und gab kurz vor seinem Tod mit den »Priesterbüchern« sein letztes wissenschaftliches Werk heraus.

Oenike, Karl   1862 – 1924
Maler
Ringstraße 25
In seinem Schaffen gab es keine eindeutige Ausrichtung auf einen bestimmten Stil, noch weniger auf eine bevorzugte Thematik. Er schuf Ölgemälde, Aquarelle, Zeichnungen, Radierungen und Holzschnitte, die noch heute bei Verkaufsauktionen Höchstpreise erzielen. Zu seinen bekanntesten Bildern zählen »Ansicht von Bethlehem 1894 mit Pilgern«, »Bergufer der Wolga bei Zarizyn« und »Hain im Riesengebirge«. Viele seiner Motive erschienen auf Ansichts- und Grußkarten.

Otto, Berthold F. L. M   1859 – 1933
Schriftsteller, Pädagoge
Holbeinstraße 21
Nachdem er viele Jahre in Berlin als Haus- und Privatlehrer arbeitete und sich in dieser Zeit auch schriftstellerisch betätigte, ging er als Journalist nach Hamburg und wurde 1890 als Schriftleiter beim Verlag F. A. Brockhaus in Leipzig angestellt. Nach der Veröffentlichung zahlreicher pädagogischer Schriften (u.a. »Der Hauslehrer«, 1897), wurde er vom Königlich Preußischen Kultusministerium nach Berlin zurückberufen und siedelte sich 1902 mit seiner Familie in Lichterfelde an. In der Holbeinstraße wohnte er bis zu seinem Tode. Die 1910 ebenfalls in der Holbeinstraße errichtete »Zukunftsschule«, damals als »freiheitlichste Schule der Welt« bezeichnet, trägt heute seinen Namen.

Pagels, Hermann   1876 – 1963
Bildhauer
Kamillenstraße 4 (früher: Bastianstraße)
Er schuf in erster Linie Kinderskulpturen in Marmor. Zu seinen bekanntesten Werken zählt die Gruppe eines Bären mit zwei spielenden Kindern am Südosteingang des Volksparks Jungfernheide. In Lichterfelde wohnte er um 1930.

Pannwitz, Helmuth von   1898 – 1947
Generalleutnant
Finckensteinallee 63 (früher: Zehlendorfer Straße)
Nach seiner Ausbildung an der Hauptkadettenanstalt nahm er im Ersten Weltkrieg an den Kämpfen in Frankreich und in den Karpaten teil und arbeitete ab 1918 als Landwirt. 1935 wurde er reaktiviert und führte im Zweiten Weltkrieg das auf deutscher Seite kämpfende, aus russischen und ukrainischen Freiwilligen bestehende XV. Kosaken-Kavallerie-Korps, mit dem er u.a. in Kroatien gegen die Partisanenarmeen von Josip Broz Tito kämpfte. Am 12. Mai 1945 geriet er in britische Kriegsgefangenschaft und wurde wenige Wochen später an die Sowjetunion ausgeliefert. Zusammen mit fünf seiner Kosakengenerale und Atamane stand er

am 16. Januar 1947 vor einem sowjetischen Militärgericht. Noch am selben Tag wurden die Angeklagten zum Tode verurteilt und im Moskauer Gefängnis Lefertowo hingerichtet.

Papen, Franz von   1879 – 1969
Reichskanzler
Finckensteinallee 63 (früher: Zehlendorfer Straße)
Die Lichterfelder Hauptkadettenanstalt besuchte er im Alter von elf Jahren, 1932 war er der vorletzte Reichskanzler der Weimarer Republik und von 1933 bis 1934 Vizekanzler im ersten Kabinett Adolf Hitler. Nach dem vermeintlichen »Röhm-Putsch« wurde er auf Befehl Hermann Görings unter Hausarrest gestellt. 1936 bereitete er als deutscher Botschafter in Wien den Anschluss Österreichs an das Deutsche Reich vor, 1939 wurde er zum Botschafter in der Türkei ernannt. Von Papens politische Karriere endete auf der Anklagebank im Nürnberger Hauptkriegsverbrecherprozess.

Paul, Rita   Geb. 1928
Sängerin
Curtiusstraße 13, Dürerstraße 47
Sie ist eine der erfolgreichsten deutschen Schlagersängerinnen nach dem Zweiten Weltkrieg. Ihre Hits »Spiel mir eine alte Melodie«, »La Luna Romantica« und ihr »Mäckie-Boogie«, ein Duett mit Bully Buhlan sind noch heute, zumindest bei den »Hardcore-Schlagerfans«, bestens bekannt. Seinerzeit gehörte es für jede Sängerin und jeden Sänger zum guten Ton – und zur Karriere –, auch in Filmen aufzutreten. Ganz logisch trugen die Streifen, in denen Rita Paul mitwirkte, die Namen »Schlagerparade«, »Tanzende Sterne«, »Wenn die Heide blüht« oder »Das singende Hotel«. Am liebsten hätte sie jedoch Jazz gesungen, verriet sie 1962 in einem Radiointerview.

Peltzer, Friedrich Karl   1903 – 1981
Modellbau-Pionier
Unter den Eichen 101, Dahlemer Straße (heute: Tietzenweg)
Schon als Kind bastelte er aus dem Holz von Streichholzschachteln kleine Schiffsmodelle, diese Passion machte er um 1930 zu seinem Beruf. 1939 wurde seine Firma »Wiking Modellbau« ins Handelsregister eingetragen, die zunächst die sogenannten »Wasserlinienmodelle«, später auch Modelle von Flugzeugen, Autos und Wehrmachtsfahrzeugen herstellte. Nach dem Krieg produzierte Peltzer vornehmlich »Verkehrsmodelle« wie Personenwagen, Omnibusse und Lastwagen, die er dem H 0-Maßstab annäherte, um sie als Zubehör für die handelsüblichen Modelleisenbahnen zu verkaufen.

Perels, Friedrich Justus 1910 – 1945
Rechtsanwalt, Vertreter des Widerstandes
Viktoriastraße 4
Der juristische Berater des Pfarrernotbundes und der Bekennenden Kirche kam 1940 in Kontakt mit dem Widerstandskreis um Hans von Dohnanyi und war 1942 maßgeblich am »Unternehmen Sieben« bereiligt, wonach vierzehn jüdische Menschen aus Deutschland fliehen konnten. Nach dem gescheiterten Attentat vom 20. Juli 1944 wurde er wegen »Nichtanzeigens ihm bekannter Umsturzpläne« verhaftet, am 2. Februar 1945 vom Volksgerichtshof zum Tode verurteilt und im April 1945 erschossen. Das Todesurteil gegen ihn war Roland Freislers letztes. Am 3. Februar 1945 wurde der Präsident des Volksgerichtshofes während eines Luftangriffes auf Berlin in seinem Sitzungssaal getötet.

Petrick, Erika Geb. 1918
Schauspielerin, Schnittmeisterin
Drakestraße 19
Ihre Filmarbeit beschränkt sich zum größten Teil auf die Fünfzigerjahre, in denen sie vornehmlich in Märchenfilmen mitwirkte. Zwischen 1953 und 1955 war sie in »Rotkäppchen«, »Hänsel und Gretel«, »Frau Holle«, »Struwwelpeter« und »Aschenputtel« zu sehen. 1957 war sie als Schnittmeisterin an »Die Gänsemagd« und »Kalle wird Bürgermeister« beteiligt.

Pfleiderer, Otto 1839 – 1908
Theologe
Marienplatz 7
Von 1857 bis 1861 hatte er an der Universität Tübingen bei Ferdinand Christian Baur, dem berühmten deutschen Kirchen- und Dogmenhistoriker, studiert, anschließend hielt er sich in Großbritannien auf. 1870 wurde er Superintendent an der Universität Jena und wirkte ab 1875 als Professor für systematische Theologie in Berlin. Zu seinen wichtigsten Veröffentlichungen zählen die Werke »Religionsphilosophie auf geschichtlicher Grundlage« (1878), »Die Idee des ewigen Friedens« (1895) und »Die Entstehung des Christentums« (1905).

Pillau, Horst Geb. 1932
Schriftsteller
Gärtnerstraße 3b
Der in Berlin aufgewachsene österreichische Dramatiker und Drehbuchautor hatte seinen ersten Erfolg mit dem Bühnenstück »Das Fenster zum Flur«, das er gemeinsam mit Curth Flatow verfasst hatte. Aus seiner Feder stammen auch zahlreiche Boulevard-Komödien, u. a. für das Hamburger Ohnsorg-Theater, sowie die Drehbücher für erfolgreiche TV-Serien (»Familienbande«, »Ein Mann macht klar

Schiff«, »Salto mortale« und viele andere). Pillau zählte zum Autorenteam von Hans Rosenthals »Dalli Dalli« und schrieb die Drehbuchadaption zu Theodor Fontanes »Wanderungen durch die Mark Brandenburg«.

Pohle, Rudolf   1837 – 1910
Bildhauer
Augustastraße 32
Er wurde vor allem als Schöpfer von Denk- und Grabmalen bekannt. Als sein bekanntestes Werk gilt das 1892 aufgestellte Marmordenkmal für den Erfinder der Lithographie Alois Senefelder auf dem Senefelderplatz in Berlin. Da die Lithographie spiegelverkehrt auf den Druckstock aufgetragen werden muss, erlaubt sich Pohle den Spaß, den Namen Senefelders seitenverkehrt auf dem Postament anzubringen und einen Putto im Spiegel lesen zu lassen.

Posener, Julius   1904 – 1996
Architekturhistoriker
Karlstraße 87 (heute: Baseler Straße), Holbeinstraße 69
Der Architekturhistoriker, Autor und Hochschullehrer hatte von 1923 bis 1929 Architektur bei Hans Poelzig studiert, war anschließend im Büro von Erich Mendelsohn tätig und floh 1933 nach der Machtübernahme duch die Nationalsozialisten zunächst nach Paris, 1935 emigrierte er nach Palästina. Nach dem Zweiten Weltkrieg lebte er in London und Kuala Lumpur, der Hauptstadt des heutigen Malaysia. 1961 folgte er dem Ruf auf den Lehrstuhl für Baugeschichte an der Berliner Hochschule für Bildende Künste und lehrte dort bis 1971. 1973 wurde er zum Vorsitzenden des 1907 auf Anregung von Hermann Muthesius gegründeten »Deutschen Werkbundes« ernannt.

Potonie, Henry   1857 – 1913
Botaniker, Geologe
Potsdamer Straße 37
Der Sohn einer deutschen Mutter und eines französischen Vaters studierte Geologie an der Berliner Universität und wurde 1880 Assistent am Botanischen Garten in Berlin-Dahlem. Zwischen 1885 und 1890 betreute er als Kustos die paläobotanische Sammlung des Königlichen Geologischen Landesamtes. 1900 wurde er zum Professor der Königlich Preußischen Bergakademie berufen und befasste sich hauptsächlich mit der Pflanzenwelt Norddeutschlands. Sein Sohn Robert (1889 – 1974) setzte das Werk seines Vaters fort und wurde selbst ein anerkannter Paläobotaniker und Erdölgeologe.

Praetorius, Willy   1884 – 1973
Theologe
Ringstraße 36
Von 1930 bis 1942 war er Pfarrer in der Lichterfelder Johanneskirchengemeinde und gehörte am 7. September 1933 in Berlin-Dahlem zu den Gründungsmitgliedern des Pfarrernotbundes, aus dem später die Bekennende Kirche hervorging. Unter seiner Leitung entstanden die »Rundbriefe der Bekennenden Kirche in Berlin-Brandenburg« in einer Auflage von jeweils 50.000 Exemplaren. Nachdem der Rundbrief Nr. 8 im Mai 1935 von der Gestapo beschlagnahmt wurde, erwirkte Pfarrer Praetorius dessen weiteres Erscheinen. Im Oktober 1935 wurden die Rundbriefe durch einen Beschluss der Reichspressekammer endgültig verboten.

Proebst, Hermann   1904 – 1970
Journalist, Redakteur
Reichensteiner Weg 7
Ab 1930 arbeitete er als Rundfunkjournalist, betreute die Sendungen der Aktuellen Abteilung des Reichssenders Berlin und leitete später den Zeitfunk. Nachdem er sich geweigert hatte, in die NSDAP einzutreten, wurde er 1936 entlassen und arbeitete als Auslandskorrespondent für verschiedene deutsche Zeitungen. Nach 1945 war er zunächst Redakteur bei der Kölner »Rheinischen Zeitung«, danach Chef des Presse- und Informationsamtes der Bayerischen Staatskanzlei. Seit 1949 arbeitete er für die »Süddeutsche Zeitung«, deren Chefredakteur er im Mai 1960 wurde.

Pünder, Marianne   1898 – 1990
Fürsorgerin
Marienstraße 15
Gemeinsam mit der Fürsorgerin Marianne Hapig betreute sie während der Zeit des Nationalsozialismus viele politische Gefangene, zu denen auch der Jesuitenpater Alfred Delp, ein Mitglied des oppositionellen Kreisauer Kreises, gehörte. Die »beiden Mariannen« erinnerten sich: »Die Blutspuren auf der Rückseite eines Hemdes von ihm offenbarten das Martyrium dieses Geistlichen.« Ihr gemeinsames Büro galt als »heimliche Beratungsstelle für die Angehörigen der Verschwörer des 20. Juli 1944«.

Rabinowitsch-Kempner, Lydia   1871 – 1935
Bakteriologin
Potsdamer Straße 58 a
Aufgrund ihrer jüdischen Herkunft wurde sie als Leiterin des Bakteriologischen Institus am Städtischen Krankenhaus Berlin-Moabit 1934 zwangspensioniert, sie selbst verzichtete auf Emigration, sorgte aber dafür, dass ihre Kinder und deren

Angehörige mit Hilfe amerikanischer Freunde auswandern konnten. Sie starb nach langer schwerer Krankheit. Ihre letzte Ruhestätte befindet sich auf dem Parkfriedhof in Berlin-Lichterfelde. Heute erinnert in Berlin nur noch eine Gedenktafel an ihrer alten Wirkungsstätte in Moabit, Turmstraße 21, an die anerkannte Tuberkuloseforscherin.

Radzig-Radzyk, Hermann 1876 – 1954
Maler
Roonstraße 39
Sein Hauptfach war die Porträtmalerei, jedoch bot er sich auch für kunstgewerbliche Entwürfe an und galt als präziser wissenschaftlicher Zeichner.

Ravenstein, Johann »Hans« Theodor von 1889 – 1962
Generalleutnant
Finckensteinallee 63 (früher: Zehlendorfer Straße)
Der Absolvent der Lichterfelder Hauptkadettenanstalt nahm am Ersten Weltkrieg als Hauptmann teil und erhielt die höchste preußische Auszeichnung, den Orden »Pour le Merite«. Im Zweiten Weltkrieg war er zunächst am Überfall auf Polen und Griechenland beteiligt und befehligte 1941 die 21. Panzerdivision in Nordafrika. Hier wurde er am 29. November 1941 in der Nähe der libyschen Stadt Tobruk von neuseeländischen Truppen festgenommen. Er war der erste deutsche General, der in alliierte Kriegsgefangenschaft geriet.

Reck, Hartmut 1932 – 2001
Schauspieler
Hindenburgdamm 13
Sein Schauspieldebüt gab er bei Bertolt Brecht auf der Bühne des Berliner Ensembles, seit 1956 stand er auch vor der Filmkamera. Bei der DEFA zählte er neben Ulrich Thein, Willi Schrade, Günter Haack, Armin Müller-Stahl, Manfred Krug und Uwe-Jens Pape zur »neuen Filmschauspielergeneration«, die aufgrund ihrer Popularität – besonders beim weiblichen Kinopublikum – über viele Jahre das »junge Gesicht« der DEFA prägte. 1959 verließ er die DDR und konnte in der Bundesrepublik an seine erfolgreiche Karriere beinahe nahtlos anknüpfen. 1962 spielte er eine Nebenrolle in dem amerikanischen Kriegsdrama »Der längste Tag« an der Seite von Bourvil, Sean Connery, Henry Fonda, Gert Fröbe, Curd Jürgens, Robert Mitchum, Rod Steiger und John Wayne.

Reimann, Albert   1874 – 1976
Bildhauer
Goebenstraße 52 (heute: Patschkauer Weg)
Albert Reimann wohnte in Lichterfelde bis zu seiner Emigration nach England im Jahre 1938. 1902 hatte er die angesehene private »Reimann-Schule« in der Landshuter Straße in Schöneberg gegründet, die sich zunächst als »Schülerwerkstätte für Kleinplastik«, später als »Schule, Atelier und Werkstatt für freie und angewandte Kunst« einen guten Ruf erwarb. Reimann war Vorstand der Bewegung »Die Kunst im Leben des Kindes«. Seine Schule mit zeitweise über tausend Schülern in zwanzig Abteilungen war die erste Kunstschule in Europa, die das Modezeichnen lehrte.

Reinecke, Albrecht   1871 – 1943
Generalmajor
Hindenburgdamm 130
Sein Cousin Hermann Reinecke (1888 – 1973) war im Zweiten Weltkrieg General der Infanterie im Oberkommando der Wehrmacht. Wegen Kriegsverbrechen und Verbrechen gegen die Menschlichkeit wurde Hermann Reinecke vom Nürnberger Kriegsverbrechertribunal zu lebenslanger Haft verurteilt, am 1. Oktober 1954 jedoch vorzeitig aus der Haft entlassen. Über Albrecht Reineckes militärischen Werdegang ist wenig bekannt geworden.

Reppert-Bismarck, Hans Eugen von   1861 – 1934
Maler, Oberstleutnant
Drakestraße 41
Am 14. Oktober 1896 heiratete der Königlich Preußische Oberstleutnant in Braunschweig Editha von Bernewitz, mit der er kurze Zeit darauf nach Lichterfelde zog. Hier widmete er sich der Malerei, schuf Aquarelle und Ölgemälde und tat sich auch als Buchillustrator hervor. Um 1930 zog er mit seiner Familie nach Zehlendorf und bewohnte dort das Haus Nr. 5 in der Annastraße, dem heutigen Vopeliuspfad.

Reyländer-Böhme, Ottilie   1882 – 1965
Malerin
Hochbaumstraße 4–6
Bereits als 15-Jährige zog sie in die Künstlerkolonie Worpswede und erhielt eine fundierte Malausbildung bei Fritz Mackensen. Ab 1900 pendelte sie zwischen Worpswede und Paris und lernte auf einer ihrer Reisen den jungen Dichter Rainer Maria Rilke kennen. Nach einem langjährigen Aufenthalt in Mexiko heiratete sie 1929 Traugott Böhme, der später Leiter des Preußischen Geheimen Staatsarchivs in Berlin-Dahlem werden sollte. Gemeinsam mit ihrer Malerkollegin Oda Hardt-

Rösler gründete sie nach 1945 die Malschule »Atelier im Freien«. Kurz vor ihrem Tod sagte sie: »Meine Bilder sind nur Studien, ich will doch jetzt, wo es richtig interessant wird, erst anfangen zu malen.«

Reymann, Hellmuth   1892 – 1988
Generalleutnant
Finckensteinallee 63 (früher: Zehlendorfer Straße)
Zur Verteidigung Berlins übernahm er am 23. April 1945 das Kommando über die »Korpsgruppe Spree«, die Walther Wencks 12. Armee unterstellt war. Am 6. Mai 1945 fuhr er als Parlamentär zur amerikanischen 9. Armee und geriet einen Tag später in Kriegsgefangenschaft, aus der er am 18. September 1946 entlassen wurde. In der Nachkriegszeit war er zunächst als Nachtwächter tätig, später als kaufmännischer Angestellter bei einer Metallfirma in Iserlohn. Seine Entnazifizierung erfolgte mittels einer »Unbedenklichkeitserklärung« am 14. August 1947.

Richthofen, Manfred Freiherr von   1892 – 1918
Jagdflieger, Geschwaderkommandant
Finckensteinallee 63 (früher: Zehlendorfer Straße)
Den Beginn des Ersten Weltkrieges erlebte er noch als Kavallerist in Rußland, dreieinhalb Jahre später war er der erfolgreichste deutsche Jagd- und Kampfflieger an der Westfront. Der Absolvent der Hauptkadettenanstalt erhielt 1915 bei Oswald Boelcke seine Pilotenausbildung und ging als Flieger mit den meisten Feindabschüssen in die Kriegsgeschichte ein. Am 21. April 1918 wurde er im Luftkampf durch einen Brustdurchschuss getötet, seine Fliegerkollegen der gegnerischen Alliierten erwiesen ihm ihren Respekt, als sie ihn mit allen militärischen Ehren in der französischen Stadt Bertangles zu Grabe trugen.

Riepenhausen, Carlheinz   1905 – 1990
Autor, Regisseur
Ruthnerweg 8
Der ausgebildete Journalist war von 1934 bis 1939 Dramaturg bei verschiedenen Berliner Verlagen, von 1939 bis 1943 arbeitete er als Filmdramaturg bei der Ufa. Nach 1945 wechselte er zum Rundfunk, wurde Hörspielregisseur und gestaltete rund 200 Schulfunksendungen. Viele Jahre gehörte der im hessischen Arolsen gestorbene »Charly« Riepenhausen dem Schachklub Zehlendorf an.

Ritter, Robert   1901 – 1957
Mediziner, Rassehygieniker
Züricher Straße 30
1936 habilitierte sich der promovierte Philosoph und Facharzt für Kinderpsychiatrie an der Universität Tübingen mit einer »Feldstudie über in Deutschland

lebende Zigeunerfamilien«. Als Untertitel wählte er die Zeile »Erbärztliche und erbgeschichtliche Untersuchungen über die durch zehn Geschlechterfolgen erfaßten Nachkommen von Vagabunden, Gaunern und Räubern«. Mit dieser Arbeit empfahl sich Ritter für höhere Aufgaben. Schon im November 1936 war er Leiter der »Rassehygienischen und Bevölkerungsbiologischen Forschungsstelle des Reichsgesundheitsamtes« in Berlin-Dahlem. Das gegen ihn eingeleitete Verfahren wegen seiner Verantwortung am Massenmord an Sinti und Roma wurde 1950 eingestellt.

Roques, Kurt-Rüdiger von   1890 – 1966
Mediziner
Wilhelmstraße 3 (heute: Königsberger Straße)
1934 hatte er das Haus in der Wilhelmstraße von seiner Zahnarztkollegin Emma Bruck erworben. In seiner Arbeit »Die Stellung der Heilanästhesie in der Pathologie« prägte er 1940 erstmals den Begriff »Neuraltherapie«, die die Heilung nicht nur eines geschädigten Organs, sondern des »ganzen Menschen« beinhaltete, denn »jede Stelle unseres Körpers kann zu einem Störfeld werden. Fast jede chronische Krankheit kann störfeldbedingt sein. Schmerzfreiheit ist niemals ein Beweis für Herdfreiheit«. Seine Bücher »Alte Heilweisen neu entdeckt«, »Bittersüße Medizin« und »Der menschliche Körper« zählen noch heute zur Pflichtlektüre angehender Ärzte.

Rosenthal, Hans   1925 – 1987
Quizmaster, Regisseur
Augustaplatz 4 b
Im Vorwort seiner 1982 erschienenen Autobiografie »Zwei Leben in Deutschland« schrieb er: »Siebenmal bin ich vor dem fast sicheren Tod gerettet worden. Ein Mensch, der das hinter sich hat, wird nicht ein Buch schreiben können, ohne damit eine Hoffnung, einen Wunsch zu verbinden: Ich hoffe und wünsche, daß die Leser nach der Lektüre meiner zwei Leben in Deutschland sich sagen: Man darf nie aufgeben. Man darf vor allem sich selbst nie aufgeben. Nach einem Tunnel kommt wieder ein Licht, nach tiefem Tal eine Höhe, nach Verzweiflung Zuversicht und nach dem Kummer Glück.«

Rösler, Waldemar   1882 – 1916
Maler
Morgensternstraße 18, Schillerstraße 21
Der im sächsischen Striesen bei Dresden geborene Genre- und Landschaftsmaler war zunächst Mitglied, dann Vorstand der Berliner Sezession und ein enger Freund seines Förderers Max Liebermann. 1913 schrieb der Kunstkritiker Karl Scheffler: »Rösler wohnt in einem Vorort Berlins. Wenn er sein Haus verläßt, ist er

mit wenigen Schritten am Bahndamm. Dort gibt es einen mit Akazien eingefaßten Sandweg, von dem aus der Blick auf das freie Feld hinausschweifen kann und auf einen hohen, reinen Himmel.« Ansichten von Lichterfelde waren sein Hauptthema, am bekanntesten wurde das 1912 geschaffene Ölgemälde »Landschaft bei Lichterfelde im Winter«. Zuletzt an schweren Depressionen leidend, nahm er sich mit nur 34 Jahren das Leben. Sein künstlerischer Nachlass galt zwei Jahrzehnte später bei den Nationalsozialisten als »entartet«.

Rubner, Max   1854 – 1932
Hygieniker, Physiologe
Dahlemer Straße 69 (heute: Tietzenweg 82)
1878 promovierte er mit der Arbeit »Über die Ausnutzung einiger Nahrungsmittel im Darmkanal des Menschen« und war anschließend als unbezahlter Assistent bei seinem Lehrer Carl von Voit tätig. 1885 erhielt er eine Professur an der Universität Marburg, 1891 kam er als Nachfolger von Robert Koch an die Universität Berlin und war Mitbegründer des Kaiser-Wilhelm-Instituts für Physiologie. Das Bundesforschungsinstitut für Ernährung und Lebensmittel (MRI) mit dem Forschungsschwerpunkt »Gesundheitlicher Verbraucherschutz« trägt heute seinen Namen. Rubners Enkelin ist Johanna Quandt, die Witwe des Großindustriellen Herbert Quandt.

Rückwardt, Hermann Oskar   1845 – 1919
Fotograf
Knesebeckstraße 3–4
Gemeinsam mit Waldemar Titzenthaler, Max Missmann und F. Albert Schwartz zählte Rückwardt zu einem kleinen Kreis von Spezialisten der Berliner Architekturfotografie. Seine bekannteste Arbeit ist der vom Berliner Magistrat 1902 herausgegebene Bildband »Die Straßenbrücken der Stadt Berlin«. Bereits 1876 waren von ihm vierzig Lichtdrucke in Robert Dohmes Buch »Das königliche Schloß in Berlin« erschienen. Im Eigenverlag veröffentlichte er mehr als achtzig Bildmappen. Sammlungen seiner Werke befinden sich heute in der Berlinischen Galerie und im Märkischen Museum.

Runze, Waltraut   Geb. 1927
Schauspielerin
Ostpreußendamm 30b (früher: Berliner Straße)
Die jüngere Schwester des Schauspielers und Regisseurs Ottokar Runze (»Der Schnüffler« mit Dieter Hallervorden, »Die Hallo-Sisters« mit Gisela May und Ilse Werner) gehörte zum Ensemble des Theaters am Kurfürstendamm und spielte hier Anfang der Fünfzigerjahre als Komödienpartnerin an der Seite von Harald Juhnke. Anspruchsvolle Filmrollen erhielt sie 1954 von Gustav Ucicky in »Die

Hexe«, von Karl Anton in »Viktor und Viktoria« und von Arthur Maria Rabenalt in »Frühling in Berlin«. Stars des deutschen Films wie Sonja Ziemann, Wolfgang Neuss, Johannes Heesters, Boy Gobert, Karlheinz Böhm, Attila Hörbiger und viele andere waren ihre Leinwandpartner. In »Liane, das Mädchen aus dem Urwald« mit der leichtgeschürzten Marion Michael war sie 1956 als Hausmädchen Ellen zu sehen. Waltraut Runze war mit dem 1985 verstorbenen deutschen Schauspieler Kurt Waitzmann verheiratet.

Sachsen-Coburg, Carl Eduard von (Charles Edward)   1884 – 1954
Herzog von Sachsen-Coburg
Finckensteinallee 63 (früher: Zehlendorfer Straße)
Der letzte Regierende Herzog von Sachsen-Coburg und Gotha trat am 1. Mai 1933 in die NSDAP ein und wurde mit Ehrenrängen, Ämtern und Titeln förmlich überhäuft. Er wurde in schneller Folge SA-Obergruppenführer, Obergruppenführer des Nationalsozialistischen Kraftfahrerkorps, Obergruppenführer des Nationalsozialistischen Fliegerkorps, Fliegerkommodore, Ehrenführer der Deutschen Luftfahrt, Reichsbeauftragter für das Kraftfahrwesen, Reichsbeauftragter für die Freiwillige Krankenpflege, Präsident der Vereinigung des Deutschen Frontkämpferbundes und Präsident des Deutschen Roten Kreuzes. 1946 sollte der »blaublütige Übernazi« wegen Verbrechens gegen die Menschlichkeit in Nürnberg angeklagt werden, wurde jedoch nach mehreren Berufungsverfahren trotz seiner exponierten Stellung im »Dritten Reich« lediglich als »Mitläufer« des NS-Regimes eingestuft.

Salomon, Ernst von   1902 – 1972
Schriftsteller
Finckensteinallee 63 (früher: Zehlendorfer Straße)
Nach seinem Studium an der Lichterfelder Hauptkadettenanstalt meldete er sich 1918 zunächst zu den regierungstreuen deutschen Truppen, schon wenig später war er Freikorpskämpfer im Baltikum und in Oberschlesien. 1922 wurde er wegen Beihilfe zur Ermordung des deutschen Außenministers Walther von Rathenau zu fünf Jahren Zuchthaus verurteilt. 1930 erschien sein erster Roman »Die Geächteten«, 1933 folgte »Die Kadetten«. Die Nationalsozialisten werteten seine Schriften als »Dokumente vom Kampf um die Wiedergeburt der Nation.« 1951 veröffentlichte er den Roman »Der Fragebogen«, in dem sich Salomon autobiografisch mit den 133 Fragen der Entnazifizierungsbehörden auseinandersetzte. »Der Fragebogen« löste eine hitzige Diskussion aus und wurde zum ersten Bestseller in der Bundesrepublik Deutschland. 1956 schrieb er das Drehbuch für den höchst freizügig inszenierten Film »Liane, das Mädchen aus dem Urwald«.

Salzer, Marcell   1873 – 1930
Rezitator, Vortragskünstler
Paulinenstraße 1
Der Urvater aller Entertainer, Kabarettisten und Comedians trat ab 1895 in Berlin auf, zum Repertoire seiner »Lustigen Abende« zählten zwar Klassiker wie Wilhelm Busch und Hans Thoma, aber auch selbstgeschriebene Parodien und Sketche wie die in Zusammenarbeit mit Max Reinhardt entstandene Posse »Der böhmische Fremdenführer«. 1901 spielte Salzer an Ernst von Wolzogens »Überbrettl«, dem ersten deutschsprachigen Kabarett, das sich seinen Namen in bewusster Anspielung auf Friedrich Nietzsches »Übermensch« gab. 1911 veröffentlichte er sein »Lustiges Salzer-Buch«, im heutigen Sprachgebrauch eine »Best-of«-Sammlung seiner erfolgreichsten Texte und Stücke.

Säuberlich, Lou   1911 – 1976
Schauspielerin
Carstennstraße 60
Nach dem Besuch der Frankfurter Schauspielschule war sie u. a. am Berliner Hebbel-Theater engagiert und erhielt anspruchsvolle Hauptrollen in Brechts »Die Gewehre der Frau Carrar« und in Schillers »Die Räuber«. Bereits in den Dreißigerjahren übernahm sie auch Synchronarbeiten, u. a. war sie die deutsche Stimme von Joan Crawford. 1947 erhielt sie den Joachim-Gottschalk-Preis der Genossenschaft deutscher Bühnenangehöriger. Im Kino war sie in »Das Mädchen Juanita« (1945), »Bumerang« (1959) und »Neues vom Hexer« (1965) zu sehen.

Schauroth, Athos von   1884 – 1975
Generalleutnant
Finckensteinallee 63 (früher: Zehlendorfer Straße)
Leutnant Heinrich Brüning wurde im Ersten Weltkrieg in zahlreichen Gefechtsberichten lobend erwähnt. Sein Kommandeur Athos von Schauroth urteilte über den späteren Reichskanzler der Weimarer Republik: »Unbedingt pflichttreu, zuverlässig, tapfer und charakterlich hochanständig.« Im Gegensatz zu seinem damaligen Untergebenen wechselte Schauroth nicht in die Politik, sondern durchlief alle Stationen als Stabsoffizier von der Reichswehr bis zur Wehrmacht. Am Ende des Zweiten Weltkrieges war er General beim Oberbefehlshaber Ost, Heeresgruppe Balkan. In der Bundesrepublik war er in mehreren Traditionsverbänden aktiv.

Scheerbart, Paul   1863 – 1915
Schriftsteller, Zeichner
Marschnerstraße 15
Der studierte Philosoph und Kunsthistoriker war 1892 Mitbegründer des »Verlages deutscher Phantasten« und versuchte, das Perpetuum mobile zu erfinden. Bereits mit seinem ersten Roman »Die große Revolution« erntete er große Anerkennung. Wenig später verlegte Ernst Rowohlt Scheerbarts skurrile Gedichtsammlung »Katerpoesie« als eines der ersten Bücher des noch jungen Rowohlt-Verlages. Zwischen Autor und Verleger entwickelte sich eine lebenslange Freundschaft. Scheerbarts fantastische Werke, die vornehmlich auf fernen Planeten spielten, inspirierten und beeinflussten auch die expressionistische Architektengeneration. Nach dem Erscheinen des Sachbuches »Glasarchitektur« erbaute Bruno Taut 1914 im Sinne Scheerbarts ein Glashaus auf der Kölner Werkbundausstellung. Scheerbart lebte mit seiner Ehefrau Anna ab 1912 in Lichterfelde.

Scherenberg, Hermann   1826 – 1897
Maler, Illustrator
Promenadenstraße 10
Der Porträt- und Genremaler wohnte bis zu seinem Tode in Lichterfelde. In den »Deutschen Bilderbögen für Jung und Alt« aus dem Stuttgarter Gustav-Weise-Verlag rückte er stilistisch so weit von der klassischen Illustration ab, dass ihn der Comicforscher Eckart Sackmann später als einen der »Urväter des Comics« bezeichnete. Scherenbergs Sohn Hans (1865 – 1899) wurde ebenfalls Maler und galt als ge-fragter Porträtist und Bildnismaler.

Schleicher, Kurt von   1882 – 1934
General, Reichskanzler
Finckensteinallee 63 (früher: Zehlendorfer Straße)
Nach dem Rücktritt des Kabinetts von Papen nach den Reichstagswahlen vom 6. November 1932 wurde Reichwehrminister Kurt von Schleicher am 3. Dezember 1932 zum deutschen Reichskanzler ernannt. Die Amtszeit des letzten Regierungschefs der Weimarer Republik sollte nicht einmal zwei Monate dauern. Am 30. Januar 1933 erhielt Adolf Hitler auf Empfehlung Schleichers durch Reichspräsident Hindenburg die Berufung zum Reichskanzler. Der verdienstvolle General Kurt von Schleicher, Absolvent der Lichterfelder Hauptkadettenanstalt, wurde am 30. Juni 1934 Opfer des angeblichen »Röhm-Putsches«. Gemeinsam mit seiner Ehefrau Elisabeth von Henning wurde er in seiner Villa in Neubabelsberg von einer Einheit der SS erschossen.

Schlotke, Otto Chr.   1869 – 1927
Dichter, Schriftsteller
Moltkestraße 31
»An der Poesie hing sein Herz, Schriftsteller und Redakteur war er zum Broterwerb.« Sein dichterisches Schaffen umfasste Balladen, Kinderlieder und Texte zu Melodien von Johannes Brahms, Richard Wagner, Franz Schubert und Robert Schumann. Sein künstlerisches Vermächtnis hinterließ er drei Jahre vor seinem Tod mit dem Buch »Klang und Klang«. Viele Jahre war er auch im Druckgewerbe tätig, verfasste Beiträge für Fachzeitschriften und veröffentlichte die Biografie Ottmar Mergenthalers, des Erfinders der Linotype-Setzmaschine.

Schmidt-Berg, Heinz   1911 – 1993
Pressezeichner, Karikaturist
Viktoriastraße 1 b
Der aus dem Prenzlauer Berg stammende Karikaturist, ausgestattet mit dem »nie versagenden Berliner Mundwerk«, war Schüler von Max Kaus, Hans Orlowski und Nikolaus Sagrekow. Populär wurde er besonders durch seine Skizzen aus dem Theaterleben sowie durch pointierte Porträtzeichnungen. Darüber hinaus schuf er Ansichten »bedrohlich und melancholisch« wirkender Landschaften in der Gouache-Maltechnik. Dafür benutzte er halbdeckende Wasserfarben aus Kreide und Gummi arabicum. Diese andere Seite seines Schaffens hielt er weitgehend verborgen.

Schmitt, Rudi   Geb. 1914
Schauspieler
Marschnerstraße 48
Nach Engagements an den Theatern in Regensburg und Köln kam er Mitte der Dreißigerjahre an das Deutsche Theater Berlin. Nach 1945 spielte er in München, Frankfurt am Main und Göttingen, 1957 kehrte er nach Berlin zurück. Außer am Schillertheater arbeitete er auch für das Fernsehen und den Film. Zu sehen war er u. a. in »Herr Hesselbach und die Firma« (1956), »Der letzte Zeuge« (1959), »Wir Kellerkinder« (1960) und »Das Jahrhundert der Chirurgen« (1972).

Schoenfelder, Friedrich   Geb. 1916
Schauspieler
Stubenrauchstraße 6–7, Ringstraße 70
Zu den größten Theatererfolgen des »früh ergrauten Charakterdarstellers, distinguierten Gentleman und Bonvivant des Boulevardtheaters« zählte Anfang der Sechzigerjahre das Musical »My Fair Lady«, in dem er neben Karin Hübner und Paul Hubschmid rund 1.200-mal auf der Bühne stand. Hier spielte er zunächst den Oberst Pickering, später auch die Rolle des Professor Higgins. Schoenfelder

gehört seit Jahrzehnten auch zu den begehrtesten Synchronsprechern, war u. a. die deutsche Stimme von David Niven und der Erzähler in »Asterix, der Gallier« und in der Bully-Herbig-Komödie »Der Schuh des Manitu«.

Schreyer, Lothar   1886 – 1966
Maler, Bühnenbildner
Kommandantenstraße 90
1910 promovierte er zum Dr. jur. und veröffentlichte kleinere Schriften und Malereien unter dem Pseudonym Angelus Pauper. Nachdem er 1917 die »Sturmbühne«, ein expressionistisches Versuchstheater, gegründet hatte, arbeitete er bis 1928 an Herwarth Waldens Zeitschrift »Der Sturm« mit. In dieser Zeit wirkte er auch als Leiter der Bühnenklasse am Bauhaus in Weimar und war Mitglied der avantgardistischen Gruppe »Die Abstrakten«. Seine revolutionären Bühnenbildentwürfe sind noch heute Vorlage für moderne Theaterinszenierungen. Schreyer wohnte um 1930 in Lichterfelde, seine letzten Lebensjahre verbrachte er als Maler und Schriftsteller in Hamburg.

Schröder-Sonnenstern, Friedrich   1892 – 1982
Maler, Zeichner
Ringstraße 31
Der Autodidakt, den man heute zu den bedeutendsten deutschen Zeichnern zählt, wurde 1912 wegen Schizophrenie in eine Nervenheilanstalt eingewiesen, 1919 erfolgte seine Entmündigung. Nach weiteren Anstaltsaufenthalten und einer wenig erfolgreichen Karriere als Wunderheiler und Wanderprediger schuf er bis zu seinem Tode insgesamt 250 Zeichnungen und rund 120 großformatige Bilder, oft mit obszönen Fabelwesen in einer skurrilen Utopiewelt (»Ich produziere die schönsten, ekligsten Bilder der Welt«). Von ihm stammt der Sinnspruch »Ist der Ruf erst ruiniert, lebt man völlig ungeniert«, den er nach seiner Entmündigung kreierte. Dieser Satz wird heute fälschlicherweise Wilhelm Busch, Bertolt Brecht, Werner Kroll und Oscar Wilde zugesprochen.

Schroeter, Paul K. Alfred   1866 – 1946
Maler, Radierer
Holbeinstraße 36, Holbeinstraße 38
Er studierte an der Münchener und an der Düsseldorfer Akademie, wirkte in Worpswede, in Berlin und in der Willingshäuser Künstlerkolonie. Aus dieser Zeit stammt eine seiner reizvollsten Zeichnungen, die »Willingshäuser Bäuerin und Junge mit Gans«. Obwohl in allen Nachschlagewerken Schroeters Geburtsdatum mit 1866 angegeben ist, trägt der ovale Nachlassstempel auf dieser Bleistiftskizze die Inschrift »Paul Schröter 1868 – 1946«. Er war Mitglied der Münchener Sezession und der Allgemeinen Deutschen Kunstgenossenschaft.

Schuchhardt, Carl   1859 – 1943
Archäologe
Teltower Straße 139 (heute: Goerzallee 27)
Auf Vorschlag von Theodor Mommsen erhielt er 1886 vom Archäologischen Institut ein Stipendium, bereiste gemeinsam mit Mommsen zwei Jahre lang Griechenland und Kleinasien und beteiligte sich an den Ausgrabungen von Pergamon. 1908 wurde er Direktor der Vorgeschichtlichen Abteilung des Völkerkunde-Museums in Berlin und blieb dort bis zu seiner 1925 erfolgten Pensionierung. Eine jahrzehntelange Kontroverse führte er mit seinem Lichterfelder Nachbarn Gustaf Kossinna über die Frage der »ethnischen Deutung« von archäologischen Funden. Beliebtes Streitobjekt der beiden Prähistoriker war dabei vor allem der am 16. Mai 1913 entdeckte, zweieinhalb Kilogramm schwere »Goldschatz von Eberswalde« aus dem 10. Jahrhundert vor Christus.

Schuder, Werner   Geb. 1917
Verlagsdirektor
Freiwaldauer Weg 24
Nach Studien der Philosophie, Musikwissenschaft und Germanistik besuchte er die Buchhändler- und Bibliothekarsschule in Berlin und war von 1945 bis 1954 an der Universitäts-Bibliothek Berlin beschäftigt. Von 1954 bis 1986 leitete er als Direktor den Verlag Walter de Gruyter & Co. Berlin–New York, daneben lehrte er ab 1956 an der Berliner Bibliothekar-Akademie, war Lehrbeauftragter an der Freien Universität sowie an der Hochschule der Künste. 1967 wurde er zum Vorsitzenden des Prüfungsausschusses für Verleger in Berlin berufen.

Schütze-Schur, Ilse   1868 – 1923
Malerin, Grafikerin
Steglitzer Straße 79 (heute: Gardeschützenweg)
Unter der Überschrift »Ilse Schütze-Schur – eine vergessene sozialdemokratische Künstlerin des frühen 20. Jahrhunderts« schrieb der Kolumnist Peter Pfister über eine Ausstellung ihrer Werke in den Räumen der Friedrich-Ebert-Stiftung in Bonn: »Die Künstlerin Ilse Schütze-Schur war hinsichtlich ihres künstlerischen Schaffens ein Spiegel ihrer Zeit. Wie viele andere Künstler betätigte sie sich mit Malerei, Graphiken, Druckgraphiken und Farbdrucken. Ferner schuf sie sich einen Namen in der Gestaltung von Bucheinbänden und Buchillustrationen. Sie gestaltete Buntglasfenster, Vorhängescheiben, aber auch Wandschirme, Möbelstücke und Einlegearbeiten. Bei einer Betrachtung ihrer Werke zeigt es sich, dass es der Künstlerin nur wenig gerecht wird, wenn wir sie in das enge Korsett einer linearen kunsthistorischen Einordnung zwängen. Zu vielfältig sind ihre Darstellungen. Selbstbewusst und mit sicherer Hand schuf sie ihre Werke und war doch in der Lage, ihr Kunstschaffen den jeweiligen Anforderungen anzupassen.«

Schulz-Reichel, Fritz 1912 – 1990
Pianist, Komponist
Willdenowstraße 26
Der gebürtige Meininger gehört neben Bert Kaempfert, Herbert Roth, Nena und der Gruppe Rammstein zu den wenigen deutschen Unterhaltungskünstlern, die ihre Produkte im Laufe der Jahre auch in diversen US-amerikanischen Hitparaden platzieren konnten. Populär wurde er 1952 als »Schräger Otto« mit seinem eigenen, am Ragtime orientierten Klavierspiel. Es war ein unverkennbarer, eben »schräger Sound«, für den er auf seinem Klavier die jeweils mittlere Saite leicht nach oben verstimmte oder auch Reißzwecken in den Filz der Anschlaghämmer drückte. Er komponierte mehrere Filmmusiken (u.a. zu »Rosmarie kommt aus Südwest« und »Schwarze Nylons – Heiße Nächte«) und trat regelmäßig in TV-Unterhaltungssendungen auf.

Schumann, Georg Alfred 1866 – 1952
Komponist, Pianist, Chorleiter
Morgensternstraße 8 (früher: Bismarckstraße)
Von 1900 bis zu seinem Tod leitete der Sohn des Stadtmusikdirektors Clemens Schumann die Berliner Singakademie. 1918 wurde er Vizepräsident der Preußischen Akademie der Künste, seit 1934 stand er der Akademie als Präsident vor. Darüber hinaus leitete er von 1913 bis 1945 als Nachfolger von Max Bruch die Meisterschule für Komposition. Schumann hat mit seinem Wirken das Berliner und deutsche Musikleben entscheidend beeinflusst. Gemeinsam mit Richard Strauss gründete er die »Genossenschaft deutscher Tonsetzer«, aus der sich die heutige GEMA entwickelte. 1951 erhielt er das »Große Verdienstkreuz der Bundesrepublik Deutschland«. Sein Wohnhaus in Lichterfelde wird heute von der Georg Schumann Gesellschaft als Museum und Veranstaltungshaus geführt.

Schur, Ernst Erich Walter 1876 – 1912
Schriftsteller, Lyriker
Steglitzer Straße 79 (heute: Gardeschützenweg)
Mit seinen Kunstkenntnissen wollte er »am großen Werk der Volksbildung« mitwirken und veröffentlichte 1909 unter dem Titel »Nach der Arbeit« einen »Führer durch die Kunstgeschichte«. Ein Jahr später erschien sein »Führer durch die Nationalgalerie«. Er schrieb über japanische Kunst, über den Maler und Holzschneider Alfred Rethel und über Melchior Lechter, den berühmten deutschen Glasmaler und Grafiker.

Schürenberg, Siegfried   1900 – 1993
Schauspieler
Gerichtsstraße 4
Unvergessen bleibt seine Darstellung des Scotland-Yard-Chefs Sir John in der Edgar-Wallace-Reihe und sein ständig wiederholter, oberlehrerhafter und energischer Rüffel »Das müssen Sie doch berücksichtigen!«, mit dem er seinen Chefinspektor Higgins, gespielt von Joachim Fuchsberger, ein ums andere Mal zur Verzweiflung brachte. In der Tat hatte Sir John in insgesamt 13 Edgar-Wallace-Filmen nur selten Anteil an der Aufklärung eines Kriminalfalles, jedoch war er dank seines leicht senilen, trotteligen und dennoch von unbändigem Narzissmus geprägten Auftretens ein uneingeschränkter Sympathieträger. Schürenberg hatte mit dieser Rolle sein Meisterstück geliefert.

Schwartzkopff, Ernst Wilhelm   1853 – 1904
Architekt
Drakestraße 75
Nach seiner Heirat ließ er sich 1883 mit seinem Vater, dem Unternehmer-Privatier Karl Wilhelm Schwartzkopff, noch vor dem großen Bauboom als »Platzhirsch« am Marienplatz in der »Villa Schwartzkopff« nieder. Nach der kleinteiligen Bebauung des Marienplatzes 1888 zog er in die Drakestraße, zunächst nur »Sommersitz« und ab 1896 fester Wohnsitz. Schwartzkopff entstammte einer einflussreichen Magdeburger Unternehmerfamilie, studierte in Berlin und Genthin Architektur. Nach dem Verlust eines Auges schied er als Regierungsbauführer aus dem Staatsdienst und wurde Privatarchitekt in Berlin. 1890 wurde er »königlicher Baurat«, er war Mitglied des Domkirchenkollegiums und »Dombaumeister«. Seine Hauptbauten waren die christlichen Hospize in der Wilhelmstraße, am Brandenburger Tor, in der Marburger Straße und der Mohrenstraße. Er entwarf die Taborkiche in Kreuzberg, die Reformationskirche in Moabit und die »Deutschen Höfe« in Wedding. Seine Tochter Erika Anna Schwartzkopff (1886–1925) nahm regen Anteil am Lichterfelder Kreis um Stefan George und heiratete 1915 Friedrich Wolters.

Schwarz, Victor   1867 – 1915
Mediziner
Carstennstraße 58
Bereits 1904, als sich die von Samuel Hahnemann entwickelte Heilungsmethode der Homöopathie noch nicht überall als gleichwertiges Behandlungsprinzip durchgesetzt hatte, wurde in der Lichterfelder Carstennstraße das erste homöopathische Krankenhaus eröffnet. Neben Victor Schwarz, dem »dirigierenden Arzt« erprobte dort eine kleine Anzahl fortschrittlicher Mediziner alternative Behandlungsweisen. Das alte Gebäude existiert noch und bildet den Mittelpunkt des heutigen modernen Krankenhauskomplexes.

Schwerkolt, Günther   Geb. 1907
Schauspieler, Komponist
Goethestraße 12
1990 wurde vom Westdeutschen Rundfunk das Hörspiel »Schotts letzte Fahrt« ausgestrahlt, in dem für den Regierungsoberdirektor Tobias Schott eine nächtliche S-Bahnfahrt durch Berlin tödlich endet. Die Aufklärung des Falles veranlasste einen Medienkritiker zu folgender Einschätzung: »Nicht verwunderlich ist, dass Tobias Schott die Frauen ausgerechnet nachts in der S-Bahn belästigt. Nicht umsonst spricht man ja auch vom Triebwagen ...«. Zu den Sprechern des Hörspiels gehörte neben Dagmar Biener, Ingolf Gorges, Robert Westphal und Horst Pinnow auch der Komponist und Kabarettist Günter Schwerkolt.

Sebaldt, Maria   Geb. 1930
Schauspielerin
Schillerstraße 21
Ihr Filmdebüt gab sie 1953 in »Wenn am Sonntagabend die Dorfmusik spielt« an der Seite von Rudolf Prack, zügig folgten Auftritte in »Der Hauptmann von Köpenick« mit Heinz Rühmann, »Anastasia, die letzte Zarentochter« mit Lilli Palmer, »Die Zürcher Verlobung« mit Lilo Pulver und »Vater, Mutter und neun Kinder« mit Heinz Erhardt. Zwischen 1986 und 1991 spielte sie die fürsorgliche Hannelore Wichert in der ZDF-Serie »Die Wicherts von nebenan«, außerdem hatte sie zahlreiche Nebenrollen in den Krimi-Reihen »Tatort«, »Derrick«, »Der Alte« und »Der Kommissar«.

Seel, Franz Rudolf Hermann von   1839 – 1927
Major
Paulinenstraße 4a
»Hindenburg ist der größte Stolz meines Lebens geworden, und ich weiß, wieviel ich dem Schicksal dafür zu danken habe, daß es den großen Soldaten und einzigartigen Kameraden gerade aus meiner Kompanie hervorgehen ließ«, sagte 1927, kurz vor seinem Tode, Major a. D. von Seel, der erste Kompaniechef des späteren Generalfeldmarschalls. Hindenburg besuchte noch während seiner Zeit als Reichspräsident seinen ehemaligen Vorgesetzten ständig in dessen Lichterfelder Wohnung und war auch bei der Beisetzung Seels im August 1927 auf dem Parkfriedhof anwesend.

Seeßelberg, Friedrich   1861 – 1956
Bauhistoriker, Architekt, Archäologe
Zum Sommersemester 1934 wurde er zum Lehrbeauftragten für »Kirchliche Baukunst« an die Evangelisch-Theologischen Fakultät der Berliner Universität berufen. Am 31. Mai 1934 hielt er seine Antrittsvorlesung über »kirchliche Baukunst als

neuzeitliches Problem«. Zu Beginn seiner Rede hieß es: »Die mir aufgetragene Vertretung der kirchlichen Baukunst vom evangelischen Standpunkte fasse ich auf als ein Zweiggebiet der praktischen Theologie, nicht somit als einen Fachspezialismus oder als einen bloßen bau- und stilgeschichtlichen Unterricht«. Er äußerte große Hoffnungen auf Erneuerung und Aufschwung für Kirche und Kultur durch die neue Regierung und sprach sich für eine »Baukunst betont nordischen Geistes« aus.

Seidel, Heinrich   1842 – 1906
Schriftsteller, Ingenieur
Boothstraße 29
Am 1. November 1872 begann er seine Tätigkeit als Ingenieur bei der Berlin-Anhaltischen Eisenbahngesellschaft und wurde mit der Konstruktion von Industriebauten beauftragt. Er schuf die Unterführungen der Yorckstraße, des Tempelhofer und des Halleschen Ufers. Sein bedeutendstes Werk war jedoch die Überdachung des Anhalter Bahnhofes. Mit Bewunderung des eigenen Werkes bemerkte er später: »Ich bin jedenfalls nicht wegen verfehlten Berufes unter die Schriftsteller gegangen.« 1880 trat er aus der Eisenbahngesellschaft aus, da es »keine entsprechende Beschäftigung« mehr für ihn gab. Als freier Schriftsteller entwickelte er sich »schnell zum Dichter des Kleinbürgertums und der Vorstadtidylle«. Zu seinen Freunden zählten Theodor Storm, Theodor Fontane und Mark Twain.

Seidel, Ina   1885 – 1974
Schriftstellerin
Boothstraße 29
Ina Seidel war die Cousine und spätere Ehefrau des Schriftstellers Heinrich Wolfgang Seidel (1876–1945), dem Sohn von Heinrich Seidel. Sie veröffentlichte 1930 ihr Hauptwerk mit dem Roman »Das Wunschkind« und wurde zwei Jahre später als zweite Frau neben Ricarda Huch in die Preußische Akademie der Künste, Abteilung Dichtung, gewählt. Ihr 1919 geborener Sohn Georg Seidel war unter den Pseudonymen Christian Ferber und Simon Glas ebenfalls als Schriftsteller, Essayist, Reporter und Kritiker tätig. Auch ihr Bruder Willy Seidel betätigte sich als Schriftsteller. Die Schauspielerin Annemarie Seidel war ihre Schwester.

Sembritzki, Martin   1872 – 1934
Bezirksbürgermeister von Steglitz
Hindenburgdamm 10
Von 1920 bis 1933 war der aus Königsberg stammende anerkannte Jurist und Kommunalpolitiker Bezirksbürgermeister von Steglitz und in dieser Funktion maßgeblich an der 1923 erfolgten Gründung des »Vereins für die Ortsgeschichte von Steglitz e.V.« beteiligt, aus dem später der »Heimatverein Steglitz e.V.« hervorging.

Bis zu seiner Amtsübernahme war er als Leiter des Dezernats für Wohnungswesen in Charlottenburg tätig und gehörte der von Gustav Stresemann gegründeten Deutschen Volkspartei an. Er wurde auf dem Parkfriedhof Lichterfelde bestattet, seit 1952 ist seine Grabstätte als Ehrengrab der Stadt Berlin ausgewiesen.

Sewohl, Waldemar   1887 – 1969
Maler
Haydnstraße 12
Der aus Wismar stammende, dem Impressionismus verpflichtete Maler wohnte um 1935 in der Haydnstraße. Aus seinem umfangreichen Gesamtschaffen zählen heute die Gemälde »Abendstimmung Unter den Linden« und »Blick von Rügen auf Stralsund« zu den bekanntesten Werken. Besonders reizvoll sind auch sein »Jugendstil-Blumenstrauß vor gelbem Hintergrund«, »Fischereihafen Stralsund« und »Kuhweide im Voralpenland«. Die Bilder des geschätzten Landschafts- und Genremalers sind immer noch begehrte Objekte auf Kunstauktionen und erzielen nicht selten drei- und vierstellige Kaufsummen.

Siebert, Kurt G. E.   1889 – 1938
Grafiker, Schriftkünstler
Flotowstraße 15
»Schrift ist disziplinierte Kunst« war sein Motto. Im Entwerfen neuer Schriften setzte er sich mit alten deutschen Schriften auseinander und wollte ihnen »aus eigenem Empfinden heraus eine neue Kunstform geben«. Der Schüler von Hans Poelzig betreute an der Staatlichen Kunstbibliothek die Sammlungen alter Handschriften und anderer Schriftkünstler und wurde dadurch angeregt, eigene Entwürfe zu schaffen. Er veröffentlichte die Lehrbücher »Meisterbuch der Schrift«, »Meisterwerke der alten Buchkunst« und »Schrift und Baustil«. Neben der Fraktur-Schrift entwickelte er in den Dreißigerjahren eine deutsche Schreibschrift, die als »Siebertschrift« bekannt wurde.

Sohnrey, Heinrich   1859 – 1948
Dichter, Philosoph
Kreutzerweg 15
Im Frühjahr 1913 hatte der Professor für Politik und Philosophie mit seiner Gemeindebehörde eine heftige Auseinandersetzung, weil diese den Steglitzer Wildpark in einen Zierpark umgewandelt hatte. Dort hatten seine acht Kinder oft mit Henny Porten und deren Geschwistern gespielt. Der Naturliebhaber Sohnrey beklagte in seinem Schreiben an den Bürgermeister die »Ausholzung und Ausschnippelung des Buschwerkes, die nicht so weit gehen dürfe, daß die Singvögel, die ihrer Natur nach auf ein dichtes Unterholz angewiesen seien, ihrer Heimat beraubt werden«. Sohnrey galt als Vorkämpfer gegen die Landflucht und als

Schöpfer der ländlichen Wohlfahrts- und Heimatpflege. Diese Themen verarbeitete er auch in seinen zahlreichen Büchern (u. a. »Der Bruderhof«, »Rosmarin und Häckerling«, »Die Dorfmusikanten« und »Die Sollinger«).

Sommerfeld, Adolf 1886 – 1964
Architekt, Generalbaumeister
Limonenstraße 16
Neben Walter Gropius, Heinrich Schweitzer und Bruno Taut war Adolf Sommerfeld einer der Architekten, die den Südwesten Berlins entscheidend mitgeprägt haben. Er war maßgeblich am Bau der Waldsiedlung »Onkel Toms Hütte« beteiligt, leitete den Ausbau der U-Bahnlinie U 3 in der Verlängerung vom Thielplatz bis Krumme Lanke und beschäftigte sich ab 1926 auch mit dem »Massenwohnbau als Lösung der städtebaulichen und sozialen Probleme«. Im März 1933 emigrierte er nach einer Schießerei, die die Nationalsozialisten vor seinem Wohnhaus in der Limonenstraße inszeniert hatten, nach Palästina. Später ließ er sich in England nieder, kam nach dem Ende des Zweiten Weltkrieges als Andrew Sommerfeld nach Deutschland zurück und nahm seine Bautätigkeit wieder auf.

Sonnenschein, Klaus   Geb. 1935
Schauspieler, Regisseur, Theaterdirektor
Hindenburgdamm 57 d
Den gelernten Bierbrauer zog es seit frühester Jugend zum Theater. Die Max-Reinhardt-Schauspielschule war seine Ausbildungsstätte, Hilde Körber und Lucie Höflich seine Lehrerinnen. Er spielte an der Berliner »Tribüne«, lernte dort seine spätere Ehefrau Edith Hancke kennen und entwickelte die kleine Bühne bis in die Neunzigerjahre zum musikalischen Schauspielhaus, an dem neben klassischen Stücken auch Revuen, Kabarettprogramme und Boulevardkomödien aufgeführt wurden. Sein Fernsehdebüt hatte er 1966 als Inspektor in »Die Nacht zum Vierten«. Neben zahlreichen Rollen in TV-Produktionen und Kinofilmen wurde auch das Synchronstudio zu seinem ständigen Arbeitsplatz. In den »Star-Treck«-Episoden II und III war er die deutsche Stimme von William Shatner, in »Batmans Rückkehr« synchronisierte er Danny DeVito.

Spranger, Eduard   1882 – 1963
Philosoph, Psychologe
Hindenburgdamm 21
Nach seinem Studium an der Berliner Friedrich-Wilhelms-Universität folgte er im Alter von nur 30 Jahren dem Ruf als Professor für Philosophie und Pädagogik an die Universität Leipzig. 1914 erschien sein Werk »Lebensformen«, in dem er die sechs Haupttypen des Menschen beschrieb: den theoretischen, den ökonomischen, den ästhetischen, den sozialen Menschen, den Machtmenschen und

den religiösen Menschen. 1925 kehrte er nach Berlin zurück. Als nach der Machtübernahme der Nationalsozialisten die Berliner Studenten erklärten, nur noch Professoren anzuerkennen, die »aus dem Geist des Nationalsozialismus schaffen und lehren«, gab Spranger bekannt, dass er »unter diesen Umständen den Zugang zu der neuen Generation wohl nicht mehr finden werde.« Spranger gehörte zur Widerstandsbewegung des 20. Juli und wurde 1944 in Berlin-Moabit inhaftiert.

Stangen, Carl Friedrich   1833 – 1911
Schriftsteller, Reiseveranstalter
Geibelstraße 14
Gemeinsam mit seinem Bruder Louis gründete er 1868 das »Carl Stangen Reisebureau«, das als ältestes deutsches Reiseunternehmen mit den angebotenen »Gesellschaftsreisen nach allen Ländern der Erde« weltberühmt wurde. Höhepunkte in der Geschichte des Unternehmens waren große Gruppenreisen zu besonderen Anlässen, zum Beispiel 1869 zur Eröffnung des Suez-Kanals, 1895 zur Einweihung des Kaiser-Wilhelm-Kanals und 1900 zur Weltausstellung in Paris. 1878 und 1881 organisierte er zwei Weltreisen, seit 1884 gab er die Zeitschrift »Der Tourist«, die später »Carl Stangens Verkehrszeitung« hieß, heraus. Außerdem veröffentlichte er zahlreiche Reisebeschreibungen (»Eine Reise um die Erde«, »Aegypten«, »Aus allen Weltteilen« und andere).

Steiger, Heinrich   1862 – 1943
Staatsminister
Augustastraße 28 b
Der ausgewiesene Fachmann für Landwirtschaft führte den Titel »Ökonomierat« und war von 1925 bis 1933 preußischer Minister für Landwirtschaft, Domänen und Forsten. Er gehörte von 1924 bis 1928 dem Reichstag an, von 1928 bis 1932 war er Abgeordneter des Preußischen Landtages. Bereits 1922 war er Generalsekretär der Landwirtschaftskammer in Hannover. Sein Grab befindet sich auf dem Parkfriedhof in Lichterfelde.

Steiniger, Peter Alfons   1904 – 1980
Jurist, Schriftsteller
Hortensienstraße 55, Hortensienstraße 63
Der Schüler des Staatsrechtlers Carl Schmitt wurde nach 1933 durch die Nationalsozialisten unter gleichzeitiger Aberkennung der deutschen Staatsangehörigkeit aus dem Justizdienst entlassen und arbeitete fortan als Privatgelehrter, Repetitor, Bankangestellter und Schriftsteller. 1938 erfolgte das Verbot seiner Publikationen sowie der Ausschluss aus der Reichsschrifttumskammer. Nach dem Zweiten Weltkrieg erhielt er eine Professur an der Universität Jena. Unter seinem Pseudonym

Peter A. Steinhoff verfasste er Romane (»Schatten Gottes«), Novellen (»Juden-Kloster«) und 1947 das Theaterstück »Der arme Hiob«.

Stock, Julius August   1863 – 1924
Pfarrer
Dahlemer Straße 87 (heute: Tietzenweg)
1910 hatte sich der Pastor der Braunschweiger Katharinenkirche auf die Stelle des ersten Pfarrers an der Lichterfelder Pauluskirche beworben. Dem Gemeindekirchenrat war der Kandidat bis dahin völlig unbekannt. Um ihn kennen zu lernen, reiste einer der Kirchenältesten nach Braunschweig. Stocks Predigt muss überzeugend gewesen sein, denn nachdem der Lichterfelder Emissär auch noch Stocks Ehefrau »in Augenschein genommen hatte«, erhielt er seine neue Pfarrstelle. Später schrieb man über ihn: »Ein Mißgriff war es nicht. Er gehörte zu den besten Pfarrern, die je in Lichterfelde gewesen sind.« In Würdigung seiner Arbeit wurde 1931 die Lichterfelder Neue Dorfstraße, eine Seitenstraße des Hindenburgdamms, in Stockweg umbenannt.

Stock, Werner   1903 – 1972
Schauspieler
Unter den Eichen 92
Nach einem Studium der Philosophie, Germanistik und Theaterwissenschaften nahm er ein Engagement an der Württembergischen Volksbühne in Stuttgart an und debütierte dort 1927 in Shakespeares »Der Kaufmann von Venedig«. 1932 kam er nach Berlin und arbeitete bis zum Kriegsende am Schillertheater sowie am Schauspielhaus. Bereits seit Anfang der Dreißigerjahre war der schmächtige Mime auch auf der Leinwand erfolgreich. Bis in die Fünfzigerjahre sah man ihn in zahlreichen Nebenrollen (u. a. in »Die schwedische Nachtigall«, »Quax, der Bruchpilot«, »Der fröhliche Weinberg«, »Die Rose von Stambul« und »Peter Voß, der Millionendieb«).

Student, Kurt   1890 – 1978
Generaloberst der Luftwaffe
Finckensteinallee 63 (früher: Zehlendorfer Straße)
Bereits 1913 hatte er seinen Pilotenschein erworben und gehörte im Ersten Weltkrieg zu den erfolgreichsten deutschen Jagdfliegern. Seine Pilotenkarriere setzte er nach der Machtübernahme der Nationalsozialisten fort, zunächst als Inspekteur der Fliegerschulen, später als Generaloberst der Luftwaffe. Er galt als »Vater der Fallschirmtruppen«. Am 25. Juli 1943 erhielt er von Hitler den Befehl, unter Einbeziehung seiner Fallschirmjäger-Eliteeinheiten den tags zuvor verhafteten Benito Mussolini zu befreien. Student entwarf die Pläne für die Befreiung unter dem Decknamen »Operation Eiche«, Otto Skorzeny führte den Auftrag am 12. Septem-

ber 1943 aus. Wegen seiner Kriegsverbrechen während der Landung auf der griechischen Insel Kreta wurde Student 1946 von einem britischen Militärgericht zu fünf Jahren Gefängnis verurteilt.

Stülpnagel, Siegfried von   1891 – 1976
Generalmajor
Finckensteinallee 63 (früher: Zehlendorfer Straße)
Nach seinem Studium an der Hauptkadettenanstalt war er von 1910 bis 1911 Leibpage des deutschen Kaisers Wilhelm II. und nahm als Oberleutnant und Zugführer am Ersten Weltkrieg teil. In der Zeit der Weimarer Republik war er Kompanieführer in Kiel, Bataillonsführer in Görlitz sowie Dozent an der Infanterieschule in Dresden. 1938 wurde er zum Oberst befördert und war im Zweiten Weltkrieg als Generalmajor Wehrmachts-Stadtkommandant von Stettin. Nach dem 20. Juli 1944 wurde er von der SS verhaftet und bis zum 23. April 1945 in verschiedenen Lagern und Wehrmachtsgefängnissen festgehalten.

Stüwe, Hans   1901 – 1976
Sänger, Schauspieler
Unter den Eichen 127
Nachdem er in Halle und Leipzig Kunstgeschichte, Musikwissenschaften und Gesang studiert hatte, debütierte er 1923 als Bariton an der Königsberger Oper. In den nächsten Jahren arbeitete er vornehmlich als Opernregisseur und veröffentlichte musiktheoretische Aufsätze. Seine markanten asketischen Gesichtszüge ließen den Stummfilm auf ihn aufmerksam werden, bereits in seinem dritten Film, »Prinz Louis Ferdinand«, wurde er 1927 in der Titelrolle besetzt. Auch im ersten abendfüllenden deutschen Tonfilm, »Dich habe ich geliebt« (1929), spielte er die Hauptrolle. Noch 1928 bedauerte die »Filmwoche« auf Anfrage einer Leserin: »Leider gibt es von Hans Stüwe noch keine Autogrammkarten.« Zehn Jahre später dürfte es an diesen nicht gemangelt haben, er spielte in »Es war eine rauschende Ballnacht« den Peter Tschaikowski an der Seite von Zarah Leander und Marika Rökk.

Stumpf, Friedrich Carl   1848 – 1936
Philosoph, Psychologe, Musikwissenschaftler
Potsdamer Straße 15
Der Sohn eines Arztes aus Unterfranken lehrte als ordentlicher Professor für Philosophie, Psychologie und Mathematik in Würzburg, Prag, Halle, München und Berlin. 1893 gründete er das Psychologische Institut, das er bis 1928 leitete. Die Berufung an die Berliner Universität »kann als Beginn der institutionalisierten Psycholgie in Berlin« angesehen werden. Auch seine Arbeit als Musikwissenschaftler hat noch heute große Bedeutung. Stumpf war der erste, »der außereuropäische

Musik erforschte und damit zum eigentlichen Begründer sowohl der vergleichenden Musikwissenschaft als auch der Musikethnologie wurde«. Einer seiner bekanntesten Schüler war der Philosoph, Psychologe und Ingenieur Robert Musil.

Stumpf, Rudolf 1881 – 1946
Maler, Grafiker
Moltkestraße 38, Albrechtstraße 5 a (heute: Memlingstraße)
Der aus Prag stammende Bildnismaler und Radierer wohnte um 1910 am Reichpietschufer 41 in Berlin-Tiergarten. Im selben Haus lebten seine Malerkollegen Franz Skarbina, Hanns Fechner, Paul Hoeniger und Alexander Schmidt-Michelsen. Stumpfs direkte Nachbarin war die Schriftstellerin und Aquarellmalerin Marie von Bunsen. Nach 1911 zog er ins fränkische Fürth, kehrte wenige Jahre später nach Berlin zurück und ließ sich in Lichterfelde nieder. Zu seinen bekanntesten Gemälden zählen »Die Brückenheilige«, »Häuser am See« und »Mondschein über dem Delaware«. Außerdem schuf er zahlreiche Porträts, u. a. von Ernst von Wildenbruch, Franz von Brentano sowie von Freiherr Rochus von Liliencron.

Sydow, Rolf von Geb. 1924
Regisseur
Kamillenstraße 60
Sein Kindheitswunsch, Offizier oder Diplomat zu werden, konnte 1942 nach seinem Abitur nicht in Erfüllung gehen, da seine Mutter als »Halbjüdin« galt. Dennoch nahm er am Zweiten Weltkrieg teil und diente als Spross eines alten brandenburgischen Adelsgeschlechts unerkannt bis 1944 als Panzerfahrer in der Wehrmacht. 1947 begann er seine Schauspielerkarriere am Theater in Coburg und ging wenig später als Hörspielregisseur zum RIAS Berlin. In den folgenden Jahren machte er sich einen Namen als Regisseur von TV- und Kinofilmen wie »Drei Jungen und ein Mädchen« (1962), »Das Experiment« (1966), »Der Fälscher« (1987) und mit mehreren Folgen der »Tatort«-Reihe.

Tarnow, Fritz 1880 – 1951
Gewerkschaftsführer
Margaretenstraße 22 b
Am 2. Mai 1933 wurden die Gewerkschaftshäuser von der SA besetzt und die Führungsspitze des Allgemeinen Deutschen Gewerkschaftsbundes in »Schutzhaft« genommen. Dazu zählten neben dem Vorsitzenden Theodor Leipart und seinem Stellvertreter Peter Grassmann auch der Leiter der Holzarbeitergewerkschaft Fritz Tarnow. Nach seiner Haftentlassung emigrierte Tarnow und wirkte ab 1938 als Führer der »gewerkschaftlichen Emigration«. Über familiäre Kontakte hatte er ständig Verbindung zu oppositionellen Kreisen in Berlin.

Taut, Bruno   1880 – 1938
Architekt
Er galt als einer der wichtigsten Vertreter des »Neuen Bauens« und machte sich vor allem durch die Erschaffung der »Hufeisensiedlung« in Berlin-Britz und der Großsiedlung »Onkel Toms Hütte« in Berlin-Zehlendorf einen Namen. Er baute die Magdeburger Ausstellungshalle »Stadt und Land«, die heutige Hermann-Gieseler-Halle, sowie das Gebäude der Literaturfakultät der Universität in Ankara. Seinen letzten großen Bauauftrag erhielt er ebenfalls in der Türkei: Für den 1938 verstorbenen Staatsgründer Kemal Atatürk entwarf er den Katafalk. Kurz vor Tauts Tod 1938 erschien seine Schrift »Architekturtheorie« in türkischer Sprache.

Thesing, Ernst   1874 – 1954
Mediziner, Stadtrat
Finckensteinallee 63 (früher: Zehlendorfer Straße)
1892 legte er an der Hauptkadettenanstalt das Abitur ab, schied jedoch wenig später als Leutnant aus dem Militärdienst und studierte Medizin an den Universitäten Marburg und Königsberg. Nachdem er mehrere Jahre als Schiffsarzt und Universitäts-Assistent gearbeitet hatte, eröffnete er eine Praxis in Magdeburg. Hier machte er sich besonders um den Aufbau der Lungenfürsorge verdient. Von 1922 bis 1933 war er Magdeburger Stadtverordneter der SPD, in der Zeit des Nationalsozialismus half er vielen Verfolgten des Regimes und betreute auch französische und belgische Zwangsarbeiter. Eine lebenslange Freundschaft verband ihn mit dem sozialdemokratischen Schriftsteller und Journalisten Paul Bader.

Thiersch, Paul   1879 – 1928
Architekt
Dahlemer Straße 12 (heute: Tietzenweg 91)
Der Sohn des Architekten und Hochschullehrers August Thiersch war von 1915 bis 1928 Direktor der Hochschule für Kunst und Design an der Burg Giebichenstein in Halle an der Saale, die er im Sinne des Deutschen Werkbundes grundlegend reformierte. Er setzte die Schwerpunkte der Ausbildung auf das sogenannte Gesamtkunstwerk und schuf freie Klassen für Malerei, Architektur, Grafik und Plastik. Bereits 1906 war er als Assistent bei Peter Behrens in Düsseldorf angestellt, zwei Jahre später wechselte er nach Berlin zu Bruno Paul. Große Erfolge feierte Thiersch mit seinen Bühnenausstattungen für die Theater in Halle, Leipzig und Göttingen.

Tiburtius, Joachim 1889 – 1967
Politiker, Ökonom
Hortensienstraße 12
In die Geschichte Berlins ist er als der »sportliche Kultursenator« eingegangen. Seiner Arbeit verdankt die Stadt die Berliner Festwochen, die Berliner Filmfestspiele, den Ausbau der Universitäten und ihrer Institute, den Wiederaufbau des Schlosses Charlottenburg, die neue Akademie der Künste und den Bau der Amerika-Gedenkbibliothek. Seine revolutionäre Idee, für alle Senatoren, Stadträte und Abgeordnete pro Woche eine Stunde Ausgleichssport einzuführen, regte den Kabarettisten Günter Neumann zu diesem Vers an: »Tiburtius, Tiburtius, weiß immer, was er bieten muß. Turnen hält den Leib gesund, wer nicht turnt, kommt auf den Hund. Beamte, bringt den Leib in Schuß, rät Turnvater Tiburtius.«

Tippelskirch, Kurt von 1891 – 1957
General
Finckensteinallee 63 (früher: Zehlendorfer Straße)
Als im März 1945 Generaloberst Gotthardt Heinrici als Befehlshaber der ehemals von Heinrich Himmler geführten Heeresgruppe Weichsel entlassen wurde, erhielt Tippelskirch von Generalfeldmarschall Keitel den Auftrag, übergangsweise die Führung der Heeresgruppe zu übernehmen. Er tat dies zwar widerstrebend, nutzte jedoch die Gelegenheit, um mit den West-Alliierten in Verhandlungen zu treten. Mit seinen Truppen kapitulierte er am 2. Mai 1945 im Raum Ludwigslust. Nach seiner Entlassung aus britischer Kriegsgefangenschaft ließ er sich als Militärschriftsteller in Lüneburg nieder und schrieb in engem Kontakt mit dem britischen Historiker Basil Lidell Hart ein vielbeachtetes Buch über die Geschichte des Zweiten Weltkrieges.

Tischer, Gustav 1877 – 1945
Maler, Illustrator
Ringstraße 71
Der aus Kirchhain in der Niederlausitz stammende Lehrer an der Berliner Kunstgewerbeschule wohnte viele Jahrzehnte in Lichterfelde und machte sich besonders als Schriftzeichner einen guten Namen. Er gab die »Geschriebenen Lieder« heraus, in denen er Text, Schrift, Bild und Zeichnung zu einer künstlerischen Einheit verschmolz. Ab 1942 entwarf er auch Briefmarken für die Deutsche Reichspost.

Titzenthaler, Waldemar 1869 – 1937
Fotograf
Zerbster Straße 32
Noch heute gilt er als der bedeutendste Fotograf Berliner Motive. Er hielt die prachtvollen Häuser in der historischen Mitte Berlins ebenso im Bild fest wie die

Hinterhöfe in den Arbeiterbezirken, die kleinen märkischen Landhäuser in den Vororten und immer wieder auch deren Bewohner. Von 1912 bis 1931 war der aus dem slowenischen Laibach stammende Titzenthaler für den Ullstein-Verlag tätig und arbeitete für das Magazin »Die Dame«. Hier fotografierte er vor allem die Wohnungen bekannter Schauspieler, Sänger, Regisseure und Architekten. Sein Fotoarchiv ist zu großen Teilen über die Kriegszeit gerettet und erhalten geblieben, seit den frühen Fünfzigerjahren befindet es sich im Landesarchiv Berlin.

Trier, Walter   1890 – 1951
Zeichner
Herwarthstraße 10
1929 erschien in Deutschland das erste und sicher auch berühmteste Kinderbuch Erich Kästners, »Emil und die Detektive«. Einen Illustrator musste der Autor nicht lange suchen. Der seinerzeit schon weltweit bekannte Zeichner und Karikaturist Walter Trier war mit seinen Skizzen und Bildvorschlägen Kästners Vorstellungen am nächsten gekommen. Triers Zeichnungen hatten großen Anteil an Kästners Erfolg, beide verband eine jahrelange Freundschaft und Zusammenarbeit. Anlässlich des 100. Geburtstages von Erich Kästner erschien eine Sonderbriefmarke der Deutschen Post. Als Motiv wurde kein Porträt des Schriftstellers gewählt, sondern eine Zeichnung von Walter Trier.

Trotha, Carl-Dietrich von   1907 – 1952
Volkswirtschaftler, Vertreter des Widerstandes
Schillerstraße 3
Im Kreisauer Kreis vertrat er gemeinsam mit Paulus van Husen, Adam von Trott zu Solz, Otto Heinrich von der Gablentz und vielen anderen den bürgerlichen Widerstand. Er galt bei den Verschwörern als Fachmann für Fragen der Wirtschafts- und Sozialordnung und leitete gemeinsam mit seinem Freund Horst von Einsiedel die Arbeitsgruppe Wirtschaft, die häufig in seiner Wohnung in der Schillerstraße tagte. Nach dem gescheiterten Attentat auf Hitler entging er, obwohl als Mitglied des Kreisauer Kreises benannt, den Verfolgungen durch die Nationalsozialisten. Nach 1945 war er Dozent und Abteilungsleiter an der Deutschen Hochschule für Politik.

Tschautsch, Albert   1843 – 1922
Maler
Baseler Straße 99, Gardeschützenweg 30
Das Todesdatum des populären Künstlers wird in den unterschiedlichen Publikationen mit 1899, 1900, 1912 und 1922 angegeben, sein Grab auf dem Lichterfelder Parkfriedhof ist nicht erhalten geblieben. Geboren wurde er im märkischen Seelow, er wirkte in Berlin und Rom. Mit seinem höchst realistischen, beinahe der

Fotografie ähnelnden Malstil gelangen ihm prachtvolle, in der Farbgebung beinahe einzigartig authentische Bilder. Vor allem durch seine italienischen Gemälde (»Ein Hirtenknabe in der römischen Campagna«,) sowie seine Genrewerke mit Märchen- und Sagenmotiven ist er noch heute in der Kunstwelt bestens bekannt.

Ullstein, Heinz   1893 – 1973
Verleger, Schriftsteller
Patschkauer Weg 56 (früher: Goebenstraße)
An seine erste Begegnung mit Heinz Ullstein im Jahre 1945 erinnerte sich der langjährige Korrespondent und TV-Journalist Lothar Loewe:»Heinz Ullstein, der Neffe des Verlagsgründers Rudolf Ullstein, war jung und lebhaft und liebte das Gespräch mit den Journalisten aus den Redaktionen. Er hatte den Krieg als Zwangsarbeiter auf dem Anhalter Bahnhof – Eisenbahnwaggons reinigend – überlebt. Heinz Ullstein kannte alle Wagentypen der Reichsbahn und sprach gern von jenen jungen Mitropa-Speisewagen-Kellnerinnen, die ihm während der Bombenangriffe gelegentlich ein belegtes Brötchen zugesteckt hatten, um ihn vor dem Verhungern zu retten.« Später wurde Heinz Ullstein einer der erfolgreichsten Verleger Deutschlands.

Viebach, Karl   Geb. 1928
Schauspieler, Intendant
Holbeinstraße 39 (bei Krüger)
Der zeitweilige Untermieter des Schauspielerkollegen Franz-Otto Krüger absolvierte die Theaterschule des Deutschen Theaters und kam 1948 an das Stuttgarter Schauspielhaus. Nach Engagements an der Berliner »Tribüne« und im »Kabarett der Komiker« arbeitete er am Staatstheater Kassel, in Düsseldorf sowie von 1955 bis 1960 am Schauspielhaus Hamburg. Er galt als Assistent von Gustaf Gründgens und übernahm 1961 die Intendanz des Nordmark-Landestheaters in Schleswig. Auf der Leinwand war er u. a. in »Morituri« (1948), »Von Liebe reden wir später« (1953) und in der Neuverfilmung des Stummfilmklassikers »Der Mann, der sich verkauft« (1959) zu sehen.

Vogeler, Heinrich   1872 – 1942
Maler, Zeichner
Elisabethstraße 33 (heute: Lipaer Straße)
Das Multitalent Heinrich Vogeler, bekennender Sozialist, hinterließ künstlerische Spuren als Maler, Zeichner, Grafiker, Designer, Architekt, Kunstpädagoge und Schriftsteller. Besonders bekannt wurde er durch seine Werke aus der Jugendstil-Zeit, er gehörte zur ersten Generation der Künstlerkolonie Worpswede. In seinem Haus, das er »Barkenhoff« nannte, verkehrten u. a. Rainer Maria Rilke, Gerhart Hauptmann, Paula Modersohn-Becker, Thomas Mann und Richard Dehmel.

Anfang der Dreißigerjahre des 20. Jahrhunderts emigrierte er in die Sowjetunion und hielt dort engen Kontakt zu anderen deutschen Auswanderern wie Wilhelm Pieck und Erich Weinert. Nach dem Einmarsch der Wehrmacht wurde Vogeler nach Kasachstan zwangsevakuiert. Dort starb er am 14. Juli 1942. Bis heute ist sein Grab unbekannt.

Voß, Hermann   1880 – 1961
Wirtschaftswissenschaftler
Margaretenstraße 27 b
Der Generalbevollmächtigte der Versicherungsgesellschaft Deutscher Ring, gleichzeitig Vorstandsmitglied des Unternehmens und Leiter der Lebensversicherungs AG, diente sich früh den Nationalsozialisten an und durfte sich schon vor 1933 »Leiter des wirtschaftspolitischen Ausschusses der NSDAP« nennen. Unter der Überschrift »Persönliches« vermeldete die firmeninterne Zeitung des Deutschen Rings »Der Mitarbeiter« im Herbst 1933: »Der Kollege Hermann Voß hat uns verlassen. Eine ehrenvolle Berufung durch den Reichspropagandaminister Dr. Goebbels setzte ihn an die Spitze der Reichsrundfunkgesellschaft. Groß sind die Aufgaben, die dem Rundfunk im neuen Deutschland gestellt sind und groß sind also auch die Aufgaben von Herrn Voß.«

Wagner, Karl   1864 – 1939
Tiermaler
Viktoriastraße 10 a
In einer Veröffentlichung des Museums für Haustierkunde in Halle an der Saale wird beschrieben, wie dem Agrarwissenschaftler Julius Kühn mit großem Erfolg die Kreuzung von vier verschiedenen Rinderarten gelang. Ausdrücklich wird darauf hingewiesen, dass die von Karl Wagner angefertigten Gemälde den wissenschaftlichen Wert dieser Züchtungen dokumentieren. Karl Wagner illustrierte Kinder- und Jugendbücher und entwarf zahlreiche Kunstblätter. 1898 gründete er die Künstlergruppe »Jagd und Sport« und gehörte neben Wilhelm Kuhnert und Richard Friese zu den angesehensten Berliner Tiermalern.

Wagner, Siegfried   1881 – 1944
Oberst, Vertreter des Widerstandes
Weddigenweg 56
Von 1928 bis 1933 wirkte der Reichswehroffizier als Bundeskanzler des rechtskonservativen soldatischen Traditionsvereins »Stahlhelm«. Er lehnte eine Zusammenarbeit mit den Nationalsozialisten ab, da deren Führungsschicht »nichts tauge«. Hitler nannte ihn einen »Rattenkönig«. Wagner konnte sich gegen den »Stahlhelm«-Führer Franz Seldte nicht durchsetzen, der die Organisation auf Betreiben der Nationalsozialisten 1933 auflöste. Wagner hatte engen Kontakt zu Wider-

standskreisen und wurde nach dem gescheiterten Attentat vom 20. Juli 1944 in das KZ Sachsenhausen gebracht. Wenige Tage nach seiner Internierung starb er. In den SS-Akten stand über ihn: »Nicht zu bestechen«.

Waitzmann, Kurt   1905 – 1985
Schauspieler
Ostpreußendamm 30 b (früher: Berliner Straße)
Nach seinem Leinwanddebüt 1937 (»Unternehmen Michael«) spielte er in zahlreichen deutschen Produktionen, doch erst 1964 wurde sein Gesicht dem breiten Filmpublikum bekannt. Er wirkte in sieben Filmen der Edgar-Wallace-Reihe mit (u. a. als Thomas Reddingwood in »Der Hexer«), gehörte zum Stammpersonal der Karl-May-Verfilmungen und war ein gefragter Nebendarsteller in zahlreichen Fernsehproduktionen (z. B. »Es ist soweit« und »Tim Frazer« von Francis Durbridge). In zweiter Ehe war er mit der Schauspielerin Waltraut Runze verheiratet, sein Schwager Ottokar Runze war ebenfalls Schauspieler und Regisseur.

Waldschmidt, Jürgen   Geb. 1935
Professor für Kinderchirurgie
Kyllmannstraße 22 a
Nach dem Studium der Medizin promovierte er 1963, war seit 1973 Professor und leitete die Abteilung für Kinderchirurgie an der Freien Universität Berlin im Klinikum »Benjamin Franklin«. 1985 war er einer der Gründer des Laser-Medizin-Zentrums Berlin. In mehr als 700 Publikationen und Vorträgen äußerte er sich zur Kinderchirurgie sowie zur experimentellen Medizin. 1984 erhielt er das Bundesverdienstkreuz am Bande. Seine Freizeitaktivitäten wurden im »Who`s who in german« 2001 mit »Musik, Familienforschung, Briefmarken, Mannschaftssport und Wandern« angegeben.

Wappenhans, Waldemar   1893 – 1967
SS-Gruppenführer, Generalleutnant der Polizei
Finckensteinallee 63 (früher: Zehlendorfer Straße)
1916 wechselte der Infanterieleutnant zur Luftwaffe und erlebte das Ende des Ersten Weltkrieges als Führer der Schlachtstaffel 27. Der Sohn eines Professors wurde 1931 Mitglied der NSDAP und der SS und war bis 1938 Führer verschiedener SS-Standorte und -Abschnitte. Als Offizier der Luftwaffe nahm er ab September 1939 an Kampfhandlungen teil und war bis 1940 Chef der »Fernaufklärung England«. Von 1941 bis 1944 war er SS- und Polizeiführer von Nikolajew und Dnepropetrowsk in der besetzten Ukraine. Wappenhans gehörte zu den wenigen SS-Generälen, die kurz vor dem Ende des Zweiten Weltkrieges desertierten. Nach einem Spruch des Bielefelder Gerichtes wurde er nach 1945 entnazifiziert und arbeitete als Kaffee-Importeur in Braunschweig.

Wechmar, Irnfried Freiherr von   1899 – 1959
Oberst
Finckensteinallee 63 (früher: Zehlendorfer Straße)
Erst 15-jährig, gehörte der Absolvent der Lichterfelder Hauptkadettenanstalt 1914 als Fähnrich des Garde-Fußartillerieregiments zu den jüngsten Kämpfern seiner Einheit. Den Ersten Weltkrieg beendete er, mit zwei Eisernen Kreuzen dekoriert, als Leutnant und Chef einer Artilleriebatterie. 1923 schied er aus der Reichswehr aus und arbeitete als Journalist. Nach 1933 reaktiviert, nahm er als Oberst und Kommandeur des Panzergrenadierregimentes 147 am Zweiten Weltkrieg teil. Aus britischer Kriegsgefangenschaft entlassen, wurde er Korrespondent für einige große deutsche Zeitungen und gehörte 1949 zu den Gründern der Bundespressekonferenz.

Wegener, Paul   1874 – 1948
Schauspieler, Regisseur
Goerzallee 45
Unter Max Reinhardt spielte er zwischen 1906 und 1920 die Hauptrollen in »Richard III.«, »Macbeth«, »Othello« sowie den Mephisto in Goethes »Faust«. 1913 besetzte ihn der Regisseur Stellan Rye mit der Titelrolle in dem Stummfilm »Der Student von Prag«, der noch heute als einer der künstlerisch wertvollsten deutschen Spielfilme vor dem Ersten Weltkrieg angesehen wird. Ein Jahr später produzierte Wegener selbst den Streifen »Der Golem«, seither war er mit seiner eigenen Filmfirma als unabhängiger Regisseur und Schauspieler tätig. Der »fantasievolle Regisseur« inszenierte in den Folgejahren mehrere Märchenfilme, einen internationalen Erfolg erreichte er 1920 mit »Der Golem, wie er in die Welt kam«. Während der Zeit des Nationalsozialismus unterstützte er Widerstandsgruppen mit Geldspenden, versteckte verfolgte Menschen in seiner Wohnung und schrieb am Ende des Zweiten Weltkrieges selbst Parolen wie »Nieder mit Hitler!« an die Ruinenwände.

Wegscheider-Ziegler, Hildegard   1871 – 1953
Pädagogin, Politikerin
Finckensteinallee (früher: Zehlendorfer Straße)
Die SPD-Politikerin und Frauenrechtlerin war die erste Frau in Deutschland, die den Doktortitel erwarb. 1900 gründete sie die erste private Schule mit gymnasialem Unterricht für Mädchen in Charlottenburg, ab 1906 arbeitete sie als Oberlehrerin in Bonn. Nach ihrer Rückkehr nach Berlin wurde die Oberstudienrätin 1933 von den Nationalsozialisten aus allen Ämtern entfernt. Anlässlich ihres 75. Geburtstages wurde 1946 die »Hildegard-Wegscheider-Oberschule« in Berlin-Grunewald nach ihr benannt. Sie gehörte neben Clara Zetkin und der russischen Revolutionärin Alexandra Kollontaj zu den Initiatorinnen des »Internationalen Frauentages« am 8. März.

Weigel, Ulli   Geb. 1944
Musikproduzent, Texter
Geitnerweg 30a
Der in Ebersbach am Neckar geborene Verlagskaufmann gründete mit 21 Jahren seine erste Rockband, mit der er sich stilistisch an den Beach Boys orientierte. Aus dieser Zeit stammen auch seine ersten Versuche als Texter. Seit den Siebzigerjahren schrieb er Songs für Ricky Shayne, Frank Farian (»Rocky«), Drafi Deutscher, Juliane Werding (»Am Tag, als Conny Kramer starb«), Rex Gildo und Manuela. In seinem Lichterfelder »Sinus-Tonstudio« produzierte er u.a. die Gebrüder Blattschuss, Jürgen von der Lippe und Klaus Lage. Seit 2001 arbeitet er auch als Drehbuchautor (»Villa Woodstock«).

Weißner, Hilde   1909 – 1987
Schauspielerin
Königsberger Straße 14 (früher: Wilhelmstraße)
Die Tochter eines Justizbeamten und einer Konzertsängerin zählte zu den populärsten Bühnen- und Filmschauspielerinnen der Dreißiger- und Vierzigerjahre. In »Der Mann, der Sherlock Holmes war« agierte sie als die kühl kalkulierende Ganovin Madame Ganymare, in der Heinz-Rühmann-Komödie »Lauter Lügen« war sie 1938 die Rivalin von Hertha Feiler. Nachdem ab 1945 die Filmangebote immer spärlicher wurden, eröffnete sie 1950 einen Modesalon, spielte Theater am Deutschen Schauspielhaus in Hamburg und leitete bis 1973 das Schauspielseminar in Salzburg. Für »langjähriges und hervorragendes Wirken für den deutschen Film« wurde sie 1986 mit dem »Filmband in Gold« ausgezeichnet.

Welbat, Alexander   1927 – 1977
Schauspieler, Kabarettist
Marschnerstraße 48
Gemeinsam mit Rolf Ulrich, Joachim Teege und Klaus Becker gründete er 1949 das legendäre Berliner Kabarett »Die Stachelschweine«, inszenierte später auch Programme für die »Wühlmäuse« und schrieb ab 1965 für das »Reichskabarett«. Bereits seit 1948 war er in Film- und Fernsehproduktionen zu sehen (u.a. in »Berliner Ballade« und »Dr. Muffels Telebrause«), arbeitete als Autor und Dialogregisseur (»Familie Feuerstein«) und als Synchronsprecher für Peter Ustinov (»Topkapi«), Bud Spencer (»Die fünf Gefürchteten«) und Telly Savalas (»Der Gefangene von Alcatraz«). Bis zu seinem Tode war Welbat die deutsche Stimme des »Krümelmonsters« in der Sesamstraße.

Wellner, Wilhelm A.   1859 – 1941
Zeichner
Roonstraße 8, Neuchateller Straße 4
Zwischen 1845 und 1944 erschienen im Münchener Verlag Braun & Schneider die »Fliegenden Blätter«, ein reich illustriertes humoristisch-satirisches und hochwertig gestaltetes Wochenblatt. In ihrer treffsicheren Charakteristik des deutschen Bürgertums galten die »Fliegenden Blätter« als »Kompendium humoristischer Zeitkritik«. Beliebte Serienfiguren der Zeitschrift waren die beiden Typen »Biedermann und Bummelmaier«, aus deren Namen der Begriff »Biedermeier« entstand. Zu den Illustratoren der »Fliegenden Blätter« zählte neben Wilhelm Busch, Moritz von Schwind und Carl Spitzweg auch Wilhelm A. Wellner. In der Roonstraße wohnte er um die Jahrhundertwende, in der Neuchateller Straße in den Dreißigerjahren des 20. Jahrhunderts.

Wenck, Ewald   1891 – 1981
Schauspieler, Kabarettist, Rundfunkmoderator
Unter den Eichen 104 a
Der ehemalige Direktor der Komischen Oper Berlin (1932 bis 1934) und enge Freund von Heinrich Zille gehörte nach dem Zweiten Weltkrieg zu den »Urgesteinen« der Berliner Radiolandschaft. 1948 holte ihn Günter Neumann in sein Funkkabarett »Die Insulaner«, später moderierte er legendäre Sendungen wie »Damals war's«, »Geschichten aus dem alten Berlin«, »Familie Buchholz« und sein Paradestück »Ewalds Schlagerparade«. Erst mit 89 Jahren gab der »älteste Discjockey der Welt« diese Sendung ab. Auf der Leinwand war Ewald Wenck in der »Feuerzangenbowle«-Verfilmung von 1944 in der Rolle des Kastellans Kliemke zu sehen (»Pfeiffer soll mal zum Herrn Direktor kommen ...«). An seinem Wohnhaus Unter den Eichen erinnert heute eine Gedenktafel an den beliebten Komiker.

Wenck, Walther   1900 – 1982
Generalleutnant
Finckensteinallee 63 (früher: Zehlendorfer Straße)
Seine 12. Armee (»Armee Wenck«) sollte Anfang Mai 1945 die letzte Hoffnung Hitlers auf eine erfolgreiche Verteidigung Berlins sein. Dem ihm dazu von Generalfeldmarschall Wilhelm Keitel persönlich überbrachten Befehl widersetzte sich Wenck aufgrund der aussichtslosen militärischen Situation und ging mit seinen Soldaten bei Stendal in amerikanische Kriegsgefangenschaft. Wenck war der jüngste Armeeführer aller Kriegsparteien im Zweiten Weltkrieg. 1955 schlug er das Angebot aus, an die Spitze der neuen Bundeswehr zu treten und wurde Generaldirektor eines Wehrtechnik- und Rüstungsbetriebes in Nürnberg. Am 1. August 1982 kam er durch einen Autounfall ums Leben.

Wendling, Paul   1863 – 1933
Maler, Illustrator
Curtiusstraße 53, Friedrichstraße 2, Wilhelmsplatz 11 (heute: Oberhofer Platz)
Nach dem Studium der Malerei in Berlin und München hatte er sich 1894 in Lichterfelde niedergelassen, wo er bis zu seinem Tode wohnte. Bekannt wurde er beinahe ausschließlich als Illustrator »mit einem weit gespannten Repertoire, in dem Buchschmuck und lebenslustige, elegante junge Damen in Zeitschriften« die Schwerpunkte bildeten. Seinen Stil bezeichnete man »als eine Art Jugendstil-Rokoko mit stark romantischem Einschlag«. Wendlings Bücher (u. a. »Dolle Krabbe, »Kleine Witzblatt-Bibliothek«) werden heute zu Höchstpreisen gehandelt.

Wendorff, Hugo   1864 – 1945
Politiker, Agrarökonom
Weddigenweg 38
1886 nahm er das Studium der Landwirtschaft und Nationalökonomie in Halle (Saale) auf, vier Jahre später promovierte er mit der Arbeit »Zwei Jahrhunderte landwirtschaftlicher Entwicklung auf drei gräflichen Stolberg-Wernigeroder Domänen« zum Doktor der Philosophie. Er war Mitglied der Deutschen Demokratischen Partei, Abgeordneter des Reichstages und von 1919 bis 1920 Ministerpräsident von Mecklenburg-Schwerin. In der von Otto Braun geführten preußischen Landesregierung war er von 1921 bis 1925 Staatsminister für Landwirtschaft, Domänen und Forsten. Am 14. August 1924 begannen die Feierlichkeiten zum 100-jährigen Bestehen der »Höheren Gärtnerlehranstalt« in Berlin-Dahlem. Wendorff war der Vorsitzende des dafür eingerichteten Ehrenausschusses.

Werner, Arthur   1877 – 1967
Oberbürgermeister von Berlin
Köhlerstraße 22
Am 17. Mai 1945 wurde er durch den sowjetischen Stadtkommandanten, General Nikolai Bersarin, zum ersten Berliner Oberbürgermeister nach dem Zweiten Weltkrieg ernannt. Nach den ersten freien Wahlen am 20. Oktober 1946 musste der parteilose Werner sein Amt an den SPD-Politiker Otto Ostrowski abgeben. Werner hatte bis 1942 seine eigene, private Technikerschule geleitet. Seine Lehrtätigkeit musste er aufgeben, weil unter seinen Absolventen auch jüdische Ingenieure waren. An seinem Wohnhaus in der Köhlerstraße befindet sich eine Gedenktafel.

Weyer, Peter   1879 – 1947
General der Artillerie
Hartmannstraße 26
Von 1898 bis 1933 diente er im kaiserlichen Heer und in der Reichswehr, nach seinem Ausscheiden aus dem aktiven Dienst arbeitete er ab 1933 als Ausbildungsleiter für die Artillerie. Am 6. Oktober 1936 wurde er als Kommandeur der 14. Infanterie-Division reaktiviert. Am 20. Juni 1940 erhielt er seine Ernennung zum Kommandierenden General des XXVIII. Armeekorps, seit 26. Oktober 1940 war er Befehlshaber im Wehrkreis X. Vom 1. Mai 1941 bis zum 31. Januar 1943 befehligte er den Wehrkreis I mit Hauptquartier in Königsberg.

White, Jack   Geb. 1940
Komponist, Produzent
Zerbster Straße 72
Der ehemalige Fußballprofi Horst Nußbaum, der nach seiner aktiven Karriere als »Jack White« zu einem der erfolgreichsten Musikproduzenten aufstieg, wurde vom Gladbacher Meistertrainer Hennes Weisweiler entdeckt, begann als Vertragsspieler bei Viktoria Köln und wechselte dann über die Zwischenstation FK Pirmasens in die holländische Ehrendivision, und wurde mit dem PSV Eindhoven Vizemeister. Bis 1976, mittlerweile schon im Musikbusiness erfolgreich, spielte er als Amateur bei Tennis Borussia Berlin, wo er von 1992 bis 1997 auch als Clubpräsident wirkte. 1974 schrieb er für die deutsche Nationalmannschaft das Lied »Fußball ist unser Leben«. Jack White verkaufte mehrere Millionen Platten und erhielt rund 300 Gold- und Platinauszeichnungen. Sein Widersacher Dieter Bohlen bezeichnete ihn in einem Interview als »mittelmäßigen Musikproduzenten aus Berlin, der schon seit Jahren vergeblich auf einen Hit wartet«.

Wiedel, Paul   1878 – 1953
Mediziner
Hortensienstraße 14
Der Ministerialrat und Direktor im Reichsgesundheitsamt hatte zunächst Medizin an der Berliner Universität sowie an der Kaiser-Wilhelm-Akademie für militärärztliches Bildungswesen studiert und trat danach der kaiserlichen Armee bei. Im Ersten Weltkrieg bekleidete er eine verantwortliche Position im Heeressanitätswesen. Seit 1919 war er im Reichsgesundheitsministerium tätig und erwarb sich große Verdienste in der ärztlichen Versorgung und Betreuung von Schulkindern. Er war Leiter der Deutschen Vereinigung für Schulgesundheitspflege und Leiter der Deutschen Zentralen Kommission für Zahnpflege in Schulen.

Wieland, Hans-Joachim   Geb. 1911
Filmproduzent, Produktionsleiter
Goerzallee 67
Bis 1942 arbeitete der ehemalige Schauspielschüler von Paul Bildt als Regieassistent bei der Ufa. Im deutschen Nachkriegsfilm sind einige der erfolgreichsten Streifen mit seinem Namen verbunden. Er war der Aufnahmeleiter, Produktionsassistent bzw. Produktionsleiter von »Des Teufels General« (1955), »Liane, das Mädchen aus dem Urwald« (1956), »Das Totenschiff« (1959) und »Schwarzer Kies« (1960).

Wille, Bruno   1860 – 1928
Philosoph, Schriftsteller
Boothstraße 21
Als Mitglied des »Berliner Naturalistenvereins« war er eng mit Karl Bleibtreu, Arno Holz und Gerhart Hauptmann befreundet. 1890 ließ er sich in dem Berliner Vorort Friedrichshagen nieder und wurde dort zum Wegbereiter des »Friedrichshagener Dichterkreises«, zu dessen Mitgliedern auch August Strindberg und Frank Wedekind gehörten. Bruno Wille gründete gemeinsam mit Wilhelm Bölsche und Julius Türk die Freie Volksbühne, um auch »dem einfachen Arbeiter aus dem Volke« das Theater näher zu bringen. Als Prediger und Freidenker, der der »Philosophie der Befreiung« nahestand und sich in seinen Lehren auf Friedrich Nietzsche berief, wurde er mehrfach wegen »Verbreitung von Unglauben« inhaftiert.

Wirmer, Josef   1901 – 1944
Rechtsanwalt, Vertreter des Widerstandes
Holbeinstraße 56, Dürerstraße 17
1927 ließ er sich als Rechtsanwalt in Berlin nieder, schloss sich der Zentrumspartei an und befürwortete als Angehöriger des linken Flügels eine Koalition mit der SPD. 1936 nahm er Kontakt zu den Widerstandskreisen um Jakob Kaiser und Carl Goerdeler auf, nach dem gescheiterten Attentatsversuch am 20. Juli 1944 wurde er verhaftet und vor dem Volksgerichtshof wegen Hochverrats angeklagt. Sein mutiges, schlagfertiges Auftreten vor Gericht ist in den Protokollen dokumentiert. Als Roland Freisler ihm ankündigte, er werde »bald zur Hölle fahren«, antwortete Wirmer: »Es wird mir ein Vergnügen sein, wenn Sie bald nachkommen, Herr Präsident.«

Witte, Gustav   1879 – 1912
Flieger, Briefträger
Prinzenstraße 8
Inspiriert durch die Flüge des Flugpioniers Hans Grade beschloss er 1909, Flieger zu werden, kaufte einen abgewrackten Wright-Doppeldecker und baute ihn auf

dem Johannisthaler Flugplatz wieder auf. Am 22. August 1911 erhielt er als 97. deutscher Pilot das Flugzeugführer-Patent. Ein Jahr später ging seine veraltete Maschine während eines Schaufliegens plötzlich in einen Steilflug über. Witte stürzte ungebremst aus fünfzig Metern Höhe ab und verstarb noch am Unfallort. Für die Berliner Bevölkerung wurde er aufgrund seines Berufes als »fliegender Briefträger« zum Begriff.

Wittmann, Michael   1914 – 1944
Obersturmführer der Waffen-SS, Panzerkommandant
Finckensteinallee 63 (früher: Zehlendorfer Straße)
Die NS-Propaganda stilisierte ihn zu einem der erfolgreichsten Panzerkommandanten des Zweiten Weltkrieges. 1938 hatte er bei der Leibstandarte »Adolf Hitler« in Lichterfelde seine Ausbildung begonnen, aufgrund seiner geringen Körpergröße hätte er jedoch danach kein Mitglied dieser »Elitetruppe« werden können. Wittmann wurde in eine Panzerspähkompanie übernommen und kommandierte ab 1943 einen Tiger-Kampfpanzer. Am 8. August 1944 kam er in Frankreich ums Leben, 1983 wurden seine sterblichen Überreste auf dem Soldatenfriedhof von La Cambe bei Caen beigesetzt.

Witzleben, Erwin von   1881 – 1944
Generalfeldmarschall
Finckensteinallee 63 (früher: Zehlendorfer Straße)
Nach einem geglückten Umsturz am 20. Juli 1944 sollte Generaloberst Ludwig Beck das Amt des deutschen Staatsoberhauptes übernehmen, für Erwin von Witzleben war der Posten des Oberbefehlshabers der Wehrmacht vorgesehen. Gemeinsam mit Generaloberst Hoepner gehörte er im August 1944 zu den ersten Angeklagten vor dem Volksgerichtshof, während des Prozesses beschimpfte ihn Roland Freisler als »schmutzigen, alten Mann«. Nachdem er zum Tode verurteilt wurde, richtete er seine letzten Worte an Freisler: »Sie können uns dem Henker überantworten. In drei Monaten zieht das empörte und gequälte Volk Sie zur Rechenschaft und schleift Sie bei lebendigem Leib durch den Kot der Straßen.«

Wolter, Ralf   Geb. 1926
Schauspieler
Heinersdorfer Straße 32 a
Sein Filmdebüt erlebte er 1951 in dem Streifen »Die Frauen des Herrn S.«, es war der Beginn einer lebenslangen Schubladeneinordnung als witziger, mitunter unbeholfener und Spaß bringender Sympathieträger. Ab 1962 gehörte er zum festen Besetzungsstamm der »Winnetou«-Reihe, siebenmal spielte er an der Seite von Pierre Brice und Lex Barker den Sam Hawkens, getreuer Begleiter von Winnetou und Old Shatterhand. Seine ständige Redewendung »Wenn ich mich nicht irre,

hihi ...« gehörte lange zum allgemeinen Sprachgebrauch. Bereits 1961 hatte er als glatzköpfiges Mitglied der sowjetischen Handelsdelegation in dem Billy-Wilder-Film »Eins, zwei, drei« eine Paraderolle. Unvergessen hier seine Szene mit der »Table-Dancerin« Lilo Pulver.

Wolters, Friedrich 1876 – 1930
Historiker
Holbeinstraße 34
1907/08 hatte er in der Holbeinstraße für den Prinzen August Wilhelm von Preußen (»Auwi«) dessen Dissertation geschrieben, was ihm ein »schönes Honorar« und seinem Lehrer, dem gemeinsamen »Doktorvater« Gustav Schmoller den Adelstitel einbrachte. Es war der erste »richtige« Doktortitel in der Familie des Kaisers. Bei der Vermählungsfeier seines Sohnes erwähnte Wilhelm II. die Dissertation rühmend: »Du, mein Sohn, hast Unserm Hause Ehre gemacht mit Deinem Examen.«

Wüllenweber, Walther 1860 – 1941
Geheimer Regierungsrat, Oberschulrat
Holbeinstraße 11
Lange Jahre wirkte er als Pädagoge und Lichterfelder Gemeindevertreter, lehrte zunächst an der Hauptkadettenanstalt und wechselte 1902 als Direktor zum neu gegründeten Realgymnasium für Knaben in der Drakestraße. 1908 trat er die Nachfolge von Adelheid Krahmer als Leiter der »Krahmerschen Höheren Töchterschule« an. Eine ehemalige Schülerin erinnerte sich 1962 an ihn: »Er war eine echt rheinisch-westfälische Hünenerscheinung mit viel Frohsinn und Verständnis für die Jugend. Er, der schon einer neueren Zeit angehörte, gewährte uns bei aller Disziplin viel Freiheit.«

Yorck von Wartenburg, Peter Graf 1904 – 1944
Vertreter des Widerstandes
Hortensienstraße 50
Am 1. Oktober 1938 wurde er, ohne der NSDAP anzugehören, zum Oberregierungsrat befördert, allerdings brachte die »Dienststelle des Stellvertreters des Führers für Personalfragen« »unmißverständlich zum Ausdruck, daß eine weitere Beförderung nicht befürwortet werden könne, wenn Graf Yorck in seiner passiven Haltung gegenüber den nationalsozialistischen Organisationen beharre«. Mit der Mobilmachung wurde er 1939 zur Wehrmacht einberufen und nahm als Leutnant am Überfall auf Polen teil. Bereits im Oktober 1939 wurde er als »unabkömmlich« eingestuft und erhielt eine Stellung im Reichskommissariat für die Preisbildung. Graf York von Wartenburg gehörte zu den exponiertesten Vertretern des deutschen Widerstands gegen den Nationalsozialismus.

Zörner, Hans   1895 – 1936
Philosoph, Agrarwissenschaftler
Schillerstraße 12 a
Der Spezialist für die bäuerliche Betriebsforschung lehrte als ordentlicher Professor an der Berliner Universität und war als landwirtschaftlicher Fachberater tätig. Nachdem er sich 1933 für einen jüdischen Studenten eingesetzt hatte, wurde er als »politischer Schädling« diffamiert, »dem keinerlei Gelegenheit mehr gegeben werden darf, als Professor und damit als Führer der studentischen Jugend sein Unwesen zu treiben«. Nazi-Bildungsminister Bernhard Rust und Reichsbauernführer Richard Walter Darrè ordneten persönlich die Entfernung Zörners aus dem Universitätsdienst an, weil dieser »offenbar noch heute zersetzende Kritik an der neuen Zeit wagt«. Sie erlaubten ihm aber Vortragsreisen ins Ausland.

S-Bahnhof Lichterfelde West, 2008.

Abbildungsnachweis

Cilento, Daniel (92, 95, 97, 99, 102, 105 r., 118, 122 l.)

Filmwoche 1926 (96) und 1930 (98)

Gedenkstätte Deutscher Widerstand (32, 33, 36, 41, 43, 45, 63, 168, 171)

Graffmann-Weschke/GCA Verlag: Archiv Kempner (49, 51, 53)

Heimatmuseum Steglitz (11, 17, 19, 26, 77, 85, 115 r., 124, 131, 132, 145, 162, 165)

Meckel, Andreas (143, 147)

Nachlass Thiersch, Berchtesgaden (83)

Nachlass Thiersch/Wolters, Überlingen (74, 75 l.)

Reitmeier, Rüdiger (8, 46, 47, 67, 69, 105 l., 122 r., 127, 141, 148, 172, 173, 182, 185, 186, 306)

Rieckert, Dieter (121)

Riedel, Jörg (9, 12, 15, 23, 24, 25, 27, 29, 31, 84, 136, 153)

Sammlung Friedrich (Titel, 14, 89, 129, 157)

Sammlung Schön-Beetz, George/Lechter (65, 72, 73, 79)

Stiftung Sächsische Gedenkstätten, Dresden (138)

Theodor-Heuss-Stiftung, Stuttgart (115 l.)

ullstein bilderdienst (57, 106, 112, 151)

Württembergische Landesbibliothek Stuttgart, Archiv Stefan George (71)

Zentral- und Landesbibliothek Berlin (64, 75 r.)

Danksagung

Allen Personen und Institutionen, die uns Informationen gaben, Material, Fotos, Dokumente und Veröffentlichungen zur Verfügung gestellt haben, danken wir sehr herzlich. In alphabetischer Reihenfolge seien genannt:

Bezirksamt Steglitz-Zehlendorf von Berlin
Maik Bozza (Stefan-George-Archiv)
Daniel Cilento (Sammlung Film)
Gedenkstätte Deutscher Widerstand
Dr. Katharina Graffmann-Weschke
Anna Sabine Halle
Heimatverein Steglitz e.V.
Lucian Kempner (Archiv Kempner)
Dagmar Kicherer (Stadtmuseum-Stadtarchiv Baden-Baden)
Rainer Konrad (Projektagentur Berlin)
Julika Kuschke (Deutsches Bundesfilmarchiv)
Gunnar Langner
Wolfgang Krajewski (Schachklub Zehlendorf)
Andreas Meckel
Ute Oelmann, Leiterin des Stefan-George-Archivs, Stuttgart
Friedrich A. Raabe Nachf., Privatarchiv, München
Dieter Rickert
Brigitte und Hans-Joachim Schellmann
Sonja Schön-Beetz (Melchior Lechter/Stefan-George Sammlung)
Arnd Schubeus (Deutsches Marinearchiv)
Hermann Staub (Börsenblatt für den Deutschen Buchhandel)
Theodor-Heuss-Stiftung, Stuttgart
Carola Thiersch und Paul Thiersch (Nachlass Thiersch, Berchtesgaden)
Ulla Thiersch von Keiser und Dr. Petra Baurmann (Nachlass Wolters/ Thiersch, Überlingen)
Franz Wessendorf, Leiter der Ordenskanzlei beim Bundespräsidialamt
Michael Willenbuecher (Humboldt-Universität Berlin)

Die Autoren

Das Autorenteam (v. links n. rechts):
Harry Balkow-Gölitzer, Rüdiger Reitmeier,
Bettina Biedermann, Jörg Riedel.

Harry Balkow-Gölitzer, geb. 1949 in Weilar/Rhön, Hörfunkjournalist.

Bettina Biedermann, geb. 1960 in Witten, Kulturwissenschaftlerin, Historikerin.

Rüdiger Reitmeier, geb. 1959 in München, Germanist, Theaterwissenschaftler, Reisejournalist.

Jörg Riedel, geb. 1942 in Rathenow/Havel, Diplom-Volkswirt.

Berlin und seine Prominenten

Harry Balkow-Gölitzer – Rüdiger Reitmeier – Bettina Biedermann – Jörg Riedel

Eine noble Adresse –
Prominente in Dahlem und ihre Geschichten

»Das Schöne an den Spaziergängen, die in dem Buch empfohlen werden, ist: Sie sind tatsächlich wie BUNTE lesen – nur ohne schlechtes Gewissen.«

Berliner Zeitung

ISBN 978-3-8148-0136-0
EUR 19,90

Prominente in Berlin-Wannsee
und ihre Geschichten

»Der Wannsee ist ein Mythos. Aber er ist auch eine Adresse. Eine feine und durch alle Höhen und Tiefen der Geschichte hindurch attraktive.«

Der Tagesspiegel

ISBN 978-3-8148-0146-9
EUR 19,90

www.bebraverlag.de

Prominente in Berlin-Grunewald
und ihre Geschichten

»Wer ohne das Buch durch die Gegend läuft, sieht oftmals ›den Wald vor lauter Villen‹ nicht. Seine Geschichten aber erschließen ein einzigartiges Viertel Berliner Kunst- und Wirtschafts-Prominenz.«

Berliner Morgenpost

ISBN 978-3-8148-0149-0
EUR 19,90

Prominente in Berlin-Westend
und ihre Geschichten

»Das ist ein klasse Reiseführer durch Westend.«

Ursula Kiesling, Buchhändlerin in Berlin-Westend

ISBN 978-3-8148-0158-2
EUR 19,90

Das Who is Who der Berliner Prominenz

Klaus-Martin Kersten

Berliner Prominentenlexikon – Ein Adressbuch

ISBN 978-3-8148-0140-7
EUR 19,90

Berlin war und ist Anziehungspunkt für Prominente aus allen Lebensbereichen: Künstler, Wissenschaftler, Schauspieler, Schriftsteller, Sportler und Architekten haben ihre Spuren in der Stadt hinterlassen. Welche verschiedenen Berliner Adressen hatte zum Beispiel Marlene Dietrich? Wo wohnte Erich Kästner (und schrieb an seinen Berlin-Büchern)? Was hat Ernst Bloch 1933 bewogen, ein Sommerhaus in Mahlow zu beziehen?

Ein Kompendium des prominenten Berlin mit rund 1 000 Einträgen von Ken Adam bis Konrad Zuse.

»Ein Lexikon verrät, wo die Stars zu Hause sind!«
Der Tagesspiegel

»Eine vergnügliche Zeitreise durch die Prominentenviertel.«
Kiez Magazin

»Ein informatives Buch zur Berliner Stadtgeschichte.«
Der Nordberliner

www.bebraverlag.de